纪念改革开放40周年

中国法治建设40年

（1978—2018）

ZHONGGUO

FAZHI JIANSHE 40 NIAN

（1978—2018）

张金才／著

人民出版社

目　录

导　　言

在正文展开之前,有必要先把本书写作的缘起、本书的主要特色、本书的研究范围与方法作一简要说明,以便于读者对本书有一个导入性的了解和把握。

一、本书写作的缘起

本书写作的缘起主要有两个:一个是改革开放以来,我国法治建设取得了巨大成就;一个是相对于这些巨大成就来说,改革开放以来法治建设史的研究还稍显薄弱。

改革开放以来,我国法治建设取得了巨大成就。从理论层面上来说,以邓小平为核心的党的第二代中央领导集体,深刻总结新中国成立以来,特别是改革开放以来民主法治建设的经验教训,对社会主义民主法治建设作出了一系列重要论述和决策,形成了邓小平民主法治思想。以江泽民为核心的党的第三代中央领导集体,继承并发展邓小平民主法治思想,提出了依法治国基本方略,确立了建设社会主义法治国家的奋斗目标。党的十六大以来,以胡锦涛为总书记的中央领导集体,在总结我国法治建设实践经验的基础上进行理论创新,提出了社会主义法治理念,为新世纪新阶段法治建设提供了新的科学指南。党的十八大以来,以习近平同志为核心的党中央高度重视社会主义法治建设,提出全面依法治国并将其纳入"四个全面"战略布局,开启了法治建设的新时代。

从实践层面上来说,经过 40 年的不懈努力,我国法治建设取得历史性成就。中国特色社会主义法律体系已经形成并不断完善,法治政府建设稳步推进,司法体制和工作机制不断完善,全社会法治观念明显增强。所有这些建设成就,都为改革开放以来我国经济社会发展提供了有力的法治保障和稳定的社会环境。因此,系统梳理改革开放以来法治建设的历史进程,充分展示改革开放以来法治建设的辉煌成就,全面总结改革开放以来法治建设的历史经验,对于当前推进全面依法治国的历史进程,无疑具有重要的理论价值和现实意义。

但另一方面,相对于法治建设的这些巨大成就,改革开放以来法治建设史的研究却显得比较薄弱,这方面的专著类成果尤其少。就笔者所掌握的资料来看,目前尚无一本专门的改革开放以来法治建设史。鉴于这种研究现状,笔者借改革开放 40 周年之机,在自己 2009 年出版的《新时期法制建设进程》一书的基础上进行修订续写,增加了 2008 年至 2018 年这 10 年的最新内容,写成此书,以期加强改革开放以来法治建设史的研究。

二、本书的主要特色

本书的特色主要体现在以下三个方面:

一是本书把改革开放以来法治建设放在中华人民共和国史的恢宏背景下去考察。现有的同类著作往往是就改革开放以来法治建设本身进行研究。与现有研究成果不同,本书把改革开放以来法治建设史作为中华人民共和国史,特别是中华人民共和国政治史的一个重要组成部分去研究,把改革开放以来法治建设放在中华人民共和国史的恢宏背景下去考察。笔者认为,这较之单纯就改革开放以来法治建设本身进行研究,更有历史的纵深感和厚重感,也更便于透析其发展的来龙去脉和历史必然性。

二是本书的章节安排突出"史"的特征。现有的中华人民共和国法治史,多是采用部门法史来安排章节目。本书的章节设置体现了改革开放以来法治建设的历史进程，突出了改革开放以来法治建设与此前中国法治建设的连续和传承。

三是本书的框架设计有自己的特色。本书依据改革开放 40 年来中国法治建设史上具有标志意义的几个历史节点，将全书分为 6 章。本书认为，党的十一届三中全会开启了中国法治建设新时期；党的十五大后中国法治建设进入依法治国新阶段；党的十八大开启全面依法治国新时代。这样的分期方式和框架设计较好地体现了改革开放 40 年来中国法治建设的阶段性特征，具有自己的学术特色。

三、本书的研究范围与方法

本书考察 1978 年到 2018 年这 40 年间中国法治建设的发展历程、重要事件、巨大成就和基本经验。限于研究能力和精力，本书只研究国家层面的法治建设，对地方法治建设虽有所涉及，但不做重点和专门研究。对于民族法治建设和军事法治建设，由于这两者的特殊性和专业性，也不列入本书的研究范围。

本书坚持以马克思主义唯物史观为指导，运用历史研究的理论与方法，兼采政治学、法学等研究方法的优长，从理论和实践两个层面及其结合上，对改革开放以来法治建设的历史进程进行系统梳理，对其辉煌成就进行充分展示，进而总结出对当前我国社会主义法治建设具有启发和借鉴意义的历史经验。

第一章　党的十一届三中全会前的法治建设回顾

改革开放以来的法治建设是建立在党的十一届三中全会前法治建设的基础之上的。因此,要研究改革开放以来的法治建设,有必要对党的十一届三中全会前法治建设的历史进程作一简要回顾。

一、法治建设的初步创立

从1949年9月中国人民政治协商会议第一届全体会议通过《中国人民政治协商会议共同纲领》,到1954年9月第一届全国人民代表大会第一次会议公布《中华人民共和国宪法》,是我国法治建设的初步创立时期。

(一)一届政协会议的召开与《共同纲领》的制定

1949年9月21日,中国人民政治协商会议第一届全体会议在北平中南海怀仁堂隆重召开。会议经过10天的协商讨论,顺利完成了全部任务,一致通过《中国人民政治协商会议组织法》、《中华人民共和国中央人民政府组织法》和《中国人民政治协商会议共同纲领》。

会议通过的《中国人民政治协商会议组织法》规定:中国人民政治协商会议为全中国人民民主统一战线的组织,旨在经过各民主党派及人民团体的团结,去团结全中国各民主阶级、各民族,共同努力,实行《共同纲领》规定的各项任务。还规定:中国人民政治协商会议的组织机构分三个层次,即全体会议、全国委员会及其常务委员会。全体会议,在普选的全国人民代表大会召开以前,执行全国人民代表大会的职权,选举中华人民共和国中央人民政府委员会,并付之以行使国家权力的职权;全国委员会及其常务委员会,为统一战线性质的组织,是国家政权以外的各党派、各人民团体的协议机关。①

《中华人民共和国中央人民政府组织法》规定:中华人民共和国是工人阶级领导的,以工农联盟为基础的,团结各民主阶级和国内各民族的人民民主专政的国家。中华人民共和国政府是基于民主集中原则的人民代表大会制的政府。中央人民政府委员会对外代表中华人民共和国,对内领导国家政权。中央人民政府委员会组织政务院,以为国家政务的最高执行机关;组织人民革命军事委员会,以为国家军事的最高统辖机关;组织最高人民法院及最高人民检察署,以为国家的最高审判机关及检察机关。②

《中国人民政治协商会议共同纲领》(以下简称《共同纲领》)共 7 章 60 条,由序言和总纲、政权机关、军事制度、经济政策、文化教育政策、民族政策、外交政策组成。

关于国家性质和任务,《共同纲领》规定:中华人民共和国为新民主主义即人民民主主义的国家,实行工人阶级领导的、以工农联盟为基础的、团结各民主阶级和国内各民族的人民民主专政,反对帝国主义、封建主义和官僚资本主义,为中国的独立、民主、和平、统一和富强而奋斗。

关于政权机关,《共同纲领》规定:中华人民共和国的国家政权属于人民。人民行使国家政权的机关为各级人民代表大会和各级人民政府。各级人民代表大会由人民用普选方法产生。各级人民代表大会选举各级人民政府。各级人民代表大会闭会期间,各级人民政府为行使各级政权

---

① 《中国人民政治协商会议组织法》,见中共中央文献研究室、中央档案馆编:《建党以来重要文献选编》第 26 册,中央文献出版社 2011 年版,第 745—749 页。

② 《中华人民共和国中央人民政府组织法》,见中共中央文献研究室、中央档案馆编:《建党以来重要文献选编》第 26 册,中央文献出版社 2011 年版,第 750—756 页。

的机关。国家最高政权机关为全国人民代表大会。全国人民代表大会闭会期间，中央人民政府为行使国家政权的最高机关。

关于军事制度，《共同纲领》规定：中华人民共和国建立统一的军队，即人民解放军和人民公安部队，受中央人民政府人民革命军事委员会统率。中华人民共和国实行民兵制度。

关于经济政策，《共同纲领》规定：中华人民共和国经济建设的根本方针，是以公私兼顾、劳资两利、城乡互助、内外交流的政策，达到发展生产、繁荣经济的目的。国家调剂国营经济、合作社经济、农民和手工业者的个体经济、私人资本主义经济和国家资本主义经济，使各种社会经济成分在国营经济领导之下，分工合作，各得其所，以促进整个社会经济的发展。国营经济为社会主义性质的经济。凡属有关国家经济命脉和足以操纵国民生计的事业，均应由国家统一经营。凡属国有资源和企业，均为全体人民的公共财产，为人民共和国发展生产、繁荣经济的主要物质基础和整个社会经济的领导力量。合作社经济为半社会主义性质的经济，为整个人民经济的一个重要组成部分。人民政府应扶助其发展，并给以优待。凡有利于国计民生的私营经济事业，人民政府应鼓励其经营的积极性，并扶助其发展。在必要和可能的条件下，应鼓励私人资本向国家资本主义方向发展。鼓励和扶助广大劳动人民根据自愿原则，发展合作事业。

关于文化教育政策，《共同纲领》规定：中华人民共和国的文化教育为新民主主义的，即民族的、科学的、大众的文化教育。人民政府的文化教育工作，应以提高人民文化水平、培养国家建设人才、肃清封建的、买办的、法西斯主义的思想、发展为人民服务的思想为主要任务。

关于民族政策，《共同纲领》规定：中华人民共和国境内各民族一律平等，实行团结互助，反对帝国主义和各民族内部的人民公敌，使中华人民共和国成为各民族友爱合作的大家庭。反对大民族主义和狭隘民族主义，禁止民族间的歧视、压迫和分裂各民族团结的行为。各少数民族聚居的地区，实行民族的区域自治，按照民族聚居的人口多少和区域大小，分别建立各种民族自治机关。各少数民族均有发展其语言文字、保持或改革其风俗习惯及宗教信仰的自由。

关于外交政策,《共同纲领》规定:中华人民共和国外交政策的原则,为保障本国独立、自由和领土主权的完整,拥护国际的持久和平和各国人民间的友好合作,反对帝国主义的侵略政策和战争政策。凡与国民党反动派断绝关系、并对中华人民共和国采取友好态度的外国政府,中华人民共和国中央人民政府可在平等、互利及互相尊重领土主权的基础上,与之谈判,建立外交关系。中华人民共和国可在平等和互利的基础上,与各外国的政府和人民恢复并发展通商贸易关系。①

《共同纲领》是对中国人民百年斗争经验的总结,是对中国共产党领导全国人民进行革命斗争成果的确认,它代表了全国人民的共同利益,是当时全国人民的大宪章,因而起着临时宪法的作用。它的制定和颁布,为新中国政治、经济、文化等各项事业的建设和发展提供了法律依据,奠定了法治基础,标志着我国法治建设的开端。

(二)围绕巩固政权和民主改革制定必要的法令

新中国成立初期的主要任务,是通过开展土地改革、镇压反革命、"三反"、"五反"等运动,以巩固新生的国家政权,同时进行多方面的民主改革。因此,这一时期制定的法律法规主要是围绕上述任务而展开。

1.《中华人民共和国土地改革法》

新中国成立后,全国仍有 3 亿多农民的新解放区没有实行土改。为继续完成民主革命阶段遗留下来的任务,为争取国家财政经济状况的根本好转,新中国刚成立,党就着手制定了《中华人民共和国土地改革法》(以下简称《土地改革法》)及其他一系列相关法规,在广大新解放区开展了轰轰烈烈的土地改革运动。

《土地改革法》共 6 章 40 条,由总则、土地的没收和征收、土地的分配、特殊土地问题的处理、土地改革的执行机关和执行方法、附则组成。

总则规定:废除地主阶级封建剥削的土地所有制,实行农民的土地所

---

① 《中国人民政治协商会议共同纲领》,见中共中央文献研究室、中央档案馆编:《建党以来重要文献选编》第 26 册,中央文献出版社 2011 年版,第 758—769 页。

有制,借以解放农村生产力,发展农业生产,为新中国的工业化开辟道路。

关于土地的没收和征收,《土地改革法》规定:没收地主的土地、耕畜、农具、多余的粮食及其在农村中多余的房屋。但地主的其他财产不予没收。地主兼营的工商业及其直接用于经营工商业的土地和财产,不得没收。不得因没收封建的土地财产而侵犯工商业。保护富农所有自耕和雇人耕种的土地及其他财产,不得侵犯。保护中农(包括富裕中农在内)的土地及其他财产,不得侵犯。

关于土地的分配,《土地改革法》规定:所有没收和征收得来的土地和其他生产资料,除本法规定收归国家所有者外,均由乡农民协会接收,统一地、公平合理地分配给无地少地及缺乏其他生产资料的贫苦农民所有。对地主也分给同样的一份,使地主也能依靠自己的劳动维持生活,并在劳动中改造自己。分配土地,以乡或等于乡的行政村为单位,在原耕基础上,按土地数量、质量及其位置远近,用抽补调整方法按人口统一分配。

关于特殊土地问题的处理,《土地改革法》规定:没收和征收的山林、鱼塘、茶山、桐山、桑田、竹林、果园、芦苇地、荒地及其他可分土地,应按适当比例,折合普通土地统一分配。没收和征收的堰、塘等水利,可分配者应随田分配。大森林、大水利工程、大荒地、大荒山、大盐田和矿山及湖、沼、河、港等,均归国家所有,由人民政府管理经营。使用机器耕种或有其他进步设备的农田、苗圃、农事试验场及有技术性的大竹园、大果园、大茶山、大桐山、大桑田、大牧场等,由原经营者继续经营,不得分散。但土地所有权原属于地主的,经省以上人民政府批准,收归国有。

关于土地改革的执行机关和执行方法,《土地改革法》规定:在土地改革期间,县以上各级人民政府,组织土地改革委员会,负责指导和处理有关土地改革的各项事宜;乡村农民大会、农民代表会及其选出的农民协会委员会,区、县、省各级农民代表大会及其选出的农民协会委员会,为改革土地制度的合法执行机构。在土地改革期间,各县应组织人民法庭,用巡回审判方法,对于罪大恶极为广大人民群众所痛恨并要求惩办的恶霸分子及一切违抗或破坏土地改革法令的罪犯,依法予以审判及处分。

关于适用范围,附则规定:本法适用于一般农村,不适用于大城市的郊区;不适用于少数民族地区;不适用于土地改革业已基本上完成的地区。①

为保证土地改革运动有领导、有秩序地进行,除《中华人民共和国土地改革法》外,中央人民政府还颁布了《农民协会组织通则》、《政务院关于划分农村阶级成分的决定》和《城市郊区土地改革条例》等一系列相关法规。这些法律法规的颁布,把中国历史上规模最大的土地改革运动纳入了法治的轨道,保证了这场运动的顺利进行。到 1952 年底,除新疆、西藏等少数民族地区外,全部完成了土地改革任务。全国约有 3 亿多少地和无地的农民分得了约 7 亿亩的土地和大量的生产资料,从而彻底摧毁了封建土地所有制,解放了农村生产力,为国家的工业化和农业的大发展创造了有利条件。

2.《中华人民共和国惩治反革命条例》

镇压反革命以巩固新生的人民政权,是新中国成立后的一项重要任务。当时,我国大陆遗留着大量反革命残余势力,他们疯狂地进行各种破坏活动,极大地损害了人民的生命财产,扰乱了社会秩序。为此,1950 年7 月,中央人民政府政务院和最高人民法院联合发出《关于镇压反革命活动的指示》,要求各级人民政府对一切反革命活动采取严厉的及时的镇压。10 月 10 日,中共中央又发出《关于镇压反革命活动的指示》。此后,全国掀起了镇压反革命运动的高潮。为了给广大干部群众以镇压反革命的法律武器,为了给司法人员审判反革命罪犯以量刑的标准,为了使镇压反革命运动有领导、有秩序地进行,1951 年 2 月,中央人民政府批准公布了《中华人民共和国惩治反革命条例》(以下简称《条例》)。

《条例》共 21 条,主要内容包括适用范围、重点打击的对象及量刑标准、酌情从轻、减轻或免予处刑的情形等。

关于适用范围,《条例》规定:凡以推翻人民民主政权,破坏人民民主事业为目的各种反革命罪犯,皆依本条例治罪;以反革命为目的的其他罪

---

① 《中华人民共和国土地改革法》,见中共中央文献研究室编:《建国以来重要文献选编》第 1 册,中央文献出版社 2011 年版,第 292—299 页。

犯未经本条例规定者,得比照本条例类似之罪处刑;本条例施行以前的反革命罪犯,也适用本条例的规定。

关于重点打击的对象,《条例》列举了 11 种,并分别规定了具体的量刑标准。它们是:勾结帝国主义背叛祖国者;策动、勾引、收买公职人员、武装部队或民兵进行叛变,其首要分子或率队叛变者;持械聚众叛乱的主谋者、指挥者及其他罪恶重大者;进行间谍或资敌行为者;参加反革命特务或间谍组织者;利用封建会门,进行反革命活动者;以反革命为目的,策谋或执行破坏、杀害行为者;以反革命为目的,有挑拨、煽惑行为者;以反革命为目的偷越国境者;聚众劫狱或暴动越狱的组织者、主谋者、积极参加者;窝藏、包庇反革命罪犯者。

关于酌情从轻、减轻或免予处刑的情形,《条例》规定:自动向人民政府真诚自首悔过者;在揭发、检举前或以后真诚悔过立功赎罪者;被反革命分子胁迫、欺骗,确非自愿者;解放前反革命罪行并不重大,解放后又确已悔改并与反革命组织断绝联系者。①

《条例》及其他相关法律法规的颁布,推动了镇压反革命运动的广泛深入开展。到 1952 年底,全国相当彻底地肃清了各类反革命分子,镇压反革命运动基本结束。通过镇反,有力地巩固了我国的新生政权和社会秩序,全国范围内呈现出前所未有的安定局面。

3.《中华人民共和国惩治贪污条例》

"三反"、"五反"是新中国成立初开展的又一场大规模的政治运动。新中国成立后不久,一些党政机关的干部由于抵御不住资产阶级腐朽思想的侵蚀,蜕化变质,产生了贪污、浪费和官僚主义作风,严重破坏党和群众的联系。而绝大多数贪污犯罪活动又是与社会上不法资产阶级分子相联系的。为纯洁干部队伍,消除资产阶级的思想作风,打击不法资本家的违法经营,巩固新生的国家政权,中共中央决定在各级党政机关中开展一场反对贪污、反对浪费、反对官僚主义的"三反"运动,在违法资产阶级中开展

---

① 《中华人民共和国惩治反革命条例》,见中共中央文献研究室编:《建国以来重要文献选编》第 2 册,中央文献出版社 2011 年版,第 41—44 页。

一场反对行贿、反对偷税漏税、反对盗骗国家财产、反对偷工减料、反对盗窃国家经济情报为内容的"五反"运动。为保证"三反"、"五反"运动有领导、有秩序地开展,1952 年 4 月 21 日,根据"三反"、"五反"运动的经验,中央人民政府公布施行《中华人民共和国惩治贪污条例》(以下简称《条例》)。

《条例》共 18 条,内容包括对贪污罪的界定、贪污罪的量刑标准、从重或加重处刑、从轻或减轻处刑的情形等。

关于贪污罪的界定,《条例》指出:一切国家机关、企业、学校及其附属机构的工作人员,凡侵吞、盗窃、骗取、套取国家财物,强索他人财物,收受贿赂以及其他假公济私违法取利的行为,均为贪污罪。

关于贪污罪的量刑标准,《条例》规定:个人贪污的数额,在人民币 1 亿元①以上者,判处 10 年以上有期徒刑或无期徒刑,其情节特别严重者判处死刑;个人贪污的数额,在人民币 5000 万元以上不满 1 亿元者,判处 5 年以上 10 年以下徒刑;个人贪污的数额,在人民币 1000 万元以上不满 5000 万元者,判处 1 年以上 5 年以下徒刑,或 1 年至 4 年的劳役,或 1 年至 2 年的管制;个人贪污的数额,不满人民币 1000 万元者,判处 1 年以下的徒刑、劳役或管制;或免刑予以开除、撤职、降职、降级、记过或警告的行政处分;集体贪污,按各人所得数额及其情节,分别惩治。

关于从重或加重处刑的情形,《条例》规定:对国家和社会事业及人民安全有严重危害者;出卖或坐探国家经济情报者;贪赃枉法者;敲诈勒索者;集体贪污的组织者;屡犯不改者;拒不坦白或阻止他人坦白者;为消灭罪迹而损坏公共财物者;为掩饰贪污罪行嫁祸于人者;坦白不彻底,判处后又被人检举出严重情节者;犯罪行为有其他特殊恶劣情节者。

关于从轻或减轻处刑,或缓刑,或免刑予以行政处分的情形,《条例》规定:未被发觉前自动坦白者;被发觉后彻底坦白、真诚悔过并自动地尽可能缴出所贪污财物者;检举他人犯本条例之罪而立功者;年岁较轻或一向廉洁,偶犯贪污罪又愿真诚悔改者。②

---

① 人民币旧币,旧币 1 万元折合 1955 年 3 月 1 日发行的新版人民币 1 元,下同。

② 《中华人民共和国惩治贪污条例》,见中共中央文献研究室编:《建国以来重要文献选编》第 3 册,中央文献出版社 2011 年版,第 135—138 页。

　　为正确地贯彻执行"三反"、"五反"运动的方针、政策,除《中华人民共和国惩治贪污条例》外,政务院还批准公布了其他一些重要的法律文件,主要是:1952年3月8日政务院第127次政务会议批准、同年3月11日政务院公布的《中央节约检查委员会关于处理贪污、浪费及克服官僚主义错误的若干规定》,1952年3月28日政务院第130次政务会议批准、同年3月31日政务院公布施行的《中央节约检查委员会关于追缴贪污分子赃款赃物的规定》。这些法律法规的公布施行,保证了"三反"、"五反"运动的胜利完成。通过这场斗争,有力地纯洁了党和国家的干部队伍,打击了不法资本家的违法经营活动,对加强党和国家机关的廉政建设,教育团结大多数私营工商业者,保护国家和人民的利益起到了重要作用。

4.《中华人民共和国婚姻法》

　　为废除包办强迫、男尊女卑的封建婚姻制度,确立男女平等、婚姻自由的新型婚姻制度,从而建立民主和睦、互爱团结的新式家庭,以形成安宁的社会环境,增加国家的建设力量,1950年4月13日,中央人民政府委员会第七次会议审议通过《中华人民共和国婚姻法》(以下简称《婚姻法》),并于同年5月1日公布施行。这是新中国成立后出台的第一部具有基本法性质的法律。

　　《婚姻法》共8章27条,由原则、结婚、夫妻间的权利和义务、父母子女间的关系、离婚以及离婚后子女和财产问题的处理等内容组成。

　　关于原则,《婚姻法》规定:废除包办强迫、男尊女卑、漠视子女利益的封建主义婚姻制度。实行男女婚姻自由、一夫一妻、男女权利平等、保护妇女和子女合法权益的新民主主义婚姻制度。

　　关于结婚,《婚姻法》规定:结婚须男女双方本人完全自愿,不许任何一方对他方加以强迫或任何第三者加以干涉;男20岁,女18岁,始得结婚;男女双方当事人必须无禁止结婚的血亲关系和禁止结婚的疾病;结婚应男女双方亲到所在地(区、乡)人民政府登记。

　　关于夫妻间的权利和义务,《婚姻法》规定:夫妻为共同生活的伴侣,在家庭中地位平等。夫妻有互爱互敬、互相帮助、互相扶养、和睦团结、劳动生产、抚育子女,为家庭幸福和新社会建设而共同奋斗的义务。夫妻双方均有选择职业、参加工作和参加社会活动的自由。夫妻双方对于家庭财产有平等的所有权与处理权。夫妻有各用自己姓名的权利,有互相继承遗产的权利。

关于父母子女间的关系,《婚姻法》规定:父母对于子女有抚养教育的义务;子女对于父母有赡养扶助的义务;双方均不得虐待或遗弃。父母子女有互相继承遗产的权利。

关于离婚,《婚姻法》规定:男女双方自愿离婚的,准予离婚。男女一方坚决要求离婚的,经区人民政府和司法机关调解无效时,也准予离婚。女方怀孕期间,男方不得提出离婚;现役革命军人与家庭有通讯关系的,其配偶提出离婚,须得革命军人的同意。

关于离婚后子女和财产问题的处理,《婚姻法》规定:父母与子女间的血亲关系,不因父母离婚而消灭,离婚后父母对于所生的子女,仍有抚养和教育的责任。离婚时,除女方婚前财产归女方所有外,其他家庭财产如何处理,由双方协议;协议不成时,由人民法院判决。离婚时,原为夫妻共同生活所负担的债务,以共同生活时所得财产偿还;男女一方单独所负的债务,由本人偿还。①

所有上述法律法令的制定和颁布,对于巩固新生的国家政权,维护革命秩序,保护人民利益,保障各种社会民主改革运动的胜利,都起到了十分重要的作用。

(三)司法机关的组建与司法工作的开展

新中国成立之初,按照起临时宪法作用的《中国人民政治协商会议共同纲领》和《中华人民共和国中央人民政府组织法》的规定,在砸碎旧的司法机关的基础上,从上至下建立各级新的司法机关,并开展司法工作,是新中国法治建设初创时期的一项重要任务。

1. 审判机关的组建与审判工作的开展

全国最高审判机关最高人民法院的建立,是在新中国诞生之时。

---

① 《中华人民共和国婚姻法》,见中共中央文献研究室编:《建国以来重要文献选编》第 1 册,中央文献出版社 2011 年版,第 148—152 页。

1949年10月1日,中央人民政府委员会任命沈钧儒为中央人民政府最高人民法院院长,10月19日任命吴溉之、张志让为副院长,陈绍禹、朱良材等17人为委员,组成最高人民法院委员会。沈钧儒就职后,随即以原华北人民法院的组织机构和工作人员为基础,建立最高人民法院,于11月1日正式办公。12月20日,中央人民政府委员会批准《最高人民法院试行组织条例》。按照这个《条例》,最高人民法院从各方面调配干部。至1950年4月,除行政审判庭未设置外,其余各庭、厅、处都按条例的规定建立了起来。

与此同时,着手建立最高人民法院在各大行政区的分院,至1952年4月,东北、西北、华东、中南、西南、华北6个分院先后在沈阳、西安、上海、武汉、重庆、北京建立,院长分别为高崇民、马锡五、刘民生、雷经天、张曙时、张苏。最高人民法院分院为该大行政区最高审判机关,负责领导与监督本地区各级人民法院的审判工作。

地方各级人民法院,一部分是在老解放区原有的人民法院的基础上发展起来的,大部分是随着全国各地的陆续解放而先后建立起来的。各地解放以后,由军管会派员接管国民党政府的司法机关,停止其行使职权,同时积极筹建人民法院。在这个过程中,一部分老解放区的司法干部充当了领导骨干,同时吸收了大量新干部,其中包括一批学过法律专业的青年知识分子,以及按照中共中央"分别不同对象慎重处理"的政策选择留用了一批旧司法人员。对这三个方面的干部一般进行短期训练,然后分配到各地建立人民法院。到1950年6月,除解放较晚的西南地区以外,其他五大区,连同老解放区的人民法院,共建立人民法院1566个(其中有一部分是司法科),占应建立数的75.7%。到1950年上半年,全国各级人民法院初步建立。①

新中国审判机关在组建过程中,配合土地改革、镇压反革命、"三反"、"五反"等运动,积极开展审判工作,取得很大成绩,从1950年至1953年共审判了900多万件刑、民事案件。

---

① 《当代中国的审判工作》上册,当代中国出版社1993年版,第23—25页。

在刑事审判工作方面，从 1950 年到 1953 年，共判处了 104 万件反革命案件，严厉地惩办了一大批匪首、恶霸、特务、反动党团骨干和反动会道门头子五个方面的反革命分子。与此同时，还审判了 255 万件普通刑事案件，其中严重刑事犯罪案件 100 万件，严厉地惩办了一大批杀人、抢劫、强奸、贩毒、贪污、盗窃等严重刑事犯罪和经济犯罪分子。人民法院和人民法庭的审判工作，有力地支持了群众的正义斗争，保障了各项社会改革运动的顺利进行。

在民事审判工作方面，主要是处理婚姻案件。1950 年 5 月 1 日，中央人民政府公布施行《中华人民共和国婚姻法》后，大批深受封建压迫的妇女纷纷起来，要求摆脱封建婚姻的束缚，使人民法院婚姻案件的收案大幅度上升，到 1953 年为止，共受理了 327 万件。各级人民法院处理这类案件时，认真执行婚姻法，使许许多多妇女和男子获得了婚姻自由，重新建立了美满幸福的家庭。人民法院的审判工作，对于废除旧的封建婚姻家庭制度，建立新民主主义的婚姻家庭制度，发挥了重要的作用。

从 1950 年到 1953 年，各级人民法院还审判了 230 万件财产权益纠纷案件。人民法院按照党和政府的有关政策法令，调整财产关系和人身关系，保护了国家的利益，也维护了公民的合法权益，这对于巩固新的生产关系，增强人民内部团结，促进生产的发展，都起到了很好的作用。[①]

2. 检察机关的组建与检察工作的开展

全国最高检察机关最高人民检察署的建立，也是在新中国成立之时。1949 年 10 月 1 日，中央人民政府委员会第一次会议任命罗荣桓为最高人民检察署检察长。10 月 19 日中央人民政府委员会第三次会议任命李六如、蓝公武为最高人民检察署副检察长，任命罗瑞卿、杨奇清等 11 人为委员。由检察长、副检察长和委员共 14 人组成中央人民政府最高人民检察署检察委员会议。10 月 22 日，最高人民检察署检察委员会议于中南海勤政殿举行第一次会议。宣布最高人民检察署成立，11 月 1 日启用印信，正式办公。

---

① 《当代中国的审判工作》上册，当代中国出版社 1993 年版，第 37—38 页。

地方各级检察机关,是从 1950 年开始建立的。在这一年内,中共中央和中央人民政府主席毛泽东先后 4 次发布指示,督促检察机关的建设。1950 年 1 月 29 日,中共中央转发最高人民检察署关于建立机构与开展工作的通报,要求各大区中央局、分局和省、市委保证其实施。同年 2 月 21 日,中央人民政府主席毛泽东批准《最高人民检察署一九五〇年工作计划纲要》,首要的工作是建立各级检察机构。为加速检察干部的配备和检察机构的建立,中央人民政府主席毛泽东于 1950 年 8 月批准了最高人民检察署制定的《各级检察署工作人员任免暂行办法》,开始建立检察机关的人事任免制度。同年 9 月 4 日,中共中央再次向全党发出《关于建立检察机构问题的指示》,强调指出检察机关是国家的法律监督机关,是人民民主专政的重要武器,必须加以重视,要求在 1951 年普遍建立各级人民检察署。

在中共中央和中央人民政府主席毛泽东的关心和重视下,1950 年重点建立人民检察机关的计划基本上得到了实现。到年底最高人民检察署设在全国 5 大行政区的检察分署已全部建立,全国 50 个省、直辖市和省一级行政区有 47 个建立了检察机构,并在一些重点专区和市、县建立了人民检察署,调配干部 1000 余人。到 1953 年,组织建设有进一步发展,省一级人民检察署已全部建立,专区和省辖市人民检察署建立了 196 个,占应建数的 69%,县（市、区）人民检察署建立了 643 个,占应建数的 29%,全国共有检察干部 5067 人。①

新中国检察机关组建后,配合镇压反革命、“三反”、“五反”等运动,积极开展检察监督工作,取得很大成就。

一是参加镇压反革命运动,发挥法律监督作用。镇压反革命运动中的检察工作大体上可以分为两个阶段:从 1950 年下半年镇反运动开始到 1951 年 2 月公布《惩治反革命条例》为第一阶段,检察机关的工作主要是坚持镇压与宽大相结合的政策,检察重大案件,纠正“宽大无边”的偏向,推动镇反运动的发展;从《惩治反革命条例》公布到镇反运动结束为第二

---

① 《当代中国的检察制度》,中国社会科学出版社 1987 年版,第 21—26 页。

阶段,检察机关的工作主要是根据《惩治反革命条例》的规定,初步展开法律监督工作,参与审核案件,起诉重大案犯,纠正草率现象,防止错捕错判,保证镇反运动健康进行。此外,各级检察机关还结合镇反运动,打击不法地主、恶霸和反革命分子破坏土地改革的活动。

二是参加"三反"、"五反"运动,查处大案要案。在"三反"、"五反"运动开展之前,检察机关就把检察起诉国家工作人员的贪污案件和不法资本家的经济犯罪案件,作为一项重要任务。据1950年下半年至1951年上半年12个省市的不完全统计,检察机关检举贪污盗窃国家财产的案件就有2500多件,其中有很多是重大案件。"三反"、"五反"运动开展后,各地人民检察署通过各种形式开展宣传活动,动员干部群众揭发检举"三害"、"五毒"。在反贪污斗争中,检察机关坚持法律面前,人人平等,不管贪污分子职务多高,功劳多大,坚决依法追究,严厉惩办。在参与核实定案工作中,各级检察机关实事求是地核对事实,鉴别证据,认定犯罪,否定非罪,作出正确处理,从而保障了运动的顺利进行。

三是参加司法改革运动,纠正错捕错判。为反对旧法观点和整顿、改造司法机关,使之从政治上、组织上和思想作风上纯洁起来,从1952年6月开始,中共中央和中央人民政府在全国范围内开展了一场司法改革运动。司法改革的重点是人民法院,但作为国家司法机关之一的人民检察署,也有极少数旧的司法、检察人员,旧法思想和旧衙门作风也程度不同地影响着检察机关。因此,检察机关也需要从这一运动中接受教育和锻炼。各级人民检察署积极参加司法改革运动,认真检查纠正办案中的缺点错误,重点检察纠正错判案件,收到良好效果。

四是参加"新三反"斗争,检察违法乱纪案件。1953年1月5日,中共中央发出《关于反对官僚主义、反对命令主义、反对违法乱纪的指示》,全国各级检察机关积极参加"新三反"斗争,把查处严重违法乱纪案件作为1953年工作的重点。据当时的不完全统计,1953年1月至9月,全国各级检察机关办理严重违法乱纪案件3493件。惩罚了侵犯人民民主权利的罪犯,为6000多名被害群众伸冤平反,使109名被错判死刑、尚未执行的人的生命得到解救;纯洁了区、乡组织,使一些被坏人篡夺了的基层政权重新回到人民手里;受到破坏的生产事业和互助合作组织,得到恢复和发展;一些地方人心不安、秩序混乱的局面,得到扭转。①

（四）司法行政机关的建立及主要工作的开展

新中国成立之初,作为人民民主专政重要工具之一的司法行政机关,是在彻底打碎旧中国的国家机器以后,根据《中国人民政治协商会议共同纲领》和《中央人民政府组织法》的有关规定建立起来的。

1949 年 10 月 30 日,中央人民政府司法部成立,史良任部长,李木庵任副部长。同年 12 月 20 日,中央人民政府委员会批准了《中央人民政府司法部试行组织条例》。这个条例对中央人民政府司法部的任务和组织机构作了明确规定。根据这个《条例》,中央人民政府司法部的机构设置为 1 厅 5 司 1 室:办公厅负责机关的文书、人事、行政等事务。第一司主管司法机关的司法行政事务;第二司主管公证、律师工作;第三司主管狱政工作;第四司主管司法干部的教育训练;第五司主管法制宣传和视察工作。1 室为专门委员室。人员编制为 200 名。此后,中央人民政府司法部的机构设置和人员编制,根据不同时期客观形势的需要又做过几次调整。

地方司法行政机关在新中国成立初期只设到大行政区级,东北人民政府和华东、中南、西北、西南 4 个大行政区均设立司法部。各大行政区司法部随着本大区人民政府或军政委员会的成立而设立,编制各为 100 名左右,各自主管本大区的司法行政事宜。大区司法部下设 1 室、3 处,即:办公室负责机关的文书、人事、行政等事务。第一处主管本地区司法机关的司法行政事务;第二处主管本地区司法干部的教育训练;第三处主管本地区的公证、律师、宣传等事务。华北未设大行政区,河北、山西、北京、天津等省、市和内蒙古自治区由中央直辖,其司法行政事宜由中央人民政府司法部直接管理。②

---

① 《当代中国的检察制度》,中国社会科学出版社 1987 年版,第 34—60 页。
② 《当代中国的司法行政工作》,当代中国出版社 1995 年版,第 23—26 页。

司法行政机关建立以后,在以下几个方面开展了工作,并取得很大成绩。

一是组织建立各级司法机构。新中国成立初期,司法行政机关主管地方各级人民法院的思想建设、组织建设、业务建设和物资装备工作,司法行政工作是围绕法院审判工作开展的。因此,建立各级司法机构,是司法部成立后面临的首要任务。中央人民政府司法部和各大行政区司法部在接收和改造旧法院、抽调和培训司法干部、建立地方各级人民法院的工作中做了大量卓有成效的工作,使地方各级人民法院干部基本配备起来,及时有效地开展人民司法工作,为巩固人民民主专政,维护社会秩序,保障各种社会改革和国家经济建设作出了积极贡献。

二是参加与配合"三大运动"。在新中国成立初期先后开展的土地改革,镇压反革命,"三反"、"五反"这三大运动中,中央人民政府司法部每次都及时地发出指示,要求各级司法机关边工作边建设,积极投入运动,抽调干部参加斗争,并从司法方面积极配合,以推动运动的顺利开展和保卫运动的胜利成果。

三是参加起草和贯彻执行《婚姻法》。新中国成立后制定的第一部重要法律是《中华人民共和国婚姻法》。中央人民政府司法部副部长李木庵等参加了这一重要法律的制定。《婚姻法》公布后,司法部又为它的贯彻执行发布了一系列指示。1951 年 9 月 20 日,司法部与最高人民法院联合发出《关于认真执行〈中央人民政府政务院关于检查婚姻法执行情况的指示〉的通知》,要求各级人民法院认真贯彻执行政务院的指示。同年 10 月 13 日,又联合发布了《关于检查司法干部处理婚姻案件的思想作风及对干涉婚姻自由杀害妇女的行为开展群众性的司法斗争的指示》,要求各级人民法院在执行政务院的指示中,必须坚决地向封建婚姻制度的遗毒及干涉婚姻自由的犯罪行为进行斗争。1952 年 7 月 25 日,司法部又和内务部联合发布《关于继续贯彻婚姻法的指示》,要求各地必须切实遵照政务院的指示,对《婚姻法》的执行情况进行认真检查。1952年 11 月至 1953 年 3 月,中共中央和中央人民政府先后发布《关于贯彻婚姻法的指示》和《关于贯彻婚姻法运动月工作的补充指示》等文件,确定

1953年3月为贯彻《婚姻法》运动月。为贯彻中共中央和政务院的上述指示,司法部会同最高人民法院于1953年2月27日联合发布了《关于各级人民法院积极参加贯彻婚姻法运动的指示》,要求各级人民法院既要彻底纠正对妇女合法权益保护不力的偏向,又要纠正对群众中一般的家庭纠纷,在当事人不告发甚至不愿政府干涉的情况下反去强加干涉的偏向。并指出各级人民法院必须贯彻群众路线,及时正确地处理婚姻案件,大力支持群众斗争,从司法方面保证运动的健康发展。

四是主持司法改革。1952年6月开始的司法改革,是一场反旧法观点的运动。其目的是改造与整顿各级人民司法机关,使它从政治上、组织上、思想作风上纯洁起来,使人民司法制度在全国范围内逐步建立和健全起来,使其符合国家经济建设和保护人民的需要。这次运动是在司法部的主持下进行的。1952年7月16日,在中央人民政府司法部成立了由该部和最高人民法院共同组成的中央司法改革办公室,负责推动与指导全国的司法改革运动,具体任务是了解情况、督促各地、交流经验、组织宣传。各大行政区司法部会同最高人民法院分院也相应地成立了各该大行政区司法改革办公室,负责推动与指导本大行政区的司法改革运动。这场运动历时9个月。经过司法改革,揭露批判了旧法观点和旧司法作风,纯洁了人民法院的组织,改变了旧法院的衙门作风,建立了人民司法制度和新的工作作风。

五是批复解答有关政策、法律问题。这是中央人民政府司法部在新中国成立初期的一项特殊而又繁重的工作。当时对政策、法律问题的解答,主要包括三个方面的问题:刑事政策、法律方面的问题,民事政策、法律方面的问题,诉讼程序制度方面的问题。司法部所做的大量政策、法律问题的批复和解答中,除少量属司法行政工作方面的问题外,大都属立法方面和司法方面的解释。在当时法制不完备、政策法律的解释权限未划分,有关机关的职责也不很明确的情况下,司法行政机关的批复解答,对保障政策、法律的正确实施,发挥了积极作用。①

---

① 《当代中国的司法行政工作》,当代中国出版社1995年版,第30—46页。

(五)1954 年宪法的制定与公布

从新中国成立到 1952 年底,经过 3 年多的政权建设,全国先后有 30 个省、2 个省级行署区、160 个市、2174 个县和 28 万多个乡召开了各界人民代表会议,从中央到地方的各级人民政权普遍建立起来。在这样的情况下,1953 年 1 月 13 日,中央人民政府委员会召开的第 20 次会议,认为于 1953 年召开由人民用普选方法产生的乡、县、省(市)各级人民代表大会,并在此基础上召开全国人民代表大会以制定宪法的条件已经具备。这次会议通过的《中央人民政府委员会关于召开全国人民代表大会及地方各级人民代表大会的决议》中,决定成立以毛泽东为主席的中华人民共和国宪法起草委员会①,开始宪法的起草工作。

1953 年 12 月 24 日,毛泽东带着宪法起草小组的几个成员陈伯达、胡乔木、田家英乘专列离京赴杭,开始做一项为新中国法治建设奠定千秋基业的大事——起草中华人民共和国宪法。宪法起草工作进展得比较顺利。从 1954 年 1 月 9 日开始,到 2 月 17 日左右草案初稿就出来了,只用了不到 40 天的时间。随后,在毛泽东主持下,起草小组通读通改。2 月 24 日完成"二读稿",26 日完成"三读稿",3 月 9 日拿出"四读稿"。至此,宪法起草小组完成了第一阶段的任务,为中共中央政治局会议进一步讨论修改宪法草案,提供了一个比较成熟的稿本。2 月 28 日和 3 月 1 日,刘少奇在北京主持召开中央政治局扩大会议,讨论并基本通过了宪法草案初稿的"三读稿"。3 月 9 日,杭州宪法起草小组又提交了"四读稿"。3 月 12 日、13 日和 15 日,刘少奇再次主持召开中央政治局扩大会议,讨论这个稿子。这样,宪法草案初稿的起草工作告一段落,准备扩大范围讨论修改后,提交宪法起草委员会。

3 月 23 日下午 3 时,中华人民共和国宪法起草委员会第一次会议在中南海勤政殿举行。毛泽东主持会议。刘少奇、周恩来、陈云、董必武、邓小平等和宋庆龄、李济深、何香凝、沈钧儒、马寅初、马叙伦、陈叔通、张澜、

---

① 《中央人民政府委员会关于召开全国人民代表大会及地方各级人民代表大会的决议》,见中共中央文献研究室编:《建国以来重要文献选编》第 4 册,中央文献出版社 2011 年版,第 13—15 页。

黄炎培、程潜等,共26名宪法起草委员会委员出席了会议。会上,毛泽东代表中国共产党向会议正式提出《中华人民共和国宪法草案(初稿)》。5月27日至31日,在刘少奇主持下,宪法起草委员会接连召开四次全体会议,对草案初稿逐章讨论,形成宪法草案(修正稿)。6月8日,刘少奇主持召开宪法起草委员会第六次全体会议,对修正稿进行讨论。与此同时,全国政协和各省市党政机关,军队领导机关,以及各民主党派和各人民团体的地方组织,共8000多人,用了两个多月时间对宪法草案(初稿)进行讨论,提出各种修改意见5900多条。6月11日下午,宪法起草委员会举行第七次全体会议,讨论通过了宪法草案(修正稿),准备提交中央人民政府委员会第30次会议通过并公布。这次会议对宪法草案(修正稿)的全部条文作了最后的审查,全部条文定为106条。

经过3月23日至6月11日历时81天的广泛讨论和反复修改,宪法草案提交全国人民公开讨论的条件已经成熟。6月14日,毛泽东主持召开中央人民政府委员会第30次会议,一致通过了《中华人民共和国宪法草案》和《关于公布中华人民共和国宪法草案的决议》。会议结束的当天,《中华人民共和国宪法草案》正式公布,郑重交付全国人民讨论并征求意见。在随后的两个多月里,全国各界共有一亿五千多万人参加了宪法草案的讨论,他们热烈拥护这个宪法草案,又提出118万条修改和补充意见。经过全国性大讨论,宪法草案又作了一些重要修改。

9月8日,毛泽东主持召开宪法起草委员会第八次会议,对宪法草案作最后一次讨论修改。这时离第一届全国人民代表大会第一次会议开幕的日期——9月15日,只有7天时间。9月14日,毛泽东主持召开中央人民政府委员会临时会议,对第二天即将提交全国人民代表大会讨论的宪法草案,作最后的审议。

1954年9月15日下午3时,中华人民共和国第一届全国人民代表大会第一次会议,在北京中南海怀仁堂隆重开幕。在这天的会议上,刘少奇受中华人民共和国宪法起草委员会的委托,作了《关于中华人民共和国宪法草案的报告》。与会代表对宪法草案和刘少奇的报告进行了热烈讨论。9月20日,第一届全国人民代表大会第一次会议全票通过了《中华人民共和国宪法》。① 同日,中华人民共和国第一届全国人民代表大会第一次会议主席团公布了该宪法。

1954 年宪法包括序言和总纲、国家机构、公民的基本权利和义务、国旗国徽首都,共四章 106 条。

序言宣告中华人民共和国是人民民主专政的国家,奉行人民民主制度即新民主主义制度,保证通过和平的道路消灭剥削和贫困,建成繁荣幸福的社会主义社会。为此,宪法将党在 1953 年 8 月提出的过渡时期总路线写在序言中,上升为国家意志。序言说明新中国成立后几年内所取得的成就,为有计划地进行经济建设、逐步过渡到社会主义社会准备了必要的条件;以中国共产党为领导的各民主阶级、各民主党派、各人民团体的广泛的人民民主统一战线将继续发挥它的作用;在民族问题上强调自由平等的原则,反对大民族主义和地方民族主义,继续加强各民族的团结,照顾各民族的需要,充分注意各民族发展的特点;在外交方面,根据平等、互利、互相尊重主权和领土完整原则,同任何国家建立和发展外交关系,坚定不移地为世界和平和人类进步事业而努力。

第一章为总纲,共 20 条。内容规定:中华人民共和国是工人阶级领导的、以工农联盟为基础的人民民主国家。中华人民共和国的一切权力属于人民。人民行使权力的机关是全国人民代表大会和地方各级人民代表大会。宪法还宣布:中华人民共和国是统一的多民族的国家。各民族一律平等。各少数民族聚居的地方实行区域自治。各民族自治地方都是中华人民共和国不可分离的部分。关于经济制度,宪法规定:中华人民共和国的生产资料所有制主要有国家所有制,即全民所有制;合作社所有制,即劳动群众集体所有制;个体劳动者所有制;资本家所有制等几种。国营经济是全民所有制的社会主义经济,是国民经济中的领导力量,国家保证优先发展国营经济。合作社经济是劳动群众集体所有制的社会主义经济,国家保护合作社的财产,鼓励、指导和帮助合作社经济的发展。国

---

① 中共中央文献研究室编:《毛泽东传》(三),中央文献出版社 2011 年版,第 1284、1289、1293—1295、1298—1299、1303 页。

家指导和帮助个体农民增加生产,并且鼓励他们根据自愿的原则组织生产合作、供销合作和信用合作。国家依照法律保护手工业者和其他非农业的个体劳动者的生产资料所有权,指导和帮助个体手工业者和其他非农业的个体劳动者改善经营,并且鼓励他们根据自愿的原则组织生产合作和供销合作。国家依照法律保护资本家的生产资料所有权和其他资本所有权,对资本主义工商业采取利用、限制和改造的政策。

第二章为国家机构,共6节64条。分别对全国人民代表大会、中华人民共和国主席、国务院、地方各级人民代表大会和地方各级人民委员会、民族自治地方的自治机关、人民法院和人民检察院等国家机构的职权、产生办法及相互关系等,做了明确规定。规定全国人民代表大会是国家最高权力机关,行使国家立法权。

第三章为公民的基本权利和义务,共19条。关于公民的基本权利,宪法规定:公民在法律上一律平等。凡年满18岁的公民,不分民族、种族、性别、职业、社会出身、宗教信仰、教育程度、财产状况、居住期限,都有选举权和被选举权。公民有言论、出版、集会、结社、游行、示威和宗教信仰的自由。公民的人身自由和住宅不受侵犯,通信秘密受法律的保护。公民有居住和迁徙的自由,有进行科学研究、文学艺术创作和其他文化活动的自由,有劳动、休息和受教育的权利。妇女在政治的、经济的、文化的、社会的和家庭的生活各方面享有同男子平等的权利。公民对于任何违法失职的国家机关工作人员,有向各级国家机关提出控告的权利。由于国家机关工作人员侵犯公民权利而受到损失的人,有取得赔偿的权利。关于公民的义务,宪法规定:中华人民共和国公民必须遵守宪法和法律,遵守劳动纪律,遵守公共秩序,尊重社会公德,爱护和保卫公共财产,依法纳税,保卫祖国,依法服兵役。

第四章为国旗、国徽、首都,共3条,内容规定:中华人民共和国国旗是五星红旗;国徽中间是五星照耀下的天安门,周围是谷穗和齿轮;首都是北京。①

---

①　《中华人民共和国宪法》,见中共中央文献研究室编:《建国以来重要文献选编》第5册,中央文献出版社2011年版,第449—467页。

1954 年宪法是新中国的第一部社会主义宪法,它继承和发展了《中国人民政治协商会议共同纲领》的正确原则,反映了全国广大人民的共同利益和愿望。这部宪法是 100 多年来,特别是中国共产党成立以来中国人民英勇斗争历史经验的总结,是新中国成立以来政治、经济、文化等各方面建设经验的总结,是新中国民主法治建设的重大成果。它的制定与颁行,标志着我国法治建设进入了一个新的发展阶段。

二、法治建设的初步发展

从 1954 年 9 月第一届全国人民代表大会第一次会议公布《中华人民共和国宪法》,到 1957 年 6 月反右派运动开始,是我国法治建设的初步发展时期。

(一)配合社会主义改造制定有关法律法规

从 1953 年到 1956 年,是新中国对农业、手工业和资本主义工商业全面进行社会主义改造的时期。在这一时期,围绕三大改造,全国人大和国务院制定并颁布了一系列法律法规,有力地配合和保障了社会主义改造的顺利进行。

1.《高级农业生产合作社示范章程》

随着农业合作化运动的发展,需要一些法律性的文件对农业合作化运动进行指导和规范,为此,1956 年 6 月 30 日,第一届全国人民代表大会第三次会议通过了《高级农业生产合作社示范章程》(以下简称《章程》)。《章程》共 11 章 64 条,由总则、社员、土地和其他主要生产资料、资金、生产经营、劳动组织和劳动报酬、财务管理和收入分配、政治工作、文化福利事业、管理机构以及附则组成,是调整高级农业生产合作社的正式法律文件。

总则规定:农业生产合作社是劳动农民在共产党和人民政府的领导和帮助下,在自愿和互利的基础上组织起来的社会主义的集体经济组织,实行"各尽所能,按劳取酬"的分配原则,农业生产合作社要把全社利益和国家利益、个人利益正确地结合起来,实行民主管理。

关于社员,《章程》规定:年满16周岁的男女劳动农民和能够参加社内劳动的其他劳动者,都可入社做社员。入社由本人自愿申请,经社员大会或社员代表大会通过。《章程》还特别规定了地主分子、富农分子和反革命分子入社的条件,并对社员的权利和义务,以及社员退社和取消社员资格的有关条款作了明确规定。

关于土地和其他主要生产资料,《章程》规定:入社的农民必须把私有的土地和耕畜、大型农具等主要生产资料转为合作社集体所有;社员私有的生活资料和零星的树木、家禽、家畜、小农具、经营家庭副业所需要的工具,仍属社员私有。社员原有的坟地和房屋地基不必入社。《章程》还对社员私有的成片林木、成群牲畜的处理原则做了具体规定。

关于资金,《章程》规定:农业生产合作社为了筹集生产费和收买社员私有的生产资料,可以按照生产的需要和社员的负担能力,向社员征集股份基金。农业生产合作社应该从每年的收入中留出一定数量的公积金和公益金。公积金用作扩大生产所需要的生产费用、储备种籽、饲料和增添合作社固定财产的费用;公益金用来发展合作社的文化福利事业。农业生产合作社资金不够的时候,可由社员在自愿原则下,按照自己的力量向社投资。

关于生产经营,《章程》规定:农业生产合作社在组织和发展生产上,必须贯彻执行勤俭办社的方针,积极地扩大生产范围,发展同农业相结合的多部门经济。要根据本身的经济条件和当地的自然条件,积极地采取各种措施,提高农业生产的水平;要根据国家的计划和当地的条件,努力增产粮食、棉花等主要作物,同时又要发展桑、茶、麻等经济作物;要根据需要和可能,积极地发展林业、畜牧业等副业生产;要制订生产计划,有计划地进行生产。

关于劳动组织和劳动报酬,《章程》规定:生产队是农业生产合作社劳动组织的基本单位,农业生产合作社要正确地规定各种工作的定额和报酬标准,实行按件计酬,还可以实行包产和超产奖励。农业生产合作社的管理人员,经常不能直接参加生产劳动的,应由社员大会或者社员代表大会议定一定数量的劳动日作为报酬。农业生产合作社要通过劳动竞赛,动员社员提高劳动效率和生产技术,完成和超额完成生产计划。农业生产合作社在劳动管理上要建立检查和验收的制度。社员必须遵守劳动纪律。

关于财务管理和收入分配,《章程》规定:农业生产合作社管理委员会应制定年度财务收支预算,提交社员大会或者社员代表大会通过后实行。农业生产合作社使用资金,必须严格地注意节约,必须建立必要的财务制度和手续。农业生产合作社全年收入的实物和现金,在依照国家的规定纳税后,应根据既能使社员的个人收入逐年有所增加、又能增加合作社的公共积累的原则进行分配。

关于政治工作,《章程》规定:政治工作的目的是保证完成生产计划,保证执行勤俭办社的方针,保证按劳取酬和男女老少同工同酬,保证合作社的集体利益、国家利益和社员的个人利益得到正确的结合,从思想上和组织上巩固农业生产合作社。政治工作在共产党和人民政府的领导下,在青年团和妇女联合会的协助下进行。

关于文化福利事业,《章程》规定:农业生产合作社应该在生产发展的基础上,随着合作社收入和社员个人收入的增加,根据社员的需要,逐步地举办各种文化福利事业。农业生产合作社必须注意社员在劳动中的安全,对于因公负伤或者因公致病的社员要负责医治,对于因公死亡的社员的家属要给以抚恤;对于缺乏劳动力或者完全丧失劳动力、生活没有依靠的社员,在生产和生活上应给以适当的安排和照顾,保证年幼的受到教育和年老的死后安葬。

关于管理机构,《章程》规定:农业生产合作社的最高管理机关是社员大会或者社员代表大会。社员大会或者社员代表大会选出管理委员会管理社务,选出监察委员会监察社务。管理委员会由主任、副主任和委员组成,根据社章和社员大会或者社员代表大会的决议管理社务。监察委员会监督合作社主任、副主任和委员是否遵守社章和社员大会或者社员代表大会的决议,检查合作社的财务收支是否正确,合作社内对公共财产有无贪污、偷盗、破坏等情形。

附则规定:各省、市依照当地的情况和需要,民族自治地方依照当地民族的特点和实际需要,可以对于本章程没有规定或者没有具体规定的事情,作出补充规定。①

《章程》颁布以后,中共中央和国务院又根据农业生产合作社发展中出现的具体情况,制定了一些法规性文件,成为上述章程的补充。如1956 年9 月12 日《中共中央、国务院关于加强农业生产合作社的生产领导和组织建设的指示》等。这些法律和法规的制定与颁行,对于保证农业合作化运动的顺利进行,发挥了重要作用。

2.《公私合营工业企业暂行条例》

为鼓励和指导有利于国计民生的资本主义工业转变为公私合营形式的国家资本主义工业,逐步完成社会主义改造,1954 年9 月2 日,政务院第223 次政务会议通过了《公私合营工业企业暂行条例》(以下简称《条例》)。《条例》共7 章28 条,由总则、股份、经营管理、盈余分配、董事会和股东会议、领导关系及附则组成。

总则规定,由国家或者公私合营企业投资并由国家派干部,同资本家实行合营的工业企业,是公私合营工业企业。对资本主义工业企业实行公私合营,应当根据国家的需要、企业改造的可能和资本家的自愿。合营企业中,社会主义成分居于领导地位,私人股份的合法权益受到保护。

关于股份,《条例》规定:对于企业实行公私合营,公私双方应对企业的实有财产进行估价,并将企业的债权债务加以清理,以确定公私双方的股份。对企业财产的估价,公私双方应根据公平合理的原则,参酌财产实际尚可使用的年限和对于企业生产作用的大小,协商进行。合营企业可以吸收私人投资,股东对于合营企业的债务负有限责任。

关于经营管理,《条例》规定:合营企业受公方领导,由人民政府主管业务机关所派代表同私方代表负责经营管理。公私双方代表在合营企业

---

① 《高级农业生产合作社示范章程》,见中共中央文献研究室编:《建国以来重要文献选编》第8 册,中央文献出版社2011 年版,第345—365 页。

中的行政职务,由人民政府主营业务机关同私方代表协商决定并加以任命。合营企业应采取适当的形式,实行工人代表参加管理的制度。

关于盈余分配,《条例》规定:合营企业应将全年盈余总额在缴纳所得税后的余额,就企业公积金、企业奖励金和股东股息红利三个方面加以分配:企业公积金应以发展生产为主要用途;企业奖励金应以举办职工集体福利设施和奖励先进职工为主要用途;公股分得的股息红利,应依照规定上缴;私股分得的股息红利,由私股股东自行支配。

关于董事会和股东会议,《条例》规定:合营企业的董事会是公私双方协商议事的机关。规模较大、股东较多的合营企业,一般应设董事会。公私双方董事的名额由公私双方协商规定。公方董事由人民政府主管业务机关派任,私方董事由私股股东推选。董事会可定期召开私股股东会议,报告董事会的工作、处理私股股东内部的权益事项。

关于领导关系,《条例》规定:合营企业应分别划归中央、省、直辖市、县、市人民政府主管业务机关领导;人民政府工商行政机关负责管理合营企业有关工商行政的事项;人民政府财政机关和所属的交通银行,负责监督合营企业的财务。

附则规定了《条例》在适用中对特殊情况的处理原则。①

随着手工业和资本主义工商业社会主义改造的进行,国务院又制定了其他一些法规性文件,如 1956 年 2 月 8 日国务院全体会议第 24 次会议通过的《国务院关于目前私营工商业和手工业的社会主义改造中若干事项的决定》,和同年 7 月 28 日国务院发布的《关于对私营工商业、手工业、私营运输业的社会主义改造中若干问题的指示》等。《公私合营工业企业暂行条例》以及上述法规的制定与颁行,对于保证手工业和资本主义工商业的社会主义改造在有法可依的情况下稳步进行,发挥了重要作用。

---

① 《公私合营工业企业暂行条例》,见中共中央文献研究室编:《建国以来重要文献选编》第 5 册,中央文献出版社 2011 年版,第 389—393 页。

（二）审判制度和检察制度的发展

1954年9月21日,中华人民共和国第一届全国人民代表大会第一次会议通过了《中华人民共和国人民法院组织法》和《中华人民共和国人民检察院组织法》。人民法院组织法和人民检察院组织法的公布实施,使新中国的审判制度和检察制度进入了一个新的发展阶段。

1. 审判制度的发展

人民法院组织法是由最高人民法院和司法部组织专门小组起草草稿,报送中共中央反复研究修改,然后提交第一届全国人民代表大会第一次会议审议通过,并经毛泽东主席公布施行的。人民法院组织法以宪法关于人民法院组织与活动基本原则的规定为依据,对人民法院的体制、设置和审级、审判原则和审判工作制度等都作了明确的规定。它的公布和施行,使人民审判制度得到了重要发展。

在人民法院的体制方面,人民法院组织法颁布之前,按照1951年《人民法院暂行组织条例》的规定,最高人民法院由中央人民政府委员会领导,地方各级人民法院由同级人民政府领导。人民法院组织法颁布后,最高人民法院和地方各级人民法院分别由全国人民代表大会和地方各级人民代表大会产生,向它负责并报告工作。人民法院不再是同级人民政府的下属部门。它与国家行政机关(国务院和地方各级人民政府)、人民检察机关一样,都在国家权力机关的监督之下,各自构成统一的体系。人民法院体制的这种变更,加强了人民法院在国家机构中的地位。

在人民法院的设置和审级方面,人民法院组织法颁布之前,按照《人民法院暂行组织条例》的规定,全国设立县级人民法院、省级人民法院和最高人民法院,实行基本的三级两审制。省人民法院和最高人民法院视需要设分院或分庭,在其所辖区域内分别行使省人民法院和最高人民法院的职权。这样,从审级来说,是三级法院;从机构设置来说,是五个层次。不服省分院判决的上诉案件,要直接上诉到最高人民法院或其分院,增加了当事人的讼累,也使省法院难以掌握全省的审判工作情况,不利于进行审判监督,而且大量的上诉案件集中到最高人民法院及其分院,往往造成积压的局面。人民法院组织法颁布之后,人民法院的设置和审级作了变动,改设地方各级人民法院、专门人民法院和最高人民法院。地方各级人民法院分为基层人民法院、中级人民法院和高级人民法院。从地方到中央共设四级法院,实行四级两审制。基层人民法院设在县(自治县)、市、市辖区;中级人民法院设在省、自治区内的地区、较大的市、自治州;高级人民法院设在省、自治区、直辖市。专门人民法院包括:军事法院、铁路运输法院、水上运输法院。上级人民法院监督下级人民法院的审判工作;最高人民法院监督地方各级人民法院和专门人民法院的审判工作。这样的组织体系就避免了新中国成立初期三级法院、五层组织机构所产生的弊病。

人民法院组织法还规定了人民法院审判案件应当遵循的基本原则和各项审判工作制度。基本原则有:国家的审判权由人民法院统一行使,其他任何国家机关或社会团体都无权审判案件的原则;人民法院独立进行审判,只服从法律的原则;一切公民在适用法律上一律平等的原则;民族平等的原则等。审判工作制度包括:公开审判制度、辩护制度、人民陪审员制度、合议制度、审判委员会制度、回避制度、审判监督制度等。这些原则和制度的规定,对于保证人民法院统一正确地行使国家的审判权,保证国家法律的统一实施,进而巩固人民民主专政,维护社会秩序,保护公民和法人的合法权益,促进经济发展,有着重要的意义,是新中国审判制度的重要发展。①

2. 检察制度的发展

人民检察院组织法是最高人民检察署在总结《中央人民政府最高人民检察署暂行组织条例》和《各级地方人民检察署组织通则》实施情况,并吸取检察工作经验的基础上起草草稿,报经中共中央、中央人民政府委员会和宪法起草委员会反复研究修改,最后提交全国人民代表大会第一次会议审议通过,并经毛泽东主席公布施行的。这部组织法,依据宪法关于人民检察院的有关规定,比较系统地规定了人民检察制度,包括人民检

---

① 《中华人民共和国人民法院组织法》,见中共中央文献研究室编:《建国以来重要文献选编》第 5 册,中央文献出版社 2011 年版,第 478—486 页。

察院的设置、职权、行使职权的程序,以及检察人员的任免程序等。它的公布施行,使人民检察制度得到了重要发展。

在检察机关的设置方面,人民检察院组织法颁布之前,按照《中央人民政府最高人民检察署暂行组织条例》和《各级地方人民检察署组织通则》的规定,全国设最高人民检察署、省人民检察署和县人民检察署。最高人民检察署在各大行政区或其他区域设分署,省人民检察署在专区设分署。人民检察院组织法颁布以后,改设最高人民检察院、地方各级人民检察院和专门人民检察院。地方各级人民检察院分为省、自治区、直辖市、自治州、市、县、自治县人民检察院。省、自治区、直辖市人民检察院按照需要可以设立分院。直辖市和设区的市人民检察院按照需要可以设立市辖区人民检察院。这样的设置使新中国的检察体制更加健全和完备。

在检察院的领导体制方面,人民检察院组织法颁布之前,按照《中央人民政府最高人民检察署暂行组织条例》和《各级地方人民检察署组织通则》的规定,最高人民检察署由中央人民政府委员会领导,地方各级人民检察署由上级人民检察署和同级人民政府领导。人民检察院组织法颁布后,最高人民检察院对全国人民代表大会负责并报告工作;在全国人民代表大会闭会期间,对全国人民代表大会常务委员会负责并报告工作。地方各级人民检察院和专门人民检察院在上级人民检察院的领导下,并且一律在最高人民检察院的统一领导下进行工作。人民检察院领导体制的这种变更,加强了人民检察院在国家机构中的地位。

在检察院内部的领导体制方面,人民检察院组织法颁布之前,按照《中央人民政府最高人民检察署暂行组织条例》和《各级地方人民检察署组织通则》的规定,最高人民检察署和各级地方人民检察署设检察委员会议,以检察长、副检察长及委员组成,以检察长为主席,议决有关检察的政策方针及其他重要事项。人民检察院组织法颁布后,各级人民检察院设检察委员会。检察委员会在检察长领导下,处理有关检察工作的重大问题。

在检察人员的任免方面,人民检察院组织法颁布前,最高人民检察署检察长、副检察长及委员均由中央人民政府委员会任命,副检察长及委员的人数,由最高人民检察署检察长呈请中央人民政府委员会增减。人民检察院组织法颁布后,最高人民检察院检察长由全国人民代表大会选举,副检察长由全国人民代表大会常务委员会任免,检察员和检察委员会委员由最高人民检察院检察长提请全国人民代表大会常务委员会任免;省、自治区和直辖市的人民检察院的检察长、副检察长、检察员和检察委员会委员,由最高人民检察院提请全国人民代表大会常务委员会批准任免;省、自治区、直辖市的人民检察院分院和县、市、自治州、自治县、市辖区人民检察院的检察长、副检察长、检察员和检察委员会委员,由省、自治区、直辖市的人民检察院提请最高人民检察院批准任免。这种任免程序是和当时实行垂直领导原则相对应的,是垂直领导原则在人事制度方面的表现。

人民检察院组织法还全面规定了人民检察院的各项职权以及行使职权的程序。人民检察院的职权是:最高人民检察院对于国务院所属各部门、地方各级国家机关、国家机关工作人员和公民是否遵守法律行使检察权。地方各级人民检察院对地方国家机关的决议、命令和措施是否合法,国家机关工作人员和公民是否遵守法律,实行监督;对于侦查机关的侦查活动是否合法,实行监督;对于人民法院的审判活动是否合法,实行监督;对于刑事案件判决的执行和劳动改造机关的活动是否合法,实行监督。对刑事案件进行侦查,提起公诉,支持公诉,对于有关国家和人民利益的重要民事案件有权提起公诉或者参加诉讼。行使职权的程序包括:一般监督程序,对刑事案件侦查的程序,侦查监督程序,提起公诉和审判监督程序,对刑事判决的执行和对监狱、看守所、劳动改造机关的监督程序等。这些权利和程序的规定,对于保证人民检察院统一正确地行使检察权和监督权,有着重要的意义,是新中国检察制度的重要发展。①

(三)第二次镇压反革命运动中的司法工作

1955 年,正当国家的社会主义改造和社会主义建设事业不断取得成

---

① 《中华人民共和国人民检察院组织法》,见中共中央文献研究室编:《建国以来重要文献选编》第 5 册,中央文献出版社 2011 年版,第 487—491 页。

就的时刻,在城市和农村,残余反革命势力重新抬头,猖狂进行破坏活动。在这样的情况下,从1955年6月到1956年底,又在全国范围内开展了一次群众性的镇压反革命运动。这次运动的重点是清查暗藏的反革命分子,同时打击破坏社会主义改造和社会主义建设的现行反革命分子以及其他严重的刑事犯罪分子。各级人民法院和各级人民检察院根据中共中央的指示大力投入镇反运动,有力地发挥了审判工作和检察工作的作用。

这次镇压反革命运动的特点,是社会镇反和内部肃反同时开展,互相结合。中共中央对这次镇压反革命运动,明确规定了"严肃与谨慎相结合"的方针。1955年5月26日,最高人民法院和司法部联合召开了全国司法工作座谈会。会议深入讨论了中共中央关于开展镇反斗争的方针和政策,集中研究了镇压反革命分子与贯彻人民法院组织法、改善审判作风的关系,要求各级人民法院采取有效措施,再给反革命分子以有力打击,并明确提出了审判工作要努力达到"正确、合法、及时"的要求。这次座谈会以后,各地人民法院(不含西藏)大力投入了肃清反革命分子的斗争。据统计,1955年7月至12月,全国各级人民法院共受理初审反革命案件和其他刑事案件622418件,审结603905件。通过审判,有力地惩处了各种反革命分子和严重破坏社会秩序的刑事犯罪分子,对于保障社会主义改造和社会主义建设事业的顺利进行,发挥了重要作用。①

各级人民检察院也大力投入镇反运动,为保障社会主义事业的安全发挥了重要作用。

一是根据形势正确执行惩办与宽大相结合的政策,进一步削弱反革命势力。为了打击反革命的嚣张气焰,检察工作首先强调了镇压的一面。对于罪该法办的反革命犯和其他刑事犯,及时采取限制其人身自由的强制措施,加以逮捕,以保证侦查、审讯工作的顺利进行。据北京、天津、河北、浙江、贵州、云南、福建、陕西、甘肃(含今宁夏回族自治区)、吉林、热河、辽宁、内蒙古、山西、广西、黑龙江、安徽、青海等18个省、自治区、直辖市的统计,在1955年共逮捕反革命分子及其他刑事犯罪分子317200人,

---

① 《当代中国的审判工作》上册,当代中国出版社1993年版,第67页。

其中反革命分子占 50% 多。打击的重点首先是特务间谍分子。根据公安机关侦查的结果,各级检察机关审查起诉了一批重大的特务间谍案件。在内部肃反运动中,群众揭露出了一批暗藏的反革命分子,检察机关对其中罪行严重的分子依法逮捕起诉。在 1956 年,经检察机关提起公诉的内部肃反案件共有 2241 件。各地检察机关也批捕和起诉了一批其他刑事犯罪分子。

经过镇反运动的打击,各种案件显著下降。在这样的形势下,各级人民检察院协同有关部门,又适时开展了对反革命分子的政治攻势,广泛深入地宣传"坦白从宽,抗拒从严,立功赎罪,立大功受奖"的政策,号召反革命分子投案自首。当时在全国范围内投案自首的人有 234400 余人,其中有反革命分子 195000 余人,占投案自首总人数的 83.3%;其他犯罪分子 3900 余名,占 16.7%。各级检察机关根据宽大政策的精神,对投案自首分子所交代的问题,逐一进行认真核查。根据核查的结果,对于罪行轻微或仅有一般历史罪恶,而没有现行破坏活动的分子,一般不予追究;对于应该追究刑事责任,但能真诚坦白或有立功表现可以免予刑罚的分子,作出免予起诉的决定;对于已经坦白自首,但罪恶严重,仍需判刑的,在起诉时建议法院从宽处理。根据 21 个省、市检察院和专门检察院的统计,经检察机关作出免予起诉决定的共有 18400 多人。对于投案自首和真诚悔改的反革命分子,各级检察机关还协同有关部门进行了安置和改造工作,给予他们自新机会和生活出路,以利于化消极因素为积极因素。由于正确执行了惩办与宽大相结合的政策,从而大大削弱了反革命势力。

二是发挥法律监督作用,保证办案质量。在镇反运动中,各级人民检察院比较全面地发挥了法律监督的作用,对于保证正确、合法、及时地处理案件,保证运动的顺利进行,起了积极的作用。

在批准逮捕工作方面。1955 年镇反运动中,各级公安机关提请逮捕的人犯,经检察机关审查后,批准逮捕的占 68.1%,不批准逮捕的占 18.7%,因事实不清、证据不足而退回公安机关补充侦查的占 13.03%,从而防止了错捕好人,也防止了逮捕那些可捕可不捕的人,缩小了打击面,有利于分化反革命势力。

在侦查起诉和审查起诉工作方面,1956年,全国检察机关审查公安机关侦查终结移送检察机关起诉的案件共为269250件,其中决定起诉的200484件;检察机关侦查终结的案件26128件,其中决定起诉的25929件;审查投案自首的案件19202件,其中决定起诉的2250件;审查内部肃反案件6802件,其中决定起诉的2241件。以上四项合计决定起诉的案件共为230904件。全国各省、自治区、直辖市的平均起诉率为71.9%,最高的起诉率为87.18%,最低的为51.63%。有效地防止了把一些无罪或可以免予处罚的人交付审判。

在抗诉工作方面,据河北、山东、山西、湖北、湖南、浙江、江苏、黑龙江、甘肃等省及河南、江西、四川等省部分地区的统计,1955年经检察机关按照上诉程序和审判监督程序对错误判决提出抗议,并经人民法院改判的有1804件。在1956年,经过各级人民检察院按照上述程序提出抗议的案件共有2700件,经法院重新审理的1429件中,决定改判和发回重审的有1159件,占81.11%,这对于正确执行法律,防止和纠正冤假错案以及重罪轻判和轻罪重判现象,起了良好的作用。①

为了贯彻"有反必肃、有错必纠"的方针,总结镇反运动的经验,巩固成绩,健全社会主义法制,中共中央于1956年7月10日和11月13日先后发出检查镇反工作的指示和《关于切实做好镇反检查工作的通知》,并于同年7月13日至16日召开了全国各省、自治区、直辖市的检察长、法院院长、公安厅(局)长联席会议,具体部署镇反检查工作。会议确定检查镇反工作的重点是:检查冤案和错案;检查积案;检查监狱和劳改队;检查执行法律的情况。检查案件的结果,证明在镇反运动中,各级人民法院和各级人民检察院办理的案件大多数是正确的,但也存在着一些缺点和错误。经过检查,对于被错捕、错判,无辜受冤的人,原来在什么范围内弄错的,就在什么范围内宣布平反,恢复名誉,并进行妥善安置,挽回不良影响。对于办案中涉及的那些曾加入过反革命组织,但已脱离关系,或者同

---

① 《当代中国的检察制度》,中国社会科学出版社1987年版,第87—88、90—91、93—95页。

反革命组织、反革命分子有过关系的人,经过审查,也给他们做出公正的结论。对于漏捕、漏判的反革命分子,都依法起诉审判;判刑过轻的,提请法院依法改判。在检查镇反工作中,还清理了一批积案,改进了司法机关的工作制度和工作作风。通过检查监狱和劳改队,改进了管理教育工作,促进了犯人的改造,抗拒改造的罪犯显著减少,积极靠拢政府、接受改造的犯人不断增多,在组织犯人生产方面也有所改进。总之,通过镇反检查工作,纠正了缺点错误,巩固了镇反成果。

(四)司法行政机关的健全与司法行政工作的开展

新中国成立初期,司法行政机关只设到大区级。1954 年夏秋之间,各大行政区先后撤销,各大区司法部也随之撤销。同年 8 月 13 日,中央人民政府司法部急电各大区最高人民法院分院及各省、市人民法院和内蒙古自治区人民法院,明确指出:"由于各省、市法院审判工作本已十分繁重,如继续兼管所属法院的干部管理、教育、训练、组织建设、财务以及陪审、民间调解、公证、律师等司法行政工作,根据几年来的实践经验证明实难兼顾","今后应尽先将各省、市的审判机关与司法行政机关根据不同具体情况分别先后逐步分立。"并要求河北、山西、辽宁、吉林、黑龙江、热河、陕西、甘肃、山东、江苏、安徽、浙江、福建、湖南、湖北、四川、江西、河南18 个省和京、津、沪 3 个直辖市,立即着手建立司法厅(局);其他省、自治区应逐步加强法院内原有的司法行政处,创造条件尽早建立司法厅。随后,各省、自治区、直辖市的司法厅(局)便陆续建立了起来。各司法厅(局)一般都设 1 室、3 处:办公室负责机关的文书、宣传、财务和行政等事务。第一处为法院管理处;第二处为干部管理教育处;第三处为公证、律师管理处。各司法厅(局)主持各该省、自治区、直辖市的司法行政事宜。地、县及相当于地、县的市不设司法行政机关。①

随着司法行政机关的建立健全,司法行政工作也进一步开展,并取得重要成就。

① 《当代中国的司法行政工作》,当代中国出版社 1995 年版,第 28 页。

一是新的律师制度正式确立,律师工作初步开展。对于建立新的律师制度,虽然在新中国成立初期中央人民政府司法部就很重视,但因那几年百业待兴,新的律师制度的建立计划实际上来不及付诸实施。1953年中国胜利完成恢复国民经济的任务,各级人民法院也都已设置,建立新的律师制度有了一定的条件,试建律师制度的工作被提上了议事日程。1954年7月31日,中央人民政府司法部发出《关于试验法院组织制度中几个问题的通知》,指定北京、上海、天津、重庆、武汉、沈阳等大城市试办人民律师工作。同年9月20日颁布的《中华人民共和国宪法》和同月28日颁布的《中华人民共和国人民法院组织法》,从法律上确认了律师依法参与诉讼的身份和地位。到1955年,北京、上海、南京、武汉、沈阳、哈尔滨等26个城市开始试行律师制度,共有律师81人。1956年1月10日,司法部根据各地试办律师工作的情况,向国务院呈送了《关于建立律师工作的请示报告》。同年7月10日,国务院批准了这一报告。新中国的人民律师制度正式确立。人民律师制度确立后,律师的组织建设和业务开展都向前跨越了一步。到1957年6月,全国已有19个省、自治区、直辖市成立了律师协会;大、中城市和中级人民法院所在地以及一些县共建立法律顾问处820个,有专职律师人员2572人,兼职律师350人,法律顾问处的各项业务也较快地开展起来。在刑事辩护方面,律师接受被告人的委托或法院的指定,根据事实和法律履行辩护职责,收到不同程度的成效。据北京、上海、浙江、贵州等10个省、自治区、直辖市的59个法律顾问处统计,截至1957年6月,经律师出庭辩护的一、二两审的1204件刑事案件中,因律师辩护得力,改变案件起诉性质和变更主要事实或全部事实的有500件,其中宣告无罪的63件,免予刑事处分的49件。初步开展的律师辩护工作已取得显著成效。

二是公证制度建设初具规模。1950年下半年,南昌市和上海市人民法院率先开办了公私合同公证业务,对加强合同签订和执行的严肃性,防止国家财产的损失,起到了相当好的作用。1951年4月19日,《人民日报》在报道南昌市人民法院公证工作经验时,发表了评论,号召各地城市人民法院通过公证工作保护国家利益。1951年前后,中央人民政府司法部分别指示各大行政区司法部积极领导各城市人民法院开办公私合同公证业务。公证工作开始起步。1953 年 4 月 25 日,第二届全国司法会议讨论了司法部提出的《关于建立与加强公证工作的意见》,此后,公证业务大有发展。到 1954 年底,全国已有 119 个市和 177 个县开办了公证工作。1955 年 4 月 25 日至 5 月 6 日,司法部召开第一次全国公证工作会议,明确了公证工作的重点任务,讨论了公证机关的组织建设问题,对公证机关的设置和组织领导作了部署,促进了公证业务的发展。到 1957 年底,全国已有 52 个市设立了公证处;有 553 个市、县人民法院附设公证室;有 652 个县人民法院由审判员兼办公证。

三是人民调解工作进一步发展。新中国成立后,为动员广大人民群众团结一致、齐心协力从事生产建设,人民调解工作得到了普遍重视,调解组织发展很快,并发挥了积极作用。1953 年 4 月第二届全国司法会议决定:在全国的城市和乡村中,有领导、有计划地建立和健全人民调解委员会,是人民司法建设中的一项重要工作。为在全国范围内开展和加强人民调解工作,使之制度化、规范化,1954 年 2 月 25 日,政务院第 206 次政务会议通过了《人民调解委员会暂行组织通则》,并于同年 3 月 22 日颁布施行。《通则》是新中国成立后第一部关于人民调解工作的专门法规,明确规定了人民调解委员会的性质、宗旨、指导关系、任务、机构设置、组成人员条件以及调解工作的原则、纪律、方法等,成为在全国范围内开展人民调解工作的统一法律依据。由于《通则》的贯彻实施,到 1955 年底,全国 70%的乡村、街道建立了人民调解委员会,总数达 17 万多个,共有调解人员 100 万人,调解了大量的民间纠纷。全国调解组织的普及和人民调解工作的开展,不仅密切了人民法院与广大群众的联系,推动了司法改革和民主建设,而且通过调解活动教育人民爱国守法,自觉遵守国家法令,团结互助,有力地促进了社会主义改造和经济建设事业的发展。①

---

① 《当代中国的司法行政工作》,当代中国出版社 1995 年版,第 299、300、304—305、370—374、417—419 页。

三、法治建设的曲折发展

从 1957 年 6 月反右派运动开始,到 1966 年 5 月"文化大革命"开始,是我国法治建设曲折发展的时期。

(一)曲折发展时期的立法工作

社会主义改造基本完成以后,我国开始进入全面建设社会主义的历史时期。在此背景下召开的中国共产党第八次全国代表大会,提出要"进一步加强人民民主的法制","逐步地系统地制定完备的法律"①。中共八大的这一指导思想为立法工作开辟了蓬勃发展的前景。但从 1957 年 6 月反右派运动开始后,党的指导方针发生了严重失误,"左"倾思想和法律虚无主义日渐抬头,使得这一前景并未实现;相反,却进入了曲折发展的时期。

这一时期,全国人大及其常委会虽然大多数时间里还是举行了会议,行使了职权,但它的立法和监督职能受到了削弱。从 1958 年一届全国人大五次会议开始,连续 5 次,全国人民代表大会没有听取和审议最高人民法院、最高人民检察院的报告,使得全国人大对两院的监督工作无法落实。由于全国人大及其常委会的立法职能没能有效发挥,一些本该制定出来的基本法律没能制定出来。

《中华人民共和国刑法》从 1950 年开始起草,到 1957 年 6 月,已经写出了第 22 稿。一届全国人大四次会议曾作出决定:授权全国人大常委会根据各方意见和建议,将第 22 稿进行修改后,作为草案公布试行,在试行中继续征求各方面的意见,再加修改,然后提请全国人民代表大会审议通过。虽然全国人大作出了决定,但刑法草案第 22 稿并没有公布。因为从

---

① 《中国共产党第八次全国代表大会关于政治报告的决议》,见中共中央文献研究室编:《建国以来重要文献选编》第 9 册,中央文献出版社 2011 年版,第 301 页。

反右派运动开始后,轻视法律、否定法律的思潮日渐滋长,认为法律的作用是无足轻重的,政策可以代替法律,法律的存在会使政策实施起来缺乏灵活性,碍手碍脚。这种"左"的倾向使刑法起草工作停止了三四年。期间又经历了 1958 年的"大跃进"和人民公社化运动,以及 1959 年的"反右倾"斗争等重大事件。

1957 年之后的一系列政治运动,不仅是对国家正常经济生活的一次巨大冲击,而且也是对国家社会生活的一次巨大震荡,从而引发了不少问题。党和国家及时发现了这一偏差并积极采取一些措施加以纠正,即在 1961 年提出了"调整、巩固、充实、提高"的八字方针。在这样的情况下,1962 年 3 月 22 日毛泽东就法律工作明确指出:"不仅刑法要,民法也需要,现在是无法无天。没有法律不行,刑法、民法一定要搞。"①根据毛泽东这一指示,刑法起草工作再次提上议事日程。同年 5 月,在有关部门的协同下,全国人大常委会法律室在刑法草案第 22 稿的基础上恢复了起草研拟工作。经过多次的重大修改和反复征求意见,到 1963 年 10 月,写出了刑法草案第 33 稿。这个稿本经中共中央政治局常委和毛泽东审查,曾考虑公布。但因随后开始的"四清"、"文化大革命"等政治运动的冲击,最终没能公布。刑法草案稿因此沉寂了 15 个年头,直到 1978 年 10 月刑法起草工作才又重新开始。

《中华人民共和国民法典》从 1954 年下半年正式开始起草,到 1956 年 12 月已完成"民法草案"。草案分总则、所有权、债、继承四篇,共 525 条。但由于"反右"、"大跃进"、"人民公社化"等运动接踵而来,这次民法典的起草成果最终被束之高阁。

1962 年,经过三年困难时期,党和国家领导人日益认识到,在生产力不发达的情况下,需要发展商品生产和商品交换,需要适用法制手段来保护正当的所有权关系。在这样的情况下,毛泽东于 1962 年 3 月 22 日作出明确指示:"没有法律不行,刑法、民法一定要搞。"根据毛泽东的这一

---

① 转引自赵苍壁:《在法制建设问题座谈会上的讲话》,《人民日报》1978 年 10 月 29 日。

指示,全国人大常委会办公厅又组织人员进行了第二次民法起草工作。经过两年多的努力,于 1964 年 7 月草拟出《中华人民共和国民法》(试拟稿)。试拟稿共 3 编 24 章 262 条。这 3 编是总则、财产的所有、财产的流转。总则主要规定民法的任务、原则、主体、时效、制裁和适用范围;在财产所有编中确立了国家、集体和个人三种所有权;财产流转编对预算、税收、信贷、借贷、储蓄、结算、物资分配、商品购销、农副产品收购、买卖、基建工程、运输、租赁、劳动报酬福利等关系作了规定。与第一次草案相比,该草案在语言上不仅拒绝使用"权利"、"义务"、"所有权"、"债权"、"自然人"、"法人"等法律术语,而且字里行间还充斥着"高举三面红旗"、"政治工作是一切经济工作的生命线"等政治口号。但就连这样一个政治性极强的草案也被接踵而至的"四清运动"、"社会主义教育运动"和史无前例的"文化大革命"所遗弃。

基于同样的原因,刑事诉讼法、民事诉讼法的起草工作也陷于停顿,最终没能制定出来。

这一时期的立法工作虽然逐步走向削弱,但仍然取得了一定的成绩。据统计,从 1957 年到 1966 年 3 月,我国共制定了法律、法规、法规性文件 675 件。其中:1957 年 195 件,1958 年 147 件,1959 年 143 件,1960 年 50 件,1961 年 20 件,1962 年 24 件,1963 年 36 件,1964 年 38 件,1965 年 14 件,1966 年 8 件。[①] 主要的有:国家建设征用土地办法、农业税条例、工商统一税条例(草案)、人民警察条例、治安管理处罚条例、户口登记条例、边防检查条例、食品卫生管理条例、外国人入境出境过境居留旅行管理条例、商标管理条例、森林保护条例,以及"高教 60 条"、"工业 70 条"等。这些法律法规的制定与实施,对社会主义建设事业的发展起到了一定的作用。

(二)审判工作的曲折发展

从 1957 年反右派运动开始到 1966 年"文化大革命"前,是审判工作

---

① 转引自杨一凡、陈寒枫、张群主编:《中华人民共和国法制史》,社会科学文献出版社 2010 年版,第 15—16 页。

在曲折中发展的时期。在这个时期,一方面,全国各级人民法院审判了530 多万件反革命案件和其他刑事案件,处理了 540 多万件民事案件①,对于保障社会主义建设事业的顺利进行作出了积极贡献;另一方面,从1957 年下半年到 1960 年一段时间内,人民法院的审判工作也发生过"左"的失误,并造成了比较严重的后果。从 1961 年下半年起,各级人民法院采取有力措施,认真纠正失误,使审判工作又基本上回到了正确的轨道继续前进。

1. 1957 年至 1960 年审判工作的成就

1956 年社会主义改造基本完成以后,国内政治形势发生了根本变化,审判工作也随之出现了一些新情况和新问题:一方面,刑事收案总数有所下降;另一方面,人民内部纠纷突出起来。面对这些新情况新问题,人民法院一方面继续加强刑事审判工作,坚持对敌专政;另一方面认真学习毛泽东《关于正确处理人民内部矛盾的问题》,运用说服教育的方法处理人民内部纠纷,取得了成效,积累了经验。

1958 年 12 月,鉴于反革命残余势力已经基本肃清、人民民主专政政权更加巩固的形势,中共中央提出了"捕人、杀人要少,管制也要比过去少"的"三少"政策。各级人民法院在最高人民法院的指导下,贯彻执行"三少"政策,取得较显著的成效。1959 年全国人民法院审理的一审刑事案件由 1958 年的 183 万件锐减为 53 万件;1960 年继续下降,判处死刑的案件也大为减少。② 总的来说,办案质量较 1958 年有所提高。

1957 年至 1960 年 4 年内,各地人民法院共审结 300 多万件刑事案件③,除 1958 年和以后的短时期内判处的一部分所谓"保卫三面红旗"的案件,发生了混我为敌、轻罪重判的偏差外,多数案件判处比较妥当。通过审判活动,及时惩处了一批进行破坏活动的反革命分子和其他重大刑事犯罪分子。这对于维护社会秩序,巩固人民民主专政,起了积极作用。

---

① 《当代中国的审判工作》上册,当代中国出版社 1993 年版,第 126 页。
② 《当代中国的审判工作》上册,当代中国出版社 1993 年版,第 84 页。
③ 《当代中国的审判工作》上册,当代中国出版社 1993 年版,第 84 页。

1957年至1960年4年内,各地人民法院共审结170余万件民事案件。① 在财产权益纠纷方面,各地人民法院本着正确处理人民内部矛盾的原则,着重说服教育,调解解决,依照政策法律保护双方当事人的合法权益,收到了良好的效果。在婚姻家庭纠纷方面,因生活困难、压缩城市人口、妇女外流等原因引起的离婚纠纷,情况复杂,处理难度大。对这些案件,各地人民法院深入调查研究,多做思想工作,分别不同情况,作出不同处理。由于处理合情合理合法,得到了社会的同情。总的来说,这4年内的民事审判工作成绩是主要的,绝大多数案件处理是正确的和基本正确的。这对于增强人民内部团结、促进生产建设,起到了一定的积极作用。

2. 1957年至1960年审判工作的失误

失误是从1957年反右派斗争严重扩大化开始的。在反右派斗争中,对有关审判工作一系列原则问题的正确观点进行了错误的批判,把宪法规定的"人民法院独立进行审判,只服从法律"批判为"反对党的领导","以法抗党";把人民法院组织法规定的人民法院既有对敌专政的职能,又有保护人民民主的职能,批判为"篡改人民法院的性质","妄图改变人民法院的专政职能";把主张遵守法制,严格依法办案批判为"法律至上"、"法律万能";等等。紧跟着错误批判而来的是错误的组织处理。全国法院系统错划了一批右派分子,其中多数是朝气蓬勃、年轻有为的审判业务骨干。这些人遭受了长期的委屈、压制和不幸,人民法院也失掉了一批有才能的干部。

在"大跃进"运动中,法律规定的程序制度受到了较大的冲击。首先是公安、检察、法院三机关分工负责、互相配合、互相制约的刑事诉讼制度被破除了,代之以"一长代三长"、"一员顶三员"②的错误做法。这就把侦查、起诉、审判三道刑事诉讼程序变成了一道程序,取消了分工负责,也

---

① 《当代中国的审判工作》上册,当代中国出版社1993年版,第85页。
② "一长代三长"、"一员顶三员"就是公安局长、检察长、法院院长实行"分片包干"办案,一个地区的案件由其中一长负责主持办理,他可以代行其他两长的职权,侦查员、检察员、审判员也是如此。

就放弃了互相制约。其次是公开审判、合议、辩护等审判制度和一些为保证办案质量所必需的诉讼程序被取消或简化了,而普遍实行法庭审判与群众辩论相结合的所谓群众路线审判方式。此外,"审判权由人民法院统一行使"的原则也遭到破坏,一些地方发生了行政机关、人民公社、工作组非法进行审判的混乱现象。审判程序制度混乱和非审判机关非法行使审判权,是当时造成错案的两个重要原因。

"大跃进"运动中,人民法院的组织机构也发生了较大的变化,干部力量受到了一定程度的削弱。在一个短时期内,一些地方实行公、检、法三机关合并,更名为"政法部"。没有合并的地方,多数也实行了合署办公,加强所谓"协作"。在这个过程中,大批法院干部被调出。1956 年全国法院干部有 41483 人,到 1958 年底只有 32058 人,减少了 22.7%,到1959 年仍在继续调出,而且有相当一部分是审判业务骨干。据 18 个省、自治区、直辖市统计,从 1957 年到 1959 年,共调出中级和基层法院院长、庭长、审判员 3408 人,占 1957 年同类干部的 26.6%,占 1958 年同类干部的 30.8%。①

在人民公社化运动中,由于"共产风"的影响,公民的合法权益得不到应有的保障,群众到人民法院提起民事诉讼的大为减少。1958 年全国共受理一审民事案件 42 万多件,较 1957 年下降 48%,其中财产权益纠纷下降 57%。1959 年、1960 年两年民事收案继续下降。② 这种不正常的现象引起了不少法院干部的错觉。他们认为社会主义公有制确立以后,产生民事纠纷的经济基础日益缩小,民事审判工作的职能作用将越来越小,因而有些地区的基层人民法院撤销了民事审判庭,把民事案件下放到人民公社的人民调解委员会,或者由人民法院的接待室处理,致使民事审判工作受到削弱。另外,由于"左"倾错误思想的影响,不少人民法院在处理财产权益纠纷案件中,片面强调保护国家、集体的利益,忽视保护公民的合法权益;在处理离婚案件中,给要求离婚的一方随意扣"资产阶级思

---

① 《当代中国的审判工作》上册,当代中国出版社 1993 年版,第 91 页。
② 《当代中国的审判工作》上册,当代中国出版社 1993 年版,第 90 页。

想"的帽子而施加压力,不准离婚。以上这些问题不同程度地损害了人民群众的利益。

3. 1961 年后审判工作失误的纠正

1960 年冬,中共中央开始纠正"大跃进"运动中的"左"倾错误,决定对国民经济实行"调整、巩固、充实、提高"的方针,并号召各地区、各部门大兴调查研究之风,总结"大跃进"以来的经验教训。最高人民法院和各地人民法院响应中央号召,从 1961 年 7 月以后,一方面调查研究,总结经验教训,一方面开始着手纠正"大跃进"以后审判工作中的错误,对 1958 年至 1961 年判处的一部分刑事案件进行了复查,对检查出来的冤错案件,大多作了平反纠正,对量刑畸重的作了减刑处理,或者予以提前释放。例如,河南省 101 个基层法院从 1961 年 9 月起一年内改判和作其他处理的刑事案件,共涉及被告人 13430 人,其中:宣告无罪 1423 人,减轻刑罚6510 人,免予刑事处分 1106 人,撤销管制和解除管制 2024 人,提前释放1753 人,取保释放 70 人,改作其他处理的 544 人。①

鉴于死刑案件人命关天,也鉴于"大跃进"中在判处死刑上发生个别失误的教训,最高人民法院在督促各地法院复查纠正冤错案件的同时,采取有力措施,加强和改进对死刑案件的复核工作,以确保死刑案件的质量。首先是改变了从 1958 年开始的向最高人民法院用电报报核死刑案件的做法,规定从 1962 年起,一律报送全部案卷,以便认真详细审核。同时,对死刑案件案情报告的内容也作了详细具体的规定。其次是向各级人民法院三令五申,对于死刑案件必须采取高度负责的态度,确保质量,绝不容许错杀一人,并规定了严格的死刑复核制度。最高人民法院狠抓保证死刑案件质量的措施取得了显著的成效。各级人民法院提高了办理死刑案件的责任感,加强了调查核实证据的工作,特别是高级人民法院在审核死刑案件中,认真负责,严格把关,对罪行不该处死的,予以改判,发现认定事实有问题的,发回重审。因此,经最高人民法院最后核准的死刑案件,都是事实清楚,证据确凿,罪该处死的。到 1966 年"文化大革命"

① 《当代中国的审判工作》上册,当代中国出版社 1993 年版,第 100—101 页。

以前,死刑案件一直保持了良好的办案质量。

1961 年,由于生活困难,许多地方的农村偷摸现象严重,社会治安比较紊乱,而当时基层人民法院的人民法庭普遍被撤销,或是"有庙无神",名存实亡,因此对这一类问题没有一个处理的地方。公社、生产队干部对之束手无策,不是放任不管,就是乱打乱罚。这一年的 4、5 月,刘少奇到湖南长沙、宁乡两个县视察工作,了解到这种情况后,十分重视,特别指出法院要再搞起人民法庭。此后,各地按照刘少奇的指示和最高人民法院的要求,抓紧了恢复和建立人民法庭的工作。人民法庭恢复后广泛开展巡回审判活动,发扬了方便群众的优良传统,抓紧处理了当时比较突出的大量的农村治安问题,还及时处理了大量的民事纠纷,对于保护农民的合法权益,维护农村的社会安定,起了积极的作用。

1964 年 1 月 14 日,中共中央发出《关于依靠群众力量,加强人民民主专政,把绝大多数四类分子改造成为新人的指示》。中共中央的指示下达后,最高人民法院积极指导各级人民法院认真加以贯彻执行。经过两年的贯彻执行,取得了良好效果,出现了"捕人少、治安好"的可喜形势。根据最高人民检察院的材料,全国捕人数,1965 年较 1964 年下降 37.1%。人民法院受理的刑事案件(包括公诉案件和自诉案件)也大幅度下降,1964 年较 1963 年下降 37.8%,1965 年较 1964 年又下降 9.6%。[①]1965 年是新中国成立后至"文化大革命"前捕人最少的一年。这与贯彻执行依靠群众实行专政的方针是分不开的。

(三)检察工作的曲折发展

1956 年中共八大提出加强法制建设以后,检察工作得到了进一步的加强。但为时不久,就受到"左"倾思想的冲击而出现了重大曲折。检察机关最终在"文化大革命"开始后被否定和撤销。

1957 年 6 月反右派运动开始后,在"左"的思想指导下,检察机关的一般监督和其他监督职能受到了错误批判和否定,认为宪法和法律赋予

---

① 《当代中国的审判工作》上册,当代中国出版社 1993 年版,第 119 页。

检察机关的法律监督职能是将专政的矛头对准人民内部,对准国家机关和干部,而不是对准反革命和刑事犯罪;认为宪法规定的检察机关实行垂直领导就是不受党的领导,向党闹独立性,是凌驾于党政之上;等等。许多坚持依法办事、秉公执法的好干部,被错定为右派分子,长期蒙冤受屈。

在 1958 年 6 月 23 日至 8 月 18 日召开的第四次全国检察工作会议上,"左"倾思潮主导会议,提出了检察工作中有一条错误路线,并对检察工作妄加了许多罪名:在检察机关的任务上,离开专政的前提,片面强调对国家机关和工作人员的"一般监督",把专政矛头指向人民内部,放松了打击敌人;在执行政策上,片面强调从宽,忽视从严,片面地防止错捕、错判和轻罪重判,忽视漏捕、漏判;在业务建设上,不从实际出发,不走群众路线,制定一套繁琐的规章程序,束缚对敌斗争的手脚;在组织上,片面强调垂直领导,忽视党的领导;等等。这种主观臆断的说法,在检察干部中引起极大的思想混乱。

1959 年在检察系统开展的反对"右倾机会主义分子"的斗争,使检察工作的"左"倾思潮进一步发展,以至只承认社会主义法律对敌人实行镇压的专政作用,而根本否认法律在人民内部还有保障民主和维护纪律的作用。

经过 1957 年、1958 年和 1959 年"左"倾思想的三次大冲击,检察工作造成了十分严重的后果。在业务上,削弱了各项法律监督工作,导致办案质量的下降和违法乱纪案件的上升;在政治上,伤害了一大批检察干部,仅在反右派斗争中全国检察系统就错划了 1500 多个右派①,严重挫伤了干部的积极性;在组织上,削弱了检察机构和人员,使检察机关形同虚设,面临有无存在必要的问题。

从 1958 年"大跃进"中开始实行公检法联合办案后,有的检察机关就被合并为公安机关下面的"法制室"或"检察科",实际上已经"名存实亡",到 1960 年秋季精简国家机关时更是面临被取消的命运。1960 年 10 月 21 日,中央政法小组向中共中央写了将中央公安部、最高人民检察院、

---

① 《当代中国的检察制度》,中国社会科学出版社 1987 年版,第 131 页。

最高人民法院三机关合署办公的报告,于 11 月 11 日得到了中共中央的批复同意。虽然后来由于最高人民检察院的抵制,暂时刹住了对检察工作的取消风,但由于"左"倾思想仍然占据主导地位,一些有关检察工作的重大是非问题,包括法律对处理两类矛盾的作用问题,法律监督和专政的一致性问题,一般监督和垂直领导问题,以及互相配合、互相制约的原则是否正确等问题,并未得到澄清。1962 年 11 月 1 日至 15 日召开的第六次全国检察工作会议,虽然在总结工作中也初步认识到指导思想上的错误,并肯定了检察制度是维护国家法律统一实施的一项重要制度,但仍然错误地认为检察工作上存在着一条错误路线,"左"倾思想继续影响着检察工作,束缚着广大检察干部的积极性和创造性,妨碍着法律监督职能的充分发挥。

这一时期的检察工作虽因指导思想上的失误而遭受了挫折,但由于各级检察机关和检察干部的努力,还是做了大量的工作,取得了一定的成绩。

一是打击现行破坏活动,正确执行"三少"政策。1957 年,一些潜伏下来的反革命分子和新生的反革命分子乘整风之机进行破坏活动,检察机关协同有关部门给予了严厉的打击。据山东、广东、浙江、安徽、贵州、陕西、甘肃、辽宁、黑龙江、天津 10 个省、市检察院的统计,在 1957 年,经公安机关侦查终结、检察机关审查并决定起诉的反革命分子和其他刑事犯罪分子共为 104736 人。在辽宁、黑龙江、陕西、天津 4 个省、市检察院提起公诉的 28703 名罪犯中,反革命犯为 4598 人,其他刑事犯为 24105 人,反革命犯占 16.02%。① 检察机关在打击现行破坏活动中,正确执行中共中央在 1958 年提出的"三少"政策,对那些应该捕但不是必须捕的犯罪分子,从宽处理,不予逮捕,而由群众管制起来,进行监督改造;对那些应该杀但不是必须杀的犯罪分子,在提起公诉时建议法院判处长期徒刑,实行劳动改造;对于那些应该管制但不是必须管制的一般犯罪分子,由人民公社组织群众监督劳动,加以改造。1959 年,各级人民检察院执

① 《当代中国的检察制度》,中国社会科学出版社 1987 年版,第 141 页。

行"少捕"政策,各地捕人数字普遍有所下降,有些地方下降的幅度还比较大。同 1958 年逮捕人犯的数目相比,1959 年宁夏回族自治区各级人民检察院批准逮捕的反革命犯下降 8.5%,其他刑事犯下降 18.1%。同年,黑龙江省各级人民检察院批准逮捕的各种犯罪分子下降 60.45%。河南省各级人民检察院批准逮捕的各种犯罪分子下降 84.8%。1960 年,全国各级人民检察院继续贯彻执行"少捕"政策,全年批准逮捕各种犯罪分子 26 万余人,提起公诉 24 万余人。① 由于贯彻执行了"少捕"政策,防止和减少了错捕、错判,缓和了当时由于"左"倾错误而形成的紧张空气,从司法工作方面调整了社会关系,安定了人心。

二是同严重违法乱纪行为作斗争。在 1958 年"大跃进"和人民公社化运动中,一些基层干部的违法乱纪行为十分突出,为此,各地检察机关认真同严重违法乱纪行为作斗争,查处了不少案件,取得了一定成绩。据统计,1962 年山东、辽宁、贵州、甘肃、安徽 5 省共办理违法乱纪案件 8627件,平均每省办理 1725.4 件;1963 年河南、安徽、福建、山东、黑龙江、甘肃 6 省共办理违法乱纪案件 8636 件,平均每省办理 1439.33 件。到 1964年各级人民检察院办理的违法乱纪案件已显著下降。这一年,全国各省、自治区、直辖市检察院共办理违法乱纪案件 13128 件,平均每省、自治区、直辖市办理 452.69 件。② 检察机关在查处违法乱纪案件中贯彻执行了教育为主、处分为辅、区别情况、区别对待的原则,着重打击那些混入内部的敌对阶级分子、少数不可救药的蜕化变质分子,以及出于私怨而挟嫌报复的分子,对于大多数因政策水平低、工作方法简单而犯有违法乱纪错误的基层干部,则进行批评教育和挽救,做到团结 95%以上的干部。经过同违法乱纪行为的斗争,惩治了坏人,改造了落后社队,密切了干群关系,增进了人民内部团结,促进了生产。

三是"矛盾不上交",依靠群众实行专政。为贯彻执行中共中央 1964年 1 月提出的依靠群众实行专政的方针,各地检察机关先后进行了试点

---

① 《当代中国的检察制度》,中国社会科学出版社 1987 年版,第 144 页。
② 《当代中国的检察制度》,中国社会科学出版社 1987 年版,第 152—153 页。

工作。据 27 个省、自治区、直辖市检察院的统计,到 1964 年 5 月底为止,共进行试点 1923 个,依靠群众处理各类犯罪分子 14194 名。各级检察机关经过试点,培训了干部,积累了经验,制定了办法,到 1964 年下半年,依靠群众处理案件的工作已经普遍推开。以河南省为例,在 1964 年依靠群众处理各种案件共计 6272 件,其中在批准逮捕和决定起诉之前向群众核实材料、征求处理意见的 2627 件,不批捕、不起诉依靠群众就地教育改造的 1212 件,依靠群众处理干部违法乱纪案件 1000 件,依靠群众处理申诉案件 233 件,另外还依靠群众处理人民来信来访的 1200 件。各地在贯彻执行依靠群众实行专政的方针中,都紧紧掌握住它的核心问题,这就是"矛盾不上交",把相当多的一部分犯罪分子留在当地教育改造。以 1964 年为例,辽宁省达到 75.3%,福建省达到 60.8%,河南省达到 60.6%。1965 年,甘肃的天水、定西、酒泉等地区,依靠群众就地教育改造社会上的犯罪分子达到 70% 左右,依靠群众处理的干部违法乱纪案件达到 90% 左右,依靠群众处理的申诉案件达 70% 左右。实践证明,依靠群众实行专政这一方针是正确的,实践的效果是良好的,实现了"捕人少,治安好"的要求。1964 年全国逮捕人犯 98971 名,1965 年逮捕人犯 62294 名,比 1964 年下降 37.1%。在捕人减少的情况下,全国刑事案件的发案数不仅没有上升,反而下降。①

四是开展对社会改造②的检察工作。这项工作是 1958 年第四次全国检察工作会议决定开展的,简称"社改检察"。其内容主要是检察地、富、反、坏分子是否认罪服法,接受改造,纠正社改工作中放松监督改造,或者混淆两类矛盾,不讲政策、违反法制的现象。根据这一决定,各级检察机关普遍建立了社改检察的基点,采取多种形式开展法律监督工作。仅天津市就建立社改检察工作基点 48 个。进行社改检察的主要方式是:

---

① 《当代中国的检察制度》,中国社会科学出版社 1987 年版,第 159—161、164 页。
② 根据中共中央关于"矛盾不上交",就地监督改造的方针,对于不法地主、富农和反革命分子,只要他们没有进行重大现行破坏活动,就不予以逮捕判刑,而只在群众面前揭露他们,并在人民公社生产大队中监督生产,加以改造。相对于在监狱、劳改队中对罪犯的劳动改造工作来说,这种改造工作称为社会改造。

组织专门力量深入重点地区进行检察或者巡回检察;结合办案进行社改检察;在干部参加劳动生产中,结合进行。最为普遍的方式,是通过整社运动,对四类分子(地主、富农、反革命分子和其他坏分子)进行全面评审。仅辽宁省检察机关在 1959 年就参与评审和评审复查 140323 人,其中评为正式社员的 58538 名,占 41.72%;评为候补社员的 57241 名,占 40.79%;监督生产的 24544 名,占 17.49%。① 人民检察院的社改检察工作,收到了较好的政治效果:通过社改检察,落实了改造措施,及时掌握了四类分子改造的表现,促进了四类分子的改造;通过社改检察,还发现和纠正了错划或漏划四类分子的现象,落实了国家的政策。检察机关对社会改造的检察工作,一直持续到"文化大革命"开始。

(四)司法行政机关的撤销与司法行政工作的削弱

1957 年下半年至 1958 年间,反右派斗争严重扩大化,司法部有一批主张依法办事的业务骨干被错划为右派。紧接着,在 1958 年 6 月 13 日至 8 月 20 日召开的第四届全国司法工作会议上,司法部的领导成员也遭到错误的批判,中共司法部党组全体成员 6 人和正司级党员干部 3 人共 9 人被打成"反党集团"。会议加给他们的"反党罪行"主要是"鼓吹阶级斗争熄灭论"、"坚持旧法观点"、"反对党对司法工作的领导"和"包庇右派"等。实际上,这些罪状都是不能成立的。

第四届全国司法工作会议对司法部领导成员的错误批判和错误处理,影响了下级司法行政机关,省、市司法厅(局)的领导成员有的也受到了错误批判和错误处理。特别是,这个事件还使司法部本身的存在受到了一定的影响。1959 年 4 月 28 日,在"司法改革已经基本完成,各级人民法院已经健全,人民法院的干部已经充实和加强,司法部已无单独设立必要"的理由下,司法部终于被撤销。原司法部管理的工作交由最高人民法院。紧接着,各省、自治区、直辖市司法厅(局)也随之被撤销。

司法部被撤销后,最初是在最高人民法院设司法行政厅(编制 30 余

---

① 《当代中国的检察制度》,中国社会科学出版社 1987 年版,第 168 页。

人），各高级人民法院设司法行政处；以后在国家三年困难时期，最高人民法院的司法行政厅先改为司法行政处，再改为司法行政组，编制减至 3 人。高级人民法院的司法行政处，在一些省和自治区也几近取消。1963 年以后，因人民调解工作、公证工作开始有所恢复，各地方人民法院找上门来催办这方面的事务增多，应接不暇，最高人民法院司法行政组重新改为处，以后仍不能适应需要，又专设了司法行政厅。① 正当司法行政机关有望恢复之际，"文化大革命"开始了。

在司法行政机关被撤销的同时，司法行政工作也遭到削弱。

一是律师工作受到冲击。律师工作开展不久，一场反击资产阶级右派的政治运动就开始了。在"左"倾思潮的冲击下律师的辩护工作首当其冲，遭到蛮横的指责与非难。当时比较普遍和有代表性的观点，是把律师依法执行职务为刑事被告人辩护，如提出某案的指控起诉材料有不实之处，或提出某被告人无罪或罪轻，或提出某被告人虽然构成犯罪但有从轻情节等异议或意见等，指责为"丧失立场"、"敌我不分"、"为犯罪分子鸣冤叫屈，开脱罪责"；或者认为律师这样做是"吹毛求疵"、"蓄意捣乱"、"在大庭广众面前同公、检、法唱对台戏"；有些人则主张彻底废止"这种妨碍办案的资产阶级的东西"。在反右派斗争严重扩大化的形势下，有相当多的律师因执行职务而被错划为右派。有些律师虽然没有被划成右派，但大都被视为"思想偏右"、"不可信用"，因而被调离政法部门。就这样，律师维护法律正确实施的作用被错误地否定；推行不到两年的人民律师制度也随之遭到废弃。到 1959 年，各地的律师工作机构被撤销殆尽。

二是公证工作受到削弱和破坏。反右派运动开始后，一些人在"左"倾思潮的影响下，错误地提出"在基本完成社会主义改造后，办理经济合同公证已完成历史使命，没有必要了"，"在'三面红旗'的照耀下，已经是共产主义思想大普及"，据以否认个人财产所有权，否认公民间存在财产方面的民事法律关系。他们的结论是：没有必要再办理诸如继承权、遗嘱等公证事务。1958 年初，各地掀起了一股公证处下马风，致使公证处所

---

① 《当代中国的司法行政工作》，当代中国出版社 1995 年版，第 50、52—53 页。

剩无几。1959 年,全国司法行政机关被撤销,公证工作归人民法院管理,初具规模的公证制度接近于取消。

三是人民调解工作出现偏差。1957 年以后,"左"的影响波及人民调解工作。当时调解工作出现这样一些偏差:第一,调解的方式本应是用说服、疏导的方法使当事人之间消除对立和隔阂,相互谅解,缓解矛盾,达成双方当事人都能接受的协议,但在"左"的影响下,调解纠纷变成处理纠纷,动辄训斥,强迫命令;第二,人民调解委员会本来是居于纠纷当事人之中主持调解的组织,但在"左"的影响下,不适当地让调解委员会处理违法乱纪问题,有的还成为基层爱国公约的执行机构,拥有广泛的强制权力,调解委员会被改为调处委员会;第三,一些地方索性将调解委员会与治安保卫委员会合并,让调解人员去执行治安保卫的任务,管理地、富、反、坏分子,搞防火、防盗、防特、防爆。以上这些不适当的做法延续了许多年,直到 1961 年下半年,中共中央采取措施纠正"大跃进"的错误,人民调解工作才重新回到正确轨道上来。1962 年 10 月,第六届全国司法工作会议讨论通过《农村人民调解委员会工作试行办法(草案)》。1963年 8 月,最高人民法院在《关于民事审判工作若干问题的意见》中,强调加强调解委员会建设。1964 年 12 月 26 日,最高人民法院院长谢觉哉在第三届全国人民代表大会第一次会议上所作的报告中再次强调指出:"调解委员会是人民群众自我教育和互相帮助解决问题的一种良好形式。"[①]至此,人民调解工作又重新活跃起来,对解决"大跃进"和自然灾害时期留下的大量民间纠纷,促进群众之间和睦相处、安居乐业起了积极作用。

四、法治建设的严重破坏

从 1966 年 5 月"文化大革命"开始,到 1976 年 10 月"文化大革命"结

---

① 《当代中国的司法行政工作》,当代中国出版社 1995 年版,第 306、374—375、422 页。

束,是我国法治建设遭受严重破坏的时期。

(一)"文化大革命"期间的公安工作

"文化大革命"初期,林彪、江青反革命集团为了篡党夺权的需要,全盘否定公、检、法在新中国头 17 年的工作。1966 年 12 月 18 日,身为中央文革小组副组长的江青在公检法机关的一次群众会议上说:"公安部、检察院、最高人民法院都是从资本主义国家搬来的,建立在党政之上","都是些官僚机构,他们这几年一直是跟毛主席相对抗。"1967 年 8 月 7 日,公安部部长谢富治在公安部全体工作人员大会上说:"从文化革命开始,一直到今年一月风暴以前,大多数公、检、法机关都是死保当地走资本主义道路的当权派,镇压革命群众"。"整个十七年来的公安工作,当然不能说所有事情都没有按照毛主席思想办,但相当多的是没有按照毛主席思想办的,这方面没有彻底革命","毛主席思想在我们公安政法系统没有占到统治地位,没树立起绝对权威。所以文化革命一年多了,始终跟不上毛主席思想,不把原来那一套政治、理论、组织方面的坏东西彻底砸烂,就永远跟不上毛主席思想。"①

在他们讲话的煽动下,全国各地刮起了一股冲砸公安机关、抢夺公安档案、残害公安人员、揪斗治安分子和乱放在押犯人的歪风,人民公安事业遭到巨大冲击和破坏。在政治上,人民公安机关被诬为"资产阶级专政工具"、"国民党特务机关"、"黑窝子",公安机关在长期斗争中树立起来的"人民喜爱,敌人惧怕"的高大形象受到严重的诋毁。在组织上,全国公安机关从上到下被彻底改组,各级领导干部几乎都被揪斗打倒,许多公安干警遭到打击或被撵出公安机关。当时仅公安部就有 225 人被打成"叛徒"、"特务"、"反革命"、"走资派",有 47 人被捕入狱。据不完全统计,"文化大革命"中,全国各地受打击迫害的公安干警共达 34400 多人,其中有 1200 多人被打死、逼死,3600 多人被打伤致残。② 公安部与地方

---

① 国防大学党史党建政工教研室编:《"文化大革命"研究资料》上册,第 530 页。

② 周振想、邵景春主编:《新中国法治建设四十年要览(1949—1988)》,群众出版社 1990 年版,第 351 页。

公安机关的联系也被割断。公安部直属的 6 所人民警察学校全部被撤销或停办。在思想上，公安工作的是非界限被搅得混乱不清，侦察工作被说成是"搞神秘孤立主义"；进行敌情调查被说成是"整黑材料"；制定治安管理法规被说成是"对群众管、卡、压"；按照政策、法律审讯犯人被说成是"和平谈判"，完全颠倒了是非。在业务上，许多公安业务和一套行之有效的手段、办法，被当成"修正主义黑货"搞掉，敌情调查基本停顿，复杂行业管理和消防监督管理被取消，《治安管理处罚条例》停止执行，大量技术器材被扔进库房，警犬都不准使用。经过 17 年建设打下的公安业务基础，几乎被破坏殆尽。

"文化大革命"中后期，公安工作开始有所恢复。1970 年 12 月 11 日至 1971 年 2 月 11 日，公安部召开了第十五次全国公安会议。在这次会议上，周恩来传达和阐述了毛泽东"对公安工作要一分为二"的指示精神，明确指出新中国头 17 年的公安工作是毛泽东思想占主导地位的，绝大多数公安干警是好的和比较好的。这次会议还研究制定了加强公安队伍建设，加强侦察、保卫、保密和社会治安管理，坚持在党委领导下密切公安机关的上下联系，以及恢复、整顿劳动改造场所的任务与措施等。会后，一部分领导干部和业务骨干陆续调回部机关工作，公安部恢复了对地方公安机关的联系和业务指导。但由于林彪、江青反革命集团在公安机关的党羽百般阻挠，很多老的公安干警仍然得不到起用，各项业务恢复很慢。

1971 年"九一三事件"以后，周恩来主持中共中央日常工作。在他的指示和督促下，公安部逐步采取措施恢复公安队伍，开展业务工作，并取得一些进展。一是落实干部政策，使用有经验的干部。1972 年 7 月 9 日，中共公安部核心小组向中共中央作了《关于公安系统落实干部政策情况和意见的报告》，建议对应解放的干部抓紧工作，及时解放，原则上都应在公安部门分配适当工作；公安机关军管已经完成历史任务，应当予以撤销。中共中央批准了这个报告，并转发各地党委督促贯彻执行。到1973 年，全国公安机关陆续解放了一批领导干部，调回了一大批业务骨干。二是加强破案力量，坚决打击反革命和其他刑事犯罪活动，维护社治安秩序,反革命案件及其他刑事案件破案率都有所提高。三是积极开展对特务间谍的侦察工作。从 1971 年到 1973 年,经过采取一系列措施,侦察队伍和侦察业务建设有了相当的发展,对特务、间谍的发现率有所提高。四是恢复培训公安专业干部。1972 年 10 月恢复了公安部直属的原沈阳民警学校,改名为人民警察干部学校,培训公安工作急需的专业干部。但 1974 年全国开展"批林批孔"运动后,正在恢复的人民公安事业再次遭受挫折。

1974 年 12 月,邓小平主持中共中央日常工作,着手对许多方面的工作进行整顿,其中重要的一个方面是整顿铁路工作。1975 年 2 月下旬,中共中央发出《关于加强铁路工作的决定》,为整顿铁路治安秩序创造了有利条件。公安部密切配合铁道部贯彻落实中共中央关于加强铁路工作的决定,部署稳、准、狠地打击刑事犯罪活动和整顿车站、列车治安秩序的工作。1975 年 4 月至 6 月,全国铁路共破获各类案件 7600 多起,依法惩办了严重犯罪分子 3000 多名,从而震慑了犯罪分子,教育了干部和群众,铁路治安秩序大为好转。① 这一年,全国公安机关在整顿铁路治安秩序的同时,各项业务工作也有所恢复。公安部召开了全国反特斗争专业会议和全国边防工作会议,推动了这方面工作的开展;在江苏省宿迁县召开了现场会议,交流和推广了依靠群众教育改造违法犯罪分子的经验。但1975 年 11 月"批邓,反击右倾翻案风"运动后,公安工作再次陷于困难境地。

(二)检察机关的撤销

从 1966 年 12 月 18 日江青讲话和 1967 年 8 月 7 日谢富治讲话之后,全国各级检察机关遭到严重破坏,并最终导致检察机构被撤销,检察工作被迫全部停止。

1968 年 12 月 11 日,最高人民检察院军代表、最高人民法院军代表、内务部军代表和公安部领导小组联合向毛泽东、中共中央、中央文革小组

---

① 《当代中国的公安工作》,当代中国出版社 1992 年版,第 23—26 页。

写了《关于撤销高检院、内务部、内务办三个单位,公安部、高法院留下少数人的请示报告》。其中提出检察院全是抄外国的,早就应该撤销。这个报告经谢富治签发,报送中共中央。12 月 27 日,毛泽东在原件上批示:照办。①

中共中央原来预定在 1970 年召开第四届全国人民代表大会,通过新的宪法,改变国家体制。同年 3 月,中共中央政治局决定由康生、张春桥、吴法宪、李作鹏、纪登奎五人组成宪法修改小组。在 3 月 12 日的宪法修改小组会上,康生首先提出不再设置检察机关的意见,张春桥、李作鹏表示同意。3 月 15 日,康生在宪法修改小组会上又提出检察机关的职权由公安机关行使。他说现在的"立法、司法、行政是分立的,但实际情况是统一的,这是最大的矛盾"。解决的办法就是要"立法、司法合一",由"公安机关行使检察院的职权"。3 月 16 日,宪法修改小组就修改宪法的指导思想和一些原则性问题,向中共中央政治局写了请示报告。在报告中正式提出不设检察机关的意见,毛泽东原则上同意这个报告。② 最高人民检察院、地方各级人民检察院和军事检察院随之被全部撤销。

康生等人提出的这个宪法草案,从 1970 年 3 月到 1975 年 1 月第四届全国人民代表大会召开的 5 年时间里,虽经多次修改,但有关检察权的规定,基本上没有变动。1975 年 1 月 17 日四届全国人大一次会议通过的宪法中,正式取消了检察机关的设置,其中第 25 条规定:"检察机关的职权由各级公安机关行使。"③林彪、江青反革命集团砸烂检察机关的事实,得到了宪法的承认。

1975 年宪法虽然作出由公安机关行使检察权的规定,但事实上,从1975 年宪法颁布,到 1978 年 3 月第五届全国人民代表大会第一次会议决定重新设置人民检察院的三年时间里,绝大部分地区的公安机关并没有建立相应的机构,虽然有个别地区的公安机关设立了主管批捕、起诉的工

---

① 《毛泽东年谱(1949—1976)》第 6 卷,中央文献出版社 2013 年版,第 224 页。

② 《当代中国的检察制度》,中国社会科学出版社 1987 年版,第 175 页;《建国以来毛泽东文稿》第 13 册,中央文献出版社 1998 年版,第 85 页。

③ 《中华人民共和国宪法》,《人民日报》1975 年 1 月 20 日。

作机构,但也没起到有效的法律监督作用。

检察制度是社会主义法治的重要组成部分,是保障民主和维护法治的重要武器。法律之所以规定检察机关的监督和互相配合、互相制约的制度,重要的原因就是为了保证准确有效地执行法律,正确处理刑事案件,防止专政权力过分集中可能产生的弊端。1975 年宪法取消"公、检、法"三机关分工负责、互相配合、互相制约的制度,把逮捕人犯的审查批准权和决定起诉权由检察机关交给公安机关行使,这是法治建设的一大倒退,它使公安、司法机关办理刑事案件的活动脱离了国家的法律监督,破坏了刑事诉讼制度的完整性,不利于惩罚犯罪,保护人民,其结果是适应了林彪、江青反革命集团实行封建法西斯"全面专政"的需要。这是法治建设上的一个严重教训。

(三)审判工作严重破坏的十年

"文化大革命"中,林彪、江青反革命集团的倒行逆施使审判工作遭到严重破坏。1967 年 1 月 25 日,谢富治在一次讲话中说,"法院"这个名称是旧的东西,沿用国民党时候的名称,"要通过斗争把原来法院存在的资产阶级的、封建主义的东西统统搞掉",并说建国 17 年来,这个问题没有解决,要靠造反来解决。① 在这次讲话的煽动下,冲砸人民法院之风在全国迅速蔓延开来。许多地方的人民法院办公室被破坏,档案被抢走,法院干警被揪斗。一些被判过刑的反革命分子和刑事犯罪分子乘机报复,他们肆意殴打侮辱法院干警,有的被打成重伤,有的被活活打死。1967年"一月风暴"以后,全国各级人民法院的组织机构已基本上瘫痪,审判工作也基本上停顿。同年 12 月,中共中央决定对公安机关(包括公、检、法)实行"军管",人民法院成为各地公安机关军管会下属的"审判组",原来的组织不复存在,由公安机关军管会行使国家的审判权。与此同时,林彪、江青反革命集团加紧打击迫害广大法院干警的行动。他们虚构了一条所谓在司法战线占统治地位的修正主义黑线,诬蔑中国的司法制度是

---

① 《中华人民共和国国史通鉴》第 3 卷,红旗出版社 1974 年版,第 293 页。

资本主义的,攻击人民法院正确执行党的政策和国家的法律是"放纵敌人,取消无产阶级专政",全盘否定人民法院的工作成绩。许多地方人民法院的领导人被扣上"黑线人物"的帽子,遭到揪斗和迫害;许多干警被加上"反革命"、"叛徒"、"特务"等莫须有的罪名,受到残酷的迫害,有相当一部分干警调离法院,被下放到农村劳动,接受长时期的审查。

"文化大革命"对审判工作的严重破坏,主要表现在刑事审判上。1967 年 1 月 13 日,林彪、江青一伙经过精心炮制,以中共中央、国务院的名义颁布了《关于在无产阶级文化大革命中加强公安工作的若干规定》(简称"公安六条"),为他们打击迫害老干部和广大人民披上了一件"合法"的外衣。"公安六条"还规定了群众直接斗争和处理所谓"反动分子"的程序,对当时出现的一些群众组织非法进行"审判"活动予以公开认可。按照"公安六条"审判刑事案件,根本不讲犯罪构成,不分析动机目的,不区分故意与过失,也不研究行为与结果的因果关系,将一些毫无联系的事硬性拼凑在一起,任意"拔高"、"上纲",随意按"反革命"定罪判刑,造成了大量的冤假错案。十年中,共判处刑事案件 126 万件,其中,反革命案件 28 万件,普通刑事案件 98 万件。经"文化大革命"后复查,反革命案件绝大部分属于错判,普通刑事案件约有 10%属于错判。①

在这一时期中,法定的审判程序制度被诬蔑为"资产阶级的假民主"、"旧衙门的审判方式"而被全部废弃。处理案件实行侦查、起诉、审判一竿子插到底的做法。许多案件单凭案发单位"群众专政"组织报送的材料定案。审理案件通常是秘密进行,采用逼供、诱供、指名问供,甚至刑讯逼供的办法,根本不许被告人申辩。对于宣布判决,则强调要大张声势,扩大"战果"。因此,当时全国各地经常召开万人,甚至几十万人参加的公审大会,批斗罪犯,宣判执行。有些地方还组织百万群众停止生产、工作,收听公审实况。大会宣判后不容被告人上诉就交付执行,还把即将执行的罪犯押上刑车游街示众或组织群众围观执行死刑。不少地方还将被告人押着到处"巡回批斗"、"巡回宣判"。

---

① 《当代中国的审判工作》上册,当代中国出版社 1993 年版,第 138 页。

　　"文化大革命"对审判工作的严重破坏,还表现在民事审判上。1967年 12 月以后,各地人民法院成为公安机关军管会下属的审判组。不少军管会强调对敌专政职能,把许多应由人民法院处理的民事纠纷推出不管,"下放"给群众组织和当事人所在单位解决,形成了不少地方民事纠纷无人管的状态。另一方面,当时在"以阶级斗争为纲"的"左"倾思想指导下,强调"斗私批修"、"反对资产阶级法权"、"割资本主义尾巴",公民个人的合法权益得不到应有的保护。因此,这一阶段中民事案件收案数明显下降。10 年共受理一审民事案件 2218937 件,年平均 20 万余件,是收案最少的一个阶段。① 在这一时期中,民事审判工作处于一种不正常的状况,法定的审判程序制度完全被废弃,处理案件片面强调用阶级斗争的观点去分析和看待问题,使一些正常发生的婚姻纠纷、财产权益纠纷被当作两个阶段、两条道路斗争的反映,被认为是阶级斗争的新动向,作出了不恰当的处理。

　　"文化大革命"中后期,审判工作开始逐步恢复。从 1972 年初开始,最高人民法院下放劳动的干部陆续被调回北京,该院的信访申诉工作和同下级法院的联系开始逐步恢复。接着,北京、天津、上海、吉林、山西、广东、福建、四川、江西等省、直辖市的高级人民法院也恢复了工作。到 1973 年 9 月,全国 29 个省、自治区、直辖市高级人民法院已全部恢复。到 1974 年初,各地中级和基层人民法院也陆续恢复。在这个过程中,各地公安机关军管会相继撤销。各级人民法院开始恢复时,"文化大革命"中被调出法院的干部归队的不多,原有干部一般只占干部总数的 10%,最多的也只占到 40%②,加上从公安、检察机关转入一些,较之"文化大革命"以前,审判骨干力量削弱不少。1975 年前后,一些高级人民法院原来的领导干部和一部分审判骨干相继归队,人民法院的力量有所加强。

(四)1975 年宪法的制定与通过

　　为了适应"文化大革命"这一特殊历史时期的需要,从 1970 年开始,

---

① 《当代中国的审判工作》下册,当代中国出版社 1993 年版,第 12 页。
② 《当代中国的审判工作》上册,当代中国出版社 1993 年版,第 134—135 页。

我国着手对 1954 年宪法进行修改。1970 年 3 月 7 日,毛泽东在武汉提出召开四届全国人大和修改宪法的意见,同时提出改变国家体制,不设国家主席的建议。次日,中共中央政治局遵照毛泽东的意见,开始了修改宪法的准备工作。同年 8 月 23 日至 9 月 6 日召开的中共九届二中全会专门讨论了修改宪法的问题,围绕要不要设国家主席的问题进行了激烈的斗争,最后基本通过了由中共中央政治局和修改中华人民共和国宪法起草委员会提出的《中华人民共和国宪法修改草案》,并决定动员全国人民对《草案》进行讨论和修改。此后,由于林彪事件的发生,召开四届全国人大和修改宪法的工作被搁置,于 4 年多以后才被重新提上日程。1975 年1 月,中共十届二中全会决定将中共中央政治局常委张春桥主持修改的《中华人民共和国宪法修改草案》提请全国人大讨论,1 月 17 日四届全国人大一次会议通过了修改后的《中华人民共和国宪法》。

　　1975 年宪法共 4 章 30 条,由序言,总纲,国家机构,公民的基本权利和义务,国旗、国徽、首都五部分组成。这部宪法不仅条文少,而且内容粗糙。关于全国人民代表大会只有 3 条,第 16 条规定全国人民代表大会的地位、代表组成、任期和会议期间;第 17 条规定全国人民代表大会的职权;第 18 条规定全国人民代表大会常务委员会的地位、职权和人员组成。关于全国人民代表大会行使国家立法权以及决定权、任免权等都规定得比较含混、笼统,而关于全国人民代表大会的监督权则干脆没有规定,关于全国人民代表大会代表的权力等也只字不提。关于国务院,只有 2 条,规定了国务院的地位、人员组成和职权。关于国务院的地位,既没有写明国务院是国家最高权力机关的执行机关,也没有写明国务院是国家最高行政机关,只有一句"国务院即中央人民政府"。关于国务院的职权也规定得比较简单,对国务院总理、副总理和各部部长、各委员会主任的职权未做任何规定。另外,1975 年宪法用语也不够规范,如"中国人民解放军永远是一支战斗队,同时又是工作队,又是生产队"等规定,都不是宪法条文中应出现的语言。

　　1975 年宪法的许多内容是对"文化大革命"理论和做法的确认。如宪法在序言中写道:"社会主义社会是一个相当长的历史阶段。在这个历史阶段中,始终存在着阶级、阶级矛盾和阶级斗争,存在着社会主义同资本主义两条道路的斗争,存在着资本主义复辟的危险性,存在着帝国主义、社会帝国主义进行颠覆和侵略的威胁。这些矛盾,只能靠无产阶级专政下继续革命的理论和实践来解决。"这就把"文化大革命"以来所推行的"以阶级斗争为纲"的"左"倾错误,用法律的形式肯定了下来。宪法还规定"国家实行抓革命,促生产,促工作,促战备的方针";"无产阶级必须在上层建筑其中包括各个文化领域对资产阶级实行全面的专政";"大鸣、大放、大辩论、大字报,是人民群众创造的社会主义革命的新形式";"检察和审理案件,都必须实行群众路线。对于重大的反革命刑事案件,要发动群众讨论和批判"等,这都是"文化大革命"中的做法。

1975 年宪法还对国家体制作了一些新的规定。第一,明确了中国共产党和全国人大的关系,规定"全国人民代表大会是在中国共产党领导下的最高国家权力机关",全国人大"根据中国共产党中央委员会的提议任免国务院总理和国务院的组成人员",这就更加突出了中国共产党的领导地位。第二,取消了国家主席的设置,将原国家主席的部分职权改由全国人大常委会行使。第三,进一步明确了党对武装力量的领导,规定"中国人民解放军和民兵是中国共产党领导的工农子弟兵",并将 1954 年宪法中"中华人民共和国主席统率全国武装力量"的规定,改为"中国共产党中央委员会主席统率全国武装力量"。第四,改变了地方机关的设置,用"文化大革命"产生的革命委员会取代了原来的人民委员会,同时规定"地方各级革命委员会是地方各级人民代表大会的常设机关,同时又是地方各级人民政府"。第五,取消了检察机关,规定检察机关的职权由各级公安机关行使。①

总之,"1975 年的宪法,是在那种很不正常的条件下制定出来的。这个宪法对于很多需要认真规定的东西,都过于草率。"②是一部有严重缺点和问题的社会主义宪法,与 1954 年宪法相比,大大地退步了。

① 《中华人民共和国宪法》,《人民日报》1975 年 1 月 20 日。
② 《胡乔木文集》第 2 卷,人民出版社 2012 年版,第 535 页。

（五）"文化大革命"期间的司法行政工作

"文化大革命"期间,各种司法行政工作均遭到严重摧残和破坏。

一是人民调解制度濒临解体。十年内乱期间,民间纠纷被看成是所谓阶级之间的对抗关系,鼓吹调解工作要突出一个"斗"字,谁坚持人民调解的正确原则,谁就要被扣上"搞阶级调和"、宣扬"阶级斗争熄灭论"的大帽子。负责指导人民调解工作的基层人民法院和基层人民政府陷于瘫痪后,人民调解工作由于失去领导和支持也随之瘫痪。一些常年活跃在群众中为人民排难解纷的调解人员,被批斗后也不敢出面主持调解纠纷了。有时即使进行调解,判断是非曲直的标准也往往是看当事人双方的出身成分和在"文化大革命"中的政治观点,不可能公正地解决好纠纷。从1973年各级人民法院陆续恢复工作后。在人民法院的扶植指导下,人民调解委员会恢复组建。但由于整个国家政治生活仍在"左"的路线支配下,正确处理人民内部矛盾的问题,不可能摆上应有的位置,人民调解工作只能缓缓复苏。①

二是公证工作遭到全面破坏。"文化大革命"期间,公证工作被斥为"保护资产阶级法权"的"修正主义制度";办理继承权和遗嘱公证被污蔑为"给资产阶级找接班人";涉外公证工作被攻击为"为里通外国开绿灯"。10年间,有些华侨为在域外就业、升学或继承遗产,需要申请办理有关公证书,但他们的国内眷属怕被扣上"资产阶级"帽子,不敢接受代理申请委托。由于中国不能按国际惯例及时出具公证书,中国公民在域外的合法财产无法调入,致使国家本可争取到的大量非贸易外汇落空,有的甚至被他人侵吞。②

三是劳动教养工作遭到严重破坏。十年内乱期间,劳动教养场所被诬为"资敌养敌"的避难所,全国劳教场所被砍掉一半,有些地方甚至停办了,从事劳动教养工作的干部遭到迫害,一些行之有效的管理制度也被废除了。1970年12月11日至1971年2月11日召开的第15次全国公

---

① 《当代中国的司法行政工作》,当代中国出版社1995年版,第423页。
② 《当代中国的司法行政工作》,当代中国出版社1995年版,第375页。

安会议,根据当时的社会治安情况,作出了在大、中城市恢复和整顿劳动教养工作的决定。但由于江青反革命集团的干扰和破坏,这一决定没有得到很好的贯彻落实。

四是劳改工作遭到严重挫折。"文化大革命"期间,劳改工作的成就被全盘否定,劳改单位的领导干部大部分被打成"叛徒"、"特务"、"走资派",遭到严重迫害。劳改工作的方针政策被歪曲,各项业务工作被破坏,思想被搞乱,改造罪犯的许多成功经验和有效方法被当成"修正主义"加以批判。全国原有劳改单位被砍掉一半,改造罪犯的工作质量明显下降。1968 年 1、2 月间,公安部会同有关部门连续下发了 3 个文件,规定劳改单位的设置、新建、接收、移交和撤销由原来的公安部确定或批准,改为由各省、市、自治区革命委员会、军管会、大军区或省军区审查决定。① 此后,各地有许多劳改单位被撤销,劳改人员被放出交生产建设兵团或群众监管。如吉林 1969 年省公检法军管会作出决定,凡判处有期徒刑者均可监外执行,全省 15 个劳改单位被砍掉 11 个,放出在押人员 1.4 万余人。②

五是法学教育遭受严重摧残。"文化大革命"时期,北京、华东、西南、西北 4 所政法学院于 1966 年全部停止招生,1971 年前后陆续被撤销,校舍被占用,大部分教师被遣散,图书资料和设备大量散失。仅有的北京大学法律系、中国人民大学法律系、吉林大学法律系也从 1966 年起停止招生。中国人民大学法律系于 1971 年被合并到北京大学法律系。吉林大学法律系于 1973 年,北京大学法律系于 1974 年才又重招工农兵学员,中断招生七八年。到 1975 年,两校法律系在校学生只有 269 人,占同年普通高校在校生总数的 0.05%。③ 恢复招生后的教学计划,"以阶级斗争为纲",课程设置突出政治理论和时事政策的学习,专业课大部分被取消,只剩法学基础理论、宪法、法制史等几门课程。教学中强调以社会为

---

① 《中华人民共和国司法行政历史文件汇编》,法律出版社 1987 年版,第 290—293 页。
② 《当代中国的吉林》,当代中国出版社 1991 年版,第 239 页。
③ 《当代中国的司法行政工作》,当代中国出版社 1995 年版,第 98 页。

工厂,实行开门办学,广大师生参加"批林批孔"、"反击右倾翻案风",正常教学秩序无从建立,教学质量无法保证。至于各所政法干部学校和司法干部训练班,除中央政法干部学校和个别省政法干部学校保留名称外,其余均被撤销。十年动乱对法学教育的严重破坏,耽误了一代人的培养,造成后来法律人才青黄不接、后继乏人的困难状况。

1976 年 10 月"文化大革命"结束以后,我国法治建设重现生机。但在此后的两年里,由于被严重破坏的法治一时积重难返,更由于当时的中共中央主要领导同志在指导思想上继续坚持"左"的错误,致使法治建设未有明显起色。这种状况一直延续到中共十一届三中全会前。

第二章　党的十一届三中全会
开启法治建设新时期

1978 年 12 月召开的党的十一届三中全会,是中华人民共和国历史上具有深远意义的伟大转折。全会深刻反思"文化大革命"严重破坏民主与法制的惨痛教训,作出了健全社会主义民主和加强社会主义法制的重大决定。我国法治建设由此揭开了新的篇章。

一、党的十一届三中全会作出加强法制的重大决定

1978 年 11 月 10 日至 12 月 15 日,中央工作会议在北京京西宾馆举行。这次会议为随即召开的党的十一届三中全会作了充分的准备。在中央工作会议各小组的讨论中,与会代表结合总结"文化大革命"的教训,对民主和法制问题进行了认真的讨论,一致认为"文化大革命"之所以能够发生并持续十年之久,一个重要原因就是党和国家的民主与法制遭到了严重破坏。胡耀邦在发言中说:"'文化大革命'教训深刻,应很好总结,根本教训是党的生活不正常。"粟裕在发言中说:"林彪、'四人帮'长期凌驾于党之上,重要原因是党内民主生活不正常。批评只能上对下,下对上批评,按党的原则在党的会议上也不行,否则就是反党。有的群众说有权就是真理,值得深思。"张震发言批评说:"对十年'文革'应总结教训:第一,民主集中制被破坏。'文化大革命'不经中央全会讨论,一下子轰起来,民主在哪里? 第二,集体领导被破坏。今后全会休会时应由政治

局领导。第三,政策多变,失信于民。第四,法制不健全。'文化大革命'中那么多干部被抓、劳改,哪里有法制!"①这些重要意见,抓住了造成"文化大革命"这场全局性、长时间错误的根本原因,对党的十一届三中全会作出加强法制的决定产生了重要影响。

为总结"文化大革命"的深刻教训,呼应与会代表谈论的比较多的党和国家的民主与法制问题,叶剑英在12月13日的闭幕会上,专门讲了加强法制的问题。他指出:"为了建设现代化社会主义强国,一定要加强社会主义法制。我国的社会主义法制从新中国成立以来,还没有很好的健全起来。林彪、'四人帮'所以能够为所欲为,也是钻了我们这个空子。他们从反面给了我们血的教训,使我们懂得,一个国家非有法律和制度不可。这种法律和制度要有稳定性、连续性。它们是人民制定的,代表社会主义和无产阶级专政的最高利益,一定要具有极大的权威,只有经过法律程序才能修改,而不能以任何领导人个人的意志为转移。检察机关和法院,在自己的工作中一定要忠实于法律和制度,忠实于事实真相,一定要保持应有的独立性,这样才能完成自己的神圣职责。我们一定要有一批大无畏的不惜以身殉职的检察官和法官。这样才能维护社会主义法制的威严。在人民自己的法律面前,一定要实行人人平等,不允许任何人有超于法律之上的特权。我们党、我们的国家和人民,受林彪、'四人帮'之流的个人特权的灾难太深重了,我们以后一定要动员全党全军全民的力量,来向任何个人特权进行毫不留情的斗争!为了确实保障人民的民主权利,巩固我们的政权,全国人民代表大会常务委员会要立即着手研究修改制订民法、诉讼法、刑法、婚姻法和各种经济法等等,尽快完善我国的法制。"②

邓小平在闭幕会上所作的题为《解放思想,实事求是,团结一致向前看》的重要讲话中,着重强调了社会主义法制问题。他指出:"为了保障

---

① 转引自朱佳木著:《我所知道的十一届三中全会》,当代中国出版社2008年版,第96—98页。

② 中国人民解放军军事科学院编:《叶剑英年谱(1897—1986)》(下),中央文献出版社2007年版,第1160页。

人民民主,必须加强法制。必须使民主制度化、法律化,使这种制度和法律不因领导人的改变而改变,不因领导人的看法和注意力的改变而改变。现在的问题是法律很不完备,很多法律还没有制定出来。往往把领导人说的话当做‘法’,不赞成领导人说的话就叫做‘违法’,领导人的话改变了,‘法’也就跟着改变。所以,应该集中力量制定刑法、民法、诉讼法和其他各种必要的法律,例如工厂法、人民公社法、森林法、草原法、环境保护法、劳动法、外国人投资法等等,经过一定的民主程序讨论通过,并且加强检察机关和司法机关,做到有法可依,有法必依,执法必严,违法必究。国家和企业、企业和企业、企业和个人等等之间的关系,也要用法律的形式来确定;它们之间的矛盾,也有不少要通过法律来解决。"①邓小平的重要讲话,为党的十一届三中全会作出加强法制的重大决定,提供了重要的指导思想。

中央工作会议结束后的第三天,党的十一届三中全会在北京京西宾馆举行。在这次会议上,还有不少代表就民主与法制问题提出积极的建议。20 日下午,华东组有同志发言说:"民主和法制是辨证的统一,没有无产阶级的民主,就不可能有无产阶级的法制,没有无产阶级的法制,无产阶级的民主也不可能实现。多年来林彪、‘四人帮’破坏民主与法制,已经到了登峰造极的地步,随便点名,随便批斗,随便抄家,随便抓人,真叫无法无天。他们上打干部,下打群众,特别是残酷迫害老干部,给党和人民造成极其严重的损失。党有党章,国有国法,我们党有几千万党员,我们国家有近十亿人民,实践看没有必要的各种法律是不行的,只有做到有法可依,执法必严,民主才能得到保证。"②

12 月 22 日,党的十一届三中全会举行闭幕会。全会根据邓小平和叶剑英在中央工作会议闭幕会上的讲话精神,综合与会代表在中央工作会议和十一届三中全会上就民主与法制问题所发表的重要意见和提出的

---

① 《解放思想,实事求是,团结一致向前看》,见《邓小平文选》第 2 卷,人民出版社 1994 年版,第 146—147 页。

② 转引自程中原、王玉祥、李正华著:《转折年代——1976—1981 年的中国》,中央文献出版社 2008 年版,第 223 页。

积极建议,作出了加强法制的重大决定。全会公报明确指出:"社会主义现代化建设需要集中统一的领导,需要严格执行各种规章制度和劳动纪律","但是必须有充分的民主,才能做到正确的集中"。"为了保障人民民主,必须加强社会主义法制,使民主制度化、法律化,使这种制度和法律具有稳定性、连续性和极大的权威,做到有法可依,有法必依,执法必严,违法必究。从现在起,应当把立法工作摆到全国人民代表大会及其常务委员会的重要议程上来。检察机关和司法机关要保持应有的独立性;要忠实于法律和制度,忠实于人民利益,忠实于事实真相;要保证人民在自己的法律面前人人平等,不允许任何人有超于法律之上的特权。"①经过1957年反右派运动后的曲折发展和"文化大革命"期间的严重破坏,社会主义法治终于被置于了应有的地位,我国法治建设从此走上了健康发展的道路。

二、法治建设在党的十一届三中全会后逐步恢复

党的十一届三中全会开辟了社会主义法治建设的新时期,以此为起点,我国法治建设开始进入恢复时期。1982年现行宪法的公布实施,标志着法治建设恢复工作的基本完成。

(一)司法机关的完善和重建

"文化大革命"使新中国成立以来的司法机关遭到严重破坏,"检察机关被撤销了,最高人民法院只留下不到十个人,也名存实亡或差不多名存实亡了。"②1979年9月9日,中共中央发出指示,要求"迅速健全各级司法机构,努力建设一支坚强的司法工作队伍"③。在党的领导下,各级

---

① 《中国共产党第十一届中央委员会第三次全体会议公报》,见中共中央文献研究室编:《三中全会以来重要文献选编》(上),中央文献出版社2011年版,第9页。
② 彭真:《论新中国的政法工作》,中央文献出版社1992年版,第195页。
③ 转引自《当代中国的审判工作》上册,当代中国出版社1993年版,第155页。

司法机关加快了完善和重建步伐。

人民法院开始按照 1954 年 9 月颁行的《中华人民共和国人民法院组织法》的规定,逐渐恢复其原有的机构,如刑事审判庭、民事审判庭等,并开始执行职能。与此同时,各专门法院也开始恢复或重建。中国人民解放军军事法院成立于 1954 年 9 月。军事法院成立后,与军事检察院和军队保卫部门互相合作、互相制约,有效地打击了各种犯罪活动,保护了全军指战员的合法权益,纯洁了部队,对于我军的巩固和发展,对于保证作战和各项任务的胜利完成发挥了重要作用。十年内乱中,军事法院被取消,使我军法治建设遭到了严重的破坏。1978 年 1 月,中央军委决定复建军事法院。同年 9 月,中央军委任命郝苏为解放军军事法院院长。10 月 20 日,中国人民解放军军事法院正式恢复办公。① 1979 年 11 月,经中央军委批准,总参谋部、总政治部联合发出通知,决定在兵团级和军级单位恢复检察院和法院,并对两院的机构和编制人数作了适当的调整和充实。

自 1980 年 3 月起,我国开始重新设立铁路运输法院。至 1982 年 5 月,重建铁路运输法院 83 个。即北京铁路运输高级法院,各铁路局所在地设铁路运输中级法院 20 个,各铁路分局所在地设铁路运输法院 62 个。② 各级铁路运输法院设立了刑事审判庭和经济审判庭,1982 年 5 月 1 日开始正式办案。

1977 年 10 月,中共中央下达了征求宪法修改意见的通知。鉴于"文化大革命"中检察机关被撤销所造成的后果,在征求意见的过程中,全国有 19 个省、自治区、直辖市和人民解放军 8 大军区,35 个中共中央直属机关、国家机关及军事机关,都提出了"重新设立人民检察院"的建议。③ 在中央修改宪法小组召集的各地区、各部门领导人和民主党派负责人、社会知名人士的座谈会上,也纷纷反映人民群众要求重新设立人民检察院的意见。这表明,经过正反两方面的比较,广大干部群众更加认识了检察

① 《加强我军法制建设的重要组织措施》,《人民日报》1978 年 12 月 7 日。
② 《当代中国的审判工作》下册,当代中国出版社 1993 年版,第 547—548 页。
③ 《当代中国的检察制度》,中国社会科学出版社 1987 年版,第 183 页。

工作的重要性。恢复和重建人民检察院,已是大势所趋,人心所向。

中共中央和中央修改宪法小组接受了各地区、各部门和广大人民群众的正确意见。1978年3月1日,叶剑英受中共中央委托向五届全国人大一次会议作的《关于修改宪法的报告》中指出:"鉴于同各种违法乱纪行为作斗争的极大重要性,宪法修改草案规定设置人民检察院。国家的各级检察机关按照宪法和法律规定的范围,对于国家机关、国家机关工作人员和公民是否遵守宪法和法律,行使检察权。在加强党的统一领导和依靠群众的前提下,充分发挥公安机关、检察机关、人民法院这些专门机关的作用,使它们互相配合又互相制约,这对于保护人民,打击敌人,是很重要的。"①叶剑英的报告阐明了检察机关在法治体系中的重要地位。

1978年3月5日,五届全国人大一次会议通过的《中华人民共和国宪法》第2章第43条规定重新设立人民检察院。根据宪法的规定,最高人民检察院筹备组开始了最高人民检察院自身的组建工作,并领导全国各省、自治区、直辖市人民检察院的筹建工作。为了加速人民检察机关的建设,中共中央于1978年5月24日向各省、自治区、直辖市委和中央军委发出通知,指出:"人民检察机关是无产阶级专政的重要工具之一。新宪法规定重新设置人民检察院,与公安机关、人民法院互相配合又互相制约,同各种违法乱纪行为作斗争,这对于保护人民,打击敌人,保证宪法和法律、法令的实施,实现新时期的总任务是十分重要的。"《通知》要求地方各级人民检察院慎选干部,建立组织,开展工作。在中共中央和地方各级党委的支持下,各级人民检察院组建工作进展得比较迅速。1978年6月1日,最高人民检察院启用印鉴,正式办公。至1978年9月底,29个省、市、自治区都已任命了检察长(副检察长)或指定了负责人;各省、市、自治区所属的地区分院、市检察院,有60%任命了检察长(副检察长),全国县(市)一级,有40%任命了检察长或副检察长。②

1978年12月25日,根据五届全国人大一次会议通过的宪法中关于

---

① 《关于修改宪法的报告》,《人民日报》1978年3月8日。

② 《根据新宪法规定和党中央指示 各级人民检察院正在迅速建立》,《人民日报》1978年11月28日。

设置检察机关的规定,中央军委和最高人民检察院决定恢复军事检察院,任命于克法为中国人民解放军军事检察院副检察长,开始了重建军事检察院的筹备工作。1979 年 2 月 15 日,任命曹广化为中国人民解放军军事检察院检察长。同日,中国人民解放军军事检察院正式办公。所属各级军事检察院也随之逐步建立。

1979 年 7 月五届全国人大二次会议修正通过的《中华人民共和国人民检察院组织法》,规定设置铁路专门人民检察院。1979 年 8 月,经中共中央政法委员会决定,由铁道部党组负责筹建铁路运输检察院。1980 年4 月,成立了全国铁路运输检察院筹备组,负责一切筹备事宜。在最高人民检察院和各级铁路党委的领导下,在各省、自治区、直辖市人民检察院和有关部门的支持下,全国铁路系统从上至下建立三级铁路运输检察院共计 83 个,其中铁路检察分院 20 个,基层铁路检察院 62 个。1981 年 9月 29 日,五届全国人大常委会第 20 次会议批准任命蔺子安为全国铁路运输检察院检察长,袁恭稳为副检察长。各级铁路运输检察院经上一级检察机关批准先后成立了检察委员会。根据最高人民法院、最高人民检察院、公安部、司法部、铁道部《关于铁路运输法院、检察院办案中有关问题的联合通知》,于 1982 年 5 月 1 日正式办案。

人民检察院在遭受了十年浩劫之后,在新的历史时期中重新建立起来,这是历史的必然,人民的愿望,也是法治建设的需要,表现出检察工作的坚强生命力。各级人民检察院以国家法律为武器,坚持原则,忠于职守,精神焕发地投身到保卫社会主义现代化建设的伟大斗争中去,迎来了检察工作大踏步前进的新局面。

(二)司法行政机关的恢复与健全

中华人民共和国司法部是国家的司法行政机关,主持全国司法行政事宜。1959 年,司法部被撤销,其部分工作划归最高人民法院管理。司法行政机关被取消 20 年造成的结果是:审判程序残缺不全,没有律师制度,法律人才奇缺,政法干部青黄不接。从历史的经验和教训来看,实行审判与司法行政"合一制"有弊无利。司法行政机关不是可有可无,而是必须建立。

1979年7月,五届全国人大二次会议通过并公布了《刑法》、《刑事诉讼法》等7个重要法律。同年9月,中共中央发出了《关于坚决保证刑法、刑事诉讼法切实实施的指示》。《指示》对司法行政工作提出了迫切而繁重的任务:一是培训司法干部,发展法学教育,要求司法部把培训司法干部工作统一抓起来,尽快恢复过去撤销的政法院(校)系;二是广泛、深入地宣传法律,对广大党员、干部和群众加强法制教育,为正式实施刑法、刑事诉讼法做好准备;三是建立律师制度,选调干部充任律师,抓紧律师的组织建设和业务建设,搞好律师的培训,为正式实施刑事诉讼法做好准备。此外,对司法干部的管理、公证和人民调解工作的管理等各项司法行政工作也提出了具体的要求。上述工作需要有专门的管理机关进行管理,因此,重建司法行政机关被提上了议事日程。

1979年6月15日,中共中央政法小组向中共中央报送了《关于恢复司法部机构的建议》。《建议》指出:"有关法院的组织机构,特别是经济法院等各类专门法院的机构设置、司法干部的管理;法律干部的培训,包括高等政法院校的设置和管理;在职干部的轮训提高;以及公证、律师,法制宣传,法律编纂等各项司法行政工作,急需有专门机构管理。长期无人专管的状态,不利于加强社会主义法制。而人民法院是国家的审判机关,担负着行使审判权的重任,它不适宜并且也确实难以兼顾上述各项工作。因此,建议恢复司法部。"同年7月1日,五届全国人大二次会议通过了新的《中华人民共和国人民法院组织法》,规定"各级人民法院的司法行政工作由司法行政机关管理","各级人民法院的设置、人员编制和办公机构由司法行政机关另行规定",从法律上确定了司法行政机关的设立。8月1日,中共中央决定筹建司法部。9月13日,五届全国人大常委会第11次会议作出决定:"为了适应社会主义法制建设的需要,加强司法行政工作,设立司法部,任命魏文伯为司法部部长。"①1982年12月4日,五届全国人大五次会议通过的《中华人民共和国宪法》又明确规定国务院有

---

① 《当代中国的司法行政工作》,当代中国出版社1995年版,第56—57页。

"领导和管理民政、公安、司法行政和监察等工作"的职权,使司法行政工作载入了庄严的宪法,从根本上确立了司法行政工作的法律地位。

司法部重建以后,1979 年 10 月 28 日,中共中央和国务院发出《关于迅速建立地方司法行政机关的通知》,要求各省、自治区、直辖市党委和革命委员会(人民政府)尽快建立相应的司法行政机关,负责管理各自地区人民法院的设置、机构、编制;有关司法制度的建设;管理和培训司法干部;领导律师组织、公证机关的工作,组织开展法律宣传和法制教育活动;协同有关部门管理政法院校,培养各地司法专业人员,以及指导人民调解委员会等专项工作。《通知》要求首先把省、自治区、直辖市的司法厅(局)建立起来,并尽快选调一批符合条件的干部分配给司法行政机关。1980 年 7 月 21 日,国务院又批转了司法部关于迅速建立省属市(地区)、县司法行政机构的请示报告,要求各省属市、地区(自治州、盟)应设立司法局(处),各县(旗)应设立司法局(科),把各级司法行政机关建立健全起来。至 1980 年底,全国应建司法行政机关 2941 个,已建 1817 个,占应建总数的 62%,其中:应建省、自治区、直辖市司法厅(局)29 个,除西藏自治区外,其余均已建立,占应建数的 97%;应建地区、市、自治州、盟司法局(处)317 个,已建 257 个,占应建数的 81%;应建县、市、自治县、城市区、旗司法局(科)2595 个,已建 1533 个,占应建数的 59%。①

为了健全基层组织,加强基础工作,根据 1980 年 12 月 12 日国务院批转司法部关于全国司法行政工作座谈会的报告"要尽快配齐基层司法助理员,城镇街道也要有专人抓这项工作"的要求,1981 年 6 月 14 日中共中央批转中央政法委员会召开的《京、津、沪、穗、汉五大城市治安座谈会纪要》关于"配齐司法助理员"的指示,以及"1982 年 1 月 13 日中共中央《关于加强政法工作的指示》中有关农村、公社(乡)或集镇设置司法助理员"的精神,全国各地开始在农村区、乡、镇和城市街道设置了司法助理员。司法助理员是基层政权的司法行政工作人员,在乡、镇,街道办事处和县(区)司法局的领导和基层人民法院的指导下进行工作,主要担负管

---

① 《当代中国的司法行政工作》,当代中国出版社 1995 年版,第 57—58 页。

理调解委员会和法制宣传教育的任务。司法助理员的工作是加强法治建设的主要基础工作之一,它起着承上启下、联系人民群众的纽带作用,为社会主义法治建设作出了积极贡献。

党的十一届三中全会后,由于中共中央、国务院和各级地方党委、各级政府的重视,司法行政机关在组织建设上不仅恢复重建了中央和省、自治区、直辖市这两级机构,而且还新建了20世纪50年代未曾建过的地(市、州)和县级的司法行政机关,并在乡、镇和城市街道配备了司法助理员,从而形成了从中央到基层政权多层次的司法行政机构系统。

(三)司法行政工作的恢复和开展

随着司法行政机关的恢复与健全,司法行政工作也逐步恢复和开展。

一是律师制度的恢复。在司法部重建以前,即1979年初,黑龙江省呼兰县就配备了律师,开始承办刑事辩护工作。继而北京市,上海市,黑龙江省的大庆、哈尔滨,四川省的壁山等七八个市、县,也先后恢复了律师机构,开展起部分律师业务。广州市因办理海事涉外案件的需要,在更早些时候就设立了法律代办处。司法部重建后也于同年12月发出通知,要求当时已先后成立的各省、自治区、直辖市司法厅(局)尽快争取建立一批法律顾问处,把律师工作开展起来。此后,各地在地方党委和政府的领导及有关部门的支持下,陆续调配了一批律师工作人员,组建了一些律师工作机构。到1980年10月,全国已有河南、陕西、山东3省成立了律师协会;北京、天津、上海、辽宁、黑龙江、江苏、甘肃等17个省、市成立了律师协会筹备会或筹备领导小组;全国共建立了381个法律顾问处,有专职律师人员3000多名。①

二是公证制度的恢复。司法部还未恢复建制前,各地在最高人民法院的领导下,就纷纷恢复了公证工作,涉外公证业务的发展尤为迅速。据1979年底北京、天津、上海、广东、福建、江苏、辽宁、四川、新疆等22个省、自治区、直辖市的统计,全年办理涉外公证文书14.91万多件。其中,

---

① 《当代中国的司法行政工作》,当代中国出版社1995年版,第308页。

上海市 5805 件,超过该市前 8 年办证总数 4062 件的 40%。① 司法部重建后,着手抓公证机关的组织建设与业务建设。当时,不少群众来信来访,要求恢复国内公证业务。鉴于此,司法部于 1980 年 2 月 15 日发出《关于逐步恢复国内公证业务的通知》,要求各地先受理收养子女、遗嘱、继承、委托、赠与等几项主要公证事务,从而恢复了停办长达 20 年之久的国内公证业务。接着,司法部又于同年 3 月 5 日发出《关于公证处的设置和管理体制问题的通知》,规定"在直辖市、省辖市、县设公证处;暂不设公证处的市、县,由所在地的基层人民法院设公证员(或由审判员兼)办理公证业务";"公证处归司法行政机关领导,司法部通过各省、自治区、直辖市司法厅(局)对全国公证工作实行领导",从而统一了公证机关的组织体制。1980 年 9 月 19 日至 25 日召开的全国公证工作座谈会,回顾了 30 多年中国开展公证工作的历程,总结了经验与教训,并就公证工作的方针、任务,公证业务的恢复与发展,公证组织的建设等问题做了研究与安排。这次会议对推动公证工作的顺利开展起了积极作用。

三是人民调解工作的恢复。1978 年 5 月的第八次全国司法工作会议和同年召开的第二次全国民事审判工作会议,都强调要抓紧建立、健全人民调解组织,切实加强对人民调解工作的领导。1979 年司法部和地方各级司法行政机关重建后,国务院正式批准将指导管理人民调解工作,作为司法行政部门的一项重要任务。1979 年 10 月 31 日,中共中央政法委员会主任彭真在政法机关联席会议上传达邓小平 10 月 19 日的批示和指示时说,居民委员会、调解委员会、治保委员会很好,要搞起来。全国人民代表大会常务委员会于 1980 年 1 月重新颁布了《人民调解委员会暂行组织通则》。到 1980 年底,全国城乡人民调解委员会已建立 81 万个,当年调解各类民间纠纷 614 万件,相当于全国基层人民法院一审民事收案总数的 10.8 倍。② 1981 年 8 月 18 日至 26 日,司法部召开了第一次全国人民调解工作会议。会议总结了 30 多年来,特别是党的十一届三中全会后

---

① 《当代中国的司法行政工作》,当代中国出版社 1995 年版,第 376 页。
② 《当代中国的司法行政工作》,当代中国出版社 1995 年版,第 424 页。

人民调解工作的经验,推动了人民调解工作的进一步开展。

四是法学教育的恢复。1978 年中共中央批转的《第八次全国人民司法会议纪要》提出恢复法律系,培养司法人才。1979 年 9 月 9 日中共中央《关于坚决保证刑法、刑事诉讼法切实实施的指示》中提出:"过去撤销的政法学院和政法公安院校应尽快恢复起来。有条件的文科大学应设置法律系或法律专业。各省、市、自治区可根据需要,逐步建立各类政法院校和司法、公安干警学校,举办各种形式的训练班,培养各种专门人才,轮训现有司法、公安干部。"根据上述指示,从 1978 年起,一些法学院校陆续复建并开始招生。1978 年 7 月 11 日,中国人民大学法律系正式恢复。同年 8 月 5 日,北京政法学院复办。1979 年 12 月,国务院批准教育部的报告,决定恢复华东政法学院、西北政法学院。

五是法学研究和宣传工作的恢复。1978 年 8 月 26 日,最高人民法院主办的刊物《人民司法》复刊。1979 年 4 月 23 日,中国社会科学院法学研究所主办的法学理论学术刊物《法学研究》复刊。同年 6 月 20 日,为更好地宣传检察机关的工作和精神风尚,最高人民检察院业务期刊《人民检察》复刊。1980 年 6 月 2 日,经国家出版局批准,法律出版社得以恢复,复建后的法律出版社归司法部领导。1981 年 11 月 10 日,由华东政法学院和上海市法学会联合创办的法律专业学术刊物《法学》月刊复刊。所有这些都促进了法学研究和宣传工作的开展。

三、法治建设在恢复中初步发展

党的十一届三中全会后,我国法治建设在恢复的过程中也得到了初步发展,为法治建设在改革开放中进一步发展奠定了基础。

(一)立法工作进入迅速发展时期

"文化大革命"十年中,立法工作陷于停顿。除通过一部 1975 年宪法外,未制定任何法律。1978 年党的十一届三中全会后,为健全社会主义法制,立法工作进入了迅速发展时期。

一是建立和健全立法工作机构。为加快立法工作,提高立法质量,1979 年 2 月 23 日,五届全国人大常委会第 6 次会议决定设立全国人大常委会法制委员会(后改为法制工作委员会),负责研究、起草、修改法律草案,协助人大常委会加强法制工作。会议通过了由 80 人组成的法制委员会成员名单,彭真为主任,胡乔木、谭政、史良、安子文、杨秀峰、高克林、武新宇、陶希晋、沙千里为副主任。3 月 13 日,法制委员会正式成立,并召开了第一次会议。1980 年 4 月 16 日,五届全国人大常委会第 14 次会议通过了人大常委会法制委员会增加的副主任、委员名单,增设张友渔、刘复之、顾明、王汉斌为法制委员会副主任。为协调行政立法工作,提高法规质量,1980 年 5 月,国务院办公厅设立了法制局,负责审查国务院交付审查的法规草案和按国务院的要求草拟法规草案。国务院各部委、办、局也都相继成立了政策法规(或条法、或法规、或法制、或政法)司(室、处),以加强政府各部门的法制建设。1981 年 7 月,国务院还成立了经济法规研究中心,负责对国务院各经济部门制定、修改经济方面的行政法规进行规划、指导、组织和协调。所有上述工作机构的设立,都对党的十一届三中全会后的立法工作发挥了重要作用。

二是改革和完善国家立法体制。改革开放前,我国实行的是高度集中的立法体制,立法权集中在全国人大及其常委会。1979 年以后,为适应改革开放、加快立法步伐的需要,我国对立法体制进行了重大改革:扩大了全国人大常委会的立法权;授权国务院可以根据宪法和法律制定行政法规;赋予省、自治区、直辖市人大及其常委会根据本行政区域的具体情况和实际需要,在不同宪法、法律、行政法规相抵触的前提下制定地方性法规的权力;规定民族自治地方的人大有权依照当地民族的政治、经济和文化特点,制定自治条例和单行条例,对法律和行政法规作变通规定。这种新的立法体制,充分发挥了地方立法的主动性和积极性。

三是重申过去法律、法令和行政法规的效力。中华人民共和国成立后的 17 年,国家制定的法律、法令和行政法规,据大略的统计,有 1500 多件。其中许多在改革开放后仍然是适用的或者是基本适用的。1979 年

11月29日,五届全国人大常委会第12次会议通过《全国人民代表大会常务委员会关于中华人民共和国建国以来制订的法律、法令效力问题的决议》。该《决议》指出,从1949年10月1日中华人民共和国成立以来,前中央人民政府制定、批准的法律、法令;从1954年9月20日第一届全国人民代表大会第一次会议制定《中华人民共和国宪法》以来,全国人民代表大会和全国人民代表大会常务委员会制定、批准的法律、法令,除了同第五届全国人民代表大会制定的宪法、法律和第五届全国人民代表大会常务委员会制定、批准的法律、法令相抵触的以外,继续有效。重申过去法律、法令和行政法规的效力,在当时立法任务繁重、立法力量不足的情况下,可以使立法机关集中力量去制定那些最急需、而过去又没有的法律、法令和行政法规。这是健全社会主义法治的一项重要措施。

四是对原有的法律进行修订和补充。1950年《中华人民共和国婚姻法》,是新中国成立初期颁行的一部极为重要的法律,曾为确立新型的社会主义婚姻家庭制度作出过重要贡献。公布实施近30年后,我国政治、经济、文化、社会生活等各个方面都发生了重大变化。为了适应这种变化,有必要对原婚姻法进行修订和补充。1978年,全国妇联向中共中央写出报告,陈述修订婚姻法的必要性,得到了中共中央的批准,并随即成立了由全国妇联、最高人民法院等12家单位组成的新婚姻法起草小组,负责起草婚姻法的修改草案。起草小组进行了大量的调查研究工作,广泛听取意见,先后九易其稿,终于达成了共识。1980年9月10日五届全国人大三次会议讨论并通过了新婚姻法,并决定自1981年1月1日起施行。新婚姻法在保留1950年婚姻法中关于婚姻自由、一夫一妻、保护妇女合法权益等基本原则的同时,增加了保护老人合法权益的内容,并把实行计划生育规定为指导婚姻家庭关系的一项原则。新婚姻法将最低法定婚龄提高为男22周岁,女20周岁。另外,新婚姻法还加强了对家庭关系的法律调整,将祖孙和兄弟姊妹关系也列入调整范围。在离婚理由和离婚程序等问题上,新婚姻法对原来的规定也作了修改。

五是大力加强立法工作。1979年6月18日至7月1日召开的五届全国人大二次会议通过了《中华人民共和国地方各级人民代表大会和地方各级人民政府组织法》、《中华人民共和国全国人民代表大会和地方各级人民代表大会选举法》、《中华人民共和国人民法院组织法》、《中华人民共和国人民检察院组织法》、《中华人民共和国刑法》、《中华人民共和国刑事诉讼法》和《中华人民共和国中外合资经营企业法》7 部重要的法律,创新中国成立以来全国人大一次会议通过法律最多的纪录,从而结束了新中国长期没有刑法的历史。1980 年 9 月 10 日,五届全国人大三次会议通过了《中华人民共和国国籍法》、《中华人民共和国中外合资经营企业所得税法》和《中华人民共和国个人所得税法》等,这几部重要法律的通过,在健全社会主义法制方面又有所前进。1982 年 3 月 8 日,《中华人民共和国民事诉讼法(试行)》颁布,这是新中国成立后制定的第一部民事诉讼法。它的公布和试行,对于从司法程序方面保障所有的民事法律、经济法律以及有关的行政法律的贯彻实施,对于保护人民权利、维护社会秩序,保障社会主义现代化建设,发挥了积极的作用。

(二)刑法及刑事诉讼法的制定与颁布

1979 年《中华人民共和国刑法》的制定经历了一个曲折的过程。粉碎"四人帮"以前的起草经过,本书前文已有详述。粉碎"四人帮"以后,邓小平对发展社会主义民主和健全社会主义法制问题作了一系列重要指示,特别强调了亟须制定刑法。1978 年 10 月下旬,中央政法小组组织了刑法草案修订班子,开始着手对刑法草案第 33 稿进行修订工作。1978 年 12 月党的十一届三中全会的召开,对刑法起草工作起了巨大的推动作用,并为刑法的制定提供了指导方针。十一届三中全会后不久,即 1979 年 2 月下旬,全国人大常委会法制委员会成立,在彭真主持下,刑法起草工作紧张地进行起来。在刑法起草过程中,根据十几年来特别是"文化大革命"以来所出现的新情况、新问题、新经验,对 1963 年的第 33 稿作了较大的修改和补充,并广泛征求了中共中央和有关部门的意见。1979 年 7 月 1 日,五届全国人大二次会议通过了《中华人民共和国刑法》,7 月 6 日公布,1980 年 1 月 1 日起施行。刑法的制定与颁布,是社会主义法治建设史上的一件大事,它结束了长期以来主要依靠党和国家的方针、政策处理犯罪问题的历史,使刑事司法进入了有法可依的新阶段。邓小平对刑法的颁布实施给予了高度评价。他说:"在建国以来的二十九年中,我们连一个刑法都没有,过去反反复复搞了多少次,三十几稿,但是毕竟没有拿出来。现在刑法和刑事诉讼法都通过和公布了,开始实行了。全国人民都看到了严格实行社会主义法制的希望。这不是一件小事情啊!"①

《中华人民共和国刑法》共两编192条,对犯罪和刑罚作了全面系统的规定。第一编总则,计5章89条,规定了刑法的指导思想、有关犯罪和刑罚的基本原则。第二编分则,计8章103条,规定了8类具体犯罪及相对应的法定刑,分别为:反革命罪,危害公共安全罪,破坏社会主义经济秩序罪,侵犯公民人身权利、民主权利罪,侵犯财产罪,妨害社会管理秩序罪,妨害婚姻、家庭罪和渎职罪。整部刑法典,体现了罪刑法定原则,罪刑相适应原则,罪责自负、反对株连的原则,惩罚与教育相结合的原则,主观与客观相统一的刑事责任原则和社会主义的人道主义原则。

关于指导思想,《刑法》第1条规定:中华人民共和国刑法,以马克思列宁主义、毛泽东思想为指针,以宪法为根据,依照惩办与宽大相结合的政策,结合我国各族人民实行人民民主专政即无产阶级专政和进行社会主义革命、社会主义建设的具体经验及实际情况制定。

关于任务,《刑法》第2条规定:中华人民共和国刑法的任务,是用刑罚同一切反革命和其他刑事犯罪行为作斗争,以保卫无产阶级专政制度,保护社会主义的全民所有的财产和劳动群众集体所有的财产,保护公民私人所有的合法财产,保护公民的人身权利、民主权利和其他权利,维护社会秩序、生产秩序、工作秩序、教学科研秩序和人民群众生活秩序,保障社会主义革命和社会主义建设事业的顺利进行。

关于适用范围,刑法采取以属地原则为基础、以其他原则为补充的原则,即凡在中华人民共和国领域内犯罪的,不问犯罪人是本国人还是外国人,一律适用中华人民共和国刑法。本国人或外国人在中国领域外犯罪

---

① 《目前的形势和任务》,见《邓小平文选》第2卷,人民出版社1994年版,第243页。

的,在一定情况下适用中华人民共和国刑法。

关于时间效力,《刑法》规定:中华人民共和国成立以后本法施行以前的行为,如果当时的法律、法令、政策不认为是犯罪的,适用当时的法律、法令、政策。如果当时的法律、法令、政策认为是犯罪,依照本法规定应当追诉的,按照当时的法律、法令、政策追究刑事责任。但如果本法不认为是犯罪或者处刑较轻的,适用本法。

关于犯罪,《刑法》规定,一切危害国家主权和领土完整,危害无产阶级专政制度,破坏社会主义革命和社会主义建设,破坏社会秩序,侵犯全民所有的财产或者劳动群众集体所有的财产,侵犯公民私人所有的合法财产,侵犯公民的人身权利、民主权利和其他权利,以及其他危害社会的行为,依照法律应当受刑罚处罚的,都是犯罪。刑法对犯罪的故意和过失(第 11—13 条)、刑事责任年龄(第 14 条)、刑事责任能力(第 15—16条)、正当防卫(第 17 条)、紧急避险(第 18 条)、犯罪的预备(第 19 条)、犯罪的未遂(第 20 条)、犯罪的中止(第 21 条)和共同犯罪(第 22—26条)等情况的刑事责任及处罚原则,都作了具体规定。

关于刑罚,《刑法》规定刑罚分为主刑和附加刑。主刑的种类有管制、拘役、有期徒刑、无期徒刑和死刑;附加刑的种类有罚金、剥夺政治权利和没收财产。附加刑也可以独立适用。对于犯罪的外国人,可以独立适用或者附加适用驱逐出境。刑法还规定,对于免予刑事处分的人,可以根据案件的不同情况,予以训诫或者责令具结悔过、赔礼道歉、赔偿损失,或者由主管部门予以行政处分(第 31—32 条)。《刑法》第 33—56 条,对各种刑罚作了具体规定。管制的期限为 3 个月以上 2 年以下;拘役为 15日以上 6 个月以下;有期徒刑为 6 个月以上 15 年以下;死刑只适用于罪大恶极的犯罪分子。对于应当判处死刑的犯罪分子,如果不是必须立即执行的,可以判处死刑同时宣告缓期 2 年执行,实行劳动改造,以观后效。死刑除依法由最高人民法院判决的以外,都应当报请最高人民法院核准。死刑缓期执行的,可以由高级人民法院判决或者核准。

关于刑罚的具体运用,《刑法》第 57 条规定:对于犯罪分子决定刑罚的时候,应当根据犯罪的事实、犯罪的性质、情节和对于社会的危害程度,依照本法的有关规定判处。第 58—59 条及其他条款对从重处罚、从轻处罚、减轻处罚和免除处罚作了规定。第 61—62 条规定了累犯的概念、构成、反革命累犯及处罚原则。第 63 条规定了自首的概念和处罚原则。第 64—66 条规定了数罪并罚的处罚原则,即限制加重原则,除判处死刑和无期徒刑的以外,应当在总和刑期以下、数刑中最高刑期以上,酌情决定执行的刑期;但是管制最高不能超过 3 年,拘役最高不能超过 1 年,有期徒刑最高不能超过 20 年。第 67—70 条规定了缓刑适用的原则和条件、缓刑考验的期限和撤销缓刑的条件。第 71 条规定了减刑的条件和限度。第 73—75 条规定了假释的对象和条件、假释的考验期限和撤销假释的条件。第 76—78 条规定了犯罪的追诉时效问题。

关于类推,《刑法》第 79 条规定:本法分则没有明文规定的犯罪,可以比照本法分则最相类似的条文定罪判刑,但是应当报请最高人民法院核准。

关于具体犯罪,刑法分则按犯罪类别规定了各类具体犯罪的犯罪构成和量刑幅度。

1979 年《中华人民共和国刑事诉讼法》的制定也同样经历了一个曲折的过程。1956 年,在最高人民法院的主持下就开始了刑事诉讼法的起草工作,1957 年 5 月即完成了《中华人民共和国刑事诉讼法(草案)》草稿,共 7 编 325 条。但是随后开始的反右派斗争使起草修订工作停顿下来。其后于 1962 年 6 月恢复,在 1957 年草稿的基础上进一步调查研究,反复修改,于 1963 年 4 月形成了《中华人民共和国刑事诉讼法(草案)》初稿,共 200 条。"四清"运动开始后,刑事诉讼法的修订工作再次中断,直至"文化大革命"结束。党的十一届三中全会以后,经济社会的发展迫切需要法律的保障,刑事诉讼法立法工作再次提上议事日程。1979 年 2 月,全国人大常委会法制委员会重新组织力量,对 1963 年的《初稿》进行修改,先后拟出《修正一稿》(217 条)和《修正二稿》(164 条)。1979 年 7 月 1 日,五届全国人大二次会议审议通过了《中华人民共和国刑事诉讼法》,至此,刑事诉讼法诞生。

《刑事诉讼法》共 4 编 17 章 164 条。第一编总则,包括指导思想、任务和基本原则、管辖、回避、辩护、证据、强制措施、附带民事诉讼、期间、送达九章;第二编包括立案、侦查和提起公诉三章;第三编审判,主要内容有:审判组织、第一审程序、第二审程序、死刑复核程序和审判监督程序等五章;第四编执行,主要规定了对生效判决、裁定的执行、监外执行、减刑、假释、申诉等内容。

实践证明,1979 年《中华人民共和国刑事诉讼法》所确立的指导思想、基本原则和诉讼程序是比较科学和完善的,也是基本适合当时的政治经济情况的,它和《中华人民共和国刑法》的颁行对于惩治犯罪、维护社会秩序共同发挥了重要作用。

(三)司法工作取得较大进展

在审判工作方面,各级人民法院紧紧围绕国家的现代化建设,坚持为改革、发展、稳定服务和严肃执法的方针,认真行使审判职能,审理了大量各类案件。

一是对"文化大革命"期间冤假错案进行审理。"文化大革命"造成了大量的冤假错案,其中有许多是以判决的形式处理的。"文化大革命"结束后,复查纠正这批冤假错案就成为人民法院的一项紧迫而繁重的任务。1978 年 4 月,第八次全国司法工作会议通过的《会议纪要》,提出了按照"全错的全平、部分错的部分平、不错的不平"的原则,处理刑事申诉案件,纠正冤假错案。从 1978 年下半年开始,各级人民法院逐步开始了纠正冤假错案的工作。全国各级人民法院经过 3 年多的努力,复查工作取得了很大成绩。到 1981 年底,复查了"文化大革命"期间判处的 120 余万件刑事案件,按照中共中央的有关政策,改判纠正了冤假错案 30.1 万余件,涉及当事人 32.6 万余人。各地人民法院还主动复查了 1977 年和 1978 年两年中判处的反革命案件 3.3 万件,从中改判纠正了错案 2.1 万件。到 1983 年,复查纠正"文化大革命"期间和 1977 年、1978 年判处的冤假错案的工作已经基本完成。①

---

① 《当代中国的审判工作》上册,当代中国出版社 1993 年版,第 148 页。

二是设立经济审判庭,开展经济审判工作。经济体制改革的深入进行和国民经济的进一步发展,要求法院必须加强经济案件的审判工作。1978 年 9 月 9 日,国家主席李先念在国务院座谈会上的讲话中指出:要设置裁决经济工作中各种纠纷、案件的司法机构。1979 年 7 月 1 日,五届全国人大二次会议通过的《中华人民共和国人民法院组织法》规定,最高人民法院、高级人民法院、直辖市和省、自治区辖市的中级人民法院设立经济审判庭。按照《人民法院组织法》的规定,最高人民法院于 1979 年 9 月设立经济审判庭。各省、自治区、直辖市高级人民法院在 1979 年底至 1980 年内先后设庭。直辖市和省、自治区辖市的中级人民法院在 1981 年底以前全部建庭。地区中级人民法院和自治州中级人民法院,除个别边远地区外,也于 1981 年底前相继设立经济审判庭。各级人民法院设立经济审判庭后,建立了收案、结案、回访、司法建议等制度。从 1979 年下半年到 1981 年底,共审结各类经济案件 24340 件。其中经济纠纷案件 16157 件,占 66.38%;经济犯罪案件 8168 件,占 33.56%;涉外、涉港澳经济纠纷案件 15 件,占 0.06%。1982 年 1 月,最高人民法院决定,经济犯罪案件统一由刑事审判庭审理。当年各级法院经济审判庭共审结各类经济纠纷案件 32921 件,比前两年审结同类案件总和还多 16764 件。①

三是依法惩办反革命犯罪分子和严重破坏社会秩序的刑事犯罪分子,维护社会治安,保障国家和人民的利益。据统计,从 1978 年 1 月到 1982 年 12 月,地方各级人民法院共审结一审刑事案件 93.9 万余件,二审刑事案件 15.7 万余件,处理刑事申诉案件 128.9 万余件。最高人民法院审结刑事上诉、再审、死刑复核、类推案件 2944 件,处理刑事申诉来信 63.86 万余件,接待刑事申诉来访 15.51 万余人次。②

四是处理大量民事案件,保护国家、集体和个人的权益。据统计,从 1978 年 1 月至 1982 年 12 月,地方各级人民法院共审结一审民事案件 264.8 万余件,二审民事案件 16.5 万余件,处理民事申诉案件 3.17 万余

---

① 《当代中国的审判工作》下册,当代中国出版社 1993 年版,第 293—294 页。
② 《最高人民法院工作报告》,《人民日报》1983 年 6 月 26 日。

件。同时还处理了大量的简易纠纷。最高人民法院审结民事上诉、再审案件 87 件,处理民事申诉来信 3.98 万余件,接待民事申诉来访 4.39 万余人次。①

在检察工作方面,各级人民检察院认真履行法定职责,开展了大量卓有成效的工作。

一是处理公民的申诉和控告,平反和纠正冤假错案。"文化大革命"结束后,平反冤假错案成为检察工作的一项重要任务。检察机关重建伊始,在干部调配、机构设置、工作制度等尚未完全就绪的情况下,就收到了大量的人民来信,接待了许多人民来访。据不完全统计,1978 年全国各级检察机关共受理信访 70203 件(次),1979 年受理 1236134 件(次),1980 年达到最高峰共为 1518846 件(次)。② 根据群众的迫切要求和有错必纠的原则,各级检察机关积极参加平反和纠正冤假错案的工作。经过调查核实,凡属冤案,予以昭雪;凡属假案,予以平反;凡属错案,予以纠正。

二是发挥法律监督的作用。各级人民检察院恢复重建后担负起了审查决定是否逮捕、审查决定是否起诉和提起公诉、出庭支持公诉工作,并逐步开展了对公安机关的侦查活动,人民法院的审判活动,以及监狱、看守所、劳动改造和劳动教养机关的活动是否合法实行监督的工作。1982年,全国检察机关审结公安机关提请逮捕的人犯中,批准逮捕的占89.4%,不批准逮捕的占 10.6%。对公安机关移送起诉的人犯,经检察机关审查,向人民法院提起公诉的占审结数的 91%,免予起诉的占 7.8%,不起诉的占 1.2%。各级人民检察院出庭率已达 99.2%。各级人民检察院提出抗诉的案件,经人民法院审结,改判的占审结的抗诉案件的 59%,裁定重新审判的占 7.1%。有力地保护了公民的人身权利和民主权利。③

三是取缔侵犯公民民主权利的违法学习班。在十年内乱中,各地群众自发举办了各种形式的学习班,学习毛泽东思想。但由于当时"左"倾

---

① 《最高人民法院工作报告》,《人民日报》1983 年 6 月 26 日。
② 《当代中国的检察制度》,中国社会科学出版社 1987 年版,第 193 页。
③ 《最高人民检察院工作报告》,《人民日报》1983 年 6 月 26 日。

思想的影响,这种群众自我教育的方式变成了迫害干部和群众的场所。"文化大革命"结束后,不少地方和单位仍然沿用这种错误做法,对一些被认为有问题的群众实行变相逮捕关押,刑讯逼供,限制人身自由,造成了极为严重的后果。最高人民检察院根据各地的反映,并经过调查研究,认为这种以办"学习班"为名,实为侵犯公民民主权利的行为,必须及时制止。为此,在1979年初,中共最高人民检察院党组就这一问题向中共中央纪律检查委员会书记陈云写了专题报告,反映了"学习班"中违法乱纪的严重情况及造成的恶果,建议明令禁止:凡已办起来的此类"学习班"应一律撤销,今后严禁再办;对于滥用"学习班"从事违法乱纪活动的单位和个人,受害者有权向检察、司法机关提出控告。这份专题报告引起了陈云等中共中央领导人的重视,指示最高人民检察院党组以本单位的名义下达所属系统参照执行。最高人民检察院将上述文件下达后,各地检察机关采取坚决措施停办了各种类型的"学习班"。据湖北、浙江、福建3省的统计,仅在1979年就停办了"学习班"138个。①

四是办理侵犯公民民主权利的违法犯罪案件。1979年7月1日通过的《刑法》和《刑事诉讼法》,把查处侵犯公民民主权利的案件,列入了检察机关侦查管辖的范围。1980年1月1日《刑法》和《刑事诉讼法》实施以后,各级人民检察院立案侦查了非法拘禁、刑讯逼供、非法搜查、报复陷害、诬告陷害、破坏选举、侵犯公民通信自由权利等各类侵犯公民民主权利的案件共1.4万余件,已办结1.2万余件,依法逮捕了违法犯罪分子,保护了公民的人身权利和民主权利。②

五是办理了一批经济案件。1982年,各级人民检察院认真贯彻执行中共中央、全国人大常委会、国务院有关打击严重经济犯罪的指示和决定,把打击严重经济犯罪活动作为一项重大任务,集中力量,加强领导,协同有关部门抓紧查办大案要案。这一年办理的经济案件,是检察机关重建以来最多的一年。这一年中,各级人民检察院立案侦查的贪污案、行贿

---

① 《当代中国的检察制度》,中国社会科学出版社1987年版,第196页。
② 《最高人民检察院工作报告》,《人民日报》1983年6月26日。

受贿案、盗伐滥伐森林案和走私贩私、投机诈骗案等经济案件共 3.3 万余件,已办结 3.1 万余件。向人民法院提起公诉 1.7 万余件,法院已审结并作有罪判决的 1.1 万余件,占审结数的 99%。有力地打击了经济领域中的严重犯罪活动,保障了社会主义现代化建设的顺利进行。①

(四)司法行政工作进一步开展

党的十一届三中全会后,司法行政工作在恢复的基础上进一步开展。

一是律师队伍不断扩大,律师业务全面开展。律师制度恢复后,各级司法行政机关多渠道、多层次地选拔、吸收律师人员。从 1979 年 10 月到 1980 年 10 月,一年间全国各地陆续调配专职律师人员达 3000 多人。到 1981 年底,全国已有 13 个省、自治区、直辖市成立了律师协会,共有法律顾问处 2023 个,专职律师人员 6200 多人,兼职律师人员 2300 多人,一个初具规模的律师队伍已经在全国建立。② 在律师队伍不断扩大的同时,律师业务也全面开展。1979 年 7 月,《刑法》和《刑事诉讼法》颁布后,广大律师人员把出庭履行辩护职责当作配合"两法"实施的重要任务来抓。据不完全统计,1980 年 1 月 1 日"两法"正式施行后的一年间,全国陆续组建起来的为数不多的法律顾问处,曾接受刑事被告人委托和法院指定,由律师出庭辩护了 2 万多个案件。另外,广大律师人员还以多种服务形式参与经济法律活动,维护经济秩序,促进经济建设。其主要形式是:担任企事业单位、专业户、经济联合体的法律顾问,并初步为政府机关担任法律顾问;担任代理人参加经济纠纷的调解、仲裁、诉讼,或者承办经济方面的非诉讼法律事务;为涉外经济活动或涉外经济纠纷的中、外当事人提供法律帮助等。在开展诉讼代理和非诉讼代理以及解答法律咨询等业务方面,广大律师人员为社会广泛提供法律服务。其主要形式是:接受委托,为民事当事人担任代理人参加诉讼活动,为群众在诉讼外解决民事纠纷,或为委托人办理一般民事上的非诉讼法律事务;担任刑事自诉案件的

---

① 《最高人民检察院工作报告》,《人民日报》1983 年 6 月 26 日。
② 《当代中国的司法行政工作》,当代中国出版社 1995 年版,第 315 页。

自诉人或者公诉案件被害人及其近亲属的代理人,参加诉讼;接待来访,解答法律询问和代写诉状等。通过这些律师业务的开展,宣传了社会主义法治,维护了公民的合法权益,促进了社会的安定团结。

二是公证制度进一步健全。为使公证工作制度化、法律化,司法部重建不久即组织力量着手起草《中华人民共和国公证暂行条例》(初稿),先后经过全国司法行政工作座谈会和全国公证工作座谈会进行讨论、修改,并广泛征求法学研究人员、法学教育人员、司法人员以及公证人员的意见,最后,提请国务院审议。鉴于公证工作恢复不久,国务院决定以行政法规的形式,于1982年4月13日发布《中华人民共和国公证暂行条例》,同日起施行。这是中国第一个全国性的公证法规,是中国公证工作经过曲折历程所积累的经验的总结。《公证暂行条例》反映了公证制度的中国特色,分6章30条,明确规定了中国公证的性质、公证的目的任务和业务范围、公证处的组织与领导、公证管辖、公证程序。《公证暂行条例》的发布与施行,标志着中国公证制度进入了一个新的阶段。

三是人民调解工作的管理体制不断加强,法律地位不断提高。1982年机构改革中,司法部和各级司法行政机关都建立了管理人民调解工作的职能部门。司法部设人民调解司,各省、自治区、直辖市司法厅(局)设人民调解工作处,地(市)、县设人民调解科和股(后来有的省市改名为基层工作管理处、科)。1982年11月司法部制定了《司法助理员工作暂行规定》,将管理辖区人民调解工作作为司法助理员的主要任务。至此,从中央到基层人民政府设置了专门机构和专门人员,建立了完整的人民调解工作管理体制,加强了政府对人民调解工作的指导,加强了基层人民政府和基层人民法院的相互配合。基层人民政府主要负责人民调解委员会的组织建设、思想建设,指导调解工作的开展;基层人民法院主要通过审判活动指导帮助人民调解委员会依法正确调解民间纠纷,配合司法行政机关培训调解人员,检查调解工作,不断提高人民调解工作质量。1982年3月颁布的《中华人民共和国民事诉讼法(试行)》在基本原则中规定了人民调解委员会是调解民间纠纷的群众性组织,规定了人民调解工作的原则和方法。同年12月五届全国人大五次会议通过的《中华人民共和国宪法》,规定居民委员会、村民委员会设人民调解委员会调解民间纠纷。将人民调解工作写入国家根本大法,是人民调解委员会法律地位进一步提高的标志,是人民调解工作发展的里程碑。新宪法颁布后,极大地鼓舞了调解人员,进一步推动了人民调解工作的发展。

四是法学教育、研究和宣传工作不断发展。为便于组织、推动法学理论研究和学术交流活动的开展,党的十一届三中全会后,我国先后成立了各种全国性的法律、法学社会团体。1979 年 9 月,中国法律史学会在长春成立。1980 年 2 月 5 日,我国研究国际法的全国性学术团体——中国国际法学会在北京成立。1982 年 7 月 22 日,全国性的法学学术团体——中国法学会在北京成立,各省、自治区、直辖市也都相继成立了法学会,成为中国法学会的团体会员。这些学会定期召开研讨会进行学术交流,极大地促进了法学研究的发展。法学教育、研究和宣传工作的发展还体现在法制报刊、杂志及图书的出版发行上。1978 年 12 月,北京大学法律系主办的刊物《国外法学》创刊。1979 年 1 月,中国社会科学院法学研究所主编的法学刊物《法学译丛》①创刊,该刊重点介绍国外法学研究的最新成果、动态、资料及其他法学信息。1980 年 4 月 14 日,《中国大百科全书·法学》卷编辑委员会成立,并在北京举行第一次会议。张友渔任编辑委员会主任。我国法学界开始集中力量编纂我国第一部法学百科全书。1980 年 8 月 1 日,我国第一张专门宣传法律、报道法制建设、传播法律知识的报纸——《中国法制报》②在北京创刊。1981 年 4 月 3 日,新中国成立以来我国编纂的第一部法学专业词典——《法学词典》出版,全书共收词目 3238 条,计 87 万字。这些报刊、杂志及图书的出版发行,为我国法治建设的恢复与发展作出了重要贡献。

---

① 1993 年更名为《外国法译评》,2001 年改为《环球法律评论》(季刊)。
② 1988 年 1 月 1 日更名为《法制日报》。

第三章　法治建设恢复时期的两件大事

在法治建设的恢复时期,有两件大事具有特别重要的意义,有必要设专章专节进行论述。一件是林彪、江青反革命集团案的公开审判,另一件是 1982 年宪法的制定与公布。这两件大事都对改革开放以来的法治建设产生了重要影响。

一、林彪、江青反革命集团案的公开审判

1980 年 11 月 20 日至 1981 年 1 月 25 日,国家司法机关对林彪、江青反革命集团案依法进行公开审判,清算这两个反革命集团的罪行,这是拨乱反正历史任务的重要组成部分,是新中国法治建设史上重要的里程碑。

(一)中央的决策与部署

1976 年 10 月 6 日粉碎"四人帮"以后,中共中央即于 10 月 20 日成立了专案组,负责审查"四人帮"反党集团的罪行,并向全党和全国人民先后发布了三批揭露"四人帮"罪行的材料。1978 年 12 月党的十一届三中全会后,中共中央作出决定,由中共中央纪律检查委员会负责林彪、江青反革命集团的审理。中共中央纪律检查委员会为此专门成立了由胡耀邦任组长的审理工作领导小组,随后,又成立了负责日常工作的中共中央纪律检查委员会第二办公室。对林彪、江青反革命集团全面审查的结果表明,林彪、江青等人的问题已超出了党内政治错误,他们在"文化大革

命"中的所作所为已经触犯了刑律,构成了犯罪,应由司法机关依法追究其刑事责任。于是中共中央决定,林彪、江青反革命集团的问题用法律手段去处理,并为此作了周密的研究和部署。

1979 年 8 月 15 日至 9 月 3 日,中共中央主持召开第一次全国"两案"审理工作座谈会,对"两案"审理将会涉及的一些问题进行初步讨论。座谈会结束的当天,华国锋、邓小平和李先念听取胡耀邦代表中央"两案"审理领导小组就讨论情况所作的汇报。邓小平发表了重要讲话。他指出:"'两案'判刑的范围要尽可能窄一点,有些干部不一定要判刑,但是他们应该受到党纪、军纪、政纪的处分。需要开除党籍、降级、给予处分的,就开除党籍、降级和给予处分。注意执行党纪、军纪、政纪要严格一点。至于应该判刑的人,判刑轻重要按照罪行。有些人罪行严重,要判无期徒刑。黄①、吴②、李③、邱④、陈伯达,可以作为一案,王⑤、张⑥、江⑦、姚⑧,包括毛远新,作为一案,作为篡党夺权、阴谋政变的集团来处理,不要一个人一个人去写,要把他们的主要罪行写出来。审判'四人帮'时,要把主要罪行,祸国殃民的罪行提出来。他们的罪行,不在于小的罪过,而在于祸国殃民、阴谋政变、篡党夺权。"⑨邓小平这番关于"两案"审理基本原则的讲话,得到了中共中央政治局常委的赞同。这就为下一步的"两案"审理工作提供了指导思想,是"两案"审理前期工作中的一个突破性进展。

由于林彪、江青反革命集团案问题复杂,又是在"文化大革命"中利

---

① 黄,指黄永胜。
② 吴,指吴法宪。
③ 李,指李作鹏。
④ 邱,指邱会作。
⑤ 王,指王洪文。
⑥ 张,指张春桥。
⑦ 江,指江青。
⑧ 姚,指姚文元。
⑨ 中共中央文献研究室编:《邓小平年谱(1975—1997)》(上),中央文献出版社2004 年版,第 551—552 页。

用合法地位和权力进行反革命犯罪活动的,涉及中共中央领导方面特殊复杂的问题,1980 年 2 月,中共中央决定成立"两案"审判指导委员会和工作小组,作为中共中央对林彪、江青反革命集团进行审判的党内指导机构。3 月中旬,胡耀邦在中南海勤政殿主持召开中共中央书记处会议,讨论决定"两案"审判指导委员会由彭真、彭冲任正、副主任,成员为江华、黄火青、赵苍璧、王鹤寿、伍修权,并决定审判工作小组的召集人为刘复之、凌云,后来在审判工作进行中又增加了洪沛霖。

　　1980 年 3 月底,中共中央书记处作出决定:一、"两案"领导小组对案子抓到底;二、中共中央政法委抓"两案"的程序,要严格按司法程序办事;三、对"四人帮"专案要专门组织一个预审班子,由公安部负责。决定作出前,书记处成员进行了讨论。彭真发言说:"对这帮人要有充分的估计:他们做了多少坏事? 他们知道,我们不知道。所以,在预审中不能轻敌。轻敌就要打败仗。""要通过预审先核对事实,弄清每个案犯承认多少罪行,不承认多少。在会上决定的事,要弄清是谁提的方案,第一个是谁提出来的,谁办的,谁拍板的,要搞得清清楚楚。"彭真还说:"有不少是路线问题,我们是审理罪行的,路线问题我们管不着,公、检、法没有资格审查党的路线问题,也不应过问这个事。"①彭真的发言对随后的预审工作产生了重要的指导作用。

(二)侦查预审

　　1980 年 4 月,中共中央纪律检查委员会将案件移交公安部,公安部受理了林彪、江青反革命集团案件。根据中共中央的指示,公安部调集河北、辽宁、黑龙江、江苏、浙江、河南的公安厅长带领干部组成若干个预审组,并调来其他省市的部分公安干部,从 5 月 26 日开进秦城监狱,开始对江青反革命集团进行侦察预审,并在此基础上着手起草《起诉意见书》。主审江青的是江苏省副省长兼公安厅厅长洪沛霖,主审张春桥的是浙江

---

① 转引自程中原、王玉祥、李正华著:《转折年代——1976—1981 年的中国》,中央文献出版社 2008 年版,第 399 页。

省副省长兼公安厅厅长王芳，主审王洪文的是黑龙江省副省长兼公安厅厅长卫之民，主审姚文元的是河南省公安厅厅长白均。林彪反革命集团的预审由总政负责，预审地点在总政看守所。在侦查预审过程中，两个预审班子根据彭真提出的"只审罪行、不审错误"的原则，严格区分罪行和错误，实事求是地确定罪与非罪。为此，公安部及军队保卫部门的有关人员，对林彪、江青一伙的大量活动进行了周密、严肃、精确、负责的审查、调查、验证、核实，对这个案件所涉及的人和事，严格区分触犯刑律和违反党纪两种不同情况。

鉴于此案是一起特别重大的反革命案件，为了慎重，更为了对历史和人民负责，最高人民检察院提前介入侦查预审过程，派出检察人员自始至终参加了侦查预审活动，调查和收集了大量证据。据统计，侦查人员和检察人员共查阅江青反革命集团的案卷 1716 卷 2798 件，查询有关人员 420 人，取得原始书证、物证 1992 件，取得证人证言 2961 件，审听原始录音带 694 盘。在查证过程中，检察人员认真鉴别证据，核对犯罪事实，并对侦查活动实行法律监督。① 同时，最高人民法院根据中共中央书记处的决定，也从 14 个省市调集司法干部参加预审工作。参加整个预审工作的地方公、检、法和纪检人员 200 多人，军队方面相关人员 150 多人，两案的预审人员共达 400 多人。②

1980 年 9 月 8 日下午，华国锋、叶剑英、邓小平、李先念、胡耀邦在人民大会堂福建厅听取彭真的汇报。彭冲、江华、黄火青、黄克诚、王鹤寿、伍修权、黄玉昆、凌云、刘复之、史进前等也参加了会议。彭真汇报说："十名主犯的罪行基本查清了。一边是黄、吴、李、邱加江腾蛟，他是'三国四方'会议确定谋害毛主席的指挥官。一边是'四人帮'加陈伯达，陈伯达同林彪、江青反革命集团的罪行都分不开。"听完彭真的汇报后，邓小平交代说："这两个案子不要低估林彪反革命集团的罪过，林彪是掌握枪杆子的，比笔杆子不会差。黄永胜等人有功，量刑可以轻一些，不能减

---

① 《当代中国的检察制度》，中国社会科学出版社 1987 年版，第 293 页。
② 王文正口述，沈国凡采写：《共和国大审判——审判林彪、江青反革命集团亲历记》，当代中国出版社 2006 年版，第 6 页。

罪。成立特别法庭,一审终审。"①在汇报过程中,胡耀邦、华国锋、叶剑英等也插了话,发言支持彭真的汇报和邓小平的讲话。

同年 9 月 22 日,公安部对林彪、江青反革命集团案侦查终结。根据《中华人民共和国刑事诉讼法》第 93 条第 2 款的规定,将《对林彪、江青反革命阴谋集团案起诉意见书》,连同案卷、证据材料,一并移送最高人民检察院审查决定。

9 月 26 日,中共中央发出《关于审判林彪、江青反革命集团的通知》。《通知》说:"依法审判林彪、江青反革命集团案,是全党、全军、全国人民的强烈愿望。现在预审工作已经结束,案件已送到检察院,预定在 10 月间提起公诉,依法审判。"

(三)特别检察厅和特别法庭的成立

为了正确审理这一重大而又特殊的案件,最高人民检察院检察长黄火青于 1980 年 9 月 27 日向五届全国人大常委会第十六次会议所作的关于对林彪、江青反革命集团案审查情况的报告中提出:"鉴于林彪、江青一案的案情特别重大,建议人大常委会决定组成特别法庭、特别检察厅审理这一案件。"9 月 29 日五届全国人大常委会第十六次会议,通过《关于成立最高人民检察院特别检察厅和最高人民法院特别法庭检察、审判林彪、江青反革命集团案主犯的决定》。《决定》的主要内容是:

一、成立最高人民检察院特别检察厅,对林彪、江青反革命集团案进行检察起诉。

任命最高人民检察院检察长黄火青兼特别检察厅厅长,最高人民检察院副检察长喻屏、人民解放军总政治部副主任史进前为副厅长,马纯一、王文林、王芳、王振中、王瀑声、王耀青(女)、冯长义、曲文达、朱宗正、江文、孙树峰、李天相、沈家良、张中如、张英杰、张肇圻、孟庆恩、图们、钟澍钦、袁同江、敬毓嵩为检察员。

---

① 转引自程中原、王玉祥、李正华著:《转折年代——1976—1981 年的中国》,中央文献出版社 2008 年版,第 401—402 页。

二、成立最高人民法院特别法庭,审判林彪、江青反革命集团案主犯。特别法庭设两个审判庭。

任命最高人民法院院长江华兼特别法庭庭长,人民解放军副总参谋长伍修权、最高人民法院副院长曾汉周、人民解放军总政治部副主任黄玉昆为副庭长,王文正、王志道、王战平、甘英(女)、史笑谈、宁焕星、司徒擎、曲育才、朱理之、任成宏、任凌云、刘丽英(女)、刘继光、许宗祺、严信民、苏子蘅、巫宝三、李明贵、李毅、吴茂荪、沈建、张世荣、张敏、范之、费孝通、骆同启、高朝勋、高斌、黄凉尘、曹理周、翟学玺为审判员。

任命曾汉周为第一审判庭审判长,伍修权为第二审判庭审判长。

三、特别法庭公开进行审判,由各省、自治区、直辖市、各党派、各人民团体、国家机关、人民解放军派代表参加旁听。

四、特别法庭的判决是终审判决。①

全国人大常委会的这个重要决定,解决了审判林彪、江青反革命集团案件的级别管辖问题。按照《中华人民共和国刑事诉讼法》的规定,从基层人民法院到最高人民法院都可以管辖第一审刑事案件,其区别在于所管辖的案件大小、性质和社会政治影响的不同。最高人民法院管辖的第一审刑事案件,是全国性的重大案件。人大常委会决定对林彪、江青反革命集团案,由最高人民检察院起诉,最高人民法院进行审判,是同刑事诉讼法的规定相一致的。同时按照分庭审理的规定,确定第一审判庭审判林彪、江青反革命集团主犯江青、张春桥、姚文元、王洪文、陈伯达;第二审判庭审判林彪、江青反革命集团主犯黄永胜、吴法宪、李作鹏、邱会作、江腾蛟。特别检察厅和特别法庭的组成人员,既有职业的检察官和法官,也有军队干部和有关方面的社会人士,具有适当的代表性。

特别检察厅和特别法庭成立以后,忠实履行自己的职责,严格按照诉讼程序,对林彪、江青反革命集团 10 名主犯依法进行了检察起诉和公开审判。

---

① 《关于成立最高人民检察院特别检察厅和最高人民法院特别法庭检察、审判林彪、江青反革命集团案主犯的决定》,《人民日报》1980 年 9 月 30 日。

（四）检察起诉

林彪、江青反革命集团案经公安部侦查终结，移送最高人民检察院后，最高人民检察院交由特别检察厅全面审查了案卷材料，讯问了各个被告人，询问了证人，并多次派出检察人员到有关省、自治区、直辖市和中央直属机关进行调查，进一步鉴别和核实证据，在此基础上拟制了起诉书，确定对林彪、江青反革命集团案的 10 名主犯提起公诉。这 10 名主犯是：

被告人江青，女，67 岁，山东省诸城县人。逮捕前任中共第十届中央委员、政治局委员。在押。

被告人张春桥，男，63 岁，山东省巨野县人。逮捕前任中共第十届中央委员、政治局委员、政治局常务委员，国务院副总理，中国人民解放军总政治部主任，中共上海市委第一书记、上海市革命委员会主任。在押。

被告人姚文元，男，49 岁，浙江省诸暨县人。逮捕前任中共第十届中央委员、政治局委员，中共上海市委第二书记、上海市革命委员会副主任。在押。

被告人王洪文，男，45 岁，吉林省长春市人。逮捕前任中共第十届中央委员、政治局委员、政治局常务委员、中央副主席，中共上海市委书记、上海市革命委员会副主任。在押。

被告人陈伯达，男，76 岁，福建省惠安县人。逮捕前任中共第九届中央委员、政治局委员、政治局常务委员。在押。

被告人黄永胜，男，70 岁，湖北省咸宁县人。逮捕前任中共第九届中央委员、政治局委员，中国人民解放军总参谋长。在押。

被告人吴法宪，男，65 岁，江西省永丰县人。逮捕前任中共第九届中央委员、政治局委员，中国人民解放军副总参谋长兼空军司令员。在押。

被告人李作鹏，男，66 岁，江西省吉安县人。逮捕前任中共第九届中央委员、政治局委员，中国人民解放军副总参谋长兼海军第一政治委员。在押。

被告人邱会作，男，66 岁，江西省兴国县人。逮捕前任中共第九届中央委员、政治局委员，中国人民解放军副总参谋长兼总后勤部部长。在押。

被告人江腾蛟,男,61 岁,湖北省红安县人。逮捕前原任中国人民解放军南京部队空军政治委员。在押。

林彪、江青反革命集团主犯林彪、康生、谢富治、叶群、林立果、周宇驰已经死亡,依照《中华人民共和国刑事诉讼法》第 11 条第 5 项的规定,不再追究刑事责任。本案其他人犯另行处理。①

《起诉书》确认林彪、江青反革命集团 10 名主犯触犯了《中华人民共和国刑法》,分别犯有颠覆政府、分裂国家罪,武装叛乱罪,反革命杀人、伤人罪,反革命诬告陷害罪,组织领导反革命集团罪,反革命宣传煽动罪,刑讯逼供罪,非法拘禁罪,应当追究刑事责任。他们的犯罪事实是:

一、诬陷、迫害党和国家领导人,策划推翻无产阶级专政的政权。经侦查证实,遭受被告人诬陷、迫害的领导人以及各方面的领导干部中,有中华人民共和国主席、中共中央副主席刘少奇,中共中央副主席、国务院总理周恩来,中共中央副主席、全国人大常委会委员长朱德,中共中央政治局常务委员、总书记、国务院副总理邓小平,中共中央政治局委员陈毅、贺龙、彭德怀、叶剑英、徐向前、聂荣臻等。以各种政治罪名,受到诬陷、迫害的还有,全国人大常委会委员、全国政协委员,以及中共中央和国务院各部、各委员会、中共各省、自治区、直辖市委员会和人民政府的主要负责人,中国人民解放军的高级干部等达数百人之多。

二、迫害、镇压广大干部和群众。1967 年 12 月,在陈伯达的煽动下,制造了冀东冤案,使冀东地区的党员干部、群众 84000 余人遭受诬陷、迫害,张文浩等 2955 人被迫害致死。1968 年,在康生、谢富治的煽动下,制造了"赵健民特务案",这个冤案使云南省大批干部、群众遭到诬陷、迫害,14000 余人被迫害致死。1968 年、1969 年,在康生、谢富治的唆使下,内蒙古自治区因"内人党"冤案,有 346000 多名干部、群众遭到诬陷、迫害,16000 余人被迫害致死。林彪反革命集团在中国人民解放军中制造了大批冤案,使 8 万多人遭到诬陷、迫害,1169 人被迫害致死。在林彪、

---

① 《中华人民共和国最高人民检察院特别检察厅起诉书》,《人民日报》1980 年 11 月 21 日。

江青反革命集团的指挥、煽动下，冤狱遍于全国。各民主党派，工会、共青团、妇联等群众团体，文化、教育、科学、技术、新闻、出版、卫生、体育等各界的大批干部、群众和大批归国华侨，遭受诬陷、迫害，致残致死。

三、谋害毛泽东主席，策动反革命武装政变。林彪反革命集团阴谋用"和平过渡的办法"夺取最高领导权失败后，建立反革命秘密组织"联合舰队"，制定反革命计划《"571"工程纪要》，阴谋杀害毛泽东主席，策划反革命武装政变。

四、策动上海武装叛乱。张春桥、姚文元、王洪文及其集团成员马天水、徐景贤、王秀珍等以上海为基地，篡夺民兵的指挥权，建立受他们控制的武装力量，在他们面临覆灭之际，策动武装叛乱。①

这个起诉书以确凿的证据、大量的事实和充分的法律根据，义正词严地指控各被告人的犯罪行为，受到各界人士的好评。1980 年 11 月 2 日，经最高人民检察院检察委员会讨论，一致通过了特别检察厅拟制的起诉书。11 月 5 日，最高人民检察院特别检察厅将起诉书移送最高人民法院特别法庭，对林彪、江青反革命集团案 10 名主犯提起公诉。同时，将本案被告人江青、张春桥、姚文元、王洪文、陈伯达、黄永胜、吴法宪、李作鹏、邱会作、江腾蛟及其案卷、证据材料一并移送特别法庭依法审理。

（五）历史的审判

1980 年 11 月 6 日，特别法庭召开第一次全体审判员会议。会议把最高人民检察院特别检察厅移送的起诉书分发给全体审判人员审阅；商定了审判员的分工；鉴于全国人大常委会任命的审判员已经具有广泛的代表性，法庭不实行陪审制度；会议在提出一些修改意见后，通过了《特别法庭规则》。11 月 8 日，特别法庭再次召开全体审判员会议，对特别检察厅起诉的林彪、江青反革命集团案进行审查。会议认为，《起诉书》所列犯罪事实清楚，证据充分，符合《中华人民共和国刑事诉讼法》第 108 条决定开庭审判的要求，决定受理。根据《中华人民共和国刑事诉讼法》

---

① 《当代中国的检察制度》，中国社会科学出版社 1987 年版，第 299—300 页。

第 110 条的规定,会议决定向被告人送达起诉书副本。

11 月 10 日,特别法庭派出书记员和法警将起诉书副本分别送达 10 名被告人。其中 9 人都是自己签名接受了起诉书副本,只有张春桥拒绝接受和签名。法警依法办事,根据《刑事诉讼法》第 57 条的规定,在送达证上记明拒绝的理由、送达的日期,由送达人和监管人签名,把起诉书副本留在看守所。书记员分别向 10 名被告人宣读了五届全国人大常委会《关于成立最高人民检察院特别检察厅和最高人民法院特别法庭检察、审判林彪、江青反革命集团案主犯的决定》和《特别法庭规则》,并告知他们,依据《中华人民共和国刑事诉讼法》第 26 条的规定,被告人有辩护权,还可以委托律师辩护。13 日,被告陈伯达、吴法宪、李作鹏、江腾蛟先后提交了委托律师的申请书,姚文元要求法庭为他指定辩护律师。特别法庭向提出要求的被告推荐了来自北京、上海、武汉、西安等地富有经验的律师。江青起初要求委托律师辩护,但她要求律师按照她的要求,违背事实和法律在法庭上回答问题,为她进行辩护,律师不能接受。最后,江青声明不要律师作为她的辩护人。其他 4 名被告没有提出委托律师的申请。

11 月 15 日,邓小平会见美国《基督教科学箴言报》总编辑厄尔·费尔,在谈话中回答了他提出的有关"两案"审判的一些问题。当费尔提出为什么不让外国记者旁听时,邓小平明确回答说:"因为涉及到国家的秘密。国际上有议论,说这是因为我们担心审判'四人帮'会涉及毛主席的问题。其实,毛主席所犯错误属于另一个问题。'四人帮'是犯罪分子,是有严重的刑事责任。对如何评价毛主席和审判'四人帮'是截然不同的两个问题。我们是根据法律追究'四人帮'的刑事责任。""'四人帮'是长期生活在国家高级机关的人,他们知道国家的全部机密。因此审判'四人帮'不能对外公开。但国内组织几百人出席旁听。"①

11 月 17 日,特别法庭按照《中华人民共和国刑事诉讼法》第 110 条

---

① 《就当前国内外一些重要问题 邓小平答美国记者问》,《人民日报》1980 年 11 月 24 日。

第 4 款的规定,在开庭 3 日前派人向 10 名被告分别送达了出庭受审的传票。这一天,中共中央政法委员会书记、"两案"审判指导委员会主任彭真对将要参加特别法庭的旁听人员作了重要讲话。彭真讲了 9 个问题:一、需要从两个方面对"文化大革命"这场浩劫作出总结:一是审判林彪、江青反革命集团,解决敌我性质的问题;一是全面地总结经验教训,并解决党的领导上是非功过问题。二、必须实事求是地区分好人犯错误与坏人做坏事,区分领导上所犯的错误与林、江反革命集团所犯的罪行。特别法庭只审判林、江反革命集团的罪行,不审理党内、人民内部的错误,包括路线错误,不解决党纪、军纪、政纪的问题。三、必须严格区分党内、人民内部的错误与反革命罪行这两类根本不同性质的问题。四、林彪、江青是两个反革命集团,对这两个集团应"一案起诉、分庭审理、一案判处"。五、反革命罪行是可以同工作、政治错误相区分的。透过"文化大革命"的全过程,透过现象看本质,好人犯错误和反革命罪行是可以划分清楚的。六、林、江反革命集团是反革命两面派。七、审判林、江反革命集团要严格依法办事,以事实为根据,以法律为准绳,法律面前人人平等。八、与林彪、江青反革命集团案有关人犯,分别由最高法院、军事法院、地方法院依法陆续审判。九、对十名主犯判什么刑,由特别法庭根据审判结果依法量刑。① 这个讲话,对即将开始的"两案"审理具有重要的指导意义。

1980 年 11 月 20 日下午 3 时,特别法庭在北京市东城区正义路一号正式开庭。特别法庭庭长江华宣布开庭后,江青等 10 名被告由法警押送到被告席上。最高人民检察院检察长兼特别检察厅厅长黄火青宣读《起诉书》。他读到《起诉书》第 23 条以后,由特别检察厅副厅长史进前接着读到第 48 条,再由黄火青继续宣读,直至把长达两万多字的《起诉书》全部读完。

《起诉书》审查确认:以林彪、江青为首的反革命集团 10 名主犯,在"文化大革命"中互相勾结,狼狈为奸,凭借其地位和权力,施展阴谋诡

① 《对特别法庭旁听人员的讲话》,见《彭真文选(1941—1990)》,人民出版社 1991 年版,第 392—399 页。

计,利用合法的和非法的、公开的和秘密的、文的和武的各种手段,有预谋地诬陷、迫害党和国家领导人,篡党篡国,推翻无产阶级专政的政权。1971 年 9 月,林彪、叶群、林立果、周宇驰、江腾蛟等阴谋杀害毛泽东主席、策动反革命武装政变失败,林彪等叛国外逃,以林彪为首的反革命集团被揭露和粉碎。以江青为首的江青、张春桥、姚文元、王洪文"四人帮"反革命集团继续进行反革命阴谋活动,直到 1976 年 10 月被揭露和粉碎。林彪、江青反革命集团给国家和民族造成的灾难是难以估量的。林彪、江青反革命集团犯有 48 条犯罪事实,触犯了《中华人民共和国刑法》中规定的 8 条罪名。对被告人江青、张春桥、姚文元、王洪文、陈伯达、黄永胜、吴法宪、李作鹏、邱会作、江腾蛟 10 名主犯应当追究刑事责任,特别检察厅依法提起公诉。

《起诉书》宣读完毕,特别法庭庭长江华宣布:对本案 10 名被告人,将由第一审判庭和第二审判庭分别进行审理。江华还向被告人宣布:被告在庭审过程中,必须听从法庭的指挥,不得违反法庭规则。被告有辩护权利和最后陈述权利。

特别检察厅依法提起公诉后,特别法庭第一审判庭和第二审判庭分别开庭,进行法庭调查和法庭辩论。

特别法庭第一审判庭从 11 月 24 日开始对被告人江青、张春桥、姚文元、王洪文和陈伯达的犯罪事实进行法庭调查,到 12 月 13 日结束,共进行了 15 次;特别法庭第二审判庭从 11 月 23 日开始对被告人黄永胜、吴法宪、李作鹏、邱会作、江腾蛟的犯罪事实进行法庭调查,到 12 月 11 日结束,共进行了 18 次。在这一阶段,特别法庭对 10 名被告人进行了 45 人次的法庭调查,通知和传唤证人和被害人 49 人出庭作证,审查各种证据873 件次,其中当庭向被告人出示和宣读了档案、信件、日记、笔记、讲话记录和录音等经过鉴定、验证的原始书证和物证共 651 件次,做到了凡是认定的犯罪事实,都有充分而确凿的证据。①

在法庭调查阶段中,公诉人通过对被告人的补充讯问,以及建议法庭

① 《当代中国的审判工作》上册,当代中国出版社 1993 年版,第 463 页。

出示证据、传唤证人等活动,进一步揭露犯罪和证实犯罪,较好地完成了支持公诉的任务。

11月25日,特别法庭第二审判庭对林彪反革命集团策动武装政变,阴谋杀害毛泽东主席的犯罪事实进行调查时,被告人黄永胜在确凿证据面前,只承认他于1971年9月6日,获悉毛泽东主席关于察觉林彪在密谋夺权的谈话内容后,即连夜打电话密报给叶群,但拒不回答这一罪行的性质、目的和引起的严重后果。公诉人立即向法庭指出:黄永胜向叶群密报这一重大情况,是在林彪用"和平接班"的手段夺取最高权力的阴谋失败后,加紧策划反革命武装政变,为伺机谋害毛泽东主席而千方百计侦察他的行踪的时候进行的。林彪接到黄永胜密报后,第二天就指示林立果宣布"联合舰队"进入一级战备,并于9月8日下达了反革命政变手令,要林立果从北戴河潜回北京,进行武装政变的具体行动部署。通过公诉人的揭露,彻底暴露了黄永胜这一罪行同林彪反革命集团策划武装政变的密切联系,也戳穿了黄永胜拒不回答这一问题的用意所在。

11月29日下午,特别法庭第二审判庭就邱会作、吴法宪在林彪叛逃后,销毁他们与林彪、叶群来往的信件、材料、照片等罪证进行调查时,邱会作只承认烧毁了有关林彪的材料,而没有供述材料的内容和销毁的目的。公诉人当即讯问被告,邱会作才讲了材料的内容和来源,并承认销毁的目的是为了掩盖他与林彪的关系。

12月3日,特别法庭就被告人江青伙同康生、谢富治等人指使专案组,乱捕无辜干部和群众,逼取口供,诬陷前国家主席刘少奇的犯罪事实进行法庭调查时,被告人江青竭力回避这一重大罪行。公诉人当庭揭露了江青直接控制指挥专案组,诬陷和迫害刘少奇和他的夫人王光美的犯罪事实,并建议传唤证人到庭作证和宣读有关证据。原"刘少奇专案组"副组长肖孟出庭作证,陈述了江青伙同康生诬陷和逮捕王光美的经过。刘少奇的厨师郝苗出庭作证,控诉江青为了诬陷刘少奇和王光美,将他逮捕,逼取口供的犯罪事实。法庭并宣读了谢富治于1968年2月26日在刘少奇、王光美专案组综合报告上亲笔写下的"书证":"大叛徒刘少奇一案,主要工作都是由江青同志抓的。今后一切重要情况的报告和请示都要直接先报告江青同志。"经过出示、宣读证据后,被告人江青不得不承认她直接负责"刘少奇专案组"。①

为保证 10 名被告人充分行使辩护权利,特别法庭第一审判庭从 12 月 18 日开始进行法庭辩论,到 12 月 29 日结束,共进行了 5 次;特别法庭第二审判庭于 12 月 1 日就被告人江腾蛟的罪行进行法庭辩论后,相隔 17 天,于 12 月 18 日开始又继续进行法庭辩论,到 12 月 22 日结束,共进行了 4 次。在法庭辩论中,姚文元讲了 7 点意见。王洪文就王秀珍作证时的一句话作了辩解。陈伯达讲了约一小时。黄永胜讲了约三小时。李作鹏对 3 个问题作了辩解。吴法宪、邱会作、江腾蛟都表示低头认罪。张春桥在法庭辩论时始终不语,审判长宣布:"被告人张春桥不作陈述和辩护,记录在案。"

在法庭辩论中,10 位律师恪尽职责,依据事实和法律,认真为被告人辩护。律师甘雨霈、傅志人在辩护词中说:"陈伯达早在 1970 年庐山会议时就已经被揭露,此后 6 年时间里,林彪、江青反革命集团的一系列重大罪行,陈伯达都没有参与。"律师韩学章、张中在辩护词中说:"起诉书控诉张春桥、姚文元、王洪文犯有策动上海武装叛乱的罪行,根据法庭调查,已经证明张春桥、王洪文是上海反革命武装叛乱的策动者,被告人姚文元对这一罪行不应负刑事责任。"律师马克昌、周亨元在辩护词中说:"吴法宪对私自把空军的指挥大权交给林立果和交权后产生的严重后果,负有不可推卸的罪责。但是,法庭调查证明,吴法宪当时并不知道林立果利用他交给的权力,组织'联合舰队',进行反革命武装政变的准备,因此,他对林立果的这些反革命罪行不应直接承担罪责。林彪、叶群阴谋带领吴法宪南逃广州,另立中央,分裂祖国,吴法宪当时也不知道。吴法宪如实交代了自己的罪行,并且揭发了其他主犯的罪行,经查基本属实。"律师张思之、苏惠渔在辩护词中说:"李作鹏向黄永胜密报了毛主席南巡的谈话,但是,没有证据证明他的目的是促使林彪下决心采取行动杀害毛泽东主席;也没有证据证明他参加了杀害毛泽东和南逃广州、分裂中央的阴谋

---

① 《当代中国的检察制度》,中国社会科学出版社 1987 年版,第 302—303 页。

策划活动。"律师王舜华、周奎正在辩护词中说："对被告人江腾蛟积极参与谋害毛泽东主席和策划南逃广州的犯罪事实，我们没有异议。不过他的这些罪行的确是在林彪指挥下进行的，是在林立果的直接指使下进行的。他是忠实执行者和积极参加者。他与首犯林彪、主犯林立果还是有一定区别的。江腾蛟交代罪行较早，基本属实，还主动揭发了林彪、叶群、林立果、周宇驰等人的罪行，对查清本案的案情起了一定的作用。江腾蛟在庭审中有悔罪的表现。"①

在法庭辩论开始时，出席法庭的各个公诉人分别就其所指控的被告人的犯罪行为作了公诉发言。公诉人概括论述了法庭调查的结果，指出通过庭审调查，证实了各被告人的犯罪事实，并且着重指出本案的 10 名被告人都是林彪、江青反革命集团的主犯，他们和林彪、江青之间的关系，绝不是像他们自己所说的那样是工作关系、上下级之间的关系，而是反革命的共犯关系。同时，公诉人根据各被告人所犯的严重罪行，对照我国刑法的有关条款，论述了他们应负的法律责任。

在法庭辩论过程中，由于有些被告人拒不认罪，提出辩解，公诉人坚持用摆事实、讲道理的方法，再次提出证据，以证明被告人的犯罪事实。关于江青与康生勾结，诬陷中共八届中央委员、候补委员的罪行，江青一直辩解说，她是为了给中共八届十二中全会和"九大"做准备的，不承认是诬陷，并且说她"从来就没有诬陷过谁"。针对这一辩解，公诉人除建议法庭出示了康生写给江青的亲笔信外，又从她 1967 年到 1970 年的 27次讲话录音中选出 9 盘当庭播放，证实被江青直接点名诬陷为"叛徒"、"特务"、"里通外国分子"、"反革命"等罪名的干部、群众达 174 名，其中有中共八届中央委员、候补委员 24 名。同时，又通知被江青点名诬陷的受害者或被迫害致死者的家属出庭作证。在这些确凿证据面前，被告人江青无言以对。

在整个庭审过程中，被告人黄永胜一直不承认他是林彪反革命集团的主犯，声称他和林彪仅是工作关系和上下级关系，没有进行阴谋活动。

---

① 《当代中国的审判工作》上册，当代中国出版社 1993 年版，第 463—464 页。

为此,从庭审调查阶段到辩论阶段,由法庭或公诉人建议法庭先后出示了各种书证、物证 72 件,并传唤一名受害人和一名证人出庭作证。大量事实证明,早在 1968 年 3 月,黄永胜担任中国人民解放军总参谋长后,就竭力按照林彪的旨意行事。当林彪等人在庐山夺权阴谋败露后,黄永胜与叶群、吴法宪、李作鹏、邱会作等密谋,商订攻守同盟。1970 年秋,叶群在电话中告诉黄永胜,林彪真正喜欢的只有黄永胜,并说他们的生命是连在一起的,不管是政治生命,还是个人生命。在林彪策动反革命武装政变,阴谋杀害毛泽东主席最紧张的时刻,黄永胜与林彪、叶群之间的反革命勾结更加紧密。直至 1971 年 9 月 11 日晚,林彪谋害毛泽东主席的反革命行动破产后,还图谋带领黄永胜南逃广州另立中央。黄永胜在上述大量人证、物证面前,不得不承认他和林彪是一伙的,犯有严重罪行。

各公诉人根据被告人的不同表现和辩论中的实质问题,作出分析和论证,或者给予必要的批驳,击中要害,表现了严肃的诉讼作风。根据被告人王洪文当时尚能认罪的表现,公诉人着重指出他犯罪的性质、危害性和应负的法律责任。同时,在他避重就轻,企图抵赖时,予以揭露。针对被告人陈伯达、姚文元认错不认罪的态度,公诉人根据法庭调查的事实,引用法律,论证他们的问题并不是路线错误,而是反革命罪行。针对被告人张春桥拒不回答审问的顽固态度,公诉人一方面提出有力的证据,传唤证人当庭揭露和证实其罪行,同时强调指出根据法律规定,只要有确凿、充分的证据,没有被告人的口供,同样可以定罪判刑。针对被告人江青顽固坚持反革命立场,猖狂反扑,公诉人根据事实和法律,及时给予有力的揭露和驳斥。

12 月 24 日,第一审判庭就被告人江青的犯罪事实进行辩论。公诉人首先发言,概括阐述了被告人江青所犯的各项罪行,确认江青触犯了《中华人民共和国刑法》的有关条款,所犯罪行危害特别严重,情节特别恶劣,建议法庭从重判处。被告人江青宣读了《我的一点意见》的辩护词,竭力否认特别检察厅对她的指控,拒不认罪悔罪,并且继续诬陷中共中央领导人,诬蔑如实作证的证人,蔑视法庭,诽谤审判人员和检察人员。12 月 29 日,第一审判庭继续就被告人江青的犯罪事实和法律责任进行辩论时,公诉人严厉地批驳了被告人江青的谎言和诡辩。

被告人江青声称她的所作所为是代表毛泽东主席的,攻击特别法庭对她的审判是"项庄舞剑,意在沛公"。对此,公诉人列举了大量事实,证明江青在暗中干了许多反革命勾当,与毛泽东主席毫不相干。然后,公诉人又引用毛泽东主席多次说过的"江青有野心,她是想当党的主席","江青并不代表我,只代表她自己"等批评江青的原话,彻底揭露和驳斥了江青的谎言和诡辩。

被告人江青声称"审判我就是丑化亿万人民","就会使'文化大革命'中的'红卫兵'和'红小兵'抬不起头来"。针对江青这种狂妄态度,公诉人严肃地指出:江青这种讲话,是对亿万人民的公开侮辱。她决不代表人民,只不过是代表一小撮阴谋家、野心家、反革命分子和打砸抢分子。特别法庭对林彪、江青反革命集团的审判,代表了全国人民,也代表着当年上当受骗的广大青少年。

被告人江青辩解说自己是反林彪的,还说:"怎么能把谋害人的和被谋害的搞在一起?"对此,公诉人列举了大量的事实,充分证明林彪、江青反革命集团,在1971年9月林彪反革命集团谋杀毛主席、策动反革命武装政变被揭露和粉碎以前,为了实现共同的反革命目的,他们或者是公开配合,或者是秘密勾结,有预谋地诬陷、迫害党和国家领导人,镇压广大干部和群众,阴谋颠覆政府,危害中华人民共和国。在林彪反革命集团被粉碎以后,江青又收罗了林彪反革命集团的残余分子,继续进行反革命活动。大量的事实证明,以江青为首的"四人帮"和林彪一伙是互相勾结、狼狈为奸的反革命集团,只是在利害关系上有某些矛盾。

公诉人最后指出:江青在长达近两小时的辩护发言中,对特别检察厅指控她所犯的严重反革命罪行,没有提出任何可以证明她无罪或者罪轻的证据,通篇不过是颠倒黑白、混淆视听、转移目标、掩盖罪责的谎言和诡辩。被告江青所犯罪行对国家和人民危害特别严重,情节特别恶劣,触犯了《中华人民共和国刑法》有关条款,再一次提请特别法庭对被告人江青从严惩处。①

---

① 《当代中国的检察制度》,中国社会科学出版社1987年版,第303—307页。

第一审判庭和第二审判庭在法庭调查和法庭辩论终结以后,分别进入了被告人最后陈述阶段。江青因在前阶段的法庭调查和法庭辩论中,攻击污蔑法庭和法庭工作人员,扰乱法庭秩序,被责令退庭,没有再给她陈述的机会,直接等候宣判。李作鹏陈述了 4 点意见为自己辩解。黄永胜只说:"惟有赭衣供瘐病,不曾涓埃答人民。"姚文元表示原来准备要讲的就是刚刚(在法庭辩论中)讲的那几点。邱会作向法庭宣读了认罪书。江腾蛟表示老老实实认罪服法。吴法宪、王洪文都表示认罪,希望给他们一条悔改自新之路,今后将重新做人。陈伯达请求对他宽大处理。张春桥始终不语。①

第一审判庭和第二审判庭先后开庭 42 次,在法庭调查、法庭辩论和被告人最后陈述终结以后,特别法庭于 1981 年 1 月 20 日召开第四次全体审判人员会议,对林彪、江青反革命集团案判决书(草稿)认定犯罪事实部分和定罪部分进行评议;对 10 名被告人的量刑另行评议。特别检察厅副厅长喻屏、检察员江文及有关人员应邀列席会议。会议充分发扬民主,听取各种意见,对判决书(草稿)逐段逐句进行讨论评议,对判决书(草稿)叙述的犯罪事实做了仔细的订正,严格区分错误与罪行。1 月 21 日上午 9 时,特别法庭第四次全体审判人员会议继续评议,并对判决书(草稿)中的文字做了仔细的推敲。到下午 6 时,到会的全体审判员一致举手通过了判决书认定的犯罪事实部分和定罪部分。1 月 22 日,特别法庭对 10 名主犯的量刑逐个进行评议,然后逐个进行举手表决,最后作出判决。全体审判员在评议后认为,对林彪、江青反革命集团 10 主犯应该依法严厉判处。同时,由于 10 名被告在反革命集团中的地位不同,所犯罪行和应负的罪责不同,因此,必须区别对待,处以不同的刑罚。1 月 23 日下午 4 时,特别法庭在人民大会堂天津厅举行判决书签字仪式,判决书一式三份。全体审判员分别在三份判决书上签名。

1 月 25 日上午 9 时,特别法庭经过两个多月的审讯以后,对林彪、江青反革命集团案的 10 名主犯进行公开宣判。江华庭长和伍修权副庭长

---

① 《当代中国的审判工作》上册,当代中国出版社 1993 年版,第 466—467 页。

向林彪、江青反革命集团案 10 名被告人宣读了《最高人民法院特别法庭法字第一号判决书》。

《判决书》确认,以林彪为首的反革命集团和以江青为首的反革命集团,都是以夺取党和国家最高权力为目的而进行阴谋活动的反革命集团。这两个反革命集团有共同的推翻我国人民民主专政即无产阶级专政(包括国家机构、军事机关,在本案中也包括上述机构的领导力量中国共产党)的犯罪动机和目的,有共谋的犯罪行为,形成了一个反革命联盟。被告人江青、张春桥、姚文元、王洪文、陈伯达、黄永胜、吴法宪、李作鹏、邱会作、江腾蛟和已经死亡的林彪(原中共第八、九届中央委员会副主席,国防部部长)、康生(原"中央文化革命小组"顾问,中共第十届中央委员会副主席)、谢富治(原中共第九届中央政治局委员,公安部部长)、叶群(原中共第九届中央政治局委员,林彪之妻)、林立果(原中国人民解放军空军司令部作战部副部长,林彪之子)、周宇驰(原中国人民解放军空军司令部办公室副主任),都是林彪、江青反革命集团案的主犯。

林彪、江青反革命集团案主犯的犯罪事实如下:

林彪、江青反革命集团策划颠覆政府,推翻我国人民民主专政。1967年 1 月 23 日,林彪确定夺取党和国家领导权的方针说:"无论上层、中层、下层都要夺。有的早夺,有的迟夺";"或者上面夺,或者下面夺,或者上下结合夺"。同年 1 月 22 日,张春桥说:"我们对所有的权都要夺"。从 1967 年至 1975 年,张春桥多次宣称,"文化大革命"就是"改朝换代"。林彪、江青反革命集团的上述反革命目的,虽然由于党、政府、军队和人民的抵制,未能完全得逞,但是他们确实在一个相当长的时期内,严重地破坏了政府的机构,严重地妨碍了政府的工作,严重地破坏了人民公安保卫机关、人民检察院和人民法院,控制了中共中央的组织、宣传部门和国务院的文化、教育、卫生、民族等部门的领导权;夺取了多数省、自治区、直辖市的领导权;一度"砸烂"了中国人民解放军总政治部和夺取了一些军事机关的部分领导权。

林彪、江青反革命集团共谋诬陷迫害中华人民共和国主席刘少奇。1966 年 8 月,林彪让叶群把他们捏造的诬陷刘少奇的材料口授给总参谋部作战部副部长雷英夫,指使雷英夫写了诬陷刘少奇的材料。同年 12 月,张春桥单独召见清华大学学生蒯大富,指使他们组织游行示威,首先在社会上煽动"打倒刘少奇"。1967 年 7 月,江青伙同康生、陈伯达决定对刘少奇进行人身迫害,从此剥夺了他的行动自由。从 1967 年 5 月开始,江青直接控制"刘少奇、王光美专案组",伙同康生、谢富治指挥专案组对被逮捕关押的人员进行逼供,制造诬陷刘少奇是"叛徒"、"特务"、"反革命"的伪证。1967 年,江青为了制造诬陷刘少奇的伪证,决定逮捕关押河北省副省长杨一辰(原中共满洲省委组织部干事)、中国人民大学教授杨承祚(原辅仁大学教授,王光美之师)、天津市居民王广恩(原奉天纱厂协理)和刘少奇的炊事员郝苗等 11 人。在杨承祚病危期间,江青对专案人员说:"要突击审讯,把我们所要的东西在杨死前搞出来。"江青的决定,使杨承祚被迫害致死。江青指挥的专案组也使得王广恩被迫害致死。江青伙同谢富治还指使对病势危重的北京师范学院教授张重一(原辅仁大学教授,王光美之师)多次进行逼供,致使他在一次逼供后仅 2 小时即死去。江青伙同康生、谢富治等人,指使专案组对 1927 年在武汉同刘少奇一起进行工人运动的丁觉群和 1929 年同刘少奇在沈阳同时被捕的孟用潜进行逼供,制造伪证,诬陷刘少奇是"叛徒"。由于林彪、江青等人的诬陷,致使刘少奇遭受监禁,被迫害致死。

林彪、江青反革命集团诬陷迫害党和国家其他领导人。1967 年 7 月,"中央文化革命小组"成员戚本禹在康生同意下,指使北京航空学院学生韩爱晶组织实施对中共中央政治局委员彭德怀的人身迫害,致使彭德怀被打断肋骨,造成重伤。1970 年 11 月 3 日,黄永胜同意彭德怀专案组提出要对彭德怀"判处无期徒刑,终身剥夺公民权利"的意见,对彭德怀进行迫害。由于林彪、江青反革命集团的诬陷迫害,彭德怀被折磨致死。1966 年 7 月,康生诬陷国务院副总理、中共中央军委副主席贺龙等人在北京"调动军队搞二月兵变"。同年 8 月,林彪指使吴法宪编造诬陷贺龙的材料,1968 年 4 月,李作鹏诬陷贺龙等人"篡军反党"。由于林彪、康生等人的诬陷,致使贺龙遭受监禁,被折磨致死。1967 年 6 月 23 日,黄永胜批准广州市公安局军管会负责人报送的《关于揪叛徒调查工作的请示》及所附的"第一号调查方案",阴谋陷害中共中央军委副主席叶剑英为"叛徒"。1968 年 6 月,黄永胜把诬陷叶剑英"密谋发动反革命政变"的材料交给叶群。1968 年 8 月,黄永胜和吴法宪捏造事实,诬陷国务院副总理罗瑞卿是"罪大恶极的反革命分子"。1966 年底至 1968 年,陈伯达多次诬陷国务院副总理陆定一是"现行反革命"、"叛徒"、"内奸",并决定对他进行人身摧残。

1968 年 7 月 21 日,江青、康生制造了一个诬陷中共第八届中央委员会成员的名单。同年 8 月,康生又制造了诬陷第三届全国人民代表大会常务委员会委员的名单和诬陷第四届全国政治协商会议常务委员的名单。同年 12 月,谢富治制造了"中国(马列)共产党"假案的名单。在这 4 个名单中,中共第八届中央委员会委员、候补委员 103 人,第三届全国人民代表大会常务委员会委员 52 人,第四届全国政治协商会议常务委员 76 人,被分别诬陷为"特务"、"叛徒"、"里通外国分子"、"反革命分子"、"叛徒嫌疑"、"特务嫌疑"。这些被诬陷的人先后都受到了迫害。其中包括全国人民代表大会常务委员会委员长、副委员长 8 人,国务院副总理 12 人,中共中央政治局委员、候补委员 22 人,中共中央总书记、书记处书记、候补书记 14 人,中共中央军委副主席 6 人,各民主党派领导人 11 人。1966 年至 1970 年,江青在各种会议上,点名诬陷中共第八届中央委员会委员、候补委员 24 人,使他们一一受到迫害。煤炭工业部部长张霖之被江青点名诬陷后,遭到非法关押,被打成重伤致死。

林彪、江青反革命集团诬陷迫害中国人民解放军的大批干部,企图使中国人民解放军完全受他们的控制。1967 年 7 月 25 日,林彪提出"彻底砸烂总政"。黄永胜、吴法宪、李作鹏、邱会作分别在中国人民解放军总参谋部、总政治部、总后勤部、空军、海军诬陷迫害了大批干部。林彪、江青反革命集团在中国人民解放军中制造了大批冤案,使 8 万多人遭到诬陷迫害,1169 人被迫害致死。

林彪、江青反革命集团诬陷迫害各级党政干部,以图夺取他们尚未夺取的部门和地区的领导权。1968 年 1 月,康生等人诬陷中共中央组织部的干部,直接控制了中共中央组织部的领导权。林彪、江青反革命集团诬陷迫害各级人民公安机关、人民检察院和人民法院的大批干部、民警,被他们迫害致死的 1565 人。林彪、江青反革命集团诬陷迫害各省、自治区、直辖市的大批干部。在康生、谢富治等人的指使、策动下,夺取了北京市的领导权,北京市领导干部 13 人遭到诬陷迫害,市委书记刘仁、邓拓和副市长吴晗、乐松生被迫害致死。在张春桥、姚文元的指使、策动下,夺取了上海市的领导权,上海市领导干部 12 人遭到诬陷迫害,市长曹荻秋、副市长金仲华被迫害致死。1967 年至 1968 年,张春桥直接操纵、指挥上海的"游雪涛小组",从事跟踪盯梢、绑架、抄家、拘禁、刑讯和捏造情报等特务活动,制造冤案,诬陷迫害干部和群众,诬陷华东地区领导干部在"长江以南搞一个地下武装","密谋兵变"。

林彪、江青反革命集团制造大量冤案,在全国范围内煽动"打砸抢",迫害广大干部和群众。1967 年,康生等人制造了"新疆叛徒集团"冤案。1967 年至 1968 年,黄永胜等人先后制造了"广东地下党"和广州部队"反革命集团"冤案。1967 年,由于陈伯达的煽动,使冀东冤案造成严重的后果,大批干部和群众受到迫害。1968 年,康生、谢富治制造了云南"赵健民特务案"冤案。同年,由于康生、谢富治的煽动,使所谓"内蒙古人民革命党"的冤案造成惨重的后果,大批干部和群众被迫害致死致残。1967 年至 1969 年,在林彪、江青反革命集团的煽动下,制造了"'东北帮'叛党投敌反革命集团"冤案。1966 年 10 月,江青勾结叶群,指使江腾蛟在上海非法搜查郑君里、赵丹、顾而已、童芷苓、陈鲤庭 5 人的家,致使他们受到人身迫害。由于林彪、江青反革命集团的指挥和煽动而造成的冤案,使各级党政军机关、各民主党派、各人民团体和社会各界的大批干部和群众以及大批归国华侨遭受诬陷迫害。社会各界知名人士被迫害致死的有:著名作家、艺术家老舍、赵树理、周信芳、盖叫天、潘天寿、应云卫、郑君里、孙维世等人,著名教授熊庆来、翦伯赞、何思敬、王守融、顾毓珍、李广田、饶毓泰、刘盼遂、马特等人,著名科学家赵九章、叶渚沛、张宗燧、刘崇乐、陈焕镛、周仁等人,卫生界著名专家胡正祥、张昌绍、计苏华、陆瘦燕、叶熙春、李重人等人,体育界优秀教练员傅其芳、容国团、姜永宁,著名劳动模范孟泰、时传祥等人,侨务界知名人士方方、许立、黄洁、陈序经、黄钦书、陈曼云等人。林彪、江青反革命集团严重破坏民族团结,使各少数民族的大批干部和群众遭到残酷迫害,吉雅泰等人被迫害致死。

林彪、江青反革命集团在全国范围内挑动群众组织之间的大规模武斗,借此夺权和残酷镇压广大群众。1966年12月28日,在张春桥的指使下,制造了上海康平路武斗事件,打伤91人,在全国开创了利用武斗夺权的恶劣先例。1967年5月,张春桥、姚文元在济南支持山东省革命委员会主任王效禹制造了省革命委员会大院武斗事件,拘捕关押388人。同年8月4日,王洪文组织、指挥围攻上海柴油机厂的武斗,关押和伤残650人。

林彪反革命集团和江青反革命集团都各自图谋夺取党和国家的最高权力,它们在结成联盟的同时,又有尖锐的矛盾。1969年,林彪被确定为毛泽东主席的接班人。1970年,林彪意识到江青、张春桥等人的势力的发展有超越自己的趋势,图谋提前"接班"。林彪明知江青的野心决难得逞,但是要毛泽东主席支持自己提前"接班"是绝不可能的。因此,1971年9月,林彪反革命集团决心撕破一切假面具,策动武装政变,阴谋杀害毛泽东主席。早在1969年10月,空军司令员吴法宪把空军的一切指挥权、调动权交给林立果。1970年10月,林立果组成了武装政变的秘密骨干力量,取名为"联合舰队"。1971年3月,林立果、周宇驰等人在上海制订了武装政变计划,取名为《"571工程"纪要》。3月31日,林立果根据《"571工程"纪要》建立"指挥班子"的计划,在上海召集江腾蛟和空军第四军政治委员王维国、空军第五军政治委员陈励耘、南京部队空军副司令员周建平秘密开会,指定江腾蛟为南京、上海、杭州"进行三点联系,配合、协同作战"的负责人。同年9月5日和6日,林彪、叶群先后得到周宇驰、黄永胜的密报,获悉了毛泽东主席察觉林彪在密谋夺权的谈话,决定对在旅途中的毛泽东主席采取谋杀行动,发动武装政变。9月8日,林彪下达了武装政变手令:"盼照立果、宇驰同志传达的命令办",并由林立果、周宇驰对江腾蛟和空军司令部副参谋长王飞以及"联合舰队"的其他骨干分子进行具体部署。正当林彪反革命集团紧张地策动武装政变的时候,毛泽东主席对他们的阴谋有所警觉,突然改变行程,于9月12日安全回到北京。

林彪反革命集团的谋杀计划失败后,林彪随即准备带领黄永胜、吴法宪、李作鹏、邱会作等人南逃到他当时准备作为政变根据地的广州,图谋另立中央政府,分裂国家。根据林彪的命令,空军司令部副参谋长胡萍安排了南逃广州的飞机 8 架,于 9 月 12 日将其中的 256 号专机秘密调往山海关供在北戴河的林彪、叶群、林立果使用。当晚 10 时许,周恩来总理追查 256 号专机突然去山海关的行动,命令将该机立即调回北京。胡萍一面谎报256 号专机去山海关是飞行训练,并伪称飞机发动机有故障,拒不执行调回北京的命令;一面将周恩来总理追查飞机行动的情况报告周宇驰。周宇驰随又报告了林立果。当晚 11 时 35 分和 13 日 0 时 6 分,李作鹏两次向海军航空兵山海关场站下达命令时,将周恩来总理关于 256 号专机必须有周恩来和黄永胜、吴法宪、李作鹏“四个人一起下命令才能飞行”的命令,篡改为“四个首长其中一个首长指示放飞才放飞”。9 月 13 日 0 时 20 分,海军航空兵山海关场站站长潘浩已经发现当时情况异常,打电话请示李作鹏:飞机强行起飞怎么办? 这时李作鹏仍然没有采取任何阻止起飞的措施,致使林彪、叶群、林立果得以乘 256 号专机叛逃。林彪得知周恩来总理追查专机去山海关的情况后,判断南逃广州另立政府的计划已不可能实现,遂于 13 日 0 时 32 分登机强行起飞,外逃叛国,途中机毁人亡。

9 月 13 日 3 时 15 分,在北京的周宇驰等人得到林彪外逃消息后,劫持 3685 号直升机外逃,被迫降。从直升机上缴获了林彪反革命集团窃取的大量国家机密文件和策划武装政变的材料。

林彪等人叛国外逃死亡后,江青反革命集团为了夺取党和国家领导权,继续进行诬陷迫害各级领导干部的犯罪活动。1974 年至 1976 年,江青反革命集团指挥“梁效”、“池恒”、“罗思鼎”等写作班子进行反革命煽动,诬陷重新出来工作的各级领导干部是“从资产阶级民主派到走资派”,已经成为他们所谓继续革命的对象。1976 年,江青、张春桥、姚文元、王洪文在全国制造新的动乱,诬陷迫害大批领导干部,图谋最终颠覆政府。3 月,江青在对 12 个省、自治区负责人的一次谈话中,点名诬陷中共中央和地方的一批领导干部。同年,张春桥指使上海市革命委员会副主任马天水、徐景贤在上海召开的万人大会上，诬陷重新出来工作的领导干部"从资产阶级民主派变成走资派"。同年，王洪文和姚文元指使《人民日报》总编辑鲁瑛派人到国务院一些部门和一些省，按照他们的意图编造材料，诬陷重新出来工作的老干部"组织还乡团"，"翻案复辟"，并且以此作为向他们尚未控制的部门和地区进行夺权的根据。1976年3月至5月，江青反革命集团捏造事实，诬陷南京、北京和其他各地悼念周恩来总理的群众是"反革命"，诬陷国务院副总理邓小平是天安门广场"反革命政治事件的总后台"，煽动镇压迫害广大干部和群众。

江青反革命集团主犯张春桥、王洪文以上海为基地，建立和扩大由他们直接控制的"民兵武装"。早在1967年8月，在张春桥审批的《上海市革命委员会关于成立"文攻武卫"指挥部的打算》的报告中，就提出所谓"以枪杆子保卫笔杆子革命"，积极建立他们控制的武装力量。王洪文从1973年至1976年多次对江青反革命集团在上海的骨干马天水、徐景贤和王秀珍说："军队不能领导民兵"；"上海民兵是我和春桥搞起来的"；"你们可给我抓好"；"我最担心的是军队不在我们手里"；"要准备打游击"；要他们加紧发展"民兵武装"。江青反革命集团计划利用他们自认为属于己有的这支武装力量，在上海策动武装叛乱。1976年8月，投靠江青反革命集团的林彪余党、南京部队司令员丁盛到上海，对马天水、徐景贤、王秀珍说，驻在上海附近的60军，"我最不放心"，"这个军我指挥不动"，"你们要有所准备"。马天水随即决定由他们所控制的武器仓库中发给"民兵"枪74220支，炮300门，各种弹药一千多万发。9月21日，张春桥在北京听取徐景贤汇报丁盛谈话和给"民兵"发枪的情况后，对徐景贤说："要注意阶级斗争的动向"。9月23日，王洪文在电话中对王秀珍说："要提高警惕，斗争并未结束，党内资产阶级他们是不会甘心失败的。"10月8日，徐景贤、王秀珍等人获悉江青、张春桥、姚文元、王洪文被拘禁的消息后，决定发动武装叛乱。他们所组织的武装叛乱的指挥班子进入了指挥点，架设了15部电台，沟通了联络。他们还调集和部署了"民兵"33500名。10月9日，上海市民兵指挥部负责人施尚英命令"民兵"集中，携带各种枪炮27000余件。10月12日，上海市民兵指挥部另一负责人钟定栋制定了取名为"捍一"、"方二"的两个作战方案。当晚,上海市革命委员会副主任王少庸、上海写作组负责人朱永嘉、上海市革命委员会工交组负责人陈阿大等人开会,策划停产罢工、游行示威,提出"还我江青"、"还我春桥"、"还我文元"、"还我洪文"的反革命口号,宣称要"决一死战"。由于中央采取了有力措施和上海市人民的斗争,他们的武装叛乱计划未能实现。①

大量的物证、书证、鉴定结论、证人的证言以及被害人的陈述,充分证明林彪、江青反革命集团案主犯所犯的上述罪行,事实清楚,证据确凿。特别法庭还分别确认了江青等 10 名被告人各自的犯罪事实。

特别法庭根据江青等 10 名被告人各自的犯罪事实,确认各自应负的刑事责任如下:

被告人江青,以推翻人民民主专政为目的,为首组织、领导反革命集团,是反革命集团案的主犯。江青是林彪、江青反革命集团的首要分子。江青对她所组织、领导的反革命集团在十年动乱中危害中华人民共和国、颠覆政府、残害人民的罪行,都负有直接或间接的责任。被告人江青犯有《中华人民共和国刑法》第 98 条组织、领导反革命集团罪,第 92 条阴谋颠覆政府罪,第 102 条反革命宣传煽动罪,第 138 条诬告陷害罪,对国家和人民危害特别严重、情节特别恶劣。

被告人张春桥,以推翻人民民主专政为目的,同江青一起组织、领导反革命集团,是反革命集团案的主犯。在十年动乱中,张春桥是向人民民主专政实行夺权的肇始者和自始至终的煽动者、策划者,对国家和人民造成了极其严重的危害。被告人张春桥犯有《中华人民共和国刑法》第 98 条组织、领导反革命集团罪,第 92 条阴谋颠覆政府罪,第 93 条策动武装叛乱罪,第 102 条反革命宣传煽动罪,第 138 条诬告陷害罪,对国家和人民危害特别严重、情节特别恶劣。

被告人姚文元,以推翻人民民主专政为目的,组织、领导反革命集团,

---

① 《中华人民共和国最高人民法院特别法庭判决书》,见中共中央文献研究室编:《三中全会以来重要文献选编》(下),中央文献出版社 2011 年版,第 7—17 页。

是反革命集团案的主犯。姚文元积极参与江青夺取最高权力的活动。被告人姚文元犯有《中华人民共和国刑法》第 98 条组织、领导反革命集团罪,第 92 条阴谋颠覆政府罪,第 102 条反革命宣传煽动罪,第 138 条诬告陷害罪。

　　被告人王洪文,以推翻人民民主专政为目的,组织、领导反革命集团,是反革命集团案的主犯。王洪文积极参与江青夺取最高权力的活动。被告人王洪文犯有《中华人民共和国刑法》第 98 条组织、领导反革命集团罪,第 92 条阴谋颠覆政府罪,第 93 条策动武装叛乱罪,第 101 条反革命伤人罪,第 138 条诬告陷害罪。

　　被告人陈伯达,以推翻人民民主专政为目的,积极参加反革命集团,是反革命集团案的主犯。陈伯达积极参与林彪、江青夺取最高权力的活动。被告人陈伯达犯有《中华人民共和国刑法》第 98 条积极参加反革命集团罪,第 92 条阴谋颠覆政府罪,第 102 条反革命宣传煽动罪,第 138 条诬告陷害罪。

　　被告人黄永胜,以推翻人民民主专政为目的,组织、领导反革命集团,是反革命集团案的主犯。黄永胜积极参与林彪夺取最高权力的活动。被告人黄永胜犯有《中华人民共和国刑法》第 98 条组织、领导反革命集团罪,第 92 条阴谋颠覆政府罪,第 138 条诬告陷害罪。

　　被告人吴法宪,以推翻人民民主专政为目的,组织、领导反革命集团,是反革命集团案的主犯。吴法宪积极参与林彪夺取最高权力的活动。被告人吴法宪犯有《中华人民共和国刑法》第 98 条组织、领导反革命集团罪,第 92 条阴谋颠覆政府罪,第 138 条诬告陷害罪。

　　被告人李作鹏,以推翻人民民主专政为目的,组织、领导反革命集团,是反革命集团案的主犯。李作鹏积极参与林彪夺取最高权力的活动。被告人李作鹏犯有《中华人民共和国刑法》第 98 条组织、领导反革命集团罪,第 92 条阴谋颠覆政府罪,第 138 条诬告陷害罪。

　　被告人邱会作,以推翻人民民主专政为目的,组织、领导反革命集团,是反革命集团案的主犯。邱会作积极参与林彪夺取最高权力的活动。被告人邱会作犯有《中华人民共和国刑法》第 98 条组织、领导反革命集团罪,第 92 条阴谋颠覆政府罪,第 138 条诬告陷害罪。

被告人江腾蛟,以推翻人民民主专政为目的,积极参加反革命集团,是反革命集团案的主犯。被告人江腾蛟犯有《中华人民共和国刑法》第98条积极参加反革命集团罪,第93条策动武装叛乱罪,第101条反革命杀人罪(未遂)。

上列被告人王洪文、陈伯达、吴法宪、李作鹏、邱会作、江腾蛟各自供认了自己的犯罪事实。江腾蛟在林彪叛逃的第二天,交代了自己的罪行。吴法宪、邱会作、江腾蛟揭发了林彪、江青等同案犯的犯罪事实。黄永胜供认了自己的部分犯罪事实。姚文元把自己的犯罪行为说成是犯错误,不承认是犯罪。张春桥不回答法庭对他的审问。江青破坏法庭秩序。

特别法庭根据江青等10名被告人犯罪的事实、性质、情节和对于社会的危害程度,分别依照《中华人民共和国刑法》第90条、第92条、第93条、第98条、第101条、第102条、第103条、第138条和第20条、第43条、第52条、第53条、第64条的规定,判决如下:

判处被告人江青死刑,缓期2年执行,剥夺政治权利终身。

判处被告人张春桥死刑,缓期2年执行,剥夺政治权利终身。

判处被告人姚文元有期徒刑20年,剥夺政治权利5年。

判处被告人王洪文无期徒刑,剥夺政治权利终身。

判处被告人陈伯达有期徒刑18年,剥夺政治权利5年。

判处被告人黄永胜有期徒刑18年,剥夺政治权利5年。

判处被告人吴法宪有期徒刑17年,剥夺政治权利5年。

判处被告人李作鹏有期徒刑17年,剥夺政治权利5年。

判处被告人邱会作有期徒刑16年,剥夺政治权利5年。

判处被告人江腾蛟有期徒刑18年,剥夺政治权利5年。

以上判处有期徒刑的被告人的刑期,自判决执行之日起计算,判决执行以前羁押的日期,以羁押一日折抵刑期一日。

以上判决为终审判决。①

---

① 《中华人民共和国最高人民法院特别法庭判决书》,见中共中央文献研究室编:《三中全会以来重要文献选编》(下),中央文献出版社2011年版,第18—26页。

特别法庭宣判后,10 名罪犯被交付执行。上午 10 时 50 分,江华庭长宣布:最高人民法院特别法庭闭庭。

1 月 27 日,特别法庭派出法警向江青等 10 名罪犯送达了判决书,有看守所的监管人员在场。江青、张春桥拒绝签字接受判决书。法警依法办事,根据《刑事诉讼法》第 57 条的规定办理。同一天,法警向最高人民检察院特别检察厅送达了判决书,并且向公安机关送达了执行通知书。

对林彪、江青反革命集团案 10 名主犯的审判结束以后,1981 年 3 月 6 日,五届全国人大常委会第十七次会议听取了最高人民法院院长兼特别法庭庭长江华关于审判林彪、江青反革命集团案主犯的情况报告。五届全国人大常委会作出决议:"对最高人民检察院特别检察厅和最高人民法院特别法庭的工作表示满意。鉴于最高人民检察院特别检察厅和最高人民法院特别法庭的任务已经胜利完成,现决定予以撤销。"

特别法庭对江青、张春桥判处死缓,对过去有战功的黄、吴、李、邱判刑轻一些,但不减罪,中共中央都是赞同的。中共中央认为:"这次审判,以事实为根据,以法律为准绳,严格划清了刑事犯罪与政治错误的界限,是维护法制,加强法制建设的一次实践,取得了丰富经验,是依法办案的一个范例。"①

(六)对"两案"其他罪犯的审判

1980 年 9 月 27 日,最高人民检察院检察长黄火青在五届全国人大常委会第十六次会议上曾明确表示,对林彪、江青反革命集团的其他案犯,将根据不同情况另行审讯,并分别向最高人民法院、地方法院和军事法院提起公诉。最高人民法院特别法庭对林彪、江青反革命集团案 10 名主犯审理结束后,北京、上海、辽宁等省市的人民法院和中国人民解放军军事法院对该集团骨干成员的审理随即开始。

1981 年 5 月 9 日,空军军事法院开庭,对林彪反革命集团有关案犯

---

① 转引自《江华传》编审委员会编:《江华传》,中共党史出版社 2007 年版,第 404—405 页。

李伟信、刘世英、贺德全、鲁珉、陈伯羽、程洪珍、王永奎等进行宣判(这些案犯在最高人民检察院特别检察厅起诉书中大都指控过)。法庭判处李伟信有期徒刑 15 年;判处刘世英、贺德全有期徒刑 12 年;判处鲁珉有期徒刑 10 年;判处陈伯羽有期徒刑 4 年;判处程洪珍、王永奎有期徒刑 11 年。这一天,空军法庭还对其他 6 名同案犯进行了宣判。林彪反革命集团重要案犯、"联合舰队"的主要成员王飞,因患精神病,保外候审,所以这次宣判中没有出现他的名字。

同年 7 月 24 日,武汉军区军事法院开庭,对特别检察厅特检字第一号《起诉书》第 41 条中曾提到的"0190 部队政治委员"关光烈进行宣判。法庭因他犯有积极参与反革命集团、反革命杀人(未遂)罪,判处有期徒刑 10 年。

1982 年 2 月 25 日,军事法院以资敌罪判处为林彪反革命集团提供重要情报的顾同舟有期徒刑 11 年;剥夺政治权利 3 年,剥夺二级独立自由勋章和二级解放勋章。2 月 26 日,军事法院以资敌罪判处为林彪反革命集团阴谋活动提供飞机的胡萍有期徒刑 11 年;剥夺政治权利 3 年,剥夺三级独立自由勋章和三级解放勋章。3 月 9 日,军事法院判处积极参加反革命集团、策动叛乱的罪犯王维国参加反革命集团罪有期徒刑 3 年,策动叛乱罪有期徒刑 12 年,决定合并执行有期徒刑 14 年;剥夺政治权利 3 年,剥夺二级独立自由勋章和二级解放勋章。王维国不服上诉,被中华人民共和国最高人民法院刑事审判庭驳回,维持原判。与此同时,中国人民解放军军事检察院向陈励耘、丁盛等 13 人宣布了免予起诉的决定。

上海市司法机关经过反复调查,掌握大量证据,进行周密准备之后,上海市高级人民法院和中级人民法院分别于 1982 年 7 月 13 日至 8 月 23 日开庭,对江青反革命集团在上海的重要案犯徐景贤、王秀珍和陈阿大、叶昌明、黄金海、戴立清、马振龙、朱永嘉进行公开审理。8 月 21 日,上海市高级人民法院刑事审判庭判处徐景贤有期徒刑 18 年,剥夺政治权利 4 年;判处王秀珍有期徒刑 17 年,剥夺政治权利 4 年。8 月 23 日,上海市中级人民法院刑事审判庭判处陈阿大、马振龙有期徒刑 16 年,剥夺政治权利 3 年;判处叶昌明、黄金海、戴立清有期徒刑 15 年,剥夺政治权利 3 年;

判处朱永嘉有期徒刑14年,剥夺政治权利3年。江青反革命集团在上海的重要案犯马天水,在关押期间于1978年患反应性精神病,丧失供述、申辩能力,经司法医学鉴定属实。上海市公安局依法中止预审,待病愈后再予追究。

1983年3月24日,辽宁省锦州市中级人民法院以反革命宣传煽动罪、阴谋颠覆政府罪判处张铁生有期徒刑15年,剥夺政治权利3年。河南、湖南、云南、江西、贵州、黑龙江等地的司法机关,都进行了类似的审判。

在"文化大革命"十年内乱中,首都高校的所谓"五大领袖",积极追随林彪、江青反革命集团,兴风作浪,横行无忌,干了大量危害国家、危害人民的坏事。1983年3月16日,北京市中级人民法院开庭,以反革命宣传煽动罪、诬告陷害罪,判处聂元梓有期徒刑17年,剥夺政治权利4年;以反革命宣传煽动罪、杀人罪、诬告陷害罪,判处蒯大富有期徒刑17年,剥夺政治权利4年;以反革命伤人罪、反革命宣传煽动罪和诬告陷害罪,判处韩爱晶有期徒刑15年,剥夺政治权利3年。原北京师范大学学生谭厚兰,犯有诬陷罪、破坏文物罪,鉴于她犯罪情节较轻,且认罪态度较好,北京市人民检察院分院决定对她免予起诉。原地质学院学生王大宾,由武汉市中级人民法院判处其有期徒刑9年,剥夺政治权利2年。

1983年11月2日,北京市中级人民法院经过审理,开庭对积极参加和追随林彪、江青反革命集团的要犯进行宣判:判处戚本禹有期徒刑18年,判处迟群有期徒刑18年,判处刘庆棠有期徒刑17年,判处齐景和有期徒刑17年,以上4名罪犯均被剥夺政治权利4年;判处赵登程有期徒刑15年,剥夺政治权利3年。①

1985年12月30日,辽宁省高级人民法院依法判处江青反革命集团重要成员毛远新有期徒刑17年,剥夺政治权利4年。至此,对林彪、江青反革命集团案的审判工作胜利结束。

对林彪、江青反革命集团案的公开审判,是新中国法治建设史上的一

---

① 《北京日报》1983年11月3日。

件大事。它的重大意义,"不仅在于清算这两个反革命集团的罪行,进一步揭露敌人、教育人民;尤其在于恢复法律的尊严,维护法制的权威,树立一个依法办事,以法治国的范例。这是具有深远影响的。"①

二、1982 年宪法的制定与公布

根据新的历史条件的需要,全面修改 1978 年宪法,制定与公布 1982 年宪法,对我国的根本制度和根本任务,对国家政治生活、经济生活、文化生活和社会生活中的根本性问题作出明确规定,这是新中国法治建设迈出的重要一步,为改革开放以来的法治建设打下了坚实基础。

(一)1978 年宪法及其历史局限性

1976 年 10 月粉碎了"四人帮"反革命集团,结束了"文化大革命",我国社会主义革命和社会主义建设进入了新的发展时期,广大干部群众强烈要求恢复被"四人帮"破坏了的宪法原则。根据广大干部群众的这一要求,1977 年中共中央政治局决定修改 1975 年宪法,并由政治局全体成员组成了以中共中央主席、国务院总理华国锋为首的修改宪法委员会,并很快拿出了宪法修改稿。1977 年 10 月 15 日,中共中央在关于召开五届全国人大一次会议的通知中,要求各省、自治区、直辖市和人民解放军,采取适当形式,征求党内外群众对修改宪法的意见。1978 年 2 月 18 日召开的党的十一届二中全会讨论通过了宪法修改草案和修改宪法的报告,决定提请五届全国人大一次会议审议通过。

1978 年 3 月 1 日,叶剑英受中共中央委托向五届全国人大一次会议作《关于修改宪法的报告》。《报告》在对 1975 年宪法条文作修改说明时指出:宪法修改草案强调必须充分发扬社会主义民主,以调动全国各族人民的社会主义积极性,为实现新时期的总任务而奋斗;宪法修改草案对有

---

① 《正义的判决》,《人民日报》1981 年 1 月 26 日。

关国家机关和工作人员的条款,作了较大的修改,提出了必不可少的严格
要求,这些要求当中,最根本的一条,就是联系群众;宪法修改草案还规定
强化人民的国家机器,加强对敌人的专政;宪法修改草案根据新时期的总
任务,对于巩固社会主义经济基础,高速度地发展社会生产力,作了明确
的规定;宪法草案还强调,实现新时期的总任务,不但需要有一个经济建
设的高潮,而且需要有一个文化建设的高潮。报告强调指出:我们的宪法
是无产阶级和广大人民的意志的集中表现。它有鲜明的阶级性、战斗性,
是维护革命秩序,保护劳动人民利益,保护社会主义经济基础,保护生产
力的强大武器。宪法通过以后,从宪法的原则精神到具体条文规定,都要
保证全部实施。① 3 月 5 日,五届全国人大一次会议审议通过了 1978 年
宪法,并于当日正式公布。

　　1978 年宪法②由序言、总纲、国家机构、公民的基本权利和义务、国
旗、国徽、首都等部分组成,共 4 章 60 条。其结构与 1954 年宪法和 1975
年宪法基本相同,条款比 1975 年宪法增加了 30 条。

　　在序言部分,1978 年宪法把中国共产党第十一次全国代表大会规定
的全国人民在新时期的总任务,用法律的形式肯定下来,这就是:"在本
世纪内把我国建设成为农业、工业、国防和科学技术现代化的伟大的社会
主义强国。"

　　在总纲部分,1978 年宪法继承和发展了 1954 年宪法和 1975 年宪法
中的人民民主原则和社会主义原则,规定中华人民共和国是工人阶级领
导的以工农联盟为基础的无产阶级专政的社会主义国家;其生产资料所
有制主要是社会主义全民所有制和社会主义劳动群众集体所有制;国家
允许非农业的个体劳动者从事法律许可范围内的,不剥削他人的个体劳
动。同时,引导他们逐步走上社会主义集体化的道路;国营经济即社会主
义全民所有制经济是国民经济中的领导力量;国家保障社会主义全民所

---

　　①　中国人民解放军军事科学院编:《叶剑英年谱(1897—1986)》(下),中央文献出
版社 2007 年版,第 1140 页。
　　②　以下对 1978 年宪法内容的引述,均据《中华人民共和国宪法》,《人民日报》1978
年 3 月 8 日。

有制经济和社会主义劳动群众集体所有制经济的巩固和发展,实行按劳分配的社会主义原则;国家坚持社会主义的民主原则,保障人民参加管理国家,管理各项经济事业和文化事业,监督国家机关和工作人员;国家大力发展教育事业,提高全国人民的文化科学水平。宪法还规定了人民代表大会制度、民主集中制、民族区域自治制度等。

在国家机构部分,1978 年宪法删去了 1975 年宪法关于在上层建筑领域里实行全面专政的条款;在健全全国人大代表的选举制度、加强全国人大及其常委会的职能、加强地方各级人大的职能等方面增加了一些具体的规定,并将"全国人民代表大会是在中国共产党领导下的最高国家权力机关"修改为"全国人民代表大会是最高国家权力机关";取消了检察机关的职权由各级公安机关行使的规定,恢复了人民检察院的建制;恢复了 1954 年宪法规定的国务院"统一领导全国地方各级国家行政机关的工作"的规定。

在公民的基本权利和义务部分,1978 年宪法作了大量补充,由 1975 年宪法的 4 条增加到 16 条。新增加的规定主要是:"劳动者在年老、生病或者丧失劳动能力的时候,有获得物质帮助的权利。国家逐步发展社会保险、社会救济、公费医疗和合作医疗等事业,以保证劳动者享受这种权利。""公民对于任何违法失职的国家机关和企业、事业单位的工作人员,有权向各级国家机关提出控告。公民在权利受到侵害的时候,有权向各级国家机关提出申诉。对这种控告和申诉,任何人不得压制和打击报复。"在公民的义务方面,增写了必须爱护和保卫公共财产,遵守劳动纪律,遵守公共秩序,尊重社会公德和保守国家机密的条文。

但同时也应该看到,1978 年宪法是在粉碎"四人帮"后不到一年半的时间里颁布的,在这短短的时间里,还来不及全面总结新中国成立以来社会主义革命和社会主义建设的经验教训,也还来不及彻底清除"左"倾错误对宪法的影响,因此,1978 年宪法仍然存在着比较严重的历史局限性,主要是:

一、在序言中仍然肯定"文化大革命",仍有一些"左"的、过时的政治观点和与实际不相符的内容。如序言提出:"第一次无产阶级文化大革命的胜利结束,使我国社会主义革命和社会主义建设进入了新的发展时期。""坚持无产阶级专政下的继续革命,开展阶级斗争、生产斗争和科学实验三大革命运动","要坚持无产阶级对资产阶级的斗争,坚持社会主义道路对资本主义道路的斗争,反对修正主义,防止资本主义复辟,准备对付社会帝国主义和帝国主义对我国的颠覆和侵略。"

二、在总纲中,仍坚持政社合一的人民公社制度,并对农牧业经营自留地、自留畜、家庭副业仍然作了不必要的限制。规定"在保证人民公社集体经济占绝对优势的条件下,人民公社社员可以经营少量的自留地和家庭副业,在牧区还可以有少量的自留畜"。

三、在国家机构中,仍保留地方各级革命委员会的名称,仍规定"对于重大的反革命案件和刑事案件,要发动群众讨论和提出处理意见"。

四、在公民的基本权利和义务中,仍然规定公民"有运用'大鸣、大放、大辩论、大字报'的权利"等。

正是由于 1978 年宪法存在上述缺陷,所以这部宪法颁布后,五届全国人大先后两次对该宪法进行了修改。

1979 年 7 月 1 日,五届全国人大二次会议审议了关于修正《中华人民共和国宪法》若干规定的议案,同意县和县以上的地方各级人民代表大会设立常务委员会,将地方各级革命委员会改为地方各级人民政府,将县的人民代表大会改为由选民直接选举,将上级人民检察院同下级人民检察院的关系由监督改为领导,决定对《中华人民共和国宪法》的有关条文作如下修改:

一、第 2 章第 3 节的标题修改为:"地方各级人民代表大会和地方各级人民政府。"

二、第 34 条第 1 款修改为:"省、直辖市、县、市、市辖区、镇设立人民代表大会和人民政府;人民公社设立人民代表大会和管理委员会。"

第 2 款修改为:"人民公社的人民代表大会和管理委员会是基层政权组织,又是集体经济的领导机构。"

第 3 款修改为:"省人民政府可以按地区设立行政公署,作为自己的派出机构。"

三、第 35 条第 2 款修改为："省、直辖市、设区的市的人民代表大会代表，由下一级的人民代表大会经过民主协商，无记名投票选举；县、不设区的市、市辖区、人民公社、镇的人民代表大会代表，由选民经过民主协商，无记名投票直接选举。"

增加如下一款作为第 4 款："县和县以上的地方各级人民代表大会设立常务委员会，它是本级人民代表大会的常设机关，对本级人民代表大会负责并报告工作，它的组织和职权由法律规定。"

原第 4 款作为第 5 款，修改为："地方各级人民代表大会会议每年至少举行一次。县和县以上的地方各级人民代表大会会议由本级人民代表大会常务委员会召集，人民公社、镇人民代表大会会议由人民公社管理委员会、镇人民政府召集。"

原第 5 款作为第 6 款。

四、第 36 条第 3 款修改为："地方各给人民代表大会选举并且有权罢免本级人民政府的组成人员。县和县以上的地方各级人民代表大会选举并且有权罢免本级人民代表大会常务委员会的组成人员、本级人民法院院长和本级人民检察院检察长。"

第 4 款修改为："地方各级人民代表大会代表有权向本级人民政府、人民法院、人民检察院和人民政府所属机关提出质询。受质询的机关必须负责答复。"

五、第 37 条第 1 款修改为："地方各级人民政府，是地方各级人民代表大会的执行机关，是地方各级国家行政机关。"

第 2 款修改为："地方各级人民政府的组织由法律规定。"

第 3 款修改为："地方各级人民政府执行本级人民代表大会的决议和上级国家行政机关的决议和命令，县和县以上的地方各级人民政府并且执行本级人民代表大会常务委员会的决议。地方各级人民政府依照法律规定的权限，管理本行政区域的行政工作，发布决议和命令。县和县以上的地方各级人民政府依照法律的规定任免国家机关工作人员。"

第 4 款修改为："地方各级人民政府对本级人民代表大会和上一级国家行政机关负责并报告工作，县和县以上的地方各级人民政府在本级人民代表大会闭会期间,对本级人民代表大会常务委员会负责并报告工作,都受国务院统一领导。"

六、第 38 条第 1 款修改为:"自治区、自治州、自治县的自治机关是人民代表大会和人民政府。"

第 2 款修改为:"民族自治地方的人民代表大会和人民政府的产生、任期、取权和派出机构的设置等,应当根据宪法第二章第三节规定的关于地方国家机关的组织的基本原则。"

七、第 42 条第 3 款修改为:"最高人民法院对全国人民代表大会和全国人民代表大会常务委员会负责并报告工作。地方各级人民法院对本级人民代表大会和它的常务委员会负责并报告工作。"

八、第 43 条第 2 款修改为:"最高人民检察院领导地方各级人民检察院和专门人民检察院的工作,上级人民检察院领导下级人民检察院的工作。"

第 3 款修改为:"最高人民检察院对全国人民代表大会和全国人民代表大会常务委员会负责并报告工作。地方各级人民检察院对本级人民代表大会和它的常务委员会负责并报告工作。"①

1980 年 9 月 10 日,五届全国人大三次会议又通过了关于修改《中华人民共和国宪法》第 45 条的决议。决议说:为了充分发扬社会主义民主,健全社会主义法制,维护安定团结的政治局面,保障社会主义现代化建设的顺利进行,决定取消宪法原第 45 条中公民"有运用'大鸣、大放、大辩论、大字报'的权利"的规定。②

从总体上来看,1978 年宪法虽然在一定程度上纠正了 1975 年宪法中反映"左"的指导思想的条文,比 1975 年宪法前进了一步,但它并没有完全摆脱 1975 年宪法的影响,而且在内容上也很不完善,仍有许多不符

---

① 《中华人民共和国第五届全国人民代表大会第二次会议关于修正〈中华人民共和国宪法〉若干规定的决议》(1979 年 7 月 1 日第五届全国人民代表大会第二次会议通过),《人民日报》1979 年 7 月 2 日。

② 《关于修改〈中华人民共和国宪法〉第四十五条的决议》(1980 年 9 月 10 日第五届全国人民代表大会第三次会议通过),《人民日报》1980 年 9 月 11 日。

合现实的规定。所以,虽然经过了两次修改,仍不能适应新的历史时期的需要。因此,全面修改 1978 年宪法,制定和公布 1982 年宪法已是势在必行。

(二)1982 年宪法的制定经过

早在对 1978 年宪法的部分条文进行修改时,中共中央就开始考虑对这部宪法作全面的修改。1980 年 8 月 18 日,邓小平在中共中央政治局扩大会议上的讲话中明确指出:"中央将向五届人大三次会议提出修改宪法的建议。要使我们的宪法更加完备、周密、准确,能够切实保证人民真正享有管理国家各级组织和各项企业事业的权力,享有充分的公民权利,要使各少数民族聚居的地方真正实行民族区域自治,要改善人民代表大会制度,等等。关于不允许权力过分集中的原则,也将在宪法上表现出来。"①1980 年 8 月 30 日,中共中央向五届全国人大三次会议提出了《关于修改宪法和成立宪法修改委员会的建议》。同年 9 月 10 日,五届全国人大三次会议接受中共中央的修宪建议,决定成立宪法修改委员会,对1978 年宪法进行全面修改。9 月 15 日,宪法修改委员会宣布正式成立,全国人大常委会委员长叶剑英任主任委员、全国人大常委会副委员长宋庆龄和彭真任副主任委员、委员 103 人。

在成立的当天,宪法修改委员会召开第一次全体会议,叶剑英在会上就修改宪法的意义、指导思想和方法等问题发表了重要讲话。他指出,修改宪法标志着我国社会主义民主和社会主义法制正在大踏步地向前发展。这次修改宪法,应当在总结建国以来我国社会主义革命和社会主义建设经验的基础上进行,一定要坚持领导与群众相结合的正确方法,采取多种形式发动人民群众积极参加这项工作。修改宪法要认真总结建国以来制订和修改宪法的历史经验,一定要从我国的实际情况出发,以我们自己的经验为基础,同时也要参考当代外国宪法,尤其是一些社会主义国家

---

① 《党和国家领导制度的改革》,见《邓小平文选》第 2 卷,人民出版社 1994 年版,第 339 页。

的宪法,吸收其中好的先进的东西。① 会议决定设立宪法修改委员会秘书处,作为修改宪法的工作机构。胡乔木任秘书长,吴冷西、胡绳、甘祠森、张友渔、叶笃义、邢亦民、王汉斌为副秘书长。9 月 17 日,秘书处召开会议,正式宣告成立。秘书处成员最初有许崇德、王叔文、肖蔚云、孙立、李剑飞等人。

秘书处成立后,宪法修改工作随即在秘书长胡乔木的主持下开展起来。根据胡乔木的安排,秘书处征集了中共中央各部门、国务院各部委、人民解放军、全国政协、各民主党派、各人民团体和各省、市、自治区的意见,研究了全国人大代表有关修改宪法的提案和人民群众修改宪法的建议,邀请一些法学、政治学、经济学等方面的学者和熟悉各方面工作的专家举行了多次座谈会,研究了新中国前三部宪法及其他有关文件,研究了旧中国的历次宪法、世界各国的现行宪法和某些国家过去的宪法。在此基础上,着手起草宪法修改草案。到 1981 年 6 月,秘书处搞出了《宪法草稿》、《宪法讨论稿(2 月 28 日)》、《宪法第三次讨论稿(4 月 1 日)》、《宪法第四次讨论稿(4 月 20 日)》和《宪法第五次讨论稿(5 月 1 日)》5 稿。

1981 年 6 月,《关于建国以来党的若干历史问题的决议》经党的十一届六中全会通过后,胡乔木因疲劳过度病倒,随后又做了胆囊切除手术,需要到外地休养。在这样的情况下,邓小平提出由宪法修改委员会副主任彭真主持宪法的修改工作。彭真接手宪法修改工作后,即成立了身边的工作班子,其中有龚育之、郑惠、有林、顾昂然、杨景宇等。这时,秘书处的人多了,胡绳、王汉斌等还是宪法修改委员会副秘书长,协助彭真工作。

1981 年 7 月,彭真到邓小平处,商量如何修改宪法。当时,党内外对如何修改宪法有不同的意见和认识,如宪法要不要规定坚持四项基本原则,怎样把四项基本原则写进宪法,是实行一院制还是两院制,是实行"三权分立"还是实行人民代表大会制度,是实行民族区域自治还是实行联邦制,等等。邓小平旗帜鲜明地提出四点意见:一、要理直气壮地写四

---

① 中国人民解放军军事科学院编:《叶剑英年谱(1897—1986)》(下),中央文献出版社 2007 年版,第 1193 页。

个坚持;二、要写工人阶级领导的、以工农联盟为基础的人民民主专政;三、要写民主集中制;四、要写民族区域自治。① 这四点意见成为宪法修改工作的指导思想。

7 月 15 日,彭真率工作班子到北戴河研究宪法修改工作。在彭真去北戴河前两天,宪法修改委员会副秘书长吴冷西给彭真写信,谈及宪法修改的时间问题。五届全国人大三次会议通过的《关于修改宪法和成立宪法修改委员会的决议》明确规定,"由宪法修改委员会主持修改 1978 年第五届全国人民代表大会第一次会议制定的《中华人民共和国宪法》,提出中华人民共和国宪法修改草案,由全国人民代表大会常务委员会公布,交付全国各族人民讨论,再由宪法修改委员会根据讨论意见修改后,提交本届全国人民代表大会第四次会议审议"。② 7 月 16 日,彭真一到北戴河,便给邓小平等写信,请示宪法修改草案完成的时间,并说这是现在工作中的前提问题。邓小平回信说,还是要这样。7 月 18 日、21 日,彭真要身边的同志代拟一个报告,向中共中央汇报他对修改宪法的一些想法。报告的内容是,宪法是根本法,主要在纲不在目,不搞不必要的创新,注意不引起不必要的争论。1978 年宪法失之过简,不如以 1954 年宪法为基础好。有《关于建国以来党的若干历史问题的决议》,所以,准备按此修改宪法。③

9 月 1 日,彭真率宪法起草班子到北京西郊的玉泉山,集中精力修改宪法。当时,起草组基本分成两摊,一摊是起草宪法报告和序言,另一摊是起草具体条文。副秘书长胡绳、王汉斌是两头挂。起草报告、序言的主要是龚育之、有林、郑惠、卢之超等。打临时工的人不少,有朱穆之、胡绩伟、穆青、华楠、顾明等,他们断断续续地来过几次。其他的人,如王叔文、肖蔚云、项淳一、顾昂然、杨景宇、孙立、许崇德等,主要负责起草具体条目。④

---

① 彭真:《论新中国的政法工作》,中央文献出版社 1992 年版,第 270 页。

② 《关于修改宪法和成立宪法修改委员会的决议》,《人民日报》1980 年 9 月 11 日。

③ 许崇德:《彭真与 1982 年宪法的修改工作》,见《中共党史资料》第 80 辑,中共党史出版社 2001 年版,第 59 页。

④ 许崇德:《彭真与 1982 年宪法的修改工作》,见《中共党史资料》第 80 辑,中共党史出版社 2001 年版,第 59—60 页。

9月9日,邓小平在会见日本公明党访华代表团时,介绍了中国修改宪法的情况。他说:"过去我们有一个比较完备的宪法,就是1954年通过的宪法。我们现在就是以它作为基础来修改。设国家主席问题是这次修改宪法的一个重要内容,同时还有其他一些重要内容,但都比较好处理。因为我们从1978年12月党的十一届三中全会以来,一系列的方针、政策已经确立下来,而且已经见效了。两年多的时间证明,我们的路线、方针、政策符合中国的国情,是行之有效的,当然可以反映到宪法中去。中国要搞社会主义,坚持社会主义,宪法中要肯定这一点。要建设一个高度民主、高度文明的现代化的社会主义国家。四个现代化,特别是高度民主、高度文明,过去没有反映到宪法里,这次要反映进去。"①

10月3日,彭真根据邓小平的讲话精神,结合自己的调查研究和思考,在宪法工作班子会议上就如何修改宪法发表了指导意见:(一)坚持四项基本原则,是修改宪法的总的指导思想,四项基本原则就好像盖房子的四根柱子,盖房子没有柱子就盖不起来;(二)宪法一定要从中国的实际出发。修改宪法的根据,不是美国、日本,也不是新加坡,而是从我国的实际出发;(三)宪法只能写现在能够定下来的,最根本、最需要的东西。宪法要起到统一思想、进一步巩固安定团结、保证四化建设等工作顺利进行的作用;(四)以1954年宪法为基础,总结正反两个方面的经验,继承1954年宪法,发展1954年宪法。②

10月27日,彭真向宪法工作班子谈了修改宪法的具体意见,主要是:(一)要先讲国体,即工人阶级领导的、以工农联盟为基础的人民民主专政,即无产阶级专政。"文化大革命"时,对无产阶级专政有各种说法。列宁说,无产阶级专政就是无产阶级对政策的领导。所以,还是用人民民主专政,对人民是民主,对敌人是专政。(二)要坚持民主集中制。要高度民主,又要高度集中,这是社会主义民主与资本主义民主的区别。社会主义民主是绝大多数人的民主,高度民主,各种意见都提出来,在这个基

---

① 中共中央文献研究室编:《邓小平年谱(1975—1997)》(下),中央文献出版社2004年版,第768—769页。

② 顾昂然:《社会主义法制和立法工作》,中国政法大学出版社1989年版,第58页。

础上正确的集中,就是高度的集中。(三)国家机构还是按 1954 年宪法写。那时的国家体制比较便利,比较安全。(四)要体现民主专政,权利义务也要包括专政。(五)要维护民族区域自治和国家统一。要坚持民族区域自治,不能搞联邦,思想要统一,迁就不得。(六)基层政权,在城市要加强居民委员会。彭真还对宪法工作班子提出明确要求,即 11 月 20 日前拿出宪法修改草案稿。①

宪法工作班子按照彭真的意见和要求,经过两个多月的突击,于 11 月中旬拟出了宪法修改草案稿。这时,离召开五届全国人大四次会议的日期已经很近。宪法修改草案稿虽然已经拟出,但由于宪法修改工作关系重大,涉及一系列复杂的问题,还需进行大量的调查研究,需广泛征求各地区、各部门、各方面的意见。同时,由于当时国家正在进行体制改革,有些重大问题正在实践研究解决过程中。为了慎重地进行宪法修改工作,尽可能把宪法修改得完善些,彭真提出推迟修改宪法完成的期限。11 月底,在五届全国人大常委会第 21 次会议上,彭真作了关于建议推迟修改宪法完成期限的说明,决定提交五届全国人大四次会议审议。12 月 13 日,五届全国人大四次会议通过决定,将宪法修改草案的审议工作推迟到五届全国人大五次会议进行。②

12 月 19 日,彭真在给中共中央写的《关于宪法修改草案的几个问题的报告》中,介绍了宪法修改草案稿的主要内容:(一)四项基本原则是宪法总的指导思想,是宪法的根本问题,草案序言通过对历史事实的叙述,说明了必须坚持四项基本原则。(二)草案规定人民民主专政是我国的国体,民主集中制是政体。(三)草案恢复了国家主席的设置,规定国家主席对内对外代表国家,统率军队,但不干涉政府工作,不承担行政责任。(四)草案坚持实行民族区域自治政策,不搞联邦,不搞加盟共和国。(五)草案肯定了政社分开的原则。(六)草案加强和发挥了人大和人大常委会的作用,规定全国人大常委会的组成人员不得担任国家行政机关、

① 《彭真年谱(1902—1997)》第 5 卷,中央文献出版社 2012 年版,第 118—119 页。
② 《五届人大四次会议作出决议 审议宪法修改草案推迟到五次会议》,《人民日报》1981 年 12 月 15 日。

审判机关和检察机关的职务。适当增加了全国人大常设的专门委员会。(七)草案规定了全国、省人大代表的任期,规定了县和基层代表的任期。(八)草案规定,我国经济制度的基础是生产资料的社会主义公有制,即社会主义全民所有制和社会主义劳动群众集体所有制。(九)草案明确规定,城市的土地属于国家所有。农村和城市郊区的土地,包括个人使用的宅基地和自留地,除法律规定为国家所有的以外,属于集体所有。(十)草案规定实行社会主义责任制。(十一)草案没有对财政收支平衡、信贷平衡和物价稳定问题作出规定。(十二)草案没有写"罢工自由"。(十三)草案对迁徙自由没有作规定。(十四)草案从正面吸收了"文化大革命"的经验教训,写了加强社会主义法制、在法律面前人人平等、反对特权等条文。(十五)草案规定社会主义文明包括两个方面:一方面是思想道德教育;另一方面是发展教育科学文化事业,提高人民文化科学水平。(十六)草案对台湾问题在两处埋下了伏笔:一是在序言中规定,台湾是中国的神圣领土的一部分。完成统一祖国的大业是包括台湾同胞在内的全中国人民的共同愿望。这个愿望一定要实现。二是在条文中规定,全国人大有权决定特别行政区的设立及其制度。①

12 月 26 日,邓小平在住地同胡乔木谈修改《中华人民共和国宪法》问题。在谈话中邓小平就设立国家主席、正确处理全国人民代表大会和全国人大常委会同最高人民法院的关系、国务院各部设立和部长任免移到全国人大常委会决定而不在人民代表大会通过、人民代表大会换届年限等问题发表了意见。其中强调:宪法序言里要提马列主义、毛泽东思想,条文里不提。要尽快把宪法草案拿出来,用最短的时间修改好。② 根据邓小平的意见,宪法工作班子加快了修改步伐,在征求各地区、各部门和各方面人士意见的基础上,对宪法修改草案稿又作了一些修改后,于 1982 年 2 月提出了宪法修改草案讨论稿。

---

① 转引自刘荣刚:《1982 年宪法的制定过程及其历史经验》,《当代中国史研究》2005 年第 1 期。

② 中共中央文献研究室编:《邓小平年谱(1975—1997)》(下),中央文献出版社 2004 年版,第 793 页。

在草拟讨论稿的过程中,关于宪法的结构问题胡乔木和彭真产生了分歧。彭真主张在第一章"总纲"之后,接着写第二章"国家机构",然后再写第三章"公民的基本权利和义务"。胡乔木认为"公民的基本权利和义务"应放在"国家机构"之前,紧接在"总纲"的后面。理由是"权利和义务"是"总纲"的补充和继续,"国家机构"是程序问题,是为"总纲"和"权利和义务"规定的实质问题服务的。世界上大多数国家的宪法也都是把公民的权利和义务放在前面的。他还说,把"公民的权利和义务"放到"总纲"之后、"国家机构"之前,体现了民主的思想,体现了对公民权利的重视。2 月 17 日上午,邓小平在住地同彭真、胡乔木、邓力群谈对宪法修改草案讨论稿的意见。他说:从 1954 年到现在,原来宪法已有近三十年了,新的宪法要给人面貌一新的感觉。同意把"权利与义务"放在"国家机构"前面的意见。①

2 月 27 日至 3 月 16 日,宪法修改委员会召开第二次全体会议,审议和讨论宪法修改草案讨论稿。在会议开幕当天,胡乔木受彭真的委托,从加强人民民主、人民民主专政、民主集中制、扩大人大常委会的权力和国务院的职权以及国家主席的恢复、地方制度和民族自治制度等方面,对宪法修改草案讨论稿作了说明。从讨论的情况看,委员们对修改草案讨论稿是肯定的,但也提出了一些修改意见。如宪法序言要不要写五四运动、党的成立;要不要写阶级斗争;公民权利和义务与国家机构两章哪个在先哪个在后;要不要突出知识分子的作用,把工农两个联盟改为工人、农民、知识分子三个联盟;要不要对民主党派的地位和作用作出明确规定;要不要强调政协的作用,把"政治协商,民主监督"写进宪法;要不要取消人民公社;国家领导人的任期要不要一致;国家主席要不要统率军队;国歌要不要写入宪法;等等。3 月 16 日,彭真在会议讨论结束后,发表了重要讲话。他说:"如果大家认为这个草案讨论稿大体可用,没有不同意见,就以此作为宪法修改委员会的草案,以这个草案为基础进行修改。各方面

---

① 中共中央文献研究室编:《邓小平年谱(1975—1997)》(下),中央文献出版社 2004 年版,第 799 页。

提了很多意见,许多意见是很好的。"①

会议结束后,宪法工作班子着手讨论、研究各方面的意见,开始对宪法修改草案讨论稿作进一步修改。在修改过程中,彭真针对各方面提出的意见,发表了一些看法,主要是:(一)宪法各章次序,把公民权利和义务移到国家机构之前,从理论上说有争议。既然宪法修改草案已经移到前面,可以不必再改,但要说清楚,即根本问题是政权,人民没有政权,就没有个人权利,公民权利是由政权来的。(二)把工农教育这一条从总纲中移到权利义务中不对。不把工农文化提高,"四化"化不了。要用各种形式,因地制宜、因时制宜,提高文化、科学、技术。要搞好工农教育,把工厂、农村、军队、全国变成一个大学校。(三)有人提,序言要写五四运动,要写党的成立。这都是大事。但宪法序言写的是翻天覆地的大事。如果要写五四运动,那么五卅运动、一二九运动都要写了。(四)在剥削制度废除以后,最根本的任务是发展生产力。提高生产力是根本的任务,必须坚持下去,不管发生什么情况也不能动摇。(五)阶级斗争是重要问题,要写。宣布阶级消灭历史会证明是错的,只能以提消灭了剥削制度为限。(六)政协,要充分发挥大家的积极性,但又不要使人能钻空子。有的还是想搞上院的思想。(七)军队领导还是建立国家军委,军委主席领导武装力量。为了平战结合、有备无患,考虑了各种方案还是有国家军委好。②

4月上旬,宪法工作班子在认真研究、讨论、吸收各方面意见的基础上,从内容到文字对宪法修改草案讨论稿又作了比较大的修改,提出了宪法修改草案修改稿。

4月12日,宪法修改委员会在彭真主持下举行第三次全体会议,讨论宪法修改草案修改稿。宪法修改委员会用了9天时间,对修改草案修改稿进行了非常仔细认真的讨论,并逐章逐条、逐句逐字推敲、斟酌。21

---

① 许崇德:《中华人民共和国宪法史》,福建人民出版社2003年版,第660—662页。

② 转引自刘荣刚:《1982年宪法的制定过程及其历史经验》,《当代中国史研究》2005年第1期。

日,宪法修改委员会第三次全体会议在认真讨论的基础上,通过了《中华人民共和国宪法修改草案》和提交全国人大常委会的《关于提请公布〈中华人民共和国宪法修改草案〉交付全国各族人民讨论的建议》。

4 月 22 日下午,五届全国人大常委会第二十三次会议在北京人民大会堂开幕。彭真受宪法修改委员会主任委员叶剑英的委托,作了关于宪法修改草案的说明。他着重说明了 8 个问题:(一)序言肯定了坚持四项基本原则。(二)总纲确定了我国的性质和各阶级在国家中的地位。(三)社会主义制度是我国的根本制度。(四)社会主义社会的发展是以高度发达的生产力为物质基础的。(五)在建设高度物质文明的同时,建设高度的精神文明,是一项长期的任务。(六)提高全体人民的文化、科学、技术水平,对于建设社会主义的物质文明和精神文明,是不可缺少的条件。(七)关于公民的基本权利。(八)关于国家机构的一些规定,体现了我国国家体制的重要改革和新的发展:第一,加强人民代表大会制度,扩大全国人大常委会的职权。第二,恢复设立国家主席。第三,国务院实行总理负责制,各部和委员会实行部长、主任负责制。第四,国家设立中央军事委员会,领导全国武装力量。第五,中央和地方适当分权,省、自治区、直辖市人大和它的常委会有权制定和颁布地方性法规。第六,加强民族区域自治。第七,加强基层政权。①

4 月 23 日、24 日,五届全国人大常委会第 23 次会议分组讨论了宪法修改草案,提出了一些修改建议。4 月 26 日,会议通过关于公布宪法修改草案的决议,决定将宪法修改草案交付全国各族人民讨论。② 4 月 27 日新华社播发了《中华人民共和国宪法修改草案》全文,4 月 28 日《人民日报》发表了《中华人民共和国宪法修改草案》。人民出版社还出版了《中华人民共和国宪法修改草案》单行本。

5 月至 8 月,全国各级国家机关、军队、政党组织、人民团体以及学校、企业事业组织和街道、农村社队等基层单位,在各级人大常委会和党

---

① 彭真:《论新时期的社会主义民主与法制建设》,中央文献出版社 1989 年版,第100—115 页。

② 《人大常委会关于公布宪法修改草案的决议》,《人民日报》1982 年 4 月 27 日。

委的领导下,组织全国各族人民,对宪法修改草案进行了讨论。在全民讨论中,全国80%—90%的成年公民参加了讨论。① 台湾同胞、港澳同胞、海外侨胞也参加了讨论。海内外对这个宪法修改草案给予了很好的评论,也提出了一些修改意见。1982年8月底前,各省、自治区、直辖市人民代表大会常务委员会以及人民解放军总政治部、中央国家机关各部门、各政党组织、各人民团体分别汇总了各方面的意见,报到宪法修改委员会。

9月至10月间,宪法工作班子根据各方面所提意见,对宪法修改草案又作了修改。11月4日至9日,彭真主持召开宪法修改委员会第四次全体会议,逐章讨论宪法修改草案,决定秘书处对宪法修改草案作进一步修改,提交下次全体会议通过,然后提请五届全国人大五次会议审议决定。随后秘书处根据宪法修改委员会第四次全体会议的意见,对宪法修改草案修改稿又作了进一步修改。11月13日上午,中共中央书记处审议了宪法修改草案修改稿,提出了一些修改意见。随后,秘书处对宪法修改草案又作了一些修改,重要修改有:(一)中央军委一节,因中外十分注意,经反复考虑,建议仍保留这一节。但为了避免衍生军委是否要制定组织法的问题,把原来散见于国家机构各节的类似规定,并成一条,在第77条中规定"全国人民代表大会和全国人民代表大会常务委员会以及其他国家机关组织由法律规定",以便于将来酌情处理。第93条增加规定,中央军委由下列人员组成:主席,副主席若干人,秘书长,委员若干人。第94条删去第2款:"中央军事委员会的组织由法律规定。"(二)第32条第2款改为:"中华人民共和国对于因为政治原因要求避难的外国人,给以居留的权利。"②当晚9时半,彭真将宪法修改草案修改稿报送中共中央。11月14日,邓小平审阅了宪法修改草案,并作出批示:"退彭真同志。赞成,无意见。"③11月22日,中共中央政治局召开会议,审议并批准了宪法

---

① 彭真:《论新中国的政法工作》,中央文献出版社1992年版,第750页。

② 转引自刘荣刚:《1982年宪法的制定过程及其历史经验》,《当代中国史研究》2005年第1期。

③ 中共中央文献研究室编:《邓小平年谱(1975—1997)》(下),中央文献出版社2004年版,第867页。

修改草案稿。

11 月 23 日,宪法修改委员会召开第五次全体会议,决定将《中华人民共和国宪法修改草案》和关于宪法修改草案的报告提交五届全国人大五次会议审议。

11 月 26 日,五届全国人大五次会议在北京召开,彭真受宪法修改委员会主任委员叶剑英的委托,代表宪法修改委员会,作了宪法修改草案的报告。彭真在报告中就几个问题作了说明。(一)关于我国的人民民主专政制度。(二)关于我国的社会主义经济制度。(三)关于社会主义精神文明。(四)关于国家机构。(五)关于国家的统一和民族的团结。(六)关于独立自主的对外政策。[①] 与会代表认真审议、讨论了宪法修改草案。宪法工作小组根据代表的意见,又进行了修改,交给大会再次审议。

12 月 4 日,在与会代表充分讨论的基础上,会议以无记名投票的方式通过了《中华人民共和国宪法》。当时参加投票的 3040 名代表,只有 3 人弃权,无一人反对。当日,全国人民代表大会以公告的形式对《中华人民共和国宪法》予以公布实施。至此,1982 年宪法庄严诞生。

(三)1982 年宪法的基本内容

1982 年宪法由序言,总纲,公民的基本权利和义务,国家机构,国旗、国徽、首都 5 部分组成,共 138 条。

序言回顾了 100 多年来中国革命的历史后指出,20 世纪中国发生了翻天覆地的伟大历史变革,其中有四件最重大的历史事件,除了 1911 年的辛亥革命是孙中山先生领导的以外,其他三件都是以毛泽东为领袖的中国共产党领导中国人民进行的。这三件大事是:推翻帝国主义、封建主义和官僚资本主义的统治,取得了新民主主义革命的伟大胜利,建立了中华人民共和国;消灭延续几千年的剥削制度,建立了社会主义制度;基本上形成了独立的、比较完整的社会主义工业体系,发展了教育、科学、文化

---

① 《彭真文选(1941—1990)》,人民出版社 1991 年版,第 435—463 页。

等事业。从这些伟大的历史变革中,序言得出结论:"中国各族人民将继续在中国共产党领导下,在马克思列宁主义、毛泽东思想指引下,坚持人民民主专政,坚持社会主义道路,不断完善社会主义的各项制度,发展社会主义民主,健全社会主义法制,自力更生,艰苦奋斗,逐步实现工业、农业、国防和科学技术的现代化,把我国建设成为高度文明、高度民主的社会主义国家。"

序言对国家统一作出了规定,指出:"台湾是中华人民共和国的神圣领土的一部分。完成统一祖国的大业是包括台湾同胞在内的全中国人民的神圣职责。"这一规定,连同《宪法》第31条"国家在必要时得设立特别行政区。在特别行政区内实行的制度按照具体情况由全国人民代表大会以法律规定",为实行"一国两制",解决台湾、香港、澳门问题提供了法律基础。

序言对中国共产党领导的多党合作和政治协商制度作了详尽的阐述,指出:"在长期的革命和建设过程中,已经结成由中国共产党领导的,有各民主党派和各人民团体参加的,包括全体社会主义劳动者、拥护社会主义的爱国者和拥护祖国统一的爱国者的广泛的爱国统一战线,这个统一战线将继续巩固和发展。中国人民政治协商会议是有广泛代表性的统一战线组织,过去发挥了重要的历史作用,今后在国家政治生活、社会生活和对外友好活动中,在进行社会主义现代化建设、维护国家的统一和团结的斗争中,将进一步发挥它的重要作用。"

序言还规定了我国对外政策的基本原则,即:"中国坚持独立自主的对外政策,坚持互相尊重主权和领土完整、互不侵犯、互不干涉内政、平等互利、和平共处的五项原则,发展同各国的外交关系和经济、文化的交流;坚持反对帝国主义、霸权主义、殖民主义,加强同世界各国人民的团结,支持被压迫民族和发展中国家争取和维护民族独立、发展民族经济的正义斗争,为维护世界和平和促进人类进步事业而努力。"

在总纲部分,恢复了人民民主专政的提法和内容。《宪法》第1条规定:"中华人民共和国是工人阶级领导的、以工农联盟为基础的人民民主专政的社会主义国家";"社会主义制度是中华人民共和国的根本制度。

禁止任何组织或者个人破坏社会主义制度。"这是对国家性质的规定,是新中国的国体。人民民主专政的提法,确切地表明了中国的阶级状况和政权的广泛基础,明白地表示出中国国家政权的民主性质。人民民主专政的国家性质决定,只有人民才是国家和社会的主人。《宪法》明确规定:"中华人民共和国的一切权力属于人民。"并具体规定:"人民行使国家权力的机关是全国人民代表大会和地方各级人民代表大会。人民依照法律规定,通过各种途径和形式,管理国家事务,管理经济和文化事业,管理社会事务。"

总纲规定了我国国家机构的组织原则,指出:"中华人民共和国的国家机构实行民主集中制的原则。全国人民代表大会和地方各级人民代表大会都由民主选举产生,对人民负责,受人民监督。国家行政机关、审判机关、检察机关都由人民代表大会产生,对它负责,受它监督。中央和地方的国家机构职权的划分,遵循在中央的统一领导下,充分发挥地方的主动性、积极性的原则。"

总纲规定了我国的民族政策,指出:"中华人民共和国各民族一律平等。国家保障各少数民族的合法的权利和利益,维护和发展各民族的平等、团结、互助关系。禁止对任何民族的歧视和压迫,禁止破坏民族团结和制造民族分裂的行为。国家根据各少数民族的特点和需要,帮助各少数民族地区加速经济和文化的发展。各少数民族聚居的地方实行区域自治,设立自治机关,行使自治权。各民族自治地方都是中华人民共和国不可分离的部分。各民族都有使用和发展自己的语言文字的自由,都有保持或者改革自己的风俗习惯的自由。"

总纲明确规定了我国的社会主义经济制度。宪法肯定生产资料的社会主义公有制是我国社会主义经济制度的基础。"社会主义公有制消灭人剥削人的制度,实行各尽所能、按劳分配的原则。""国家在社会主义公有制基础上实行计划经济。国家通过经济计划的综合平衡和市场调节的辅助作用,保证国民经济按比例地协调发展。"规定公有制包括全民所有制和劳动群众集体所有制两种形式。"国营经济是社会主义全民所有制经济,是国民经济中的主导力量。""国家保护城乡集体经济组织的合法的权利和利益,鼓励、指导和帮助集体经济的发展。""在法律规定范围内的城乡劳动者个体经济,是社会主义公有制经济的补充。国家保护个体经济的合法的权利和利益。国家通过行政管理,指导、帮助和监督个体经济。"宪法还规定,"国营企业在服从国家的统一领导和全面完成国家计划的前提下,在法律规定的范围内,有经营管理的自主权。""集体经济组织在接受国家计划指导和遵守有关法律的前提下,有独立进行经济活动的自主权。""允许外国的企业和其他经济组织或者个人依照中华人民共和国法律的规定在中国投资,同中国的企业或者其他经济组织进行各种形式的经济合作。""它们的合法的权利和利益受中华人民共和国法律的保护。"此外,宪法还规定要"实行各种形式的社会主义责任制"。所有这些,对于调动生产单位和劳动者的积极性与主动性,从而搞活经济,具有重要意义。

在自然资源中,总纲规定矿藏、水流完全属于国家所有,即全民所有;森林、山岭、草原、荒地、滩涂等除由法律规定属于集体所有的以外,都属于国家所有。在土地的所有权方面,宪法规定:城市的土地属于国家所有。农村和城市郊区的土地,除由法律规定属于国家所有的以外,属于集体所有;宅基地和自留地、自留山,也属于集体所有。对于集体所有的土地,国家为了公共利益的需要,可以依照法律规定实行征用。"任何组织或者个人不得侵占、买卖、出租或者以其他形式非法转让土地。"这些原则规定,对于保证国家的社会主义经济建设,特别是保证农业经济发展的社会主义方向,具有重要意义。

总纲还增加了社会主义精神文明建设的内容。社会主义精神文明建设包括教育科学文化建设和思想道德建设两个方面。在教育科学文化建设方面,宪法增加规定:"国家发展社会主义的教育事业,提高全国人民的科学文化水平。国家举办各种学校,普及初等义务教育,发展中等教育、职业教育和高等教育,并且发展学前教育。国家发展各种教育设施,扫除文盲,对工人、农民、国家工作人员和其他劳动者进行政治、文化、科学、技术、业务的教育,鼓励自学成才。国家鼓励集体经济组织、国家企业事业组织和其他社会力量依照法律规定举办各种教育事业。国家推广全国通用的普通话。""国家发展自然科学和社会科学事业,普及科学和技术知识,奖励科学研究成果和技术发明创造。""国家发展医疗卫生事业,发展现代医药和我国传统医药,鼓励和支持农村集体经济组织、国家企业事业组织和街道组织举办各种医疗卫生设施,开展群众性的卫生活动,保护人民健康。国家发展体育事业,开展群众性的体育活动,增强人民体质。""国家发展为人民服务、为社会主义服务的文学艺术事业、新闻广播电视事业、出版发行事业、图书馆博物馆文化馆和其他文化事业,开展群众性的文化活动。国家保护名胜古迹、珍贵文物和其他重要历史文化遗产。"

在思想道德建设方面,宪法增加规定:"国家通过普及理想教育、道德教育、文化教育、纪律和法制教育,通过在城乡不同范围的群众中制定和执行各种守则、公约,加强社会主义精神文明的建设。国家提倡爱祖国、爱人民、爱劳动、爱科学、爱社会主义的公德,在人民中进行爱国主义、集体主义和国际主义、共产主义的教育,进行辩证唯物主义和历史唯物主义的教育,反对资本主义的、封建主义的和其他的腐朽思想。"这些规定为提高全民族的思想道德素质和科学文化素质,培养有理想、有道德、有文化、有纪律的社会主义新人,搞好社会主义精神文明建设提供了有效的法律保障。

关于公民的基本权利,宪法除规定公民有选举权和被选举权,有言论、出版、集会、结社、游行、示威等自由,以及宗教信仰自由、人身自由、住宅、通信自由和通信秘密、劳动权、休息权、受教育权等受国家保护之外,还增加了许多新的内容,而且规定得也更加具体和明确。

为了保护公民的宗教信仰自由,宪法增加规定:"任何国家机关、社会团体和个人不得强制公民信仰宗教或者不信仰宗教,不得歧视信仰宗教的公民和不信仰宗教的公民。国家保护正常的宗教活动。任何人不得利用宗教进行破坏社会秩序、损害公民身体健康、妨碍国家教育制度的活动。宗教团体和宗教事务不受外国势力的支配。"

为了保护公民的人身自由不受侵犯,宪法增加规定:"任何公民,非经人民检察院批准或者决定或者人民法院决定,并由公安机关执行,不受逮捕。禁止非法拘禁和以其他方法非法剥夺或者限制公民的人身自由,禁止非法搜查公民的身体。""中华人民共和国公民的人格尊严不受侵犯。禁止用任何方法对公民进行侮辱、诽谤和诬告陷害。"

为了保护公民的控告权,宪法增加规定:"公民对于任何国家机关和国家工作人员,有提出批评和建议的权利;对于任何国家机关和国家工作人员的违法失职行为,有向有关国家机关提出申诉、控告或者检举的权利,但是不得捏造或者歪曲事实进行诬告陷害。对于公民的申诉、控告或者检举,有关国家机关必须查清事实,负责处理。任何人不得压制和打击报复。"

为了保护公民的劳动权,宪法增加规定:"国家通过各种途径,创造劳动就业条件,加强劳动保护,改善劳动条件,并在发展生产的基础上,提高劳动报酬和福利待遇";"国家提倡社会主义劳动竞赛,奖励劳动模范和先进工作者。国家提倡公民从事义务劳动。国家对就业前的公民进行必要的劳动就业训练。"还增加规定:"国家依照法律规定实行企业事业组织的职工和国家机关工作人员的退休制度。退休人员的生活受到国家和社会的保障。""国家和社会保障残废军人的生活,抚恤烈士家属,优待军人家属。""帮助安排盲、聋、哑和其他有残疾的公民的劳动、生活和教育。"

为了维护妇女的权益,宪法增加规定:"国家保护妇女的权利和利益,实行男女同工同酬,培养和选拔妇女干部。"

关于公民的义务,宪法除规定公民必须遵守宪法和法律,爱护公共财产,遵守劳动纪律,遵守公共秩序,尊重社会公德,保卫祖国、抵抗侵略,依法服兵役和依法纳税等义务外,还增加规定:"夫妻双方有实行计划生育的义务。父母有抚养教育未成年子女的义务,成年子女有赡养扶助父母的义务";"公民有维护国家统一和全国各民族团结的义务";"公民有维护祖国的安全、荣誉和利益的义务,不得有危害祖国的安全、荣誉和利益的行为";公民有受教育的义务和保守国家秘密的义务。另外,还增加规定:"公民在行使自由和权利的时候,不得损害国家的、社会的、集体的利益和其他公民的合法的自由和权利。"

关于国家机构,1982 年宪法作了许多新的重要规定。

一是加强了人民代表大会制度。宪法规定,全国人民代表大会及其常务委员会行使国家立法权,全国人大常委会制定和修改除应当由全国人大制定的法律以外的其他法律。这就将原来属于全国人大的一部分职权交由它的常委会行使,扩大了全国人大常委会的职权。为了加强全国人大的组织,宪法还增设了一些专门委员会。这些专门委员会在全国人大及其常委会的领导下,研究、审议和拟订有关议案。

二是恢复设立国家主席。新中国成立以来的实践证明,设立国家主席对健全国家体制是必要的,也比较符合我国各族人民的习惯和愿望。1975 年宪法取消了国家主席的设置,1982 年宪法予以恢复,并规定国家主席的职权为:公布法律,任免国务院总理、副总理、国务委员、各部部长、各委员会主任、审计长、秘书长,授予国家的勋章和荣誉称号,发布特赦令,宣布进入紧急状态,宣布战争状态,发布动员令。

三是规定国务院实行总理负责制。总理、副总理、国务委员、秘书长组成国务院常务会议;总理召集和主持国务院常务会议和国务院全体会议。为加强对财政、经济活动的监督,国务院增设审计机关,对国务院各部门和地方各级政府的财政收支,对国家的财政金融机构和企业事业组织的财务收支,进行审计监督。审计机关在国务院总理领导下,依照法律规定独立行使审计监督权,不受其他行政机关、社会团体和个人的干涉。

四是设立中央军事委员会,领导全国武装力量。中央军事委员会实行主席负责制。中央军事委员会主席由全国人民代表大会选举,对全国人民代表大会及其常务委员会负责。

五是规定县级以上的地方各级人民代表大会设立常务委员会。省、直辖市的人民代表大会及其常务委员会,在不同宪法、法律、行政法规相抵触的前提下,可以制定地方性法规。地方各级人民政府实行省长、市长、县长、区长、乡长、镇长负责制。这些规定同样适用于民族自治地方。宪法还改变了农村人民公社政社合一的体制,设立乡政权,并把我国长期以来行之有效的居民委员会、村民委员会等基层群众性自治组织的地位作用,也列入了宪法。

六是对民主区域自治的规定,不但恢复了 1954 年宪法的一些重要原则,而且根据情况的变化增加了新的内容。宪法规定:民族自治地方的人民代表大会常务委员会中应当有实行区域自治的民族的公民担任主任或者副主任;自治区主席、自治州州长、自治县县长由实行区域自治的民族的公民担任;自治机关在国家计划的指导下,自主地安排和管理地方性的经济建设事业;自治机关自主地管理本地方的教育、科学、文化、卫生、体育事业;国家在民族自治地方开发资源、建设企业的时候,应当照顾民族自治地方的利益;国家从财政、物资、技术等方面帮助各少数民族加速发展经济建设和文化建设事业;国家帮助民族自治地方从当地民族中大量培养各级干部、各种专业人才和技术工人。

七是规定全国人大常委会委员长、副委员长,国家主席、副主席,国务院总理、副总理、国务委员,最高人民法院院长和最高人民检察院检察长等职连续任职不得超过两届。这就取消了实际上存在着的领导职务终身制,为党和国家领导制度的改革提供了法律依据。

关于国旗、国徽、首都,《宪法》第 136 条规定,中华人民共和国国旗是五星红旗;第 137 条规定,中华人民共和国国徽,中间是五星照耀下的天安门,周围是谷穗和齿轮;第 138 条规定,中华人民共和国首都是北京。①

1982 年宪法继承和发展了 1954 年宪法的基本原则,全面总结了新中国成立以来社会主义革命和建设的基本经验,是一部具有中国特色、适应社会主义现代化建设需要的新宪法。它的制定与公布,标志着法治建设恢复工作的基本完成,我国法治建设从此进入全面发展时期。

---

① 以上对 1982 年宪法内容的引述,均据《中华人民共和国宪法》(1982 年 12 月 4 日中华人民共和国第五届全国人民代表大会第五次会议通过),见中共中央文献研究室编:《十二大以来重要文献选编》(上),中央文献出版社 2011 年版,第 184—214 页。

第四章　党的十二大后法治建设的全面发展

1982 年党的十二大后,我国改革开放全面展开。在此背景下,我国社会主义法治建设也在经过 4 年恢复并初步发展的基础上进入全面发展时期。

一、1988 年和 1993 年宪法修正案

1982 年宪法是新中国成立以来制定的最好的一部宪法。但随着我国改革开放的不断深入和社会主义现代化建设事业的进一步发展,也需要根据形势的变化对宪法的部分条文进行必要的修改和补充。为了既使宪法适应社会主义现代化建设的需要,又保持宪法的稳定性,决定从 1988 年开始,对宪法的修改采用修正案的方式。

(一)1988 年宪法修正案

1988 年 4 月 12 日,七届全国人大一次会议通过了《中华人民共和国宪法修正案》。这个修正案共两条:

第一条,宪法第十一条增加规定:"国家允许私营经济在法律规定的范围内存在和发展。私营经济是社会主义公有制经济的补充。国家保护私营经济的合法的权利和利益,对私营经济实行引导、监督和管理。"

第二条,宪法第十条第四款"任何组织或者个人不得侵占、买卖、出

租或者以其他形式非法转让土地。"修改为："任何组织或者个人不得侵占、买卖或者以其他形式非法转让土地。土地的使用权可以依照法律的规定转让。"①

　　1988 年宪法修正案确立了私营经济的法律地位和我国新的土地使用制度,适应了改革开放以来私营经济大发展的趋势,以及在新的经济条件下土地使用中出现的新变化。这对于保障和促进私营经济的进一步发展,合理配置土地资源,完善土地使用制度,具有重要意义。

(二)1993 年宪法修正案

　　1992 年 10 月召开的中国共产党第十四次全国代表大会把建设有中国特色社会主义理论确立为党的指导思想,把建立社会主义市场经济体制确立为我国经济体制改革的目标模式。这些重大决定对于保证我国改革开放和社会主义现代化建设事业的顺利进行,具有重要意义。为适应这一新形势的需要,有必要对现行宪法的部分内容作适当的修改。

　　1992 年 11 月,中共中央成立了宪法修改小组,具体负责这次宪法修改工作。宪法修改小组收集和整理了各方面对修改宪法提出的意见和建议,并多次召开宪法学界、经济学界专家座谈会征求意见。1992 年 12 月下旬,中共中央向各省、自治区、直辖市党委,各中央国家机关等 100 多个单位发出了《关于对〈修改宪法部分内容的初步意见〉征求意见的通知》,经过对各地区、各部门和各方面的意见进行分析和研究,中共中央确定了一个修改宪法部分内容的初步方案,并于 1993 年 2 月 14 日向全国人大常委会提出了《关于修改宪法部分内容的建议》。七届全国人大常委会第三十次会议讨论了这一建议,并于 2 月 22 日通过了《中华人民共和国宪法修正案(草案)》,决定提请八届全国人大一次会议审议。这以后,有关方面又提出了一些修改宪法的具体意见,中共中央经过慎重研究,接受了一些意见,又提出了一个《关于修改宪法部分内容的补充建议》,提交

---

　　① 《中华人民共和国宪法修正案》(1988 年 4 月 12 日第七届全国人民代表大会第一次会议通过),见中共中央文献研究室编:《十三大以来重要文献选编》(上),中央文献出版社 2011 年版,第 183 页。

1993 年 3 月 15 日召开的八届全国人大一次会议。会上,按照法定程序,由 2383 名全国人大代表联名,根据中共中央补充建议的内容,提出一个《中华人民共和国宪法修正案(草案)补充修正案》的议案。大会主席团决定将这一议案列入议程,并建议将宪法修正案草案和补充修正案合并为一个议案,各代表团都表示同意,于是两案合并交全体代表审议。1993 年 3 月 29 日,八届全国人大一次会议以无记名投票方式通过了《中华人民共和国宪法修正案》。

1993 年宪法修正案共九条,因条款与 1988 年宪法修正案连续排列,故被列为第三条至第十一条,其具体内容为:

第三条,宪法序言第七自然段后两句:"今后国家的根本任务是集中力量进行社会主义现代化建设。中国各族人民将继续在中国共产党领导下,在马克思列宁主义、毛泽东思想指引下,坚持人民民主专政,坚持社会主义道路,不断完善社会主义的各项制度,发展社会主义民主,健全社会主义法制,自力更生,艰苦奋斗,逐步实现工业、农业、国防和科学技术的现代化,把我国建设成为高度文明、高度民主的社会主义国家。"修改为:"我国正处于社会主义初级阶段。国家的根本任务是,根据建设有中国特色社会主义的理论,集中力量进行社会主义现代化建设。中国各族人民将继续在中国共产党领导下,在马克思列宁主义、毛泽东思想指引下,坚持人民民主专政,坚持社会主义道路,坚持改革开放,不断完善社会主义的各项制度,发展社会主义民主,健全社会主义法制,自力更生,艰苦奋斗,逐步实现工业、农业、国防和科学技术的现代化,把我国建设成为富强、民主、文明的社会主义国家。"

第四条,宪法序言第十自然段末尾增加:"中国共产党领导的多党合作和政治协商制度将长期存在和发展。"

第五条,宪法第七条:"国营经济是社会主义全民所有制经济,是国民经济中的主导力量。国家保障国营经济的巩固和发展。"修改为:"国有经济,即社会主义全民所有制经济,是国民经济中的主导力量。国家保障国有经济的巩固和发展。"

第六条,宪法第八条第一款:"农村人民公社、农业生产合作社和其他生产、供销、信用、消费等各种形式的合作经济,是社会主义劳动群众集体所有制经济。参加农村集体经济组织的劳动者,有权在法律规定的范围内经营自留地、自留山、家庭副业和饲养自留畜。"修改为:"农村中的家庭联产承包为主的责任制和生产、供销、信用、消费等各种形式的合作经济,是社会主义劳动群众集体所有制经济。参加农村集体经济组织的劳动者,有权在法律规定的范围内经营自留地、自留山、家庭副业和饲养自留畜。"

第七条,宪法第十五条:"国家在社会主义公有制基础上实行计划经济。国家通过经济计划的综合平衡和市场调节的辅助作用,保证国民经济按比例地协调发展。""禁止任何组织或者个人扰乱社会经济秩序,破坏国家经济计划。"修改为:"国家实行社会主义市场经济。""国家加强经济立法,完善宏观调控。""国家依法禁止任何组织或者个人扰乱社会经济秩序。"

第八条,宪法第十六条:"国营企业在服从国家的统一领导和全面完成国家计划的前提下,在法律规定的范围内,有经营管理的自主权。""国营企业依照法律规定,通过职工代表大会和其他形式,实行民主管理。"修改为:"国有企业在法律规定的范围内有权自主经营。""国有企业依照法律规定,通过职工代表大会和其他形式,实行民主管理。"

第九条,宪法第十七条:"集体经济组织在接受国家计划指导和遵守有关法律的前提下,有独立进行经济活动的自主权。""集体经济组织依照法律规定实行民主管理,由它的全体劳动者选举和罢免管理人员,决定经营管理的重大问题。"修改为:"集体经济组织在遵守有关法律的前提下,有独立进行经济活动的自主权。""集体经济组织实行民主管理,依照法律规定选举和罢免管理人员,决定经营管理的重大问题。"

第十条,宪法第四十二条第三款:"劳动是一切有劳动能力的公民的光荣职责。国营企业和城乡集体经济组织的劳动者都应当以国家主人翁的态度对待自己的劳动。国家提倡社会主义劳动竞赛,奖励劳动模范和先进工作者。国家提倡公民从事义务劳动。"修改为:"劳动是一切有劳动能力的公民的光荣职责。国有企业和城乡集体经济组织的劳动者都应当以国家主人翁的态度对待自己的劳动。国家提倡社会主义劳动竞赛,奖励劳动模范和先进工作者。国家提倡公民从事义务劳动。"

第十一条,宪法第九十八条:"省、直辖市、设区的市的人民代表大会每届任期五年。县、不设区的市、市辖区、乡、民族乡、镇的人民代表大会每届任期三年。"修改为:"省、直辖市、县、市、市辖区的人民代表大会每届任期五年。乡、民族乡、镇的人民代表大会每届任期三年。"①

1993 年宪法修正案,把建设有中国特色社会主义的理论、坚持改革开放及中国共产党领导的多党合作和政治协商制度等写进了宪法,突出了建设有中国特色社会主义的理论和党的基本路线,把实行社会主义市场经济体制作为国家经济体制改革的目标模式以立法形式确定下来,对保证中国特色社会主义事业的发展具有重大而深远的意义。

二、中国特色社会主义法律体系框架基本形成

改革开放的不断深入,对立法工作提出了新的更高的要求。全国人大及其常委会把加强和完善立法工作作为首要任务,进行了卓有成效的工作。经过十几年的不懈努力,到 1998 年 3 月八届全国人大任期结束之前,以宪法为核心的中国特色社会主义法律体系框架已基本形成。

(一)清理新中国成立以来颁布的法律法规

对以往颁布的法律法规及时进行清理,是立法工作的一项重要任务。根据 1980 年 8 月召开的五届全国人大三次会议上全国人大常委会工作报告提出清理建国以来颁布的法律的要求,全国人大常委会法制工作委员会于 1987 年对 1978 年底以前颁布的法律(包括有关法律问题的决定)进行了清理。

---

① 《中华人民共和国宪法修正案》(1993 年 3 月 29 日第八届全国人民代表大会第一次会议通过),见中共中央文献研究室编:《十四大以来重要文献选编》(上),中央文献出版社 2011 年版,第 181—183 页。

　　1987 年 11 月 11 日,全国人大常委会法制工作委员会向全国人大常委会报告清理的情况和处理意见。报告说:据统计,从 1949 年 9 月至 1978 年底,由中国人民政治协商会议第一次会议、中央人民政府委员会、全国人民代表大会及其常务委员会制定或者批准的法律共有 134 件,法制工作委员会会同有关部门对这些法律逐件进行了研究,并征求一些法律专家的意见。在清理的 134 件法律中,已经失效的有 111 件,继续有效或者继续有效正在研究修改的有 23 件。已经失效的 111 件法律分为以下四种情况:(一)已由新法规定废止的 11 件。(二)已有新法代替的 41 件。(三)由于调整对象变化或者情况变化而不再适用或者已经停止施行的 29 件。(四)对某一特定问题作出的具有法律效力的决定、条例,已经过时的 30 件。对已失去法律效力的 111 件法律,除已由新法规定废止的 11 件以外,对其余的 100 件,建议全国人大常委会明确这些法律已经不再适用,但是过去根据这些法律对有关问题做出的处理仍然是有效的。此外,在 1978 年底以前,全国人大常委会批准民族自治地方的人民代表大会和人民委员会组织条例 48 件,因新宪法、地方各级人民代表大会和地方各级人民政府组织法和民族区域自治法已经制定,各民族自治地方人民代表大会都已成立常务委员会,各自治地方都已经或正在另行制定自治条例,上述组织条例已因情况变化而不再适用。

　　1987 年 11 月 24 日,六届全国人大常委会第二十三次会议通过决定,批准《全国人大常委会法制工作委员会关于对 1978 年底以前颁布的法律进行清理的情况和意见的报告》以及《1978 年底以前颁布的已经失效的法律目录》、《1978 年底以前全国人民代表大会常务委员会批准的已经不再适用的民族自治地方的组织条例目录》。

　　这次法律清理,对于严密我国法律制度,健全社会主义法制,发挥了重要作用。

　　根据国务院关于全面清理法规工作的要求,国务院有关部门对 1949 年至 1984 年期间,经国务院(或政务院)发布或批准发布的外事外经贸、工交城建、劳动人事以及教科文卫方面的行政法规和法规性文件进行了清理。经国务院法制局复查和国务院审议,决定对其中的 158 件予以废止。同时还清理出已明令废止的法规 68 件,和由于适用期已过或者调整对象消失等原因而自行失效的法规 513 件。① 这次清理,使行政法规更加严密、规范、便于执行。

(二)修改完善刑事诉讼法和刑法

六届全国人大至八届全国人大任期内,根据形势的变化和实践的需要,对许多法律进行了补充和修改。其中对刑事诉讼法和刑法的修改完善,是我国改革开放以来法治建设史上的大事。

我国刑事诉讼法是 1979 年 7 月 1 日由五届全国人大二次会议通过的。颁行 17 年以来,对于惩治犯罪、维护秩序、健全我国刑事司法制度,发挥了重要作用。但随着改革开放的不断深入,我国社会政治、经济状况都发生了深刻的变化,有必要对刑事诉讼法加以修改以适应新形势的需要。从 1994 年起,最高立法机关把刑事诉讼法的修改提上议事日程,经过 3 年多的努力,于 1996 年 3 月召开的八届全国人大四次会议通过了"关于修改《中华人民共和国刑事诉讼法》的决定",并从 1997 年 1 月 1 日起开始施行。

修改后的刑事诉讼法在体例上没有大的变化,仍是 4 编 17 章,只是在第四编后增加了一个附则,补充规定了军队保卫部门和监狱部门的侦查权。但在修改幅度上是很大的,单从量上来说,包括增、删、改在内,共修改了 110 处,条目也由原来的 164 条增至 225 条。从质上来说,这次修改有许多重大的改革和突破,具体内容②如下:

一、扩大自诉案件范围。将"其他不需要进行侦查的轻微刑事案件"修改为"被害人有证据证明的轻微刑事案件",并增加了"被害人有证据证明对被告人侵犯自己人身、财产权利的行为应当依法追究刑事责任,而

① 《我国清理法规工作已接近尾声 739 件法规被废止或自行失效》,《人民日报》1987 年 3 月 19 日。
② 《中华人民共和国刑事诉讼法》(1979 年 7 月 1 日第五届全国人民代表大会第二次会议通过 根据 1996 年 3 月 17 日第八届全国人民代表大会第四次会议《关于修改〈中华人民共和国刑事诉讼法〉的决定》修正),《人民日报》1996 年 3 月 25 日。

公安机关或者人民检察院不予追究被告人刑事责任的案件"。规定"对于自诉案件,被害人有权直接向人民法院起诉。被害人死亡或者丧失行为能力的,被害人的法定代理人、近亲属有权向人民法院起诉。人民法院应当依法受理"。上述修改扩大了被害人的起诉权,解决了老百姓"告状难"的问题,同时也强化了人民法院在立案管辖上对公安机关和人民检察院的制约机制。

二、放宽逮捕条件,延长批捕期限。修改后的刑事诉讼法将逮捕的第一个条件由"主要犯罪事实已经查清"改为"有证据证明有犯罪事实";将人民检察院审查批捕的期限由 3 日改为 7 日;增加规定公安机关对于流窜作案、多次作案、结伙作案的重大嫌疑分子,提请审查批准的时间可以延长 30 日。修改后的规定更加有利于发挥逮捕这一最严厉的强制措施的作用,保障侦查审判的顺利进行,并适应打击情况较为复杂,发案较多的结伙作案、多次作案、流窜作案等犯罪的需要。同时消除过去因逮捕条件过于严格,时间过于紧迫,难以达到法律的要求,不得已而广泛采用收容审查措施带来的弊端。

三、增加取保候审、监视居住的适用范围、条件和期限的规定;严格限制传唤、拘传持续的时间。明确规定取保候审、监视居住的适用对象是犯罪较轻或采取取保候审、监视居住不致发生社会危险性的犯罪嫌疑人、被告人。增加规定取保候审最长不得超过 12 个月,监视居住最长不得超过 6 个月。上述规定,增强了这两种强制措施的可操作性。明确规定:"传唤、拘传持续的时间最长不能超过 12 小时。不能以连续传唤、拘传的形式变相拘禁犯罪嫌疑人。"上述规定,增强了对公民合法权利的保护,有利于保障严格执法。

四、缩小检察机关自侦案件范围,明确规定检察机关的侦查手段并赋予拘留权。修改后的刑事诉讼法对检察机关的立案管辖作了更加具体明确的规定,有利于检察机关集中力量查办国家机关工作人员利用职权实施的犯罪,相应强化了检察机关的法律监督职能,改变了过去检察机关自侦案件范围过于宽泛,一定程度上削弱其专司法律监督职能的状况。新的刑事诉讼法还明确规定检察机关对直接受理的案件的侦查,行使与公安机关侦查相同的权力,并对过去拘留权只能由公安机关独家行使作了修改,赋予检察机关拘留权,这更加有利于及时打击犯罪,保证刑事诉讼顺利进行。

五、废除免予起诉制度。免予起诉是检察机关不将案件提交人民法院审判而自行作出的有罪决定。它在特定的历史条件下产生,发挥过积极作用。但是,随着我国法制建设的发展,免予起诉制度因其分割人民法院审判权、司法程序缺乏必要制约、不利于当事人合法权利的保护等弊端而无继续存在的条件和必要,修改后的刑事诉讼法取消了这一制度。

六、明确规定未经人民法院依法判决,对任何人都不得确定有罪。人民法院对证据不足,不能认定被告人有罪的,应当作出证据不足、指控的犯罪不能成立的无罪判决。上述新规定强化了对公民合法权利的保护,在一定程度上肯定了无罪推定思想,并从实质上确立了"疑案从无"原则。

七、明确规定视听资料作为法定的证据种类。视听资料过去未被列入法定的刑事诉讼证据种类内,但在司法实践中,随着音像事业的迅速发展和打击犯罪的实际需要,视听资料在刑事诉讼中早已被广泛采用,具有其他证据种类所无法比拟和替代的证据价值。

八、确立被害人的当事人地位,赋予被害人更广泛的诉讼权利。被害人是犯罪行为的直接受害者,刑事诉讼法应充分保护其合法权益。修改前的刑事诉讼法,被害人属当事人之外的其他诉讼参与人,与证人的诉讼地位基本相同,其诉讼权利较之当事人,相对受到一定限制,不利于充分保护其合法权益。修改后将被害人列入当事人范围,享有当事人的一切诉讼权利,并且赋予被害人一些特有的诉讼权利。被害人诉讼地位的提高和诉讼权利的扩大,有利于加强对司法机关的制约,充分保护被害人的合法权利,更有效地发挥被害人在刑事诉讼中的作用。

九、规定律师和其他辩护人可以提前介入刑事诉讼。修改后的刑事诉讼法将律师和其他辩护人参加刑事诉讼的时间从过去规定的刑事案件已经起诉,人民法院决定开庭审理之后提前到侦查和审查起诉阶段。辩护律师和其他辩护人在审查起诉阶段有权查阅、摘抄、复制本案材料,同在押的犯罪嫌疑人会见和通信。明确规定律师有权收集与本案有关的材料,有申请人民检察院、人民法院收集、调取证据,申请人民法院通知证人出庭作证的权利。上述修改内容,是我国辩护制度的历史性改革,体现我国民主法制的重大进步。

十、确立律师法律援助制度,扩大指定辩护范围。修改后的刑事诉讼法开创了我国从立法上确立律师法律援助制度的先河。刑事诉讼中的律师法律援助是国家法律援助制度的重要组成部分。承担法律援助义务的律师受人民法院的指定,为需要获得律师帮助但却因经济原因或其他特殊情况没有委托辩护人的被告人提供辩护。刑事诉讼中的律师法律援助制度,是一个国家法制健全和完善,社会文明进步的重要标志。

十一、增设简易程序。简易程序的设立,实行刑事案件繁简分流,有利于减少案件积压,提高办案效率。修改后的刑事诉讼法规定"告诉才处理"和"被害人起诉的有证据证明的轻微刑事案件"这两类自诉案件和"对依法可能判处三年以下有期徒刑、拘役、管制、单处罚金的公诉案件,事实清楚、证据充分,人民检察院建议或者同意适用简易程序的"案件,可以适用简易程序进行审判。简易程序由审判员一人独任审判并简化庭审程序。人民检察院可以不派员出庭,被告人可以就起诉书指控的犯罪进行陈述和辩护。审限规定为 20 日之内。

十二、改革庭审方式。修改后的刑事诉讼法限制庭前审查,强化控辩职能,充分发挥公诉人、辩护人在庭审中的作用,从根本上改变了"审问式"的审判方式,确立了"控辩式"的审判方式。这种庭审方式有利于公诉机关加强控诉职能,正确行使国家公诉权,也有利于调动控辩双方积极性,实现控辩对抗,使审判在控辩双方的对立统一中得到公正裁决。

十三、明确规定死刑执行方法及场所。修改后的刑事诉讼法规定,死刑采用枪决或者注射等方法执行。死刑可以在刑场或者指定的羁押场所内执行。这一规定的重要意义不仅仅在于执行方法的明确,更重要的是反映了我国立法和司法向更加文明迈出了一大步,其意义不可小视。

修订后的刑事诉讼法,进一步改革和完善了刑事诉讼制度和司法制度,对于准确、及时地查明犯罪事实,惩罚犯罪分子,保障无罪的人不受刑事追究,更好地保护公民的权利,维护社会秩序,具有重要作用。

八届全国人大五次会议审议通过的新刑法,是继 1996 年 3 月八届全国人大四次会议审议通过的修改刑事诉讼法的决定之后,进一步完善我国刑事法律制度和司法制度的又一个重大举措。

我国现行刑法是 1979 年 7 月 1 日五届全国人大二次会议通过的。17 年的实践证明,刑法规定的任务和基本原则是正确的,许多具体规定是可行的,对于打击犯罪,保护人民,维护国家的统一和安全,维护社会治安秩序,维护人民民主专政的政权和社会主义制度,保障社会主义建设的顺利进行,发挥了重要的、积极的作用。但在施行过程中也反映出一些问题:一是有些犯罪行为规定得不够具体,不好操作,执行时随意性较大,如渎职罪、流氓罪、投机倒把罪;二是有些犯罪行为相比刑法颁布时已变得很严重,如走私犯罪、毒品犯罪等,需要相应加重刑罚;三是随着我国政治、经济和社会生活的发展变化,出现了许多新情况、新问题,发生了一些新的犯罪行为,如金融犯罪、证券犯罪、计算机犯罪等。

1981 年以来,全国人大常委会先后通过了 24 个单行刑事法律,并在 107 个非刑事法律中设置附属刑法规范,对刑法典作了一系列的补充和修改。但由于这些单行刑事法律和非刑事法律中的附属刑法规范缺乏体系上的归纳,显得有些零乱,不便于全面掌握;而且由于单行刑事法律一个一个地补充,彼此缺乏照应,在法定刑上难免轻重失衡。显然,仅靠通过几个单行法律进行修修补补已不能解决根本问题,为适应与犯罪行为作斗争的实际需要,对现行刑法进行全面系统地修订,已是势在必行。

从我国最高立法机关于 1982 年提出修改刑法典起,研究和修订刑法典的工作历时 15 年,大体经历了如下五个阶段:第一,酝酿准备(1982 年至 1988 年 2 月)。这一阶段最高立法机关开始注意对刑法修改意见进行收集和整理。第二,初步修改(1988 年 3 月至 1989 年 6 月)。这一阶段将刑法修改明确列入了立法规划,并初步尝试性地草拟了《刑法修改稿》。第三,重点修改(1991 年)。这一阶段主要是对“反革命罪”修改为危害国家安全罪进行研讨、论证。第四,全面系统修改(1993 年至 1996 年 12 月)。这一阶段紧锣密鼓地对刑法典进行全面系统的修改,草案拟改频繁。第五,立法审议通过(1996 年 12 月至 1997 年 3 月)。这一阶段最高立法机关广泛征求各界意见,对修订草案数次审议,最后经八届全国人大五次会议于 1997 年 3 月 14 日以 2446 票获得通过,于 1997 年 10 月 1 日起施行。

新刑法典包括总则、分则、附则三部分,共 15 章,将 1979 年刑法典的 192 个条文,增加到 452 个条文,其重大修改,主要体现在以下几个方面:

一是取消了类推制度,明文规定刑法的基本原则。新刑法取消了 1979 年刑法规定的类推制度,同时用 3 个条文规定了刑法的基本原则:(一)罪刑法定原则。即行为被认为是犯罪和判处什么刑罚,都必须事先由法律明文加以规定。新刑法第 3 条规定了这一原则:"法律明文规定为犯罪行为的,依照法律定罪处刑;法律没有明文规定为犯罪行为的,不得定罪处刑。"这一原则的宗旨是限制司法权的滥用和保障人权。(二)法律面前人人平等原则。新刑法对此原则第 4 条规定:"对任何人犯罪,在适用法律上一律平等。不允许任何人有超越法律的特权。"新刑法明文规定这一原则,要求司法机关对任何人犯罪,不论定罪或量刑,都必须坚持在适用法律上一律平等,防止在刑事司法实践中出现任何超越法律的特权。(三)罪刑相当原则,或称罪刑相适应原则。新刑法对此原则于第 5 条规定:"刑罚的轻重,应当与犯罪分子所犯罪行和承担的刑事责任相适应。"①它要求重罪重判,轻罪轻判,罪刑相当,防止滥用刑罚。新刑法明文规定这一原则,有利于避免重罪轻判,轻罪重判,有助于严格执法,正确处理刑事案件。类推制度的取消,三项基本原则的规定,是我国刑事法律制度的一大进步,表明了新刑法的完善和科学。

二是将反革命罪修改为危害国家安全罪,并调整了有关具体规定。立法机关认为,刑法关于反革命罪的规定,对于维护国家安全,曾经起了很大作用,应予肯定。但是随着国家政治、经济和社会情况的发展,反革命的罪名的适用遇到一些新情况、新问题。有些反革命罪,规定以反革命

---

① 《中华人民共和国刑法》(1979 年 7 月 1 日第五届全国人民代表大会第二次会议通过　1997 年 3 月 14 日第八届全国人民代表大会第五次会议修订),《人民日报》1997 年 3 月 18 日。

为目的,在实践中有时很难确定。有的犯罪行为,适用危害国家安全罪,比适用反革命罪更为合适。因而新刑法将反革命罪一章改为危害国家安全罪。本章的具体规定也作了较多修改。这样修订更有利于严厉打击危害国家安全的犯罪活动。

三是大量增加对新的犯罪的规定,完备了刑法分则条文。1979 年刑法实施以来,我国社会政治、经济情况发生了巨大变化,伴随着体制的改革和经济的增长,出现了许多新情况、新问题,发生了不少新的犯罪。为了适应同这些新的犯罪作斗争的实际需要,新刑法增加了大量的对新的犯罪的规定。据统计,新刑法规定的新的犯罪包括将原来规定的犯罪加以分解的犯罪约 170 多个。由于增加大量对新罪的规定使刑法分则的条文趋于比较完备。

四是将军人违反职责罪并入刑法典,成为分则中的一章。立法机关认为,1979 年制定刑法时,即提出刑法应当规定军职罪,当时因为来不及研究清楚,决定另行起草军职罪暂行条例。1980 年制定军职罪暂行条例时,明确说明在国家刑法的结构中,军职罪应属于刑法分则中的一章,并且说明军职罪暂行条例经人大常委会审定后,先在军内公布试行,待取得比较成熟的经验,再建议按立法程序修改补入刑法。所以新刑法将军职罪作为刑法分则的一章加以规定。这样,新刑法便成为一部统一的、完整的刑法典。

修订后的刑法,是我国法律体系中条文最多、篇幅最长、操作性较强的国家基本法,也是我国第一部内容丰富、体系完整的刑法典。它的颁布和实施,对于在新的历史发展时期,保障公安、司法机关更有效地打击犯罪、保护人民、维护社会政治稳定和治安秩序的持续稳定,保障改革开放和社会主义现代化建设的顺利进行,具有十分重要的意义。

(三)围绕改革开放加强立法工作

为适应改革开放全面发展的需要,全国人大及其常委会大力加强立法工作。截至 1998 年 3 月八届全国人大任期结束前,除宪法及其两个修正案以外,全国人大及其常委会共制定法律 233 件、有关法律问题的决定

94 件;国务院发布和批准发布行政法规 795 件;国务院各部门和地方政府根据法定权限制定规章约 26000 件。① 这些法律、法规和规章,反映了改革开放的进程,肯定了改革开放的成果,对于保障和推进改革开放与社会主义现代化建设,发挥了积极作用。

六届全国人大及其常委会任期 5 年内,审议通过了 37 件法律,10 件补充修改法律的决定,16 件有关法律问题的决定,共 63 件。为适应社会主义现代化建设、经济体制改革和对外开放的需要,六届全国人大及其常委会把制定有关经济方面的法律作为立法工作的重点。在已经制定的 37 件法律中,有关经济方面的法律 22 件,有关对外开放的法律 10 件。这些法律对于肯定改革的成功经验、巩固和发展改革的成果;对于吸引外资、发展对外经济技术交流与合作,提供了法律依据和保障,发挥了重要作用。同时,为各方面经济关系的互相协调,改善对国民经济的宏观调节控制和统一监督管理,维护经济秩序、推动经济的协调发展,为加强对自然资源的保护、开发和利用,保护和改善生活环境和生态环境,提供了法律手段。

为适应政治体制改革和建设民主政治的需要,六届全国人大及其常委会的立法工作在发展社会主义民主、健全社会主义法治方面迈出了新的步伐。主要是:扩大较大的市制定地方性法规的权力;制定村民委员会组织法(试行),加强基层群众性自治组织的建设,发展基层直接民主;制定加强法制教育维护安定团结的决定和修改补充惩治犯罪的法律,维护宪法和法律的尊严,进一步保障公民的合法权益,以利于改革和现代化建设的顺利进行。特别是制定了民族区域自治法,用法律形式把我国民族区域自治制度固定下来,体现了充分尊重和保障各少数民族管理本民族内部事务的民主权利的精神,对发展平等、团结、互助的社会主义民族关系,加速少数民族地区的发展,促进各民族的共同繁荣,巩固国家的统一和独立,具有重大的作用。②

---

① 《中国法律年鉴(1987—1997)》,中国法律年鉴社 1998 年版,第 10 页。

② 全国人民代表大会常务委员会副委员长陈丕显:《全国人民代表大会常务委员会工作报告——1988 年 3 月 31 日在第七届全国人民代表大会第一次会议上》,《人民日报》1988 年 4 月 19 日。

七届全国人大及其常委会由于增强了立法工作的计划性,加快了立法步伐。5 年中通过了宪法修正案和 59 个法律,27 个关于法律问题的决定,共计 87 个。七届全国人大及其常委会始终把制定有关经济建设和改革开放方面的法律作为立法工作的重点,制定了有关经济方面的法律 21 个。这些法律主要包括全民所有制工业企业法、中外合作经营企业法、外商投资企业和外国企业所得税法、海商法、税收征收管理法、产品质量法、铁路法等一些对经济建设和改革开放具有重大影响的法律。为了完善我国的民事诉讼制度,对民事诉讼法(试行)进行了补充和修改。根据经济发展和改革开放的新情况,对土地管理法、中外合资经营企业法、环境保护法、专利法、商标法等法律作了修改和完善。

七届全国人大及其常委会把制定保障公民权利方面的法律放在重要位置。制定了保护公民政治自由权利的集会游行示威法、工会法;制定了行政诉讼法,建立了保护公民和组织合法权益的行政诉讼制度;还制定了著作权法、妇女权益保障法、未成年人保护法、归侨侨眷权益保护法、残疾人保障法等。这些法律的制定,为实现宪法规定的公民权利提供了法律保障。

七届全国人大及其常委会作出了关于加强社会治安综合治理的决定,关于禁毒的决定,关于惩治走私、制作、贩卖、传播淫秽物品的犯罪分子的决定,关于严惩拐卖、绑架妇女、儿童的犯罪分子的决定,关于严禁卖淫嫖娼的决定,维护了社会治安秩序和社会的稳定。为了保卫人民民主专政的政权和社会主义制度,常委会还制定了国家安全法。

香港特别行政区基本法的制定具有重大意义。它体现了"一国两制"的伟大构想,有利于维护国家主权,保障香港的繁荣和稳定。①

八届全国人大及其常委会任期内,通过法律 85 个、有关法律问题的决定 33 个,共计 118 个。立法不仅数量多,质量也有所提高,为形成具有中国特色社会主义法律体系奠定了基础。

---

① 全国人民代表大会常务委员会副委员长兼秘书长彭冲:《全国人民代表大会常务委员会工作报告——1993 年 3 月 20 日在第八届全国人民代表大会第一次会议上》,《人民日报》1993 年 4 月 5 日。

八届全国人大及其常委会把加快经济立法作为第一位的任务,围绕市场经济体制的主要环节,努力构筑社会主义市场经济法律体系框架。

在规范市场主体方面,制定了公司法、合伙企业法、商业银行法等法律。这些法律是按照企业的责任形式而不是按所有制形式来规范市场主体的,有利于以公有制为主体的多种经济成分的共同发展,特别是公司法的制定使公司的设立和运作有法可依,对建立现代企业制度起了重要作用。

在确立市场规则、维护市场秩序方面,制定了反不正当竞争法、消费者权益保护法、城市房地产管理法、广告法、拍卖法、担保法、票据法、保险法、仲裁法等法律,并对经济合同法等法律作了修改。这些法律体现了市场经济公平、公正、公开、效率的原则,有利于形成全国统一、开放的市场体系。

在完善宏观调控方面,制定了预算法、审计法、中国人民银行法、价格法等法律,并对统计法、个人所得税法等法律进行了修改。这些法律巩固了国家在财政、金融等方面的改革成果,为进一步转变政府管理经济的职能,完善宏观调控、保证国民经济健康运行提供了法律依据。

在建立社会保障制度方面,制定了劳动法等法律。在对外开放方面,制定了对外贸易法等法律。在振兴基础产业和支柱产业方面,制定了农业法、民用航空法、电力法、公路法、煤炭法、节约能源法、建筑法等法律,修改了矿产资源法等法律。这些有关市场经济方面的法律,连同以前制定的有关经济法律,初步构成社会主义市场经济法律体系框架,为社会主义市场经济的培育和发展提供了重要的法制条件。

在社会主义民主政治建设和教育、科学、卫生、体育、环保、国防等方面,也制定和修改了一批重要法律。为了保障公民权利,健全国家机构的组织制度,规范国家机关及其工作人员的行为,制定了行政处罚法、行政监察法、国家赔偿法、法官法、检察官法、人民警察法等法律,修改了选举法和地方组织法等法律。

为了保障和促进科教兴国战略的实施,制定了教育法、教师法、职业教育法、科学技术进步法、促进科技成果转化法等法律。为了贯彻保护环境的基本国策,加强对环境污染的治理,制定了固体废物污染环境防治法、环境噪声污染防治法,修改了大气污染防治法和水污染防治法。为了加强国防建设,制定了国防法和人民防空法。这些法律的制定,填补了一些方面法律的空缺,充实了法律体系的内容,使国家政治生活和社会生活进一步走向法制化的轨道。

八届全国人大及其常委会通过了中华人民共和国澳门特别行政区基本法,以及附件一澳门特别行政区行政长官的产生办法、附件二澳门特别行政区立法会的产生办法、附件三在澳门特别行政区实施的全国性法律,还按照"一国两制"的基本方针和香港特别行政区基本法的规定,制定了香港特别行政区驻军法,以及关于国籍法在香港特别行政区实施的几个问题的解释、关于处理香港原有法律的决定、关于基本法附件三所列全国性法律增减的决定等法律和决定,这对保障香港和澳门的平稳过渡与繁荣稳定起了重要作用。①

经过六届全国人大到八届全国人大的不懈努力,我国立法工作取得重大进展,不仅在数量上已经比较可观,在质量上正在不断提高,而且在结构上基本覆盖了我国经济生活、政治生活和社会生活的主要方面,以宪法为核心的中国特色社会主义法律体系框架已基本形成。

三、建立规范行政执法的基本法律制度

在我国,行政机关是一支强大的执法力量。80%以上的法律、90%以上的法规和100%的规章都是由行政机关来执行的。因此,行政执法的水平如何,直接关系法治建设的成败。为使已经制定出来的各项法律、法规能够得到正确、有效地实施,国家建立了一系列法律制度监督和规范行政执法,以确保社会主义法治建设的顺利进行。

---

① 全国人民代表大会常务委员会副委员长田纪云:《全国人民代表大会常务委员会工作报告——1998 年 3 月 10 日在第九届全国人民代表大会第一次会议上》,《人民日报》1998 年 3 月 23 日。

（一）行政诉讼法的颁布与行政诉讼制度的确立

我国行政诉讼制度的确立经历了一个较长的历史过程。早在 1949
年 9 月 29 日通过的《中国人民政治协商会议共同纲领》中就规定："人民
和人民团体有权向人民监察机关或人民司法机关控告任何国家机关和任
何公务人员的违法失职行为。"①这一规定第一次表明要在我国建立行政
诉讼制度。1954 年 9 月 20 日通过的《中华人民共和国宪法》再次规定：
"中华人民共和国公民对于任何违法失职的国家机关工作人员，有向各
级国家机关提出书面控告或者口头控告的权利。"②从而以根本大法的形
式对行政诉讼制度加以确认。1982 年宪法进一步规定："中华人民共和
国公民对于任何国家机关和国家工作人员，有提出批评和建议的权利；对
于任何国家机关和国家工作人员的违法失职行为，有向有关国家机关提
出申诉、控告或者检举的权利，但是不得捏造或者歪曲事实进行诬告陷
害。"③从而把可诉讼对象从"违法失职的国家机关工作人员"扩大到"国
家机关和国家工作人员"。

自 1986 年下半年开始，一些地方法院开始相继设立行政审判庭，专
门负责审理行政案件。最高人民法院也于 1988 年 9 月 5 日正式设立行
政审判庭并开展工作。到 1989 年初，各级人民法院陆续建立了 1400 多
个行政审判庭，审判了大量的行政案件，积累了丰富的审判经验，培养了
一大批行政审判人员，在思想上和组织上为行政诉讼法的出台做了准备。
1986 年全国人大常委会法制工作委员会受委员长会议的委托，组织有关
专家成立了行政立法研究和行政诉讼法起草小组，行政诉讼法的起草工
作正式开始。1987 年党的十三大提出"要制定行政诉讼法"④的任务之

---

①　《中国人民政治协商会议共同纲领》，见中共中央文献研究室编：《建国以来重要
文献选编》第 1 册，中央文献出版社 2011 年版，第 5 页。

②　《中华人民共和国宪法》，见中共中央文献研究室编：《建国以来重要文献选编》
第 5 册，中央文献出版社 2011 年版，第 467 页。

③　《中华人民共和国宪法》，见中共中央文献研究室编：《十二大以来重要文献选
编》（上），中央文献出版社 2011 年版，第 195 页。

④　《沿着有中国特色的社会主义道路前进》，见中共中央文献研究室编：《十三大以
来重要文献选编》（上），中央文献出版社 2011 年版，第 35 页。

后,有关部门加快了起草行政诉讼法的进度。经过反复地征求意见和研究修改,行政诉讼法草案于 1989 年 4 月 4 日由七届全国人大二次会议审议通过。

《行政诉讼法》共分总则、受案范围、管辖、诉讼参加人、证据、起诉和受理、审理和判决、执行、侵权赔偿责任、涉外行政诉讼、附则 11 章,75 条。

关于受案范围,《行政诉讼法》规定:人民法院受理公民、法人和其他组织对下列具体行政行为不服提起的诉讼:(一)对拘留、罚款、吊销许可证和执照、责令停产停业、没收财物等行政处罚不服的;(二)对限制人身自由或者对财产的查封、扣押、冻结等行政强制措施不服的;(三)认为行政机关侵犯法律规定的经营自主权的;(四)认为符合法定条件申请行政机关颁发许可证和执照,行政机关拒绝颁发或者不予答复的;(五)申请行政机关履行保护人身权、财产权的法定职责,行政机关拒绝履行或者不予答复的;(六)认为行政机关没有依法发给抚恤金的;(七)认为行政机关违法要求履行义务的;(八)认为行政机关侵犯其他人身权、财产权的。除前款规定外,人民法院受理法律、法规规定可以提起诉讼的其他行政案件。人民法院不受理公民、法人或者其他组织对下列事项提起的诉讼:(一)国防、外交等国家行为;(二)行政法规、规章或者行政机关制定、发布的具有普遍约束力的决定、命令;(三)行政机关对行政机关工作人员的奖惩、任免等决定;(四)法律规定由行政机关最终裁决的具体行政行为。

关于管辖,《行政诉讼法》规定:基层人民法院管辖第一审行政案件。中级人民法院管辖下列第一审行政案件:(一)确认发明专利权的案件、海关处理的案件;(二)对国务院各部门或者省、自治区、直辖市人民政府所作的具体行政行为提起诉讼的案件;(三)本辖区内重大、复杂的案件。高级人民法院管辖本辖区内重大、复杂的第一审行政案件。最高人民法院管辖全国范围内重大、复杂的第一审行政案件。行政案件由最初作出具体行政行为的行政机关所在地人民法院管辖。经复议的案件,复议机关改变原具体行政行为的,也可以由复议机关所在地人民法院管辖。对限制人身自由的行政强制措施不服提起的诉讼,由被告所在地或者原告所在地人民法院管辖。因不动产提起的行政诉讼,由不动产所在地人民法院管辖。两个以上人民法院都有管辖权的案件,原告可以选择其中一个人民法院提起诉讼。有管辖权的人民法院由于特殊原因不能行使管辖权的,由上级人民法院指定管辖。

关于受理和审判,《行政诉讼法》规定:对属于人民法院受案范围的行政案件,公民、法人或者其他组织可以先向上一级行政机关或者法律、法规规定的行政机关申请复议,对复议不服的,再向人民法院提起诉讼;也可以直接向人民法院提起诉讼。人民法院接到起诉状,经审查,应当在7日内立案或者作出裁定不予受理。人民法院审理行政案件,以法律和行政法规、地方性法规为依据。地方性法规适用于本行政区域内发生的行政案件。人民法院审理行政案件,参照国务院部、委根据法律和国务院的行政法规、决定、命令制定、发布的规章以及省、自治区、直辖市和省、自治区的人民政府所在地的市和经国务院批准的较大的市的人民政府根据法律和国务院的行政法规制定、发布的规章。人民法院经过审理,根据不同情况,分别作出以下判决:(一)具体行政行为证据确凿,适用法律、法规正确,符合法定程序的,判决维持。(二)具体行政行为有主要证据不足,适用法律、法规错误,违反法定程序,超越职权,滥用职权等情形之一的,判决撤销或者部分撤销,并可以判决被告重新作出具体行政行为:(三)被告不履行或者拖延履行法定职责的,判决其在一定期限内履行。(四)行政处罚显失公正的,可以判决变更。

关于判决的执行,《行政诉讼法》规定:当事人必须履行人民法院发生法律效力的判决、裁定。公民、法人或者其他组织拒绝履行判决、裁定的,行政机关可以向第一审人民法院申请强制执行,或者依法强制执行。行政机关拒绝履行判决、裁定的,第一审人民法院可以采取以下措施:(一)对应当归还的罚款或者应当给付的赔偿金,通知银行从该行政机关的账户内划拨;(二)在规定期限内不履行的,从期满之日起,对该行政机关按日处以迟延罚款;(三)向该行政机关的上一级行政机关或者监察、人事机关提出司法建议。接受司法建议的机关,根据有关规定进行处理,并将处理情况告知人民法院;(四)拒不履行判决、裁定,情节严重构成犯罪的,依法追究主管人员和直接责任人员的刑事责任。《行政诉讼法》还规定:公民、法人或者其他组织对具体行政行为在法定期限内不提起诉讼又不履行的,行政机关可以申请人民法院强制执行,或者依法强制执行。

关于侵权赔偿责任,《行政诉讼法》规定:公民、法人或者其他组织的合法权益受到行政机关或者行政机关工作人员作出的具体行政行为侵犯造成损害的,有权请求赔偿。公民、法人或者其他组织单独就损害赔偿提出请求,应当先由行政机关解决。对行政机关的处理不服,可以向人民法院提起诉讼。行政机关或者行政机关工作人员作出的具体行政行为侵犯公民、法人或者其他组织的合法权益造成损害的,由该行政机关或者该行政机关工作人员所在的行政机关负责赔偿。行政机关赔偿损失后,应当责令有故意或者重大过失的行政机关工作人员承担部分或者全部赔偿费用。[1]

《行政诉讼法》的制定与实施,标志着"民告官"行政诉讼制度的正式确立,我国依法行政开始进入重视保护公民权利和监督行政权力的新阶段。本法自 1990 年 10 月 1 日正式施行以来,收到良好效果。据统计,到1997 年,全国人民法院共收行政一审案件 351911 件,审结 346332 件。[2]通过行政审判,保护了公民、法人和其他组织的合法权益,支持和监督了行政机关依法行政,对于改善政府与人民群众的关系,推动民主进程起到了重要作用。

(二)国家赔偿法的颁布与国家赔偿制度的确立

国家赔偿制度是继行政诉讼制度之后的又一项重要制度,1994 年 5

---

① 《中华人民共和国行政诉讼法》(1989 年 4 月 4 日第七届全国人民代表大会第二次会议通过),见中共中央文献研究室编:《十三大以来重要文献选编》(上),中央文献出版社 2011 年版,第 422—436 页。

② 本数据由 1990 年至 1997 年全国人民法院行政一审案件收案数与结案数累计而来,各年数据见《中国法律年鉴》(珍藏版),中国法律年鉴社 1998 年版,第 785、802、819、835、849、862、876、891 页。

月 12 日《中华人民共和国国家赔偿法》的颁布,是我国国家赔偿制度走向完备的重要标志。

1954 年宪法规定:"由于国家机关工作人员侵犯公民权利而受到损失的人,有取得赔偿的权利。"①1982 年宪法中也规定:"由于国家机关和国家工作人员侵犯公民权利而受到损失的人,有依照法律规定取得赔偿的权利。"②这是公民请求国家赔偿权利和国家制定赔偿法的宪法依据。1986 年民法通则中规定:"国家机关或者国家机关工作人员在执行职务中,侵犯公民、法人的合法权益造成损害的,应当承担民事责任。"③这一规定使宪法规定走向司法实践。1989 年的行政诉讼法规定:"行政机关或者行政机关工作人员作出的具体行政行为侵犯公民、法人或者其他组织的合法权益造成损害的,由该行政机关或者该行政机关工作人员所在的行政机关负责赔偿。"④这些法律规定,反映了我国在逐步重视对公民请求国家赔偿权利的保护,而且在立法上也从宪法到法律,由实体向实体和程序相结合不断发展。

但另一方面,我国国家赔偿法律制度尚不健全。主要问题在于有关赔偿的规定缺乏系统性和可操作性:民法通则未明确国家赔偿的具体范围,而将所有国家赔偿纳入民法调整范围,既不可能,也不合适;行政诉讼法只能解决行政诉讼中可以受理的具体行政行为的侵权赔偿责任问题。关于国家赔偿的范围、赔偿义务机关、赔偿程序以及赔偿方式和标准等,都没有具体规定。这些都使宪法规定的请求国家赔偿的权利难以有效地实现。在这样的情况下,制定一部统一的国家赔偿法就被提上了议事

---

① 《中华人民共和国宪法》,见中共中央文献研究室编:《建国以来重要文献选编》第 5 册,中央文献出版 2011 年版,第 467 页。

② 《中华人民共和国宪法》,见中共中央文献研究室编:《十二大以来重要文献选编》(上),中央文献出版社 2011 年版,第 195 页。

③ 《中华人民共和国民法通则》(1986 年 4 月 12 日第六届全国人民代表大会第四次会议通过),《人民日报》1986 年 4 月 17 日。

④ 《中华人民共和国行政诉讼法》(1989 年 4 月 4 日第七届全国人民代表大会第二次会议通过),见中共中央文献研究室编:《十三大以来重要文献选编》(上),中央文献出版社 2011 年版,第 434—435 页。

日程。

1989 年七届全国人大二次会议制定行政诉讼法后,全国人大常委会法工委即组织有关法律专家组成起草小组,在总结实践经验的基础上,借鉴国外有关国家赔偿的规定,于 1992 年 10 月起草了国家赔偿法(试拟稿),印发有关部门、各地方和法律专家征求意见,并进一步调查研究和修改,拟订了国家赔偿法(草案)。1994 年 5 月 12 日,八届全国人大常委会第 7 次会议通过了《国家赔偿法》,自 1995 年 1 月 1 日起施行。

《国家赔偿法》共 6 章 35 条,对行政赔偿范围、赔偿程序、赔偿方式和计算标准作了具体规定,并且增加了刑事赔偿的内容。

关于行政赔偿范围,《国家赔偿法》规定:行政机关及其工作人员在行使行政职权时有下列侵犯人身权情形之一的,受害人有取得赔偿的权利:(一)违法拘留或者违法采取限制公民人身自由的行政强制措施的;(二)非法拘禁或者以其他方法非法剥夺公民人身自由的;(三)以殴打等暴力行为或者唆使他人以殴打等暴力行为造成公民身体伤害或者死亡的;(四)违法使用武器、警械造成公民身体伤害或者死亡的;(五)造成公民身体伤害或者死亡的其他违法行为。行政机关及其工作人员在行使行政职权时有下列侵犯财产权情形之一的,受害人有取得赔偿的权利:(一)违法实施罚款、吊销许可证和执照、责令停产停业、没收财物等行政处罚的;(二)违法对财产采取查封、扣押、冻结等行政强制措施的;(三)违反国家规定征收财物、摊派费用的;(四)造成财产损害的其他违法行为。

关于行政赔偿程序,《国家赔偿法》规定:赔偿请求人要求赔偿应当先向赔偿义务机关提出,也可以在申请行政复议和提起行政诉讼时一并提出。赔偿请求人可以向共同赔偿义务机关中的任何一个赔偿义务机关要求赔偿,该赔偿义务机关应当先予赔偿。赔偿请求人根据受到的不同损害,可以同时提出数项赔偿要求。要求赔偿应当递交申请书,申请书应当载明下列事项:(一)受害人的姓名、性别、年龄、工作单位和住所,法人或者其他组织的名称、住所和法定代表人或者主要负责人的姓名、职务;(二)具体的要求、事实根据和理由;(三)申请的年、月、日。

关于赔偿方式和计算标准,《国家赔偿法》规定:国家赔偿以支付赔偿金为主要方式。能够返还财产或者恢复原状的,予以返还财产或者恢复原状。侵犯公民人身自由的,每日的赔偿金按照国家上年度职工日平均工资计算。侵犯公民生命健康权造成身体伤害的,应当支付医疗费,以及赔偿因误工减少的收入;造成部分或者全部丧失劳动能力的,应当支付医疗费,以及残疾赔偿金;造成死亡的,应当支付死亡赔偿金、丧葬费。侵犯公民、法人和其他组织的财产权造成损害的,按照下列规定处理:(一)处罚款、罚金、追缴、没收财产或者违反国家规定征收财物、摊派费用的,返还财产;(二)查封、扣押、冻结财产的,解除对财产的查封、扣押、冻结;(三)应当返还的财产损坏的,能够恢复原状的恢复原状,不能恢复原状的,按照损害程度给付相应的赔偿金;(四)应当返还的财产灭失的,给付相应的赔偿金;(五)财产已经拍卖的,给付拍卖所得的价款;(六)吊销许可证和执照、责令停产停业的,赔偿停产停业期间必要的经常性费用开支;(七)对财产权造成其他损害的,按照直接损失给予赔偿。①

《国家赔偿法》的制定和实施,是我国社会主义法治建设史上的一件大事。它与1989年七届全国人大二次会议通过的《行政诉讼法》相配套,确立了我国国家赔偿的法律制度,在保障公民的基本权利和促进国家机关及其工作人员依法行使职权方面迈出了重要步伐。

(三)行政处罚法的颁布与行政处罚制度的确立

行政处罚是国家法律责任制度(包括刑事责任、民事责任、行政责任)的重要组成部分,是行政机关依法行政的手段之一。我国行政机关实施行政处罚的情况,总的说是好的。但是,由于对行政处罚的一些基本原则没有统一的法律规定,实践中也存在着一些问题:一是行政处罚的设定权不明确,有些行政机关随意设定行政处罚;二是执罚主体混乱,不少没有行政处罚权的组织和人员实施行政处罚;三是行政处罚程序缺乏统

---

① 《中华人民共和国国家赔偿法》(1994年5月12日第八届全国人民代表大会常务委员会第7次会议通过),《人民日报》1994年5月13日。

一明确的规定,缺少必要的监督、制约机制,随意性很大,致使一些行政处罚不当。为了从法律制度上规范政府的行政处罚行为,制止乱处罚、乱罚款的现象,保护公民、法人或者其他组织的合法权益,需要制订和颁布《行政处罚法》。进入 20 世纪 90 年代以后,我国行政法学界就开始了对行政处罚法的立法探讨。经过多年的起草、讨论和修改,《行政处罚法》于 1996 年 3 月 17 日由八届全国人大四次会议通过,自 1996 年 10 月 1 日起施行。

《行政处罚法》共 8 章 64 条,包括总则、行政处罚的种类和设定、行政处罚的实施机关、行政处罚的管辖和适用、行政处罚的决定、行政处罚的执行、法律责任、附则等。

关于行政处罚的种类,《行政处罚法》规定了 7 类,分别是:(一)警告;(二)罚款;(三)没收违法所得、没收非法财物;(四)责令停产停业;(五)暂扣或者吊销许可证、暂扣或者吊销执照;(六)行政拘留;(七)法律、行政法规规定的其他行政处罚。关于行政处罚的设定,《行政处罚法》规定:法律可以设定各种行政处罚。限制人身自由的行政处罚,只能由法律设定。行政法规可以设定除限制人身自由以外的行政处罚。地方性法规可以设定除限制人身自由、吊销企业营业执照以外的行政处罚。

关于行政处罚的实施机关,《行政处罚法》规定:行政处罚由具有行政处罚权的行政机关在法定职权范围内实施。国务院或者经国务院授权的省、自治区、直辖市人民政府可以决定一个行政机关行使有关行政机关的行政处罚权,但限制人身自由的行政处罚权只能由公安机关行使。法律、法规授权的具有管理公共事务职能的组织可以在法定授权范围内实施行政处罚。行政机关依照法律、法规或者规章的规定,可以在其法定权限内委托符合规定条件的组织实施行政处罚。

关于行政处罚的管辖和适用,《行政处罚法》规定:行政处罚由违法行为发生地的县级以上地方人民政府具有行政处罚权的行政机关管辖。对管辖发生争议的,报请共同的上一级行政机关指定管辖。违法行为构成犯罪的,行政机关必须将案件移送司法机关,依法追究刑事责任。

关于行政处罚的决定,《行政处罚法》规定:公民、法人或者其他组织违反行政管理秩序的行为,依法应当给予行政处罚的,行政机关必须查明事实;违法事实不清的,不得给予行政处罚。行政机关在作出行政处罚决定之前,应当告知当事人作出行政处罚决定的事实、理由及依据,并告知当事人依法享有的权利。当事人有权进行陈述和申辩。行政机关必须充分听取当事人的意见,对当事人提出的事实、理由和证据,应当进行复核;当事人提出的事实、理由或者证据成立的,行政机关应当采纳。行政机关不得因当事人申辩而加重处罚。《行政处罚法》还规定了行政处罚决定的简易程序、一般程序和听证程序。

关于行政处罚的执行,《行政处罚法》规定:行政处罚决定依法作出后,当事人应当在行政处罚决定的期限内,予以履行。当事人对行政处罚决定不服申请行政复议或者提起行政诉讼的,行政处罚不停止执行。当事人逾期不履行行政处罚决定的,作出行政处罚决定的行政机关可以采取下列措施:(一)到期不缴纳罚款的,每日按罚款数额的百分之三加处罚款;(二)根据法律规定,将查封、扣押的财物拍卖或者将冻结的存款划拨抵缴罚款;(三)申请人民法院强制执行。当事人确有经济困难,需要延期或者分期缴纳罚款的,经当事人申请和行政机关批准,可以暂缓或者分期缴纳。公民、法人或者其他组织对行政机关作出的行政处罚,有权申诉或者检举;行政机关应当认真审查,发现行政处罚有错误的,应当主动改正。

关于法律责任,《行政处罚法》规定:行政机关实施行政处罚,有下列情形之一的,由上级行政机关或者有关部门责令改正,可以对直接负责的主管人员和其他直接责任人员依法给予行政处分:(一)没有法定的行政处罚依据的;(二)擅自改变行政处罚种类、幅度的;(三)违反法定的行政处罚程序的;(四)违反本法关于委托处罚的规定的。执法人员利用职务上的便利,索取或者收受他人财物、收缴罚款据为己有,构成犯罪的,依法追究刑事责任;情节轻微不构成犯罪的,依法给予行政处分。行政机关使用或者损毁扣押的财物,对当事人造成损失的,应当依法予以赔偿,对直接负责的主管人员和其他直接责任人员依法给予行政处分。行政机关违法实行检查措施或者执行措施,给公民人身或者财产造成损害、给法人或者其他组织造成损失的,应当依法予以赔偿,对直接负责的主管人员和其他直接责任人员依法给予行政处分;情节严重构成犯罪的,依法追究刑事责任。①

《行政处罚法》是继《行政诉讼法》和《国家赔偿法》之后规范政府行为的又一部重要法律,是关于行政处罚制度的第一部通则性法典。它的颁布实施,对于促进政府依法行政、维护社会秩序和公共利益,对于保护公民、法人和其他组织的合法权益,都具有重要意义。

四、健全司法组织机构,拓展法律服务工作

为适应改革开放全面发展对司法和司法行政工作提出的新要求,国家司法和司法行政机关健全司法组织机构,拓展法律服务工作,司法和司法行政工作都得到全面发展,为保障改革开放和社会主义现代化建设的顺利进行发挥了重要作用。

(一)经济审判庭普遍设立

为适应改革开放的需要,从 1983 年起,全国各基层人民法院在前期试建的基础上,普遍设立了经济审判庭,司法组织机构进一步健全和完善。

为总结 1979 年以来开展经济审判工作的基本经验,1984 年 3 月 28 日至 4 月 10 日,最高人民法院在北京召开第一次全国经济审判工作会议。这是人民法院开展经济审判工作以来的第一次全国性会议。会议经过充分讨论,确定经济审判工作的基本任务是:审理经济纠纷案件,通过审判活动,调整生产和流通领域内的经济关系,保护国家利益和集体、个人的合法权益,维护社会主义经济秩序,保障社会主义现代化建设事业的

---

① 《中华人民共和国行政处罚法》(1996 年 3 月 17 日第八届全国人民代表大会第四次会议通过),见中共中央文献研究室编:《十四大以来重要文献选编》(下),中央文献出版社 2011 年版,第 1—14 页。

顺利进行。根据经济审判工作的基本任务,会议确定各级人民法院经济审判庭的收案范围主要是:一、经济合同纠纷案件;二、涉外经济纠纷案件;三、农村承包合同纠纷案件;四、经济损害赔偿纠纷案件;五、经济行政案件;六、其他经济纠纷案件。

会议还提出要抓紧时间,建立和健全经济审判庭。尚未建立经济审判庭的个别地区中级人民法院,应当尽快建立。基层人民法院,在 1984年底前,都应把经济审判庭建立起来。1984 年内,基层人民法院经济审判庭按三个审判员组成一个合议庭计算,至少应有一至二个合议庭,中级人民法院至少应有二至三个合议庭,使之能够依法承担经济审判任务,改变有的法院有案无人办的状况。

在第一次全国经济审判工作会议的推动下,各基层人民法院加快了建立经济审判庭的步伐,到 1984 年底,建庭数已达 93%。到 1985 年已全部建庭。至此,各级人民法院普遍设立了经济审判庭。

各地人民法院设立经济审判庭后,根据经济纠纷案件的具体情况和特点,按照民事诉讼法的规定,本着便民诉讼、有利生产、保证办案质量、提高工作效率的原则,采取多种办法,积极处理各类经济纠纷案件。对事实清楚、是非分明、标的较小、争执不大的案件,采用简易程序解决。对案情复杂、涉及面广、标的较大、争议较多的案件,则适用普通程序审理。对大多数案件,采用调解的办法解决,调解不成的及时作出判决。

各地基层人民法院还注意发挥人民法庭便民诉讼、及时解决纠纷的作用,把双方当事人均在法庭或本县辖区内的农村承包合同纠纷和简易经济纠纷案件交给人民法庭审理。基层法院经济审判庭则集中主要精力审理较大的或涉及外县、外省的案件,同时加强对人民法庭的业务指导。随着各地人民法庭组织和业务建设的不断加强,它们在审理经济纠纷案件中发挥着越来越大的作用。

在经济审判过程中,各地人民法院积极调配干部,充实经济审判庭。全国经济审判干部力量不断增强。各级人民法院还通过举办学习班等渠道积极培训经济审判干部。经过多年审判实践的锻炼和培养训练,广大经济审判干部的法律专业知识和审判业务水平不断提高。一支政治素质好、有一定业务水平的经济审判干部队伍已基本形成。

(二)审判和检察工作全面开展

改革开放以来,全国人民法院和军事、海事等专门法院在党的领导和人大的监督下,全面开展审判工作,充分发挥审判职能作用,各方面工作都取得了发展和进步,为维护社会稳定,保障改革开放和现代化建设,保护公民法人合法权益作出了重要贡献。

在刑事审判工作方面,自 1979 年特别是 1982 年和 1983 年在全国开展严惩严重破坏经济犯罪分子的斗争、严厉打击严重危害社会治安犯罪分子的斗争以来,人民法院依法惩处各种刑事犯罪,自 1979 年至 1997 年,共审结刑事案件 706 万余件,判处犯罪分子 812 万余人,其中,判处 5 年以上有期徒刑、无期徒刑、死刑(包括死缓)283 万余人。

在民事审判工作方面,随着经济的发展,需要人民法院依法调节的民事关系范围不断扩大。人民法院积极开展民事审判工作,自 1978 年至 1997 年,共审结民事案件 2973 万余件,平均每年递增 13.66%。

在经济审判工作方面,自 1979 年以来,人民法院坚持经济审判为社会主义经济建设服务的指导思想,依法调整经济关系,审理了一大批案件。自 1979 年至 1997 年共审结各类经济纠纷案件 1017 万件,平均每年递增 29.43%,诉讼标的总金额 10723 亿元人民币;1997 年达到 147 万余件,结案诉讼标的总金额 3264 亿元人民币。

在行政审判工作方面,1983 年五届全国人大常委会第 22 次会议通过的《中华人民共和国民事诉讼法(试行)》确定了人民法院审理行政案件在程序上的法律依据,人民法院的行政审判工作逐步开展。1990 年行政诉讼法的颁布实施,极大地推动了行政审判工作的发展。自 1983 年至 1989 年,全国共审理行政案件 2 万多件。1990 年以来,共审理行政案件 34 万余件,行政案件受案范围不断扩大,涉及 50 多个行政机关和行政主管部门。

在海事审判工作方面,自 1984 年 11 月六届全国人大常委会第八次会议通过决定,授权最高人民法院根据需要在沿海港口城市设立海事法院以来,海事审判工作经过 12 年的发展,到 1997 年,全国已有 10 个海事法院及其所属的 15 个派出法庭,逐步完善了高度程序化、规范化的海事审判制度。海事法院依法行使我国的司法管辖权,保护中外当事人的合法权益,促进我国对外贸易和交通运输事业的发展。自 1985 年以来,共审结海事海商案件 1.8 万余件,年均增长 30.61%。案件标的额 154 亿元人民币。案件类型达 59 种,涉及世界上 71 个国家和地区。

在告诉申诉审判工作方面,自 1983 年至 1997 年,人民法院依照审判监督程序对历年来已经发生法律效力的 512 万余件申诉案件进行了再审,纠正了一批确有错误的裁判。

这些审判活动,依法打击犯罪,维护社会治安和经济秩序,依法保护公民的民主权利和其他合法权益,为改革开放和现代化建设提供了稳定的社会环境。

在审判工作开展的过程中,人民法院自身及队伍建设也有了较大发展。到 1997 年,全国共有四级各类法院 3556 个,其中,地方各级人民法院 3282 个,军事和武警法院 88 个,铁路法院 73 个,林业法院 64 个,海事法院 10 个,农垦、矿区、油田等法院 48 个。全国还有基层人民法院的派出人民法庭 1.5 万余个。在队伍建设方面,全国法院已发展到 28 万余人,其中法官 17 万余人,书记员 5 万余人,法警 2 万余人。法官中具有大专以上文化水平的已占 80% 以上。①

检察工作也有很大发展。

六届全国人大任期的 5 年中,检察机关共批准逮捕各类刑事案犯 221 万多人,依法起诉 216 万多件;立案侦查贪污、贿赂、偷税抗税和假冒商标等犯罪案件 15.5 万多件,追回赃款、赃物折价共计 16.3 亿多元;查处侵犯公民民主权利、人身权利和玩忽职守、重大责任事故等犯罪案件 3.5 万多件,起诉 2.17 万多件;受理群众来信来访 497 万多件,向有关部门提供各种违法犯罪线索 149 万多件,查处控告申诉案件 48 万多件,纠

---

① 《中国法律年鉴(1987—1997)》,中国法律年鉴社 1998 年版,第 12—13 页。

正建国以来的冤假错案 3.1 万多件。①

七届全国人大任期的 5 年中,全国检察机关坚持把惩治贪污贿赂犯罪作为工作重点,采取了一系列措施,并取得一定成效。据统计,1988 年至 1992 年底,全国检察机关共立案侦查贪污贿赂案 214318 件,其中万元以上的大案 49122 件;向人民法院提起公诉 95818 人;追缴赃款赃物计人民币 25.8 亿元。严厉打击严重刑事犯罪活动是检察机关的又一个工作重点。在党和政府的统一领导下,各级检察院与公安、法院、司法行政等部门相互配合,有计划、有重点地开展"严打"斗争。1988 年至 1992 年底,全国检察机关共受理公安机关提请批准逮捕的人犯 2959565 名,经审查批准逮捕 2568250 名;受理公安机关移送起诉的人犯 2904820 名,经审查向人民法院提起公诉 2507247 名。5 年中,全国检察机关共查办"侵权"、渎职的重大案件 9060 件,特大案件 2482 件;查办县处级以上干部 614 名,为国家挽回直接经济损失 4 亿元。②

八届全国人大任期的 5 年中,全国检察机关共立案侦查贪污贿赂、渎职和侵犯公民人身权利、民主权利等职务犯罪案件 387352 件,其中贪污案 102476 件,贿赂案 70507 件,挪用公款案 61795 件,徇私舞弊案 5507 件,玩忽职守案 22211 件。通过办案为国家和集体挽回直接经济损失 229.2 亿余元。自 1993 年至 1997 年的 5 年来,各级检察机关始终把维护稳定作为重大政治任务,严厉打击严重危害社会治安的刑事犯罪,加强批捕、起诉工作,与公安、国家安全、法院、司法行政机关密切配合,依法严惩了一大批严重刑事犯罪分子。共受理公安、国家安全机关移送审查批捕 2004585 件 3344709 人,经审查批准逮捕 1779494 件 2893771 人;受理移送审查起诉 2042819 件 3328698 人,经审查提起公诉 1781730 件 2807861 人。各级检察机关针对不同时期和地区突出的治安问题,与有关部门开展了多种形式的集中打击和重点整治。5 年共批捕重特大犯罪案件嫌疑

---

① 《最高人民检察院工作报告——1988 年 4 月 1 日在第七届全国人民代表大会第一次会议上》,《人民日报》1988 年 4 月 18 日。

② 《最高人民检察院工作报告——1993 年 3 月 22 日在第八届全国人民代表大会第一次会议上》,《人民日报》1993 年 4 月 6 日。

人 939422 人,起诉 770065 人。各级检察机关坚持依法从重从快方针,对重大案件及时介入侦查,及时批捕、起诉,配合人民法院依法审判,有力地惩治了各类严重刑事犯罪。①

在检察工作开展的过程中,检察机关自身及队伍建设也有了较大发展。截至 1997 年,全国共设立人民检察院 3846 个,检察机关人员 221912人,其中检察人员 209824 人。② 1995 年 11 月 10 日,最高人民检察院正式挂牌成立反贪污贿赂总局,随后各级人民检察院都相继设立了举报中心和反贪污贿赂局。在检察机关中建立反贪污贿赂局,有助于强化对国家工作人员中发生的贪污贿赂犯罪的法律监督,这是针对反贪污贿赂犯罪斗争的长期性、复杂性而采取的重要组织措施,也是实施法律监督的具体体现。

(三)法律服务工作不断拓展

所谓法律服务,主要是指具有特定资格的法律工作者,如律师、公证员等,运用自己所掌握的法律知识,依法为公民、法人和其他组织提供法律帮助。法律服务工作包括律师工作、公证工作、基层法律服务工作和法律援助工作等。改革开放以来,我国法律服务工作不断拓展,业务量大幅增加,成为保障和促进现代化建设的一支重要法治力量。

在律师工作方面,律师队伍和律师业务发展很快。截至 1997 年底,全国已有律师事务所 8441 个,律师工作人员 98902 人,其中专职律师 574人,兼职律师 18695 人,特邀律师 12892 人。从 1982 年起,各地法律顾问处(律师事务所)就先后调整了业务重点,努力克服人力不足的困难,积极承办经济法律事务。许多地区的律师接受聘请,开始为企事业单位、专业户和经济联合体等经济组织担任法律顾问。为适应政府主管机关运用法律手段管理经济的要求,从 1984 年起,律师又开始为政府机关担当法律顾问。1997 年,全国律师担任法律顾问 232434 件,办理刑事、民事、行

---

① 《最高人民检察院工作报告——1998 年 3 月 10 日在第九届全国人民代表大会第一次会议上》,《人民日报》1998 年 3 月 24 日。

② 《中国法律年鉴(1987—1997)》,中国法律年鉴社 1998 年版,第 893 页。

政诉讼及代理1162416件,非诉讼法律事务1222239件,法律咨询和代写法律文书5217816件。[①] 律师以其多种服务形式参与经济法律活动,维护了经济秩序,促进了经济建设。

在公证工作方面,公证队伍和公证业务全面发展,取得很大成效:一是公证组织已普遍建立,公证队伍初具规模。到1997年底,全国已设立公证处3162个,公证人员已发展到17431人,其中包括公证员11749人,公证员助理1741人。二是公证业务得到全面发展。从主要办理涉外民事方面的公证事务发展为既办理涉外民事又办理国内经济、国内民事和涉外经济等各个方面的公证事务;而办理经济活动方面公证事务的比重不断增加;从单纯证明发展为多种形式的服务,事前为当事人提供法律帮助的比重不断增加。公证业务全面深入的开展,带来了办证数量的不断增加。与1979年办证14万余件相比,1997年办证数增加了70多倍,达到了982.81万件。[②] 三是陆续制订了一些有关公证的法规。1982年3月,国务院制定了《办理几项主要公证行为的试行办法》。同年4月又颁布了《公证暂行条例》,第一次对公证机关的性质、任务、业务范围、机构设置、公证员条件、公证程序等作出明确规定。1986年12月发布了《办理公证程序试行细则》,并会同有关部门制定了《公证收费标准》、《公证文书立卷归档办法》、《公证档案管理办法》等规章。此外,国务院有关部、委和一些省、自治区、直辖市人民代表大会、人民政府及其职能部门,在有关法规、规章中对可以或必须公证的项目也作了若干规定,内容涉及经济体制改革、经济合同管理、涉外经济贸易、城乡房产管理、土地使用权转让、收养子女等方面,公证工作已基本上有法可依。

在法律援助工作方面,1994年1月,司法部正式提出建立法律援助制度,旨在为贫者、弱者、残者提供法律帮助。公民因经济困难没有委托代理人,依法请求国家赔偿,请求给予社会保险待遇或者最低生活保障待遇,请求发给抚恤金、救济金,请求给付赡养费、抚养费、扶养费,请求支付

---

① 《中国法律年鉴(1987—1997)》,中国法律年鉴社1998年版,第902页。

② 《中国法律年鉴(1987—1997)》,中国法律年鉴社1998年版,第900页。

劳动报酬,主张因见义勇为行为产生民事权益的,可以按照国家规定申请法律援助。在刑事诉讼中,公民因经济困难没有聘请律师、委托诉讼代理人或者辩护人的,可以按照国家规定申请法律援助。1996年底,国家编委正式批准成立司法部法律援助中心。1997年5月,中国法律援助基金会正式成立。经过几年的努力,法律援助工作取得很大进展。到1997年,全国已在15个大中城市建立法律援助中心47个。①

在人民调解工作方面,15年来,调解工作坚持调防结合、以防为主的方针,认真研究改革开放和商品经济形势下民间纠纷变化的特点和规律,狠抓预防民间纠纷激化为刑事案件的工作。适应形势发展的需要,不断整顿和巩固调解组织,注意加强厂矿企业、城乡结合部的调解组织建设,完善调解网络,扩大调解员和纠纷信息员队伍,把调解工作的触角伸向各个村组院落、生产班组,形成了一个覆盖全国城乡的庞大调解网络,从而巩固了社会治安的第一道防线,取得了显著成绩。到1997年,全国城乡已配有57029名专职司法助理员,有人民调解委员会985313个,调解人员10273940名②,调解的纠纷涉及婚姻、继承、赡扶抚养、房屋宅基地、债务、生产经营、损害赔偿以及邻里等方面,为维护城乡社会安定,推进社会主义精神文明建设发挥了重要作用。

(四)乡镇法律服务工作的兴起及发展

乡镇法律服务工作是乡镇法律服务所工作的概称。乡镇法律服务所是设在农村乡镇,由司法助理员和二至四名聘用人员组成的为当地群众提供法律服务的组织。它是伴随着农村经济体制改革而出现的。

乡镇法律服务所最早于1980年底出现在广东、福建、辽宁三省经济比较发达的地区,主要是面向农村广大群众,开展调解生产经营性纠纷,代书、解答法律询问等项简单的法律服务工作。1984年8月召开的全国司法行政工作会议,肯定了辽宁省海城县适应农村商品经济发展,建立乡

---

① 转引自刘瀚、李林:《我国法治建设20年成就与展望》,《求是》1998年第23期。
② 《中国法律年鉴(1987—1997)》,中国法律年鉴社1998年版,第903页。

镇法律服务所,为广大群众提供法律服务的经验。会议要求各省、自治区、直辖市司法厅(局)开展建所的试点工作,总结经验,予以推广。同年10月,党的十二届三中全会通过的《中共中央关于经济体制改革的决定》指出:"司法部门要积极为经济建设提供法律服务。"①司法部根据《决定》精神,于11月在广州市召开了人民调解工作为经济建设服务的现场经验交流会,进一步推广广东省建立乡镇法律服务所的经验。会后,建立乡镇法律服务所的工作在全国多数地区逐步开展起来。1985年2月召开的全国司法厅(局)长会议,要求各地根据实际情况,积极创造条件,开展乡镇法律服务工作。在各级司法行政机关的推动下,到1985年底,全国建立了乡镇法律服务所15300多个,其中,福建、广东、吉林、山西、山东、黑龙江等省的建所数,达到了各该省乡镇总数的50%至80%。②

　　1986年1月,司法部通知各省、自治区、直辖市司法厅(局),要在积极创造条件,抓紧建立乡镇法律服务所的同时,对已经建立的乡镇法律服务所,加强管理指导,重点抓工作制度的完善、服务质量的提高,以及在巩固、提高基础上的稳步发展。并提出在城市、街道和厂矿企业也要积极探索加强基层法律服务的路子。各省、自治区、直辖市司法厅(局)认真按照司法部通知的要求,加强了对乡镇法律服务工作的指导。多数县(市、区)司法局严格掌握建所标准,做到了条件成熟一个,建立一个;建立一个,巩固一个。一些乡镇法律服务所逐步建立、健全了学习、例会、接待、档案和经费管理等项工作制度,有的地区还开展了优质服务活动,促进了乡镇法律服务所的巩固、提高。到1986年底,全国乡镇法律服务所发展到20984个,形成了一支5万余人的乡镇法律服务队伍。③

　　1987年5月12日至16日,司法部在北京召开全国乡镇法律服务工作会议。会议回顾了乡镇法律服务工作从产生到发展的历程;全面总结交流了几年来乡镇法律服务工作所取得的成绩和基本经验;提出了"巩

---

　　①　中共中央文献研究室编:《十二大以来重要文献选编》(中),中央文献出版社2011年版,第61页。

　　②　《当代中国的司法行政工作》,当代中国出版社1995年版,第458页。

　　③　《当代中国的司法行政工作》,当代中国出版社1995年版,第459页。

固、提高、完善、发展"的工作方针和今后的任务;讨论修改了《关于乡镇法律服务所的暂行规定》,并于 5 月 30 日颁发各地执行。《暂行规定》对乡镇法律服务所的宗旨、业务范围、人员组成、领导体制及工作制度等都作了规定,标志着乡镇法律服务工作进入了规范化管理阶段。1988 年 2月,国务院物价局下发的"关于印发第二批《国务院有关部门行政事业性收费管理目录》的通知"中,将乡镇法律服务所业务收费列为准予收费的项目。上述几个法规性文件的颁发,在全国范围内统一了乡镇法律服务工作,促进了乡镇法律服务工作的发展。

乡镇法律服务所自成立以来,积极调解民间纠纷。1987 年到 1997年,全国乡镇法律服务所共调解纠纷 1325.81 万件。① 乡镇法律服务所还大力开展为乡镇企业担任法律顾问的工作,将法律服务推进到乡镇企业的管理中去。1988 年,全国乡镇法律服务所担任乡镇企业法律顾问为5.5 万家,到 1997 年已发展至 48.9 万家。② 在法律顾问工作中,乡镇法律服务所积极帮助乡镇企业建立、健全合同管理制度;参加合同的谈判、草拟和审查工作;帮助企业建立各项生产规章制度;在职工中开展法制宣传教育;为企业发展横向经济联合搭桥引路、提供信息等,使企业走上依法经营的道路。乡镇法律服务所还是农村普及法律常识的重要力量,在制定宣传规划、培训法制宣传员、编写教材、推广典型经验以及宣传、授课等方面,做了大量工作。1987 年到 1997 年,全国乡镇法律服务所共进行法律宣传 1184.25 万场次,受教育人员达 43.44 亿人次。③

在开展法律服务工作的过程中,法律服务所自身也得到了快速发展。到 1997 年,全国已有乡镇(街道)法律服务所 35207 个,法律服务人员119155 人。④ 在经济改革大潮中应运而生的乡镇法律服务所,凭借自身

---

① 本数字据《中国法律年鉴(1987—1997)》(中国法律年鉴社 1998 年版)统计的1987 年至 1997 年每年全国乡镇法律服务所调解纠纷数累加而来。

② 《中国法律年鉴(1987—1997)》,中国法律年鉴社 1998 年版,第 770、903 页。

③ 本数字据《中国法律年鉴(1987—1997)》(中国法律年鉴社 1998 年版)统计的1987 年至 1997 年每年全国乡镇法律服务所进行法律宣传的场次及受教育人次累加而来。

④ 《中国法律年鉴(1987—1997)》,中国法律年鉴社 1998 年版,第 903 页。

的特点和优势,把司法行政工作延伸到基层,在为社会主义经济建设服务、为社会主义法治建设服务、为国家长治久安以及为人民群众服务等方面,作出了重要贡献。

五、严厉打击经济犯罪和刑事犯罪活动

从 1982 年开始的严厉打击经济犯罪活动,和从 1983 年开始的严厉打击刑事犯罪活动,是改革开放以来法治建设史上的重要事件。这场斗争,维护了法治的尊严,扭转了社会风气,保障了改革开放和社会主义现代化建设的顺利进行。

(一)严厉打击经济犯罪活动

党的十一届三中全会后,我国胜利实现了工作重点的转移。经济建设执行调整、改革、整顿、提高的方针取得显著成就,对外开放和对内搞活经济的工作不断取得进展,城乡人民生活得到明显改善。但另一方面,在经济领域中走私贩私、贪污受贿、投机诈骗、盗窃国家和集体财产等严重犯罪活动也明显增加。这些问题严重干扰我国改革开放和现代化建设,引起了党和国家领导人的高度重视。

1982 年 1 月 5 日,陈云在中共中央纪律检查委员会报送的一份《信访简报》上写下批语:"对严重的经济犯罪分子,我主张要严办几个,判刑几个,以至杀几个罪大恶极的,并且登报,否则党风无法整顿。"邓小平加了"雷厉风行,抓住不放"八个字。[1] 11 日上午,中共中央书记处召开会议,讨论陈云和邓小平的批示。会议决定:立即分别召开中共中央和国家机关各部委以及军队系统负责人会议,贯彻中共中央领导人的批示;派习仲勋、余秋里、彭冲、王鹤寿立即去广东、福建、浙江、云南等省,传达中共

---

[1] 中共中央文献研究室编:《陈云年谱(修订本)》(下卷),中央文献出版社 2015 年版,第 330 页。

中央领导人的批示,要求这些省采取紧急措施,打击走私、贩私等经济犯罪活动;要求其他省、市、自治区也要重视这方面问题,并采取相应措施;要首先认真处理负责干部中现行的经济上的重大犯罪案件,如果哪个省市或部门的党委优柔寡断,熟视无睹,姑息养奸,中央将考虑追究责任;对需要逮捕和严厉处置的职务较高的负责干部的犯罪事实材料,一定要核对清楚并上报,以便统一量刑,并考虑公布其中一些特大案件。同日,中共中央就此向各地发出紧急通知。

　　2月11日至13日,中共中央书记处在北京召开广东、福建两省座谈会,讨论如何更坚决、更有效地贯彻执行中共中央《紧急通知》,进一步开展打击经济领域犯罪活动的问题。3月1日,中共中央转发了座谈会纪要。8日,五届全国人大常委会第二十二次会议通过了《关于严惩严重破坏经济的罪犯的决定》。这个决定修订了《刑法》有关条款,对严重经济犯罪活动,规定了严厉的惩处刑法。4月13日,中共中央、国务院又作出《关于打击经济领域中严重犯罪活动的决定》,指出,打击经济领域中的严重犯罪活动,是我国社会主义社会在新的历史条件下阶级斗争在经济领域内的重要表现。在共产党员和国家工作人员中进行这场坚持共产主义纯洁性、反对腐化变质的斗争,关系到我国社会主义现代化建设的成败,关系到我们党和国家的盛衰兴亡。①《决定》规定了各项有关政策,指导打击经济领域中犯罪活动的开展。

　　中共中央的决定公布以后,中央各部门和全国各地立即行动起来。1982年5月31日,中共中央纪律检查委员会召开中央党政机关负责干部会议,要求各单位把打击经济领域中严重犯罪活动的斗争,认真开展起来。从现在起,中央各机关都要重新学习《中共中央、国务院关于打击经济领域中严重犯罪活动的决定》,提高对开展这场斗争的重要意义的认识。要检查一下在这方面已经做了哪些工作,还有哪些没有做,今后怎样把它抓紧抓好。要认真做好思想教育工作,严肃对待大案要案,善于总结

---

　　①　中共中央文献研究室编:《三中全会以来重要文献选编》(下),中央文献出版社2011年版,第525页。

经验,健全各项制度,堵塞漏洞。6 月 22 日至 7 月 1 日,国务院在北京召开东南沿海打击走私工作会议。会议指出,自 1982 年 1 月中共中央发出《紧急通知》以来,当前海上大宗的走私案件虽然减少了,但分散的、少量多次的走私案件却有所增加;陆上的私货买卖出现了由明变暗、化整为零的现象;进出口货运主要是来料加工装配中的走私活动突出起来了;私货的品种,不仅有日用消费品,还有不少淫秽色情的印刷品、录像带、录音带;等等。为此,会议要求各地务必克服松劲情绪,密切注意走私活动的这些新情况。8 日,中共中央书记处召开全国电话会议,部署进一步开展打击经济犯罪活动的斗争。会后,中纪委派出 100 多名司局级以上干部分赴各地,充实、加强办案力量,直接参与大案要案的处理工作。

1983 年 9 月 5 日至 9 日,中共中央纪律检查委员会召开全国打击经济领域严重犯罪活动工作会议。会议强调要加强对这场斗争的领导;要进行坚持不懈的努力,消灭死角,抓好中共中央各部门以及所属企业事业单位和省、地直属机关打击经济领域严重犯罪活动的斗争;对于危害社会主义现代化建设事业的严重经济犯罪分子必须依法从重从快予以打击,以保证这一场斗争的深入发展。各地各级党政机关召开会议,认真学习中共中央的决定,并抽调得力的纪检、审计部门的干部参与打击经济犯罪工作。具体操作上采取各级党政领导亲自抓,排除阻力,集中力量查处大案要案;选调、训练一批干部在一定时期内专门打击经济犯罪;依靠群众,走群众路线,提供线索;发挥政策威力,大张旗鼓处理典型案件,震慑罪犯,教育群众;把打击经济领域犯罪与整党整风、整顿企业结合起来。这些措施对于打击经济犯罪活动起到了积极作用。

各级人民法院在审判经济犯罪案件中,注意明确重点,分别轻重缓急,尽先办理大案要案。对于现行的、数额巨大的、情节严重的案件,特别是国家机关和企业事业单位内部的干部犯罪案件,包括一些占据重要职位的负责干部犯罪案件,以及他们与社会上不法分子共谋进行的案件,集中力量抓紧审理,在查清事实的基础上依法从重从快判处。

各级人民法院在审判经济犯罪案件中,认真执行刑事诉讼法,坚持以事实为根据,以法律为准绳,查清事实,核实证据,对情节复杂、牵涉面广的案件,还深入群众进行查对,力求做到事实清楚,证据确凿,定罪准确,量刑适当,程序合法。各地人民法院处理经济犯罪案件,依法实行了公开审理和公开宣判,并协同宣传部门,公布大案要案的审判结果,结合进行法制宣传,有力地打击了经济犯罪分子的嚣张气焰,教育鼓舞了广大干部和群众。有些人民法院还根据经济犯罪案件中反映出来的有关单位工作中存在的问题,向他们提出建议,对这些单位改进工作,健全规章制度,堵塞漏洞,预防犯罪,起了促进作用。

1982 年的打击经济犯罪活动收到明显效果。据统计,到 1982 年底,全国共揭出并立案审查的各类经济犯罪案件有 16.4 万多件,已结案 8.6 万件,依法判刑的近 3 万人,追缴赃款赃物 3.2 亿多元。在斗争的威慑和政策的感召下,全国投案自首、坦白交代的共有 4.67 万多人。

打击经济领域中的严重犯罪活动,是一项长期的任务。这项任务从 1982 年起从未松懈,各时期还针对犯罪的情况突出了不同重点,特别是 1984 年以后,集中力量抓大案要案,取得了显著成绩。据统计,从 1983 年到 1987 年,全国法院共审结严重经济犯罪案件 288064 件,判处人犯 351376 名。①

(二)严厉打击刑事犯罪活动

党的十一届三中全会后,全国政治形势很好,社会治安经过不断整顿也有所好转。但总的来说,还没有根本解决问题,还没有根本好转。特别是不断发生一些骇人听闻的重大恶性案件;犯罪分子的气焰在许多地方很嚣张,有的甚至发展到无所顾忌、无所畏惧的地步;一部分群众包括一些干部、民警在内,都怕犯罪分子行凶报复。因而出现了"坏人神气,好人受气,积极分子憋气,基层干部泄气"的不正常状况。如果对这种状况不迅速加以制止,任其蔓延发展,必将严重危害人民生命财产的安全,破坏社会的安定,引起广大人民群众的不安和不满。在这样的情况下,1983 年 8 月,中共中央决定在全国范围内开展严厉打击刑事犯罪活动的斗争。

---

① 《中国法律年鉴》(1989 年卷),法律出版社 1990 年版,第 751 页。

在打击经济领域犯罪活动告一段落之后的 1983 年 7 月 19 日,邓小平与公安部部长刘复之谈话中指出,几年来,刑事案件、恶性案件大幅度增加,这股风不但没有压下去,反而发展了。原因主要是下不了手,对犯罪分子打击不严、不快,判得很轻。组织一次、二次、三次严厉打击刑事犯罪的活动,动员全国人民参加,这本身对人民是教育,同时能挽救很多人,很多青年。现在是非常状态,必须依法从重从快集中打击,严才能治住。① 25 日,陈云通过秘书转告中共中央书记处:一、赞成邓小平同刘复之的谈话。现在社会上青少年犯罪严重的现象是对"文化大革命"的一种惩罚。因此,最近几年在处理上应当从严,否则无法保证社会的安定,也无法挽救大多数失足的青少年。二、今天早晨听了中央人民广播电台新闻节目报道的遵义地区工商局长席常安等被撤职查办的消息。这样处理太轻了,应当重判! 过去还报道过一个四川省的借出国考察机会贪污外汇的案件,也是处理太轻了。小平同志讲过处理重大经济案件要开杀戒,要准备杀它一百个。现在只杀了三个,太少了。②

事后,全国严厉打击经济领域犯罪活动工作会议印发了陈云的上述意见;7 月 29 日至 8 月 2 日在北京召开的全国政法工作会议,也传达了邓小平、陈云等中共中央常委和书记处关于严厉打击刑事犯罪活动的指示,讨论解决社会治安问题的大政方针和行动部署。25 日,中共中央发出《关于严厉打击刑事犯罪活动的决定》,要求以 3 年为期,组织一次、两次、三次战役,按照依法"从重从快、一网打尽"的精神,对刑事犯罪分子予以坚决打击。③

为贯彻中共中央的决策,1983 年 8 月 25 日至 9 月 2 日,六届全国人大常委会召开第二次会议,会上通过了《关于严惩严重危害社会治安的

---

① 中共中央文献研究室编:《邓小平年谱(1975—1997)》(下),中央文献出版社 2004 年版,第 921—922 页。

② 中共中央文献研究室编:《陈云年谱(修订本)》(下卷),中央文献出版社 2015 年版,第 381—382 页。

③ 中共中央文献研究室编:《十二大以来重要文献选编》(上),中央文献出版社 2011 年版,第 329 页。

犯罪分子的决定》和《关于迅速审判严重危害社会治安的犯罪分子的程序的决定》。《关于迅速审判严重危害社会治安的犯罪分子的程序的决定》对《刑事诉讼法》规定的期限作了补充性修改，即对于杀人、强奸、抢劫、爆炸和其他严重危害社会治安、应当判处死刑的犯罪分子，在一定条件下可以不受《刑事诉讼法》规定的关于起诉书副本、各项传票、通知书的送达期限及开庭时间的通知期限的限制，同时，犯罪分子的上诉期限和人民检察院的抗诉期限，由《刑事诉讼法》规定的 10 天改为 3 天。

9 月 7 日，最高人民法院向各高级人民法院、解放军军事法院发出《关于授权高级人民法院核准部分死刑案件的通知》，《通知》规定：在当前严厉打击刑事犯罪活动期间，为了及时严惩严重危害公共安全和社会治安的罪大恶极的刑事犯罪分子，除由本院判决的死刑案件外，各地对反革命案件和贪污等严重经济犯罪案件判处死刑的，仍由高级人民法院复核同意后，报本院核准；对杀人、强奸、抢劫、爆炸以及其他严重危害公共安全和社会治安判处死刑的案件的核准书，本院依法授权由各省、自治区、直辖市高级人民法院和解放军军事法院行使。六届全国人大常委会第二次会议通过的这两个决定，大大加快了司法机关的办案速度，为迅速惩治严重危害社会治安的犯罪、打击犯罪分子的嚣张气焰起到了积极作用。此后，严厉打击刑事犯罪活动在全国开展起来。

从 1983 年 9 月开始，各级公安机关与人民检察院和人民法院统一行动，发动和依靠社会各方面广大群众，有计划有步骤地采取组织力量深入调查和侦察破案，集中搜捕、依法审判，以及大张旗鼓地进行宣传等方法，开展严厉打击严重刑事犯罪活动的斗争。按照依法从重从快的方针，对杀人、放火、爆炸、抢劫、强奸、流氓集团、重大盗窃、拐卖人口、强迫引诱容留妇女卖淫等严重刑事犯罪分子给予坚决打击。到 1983 年底，全国共捕刑事犯罪分子 136 万人。其中群众主动扭送公安部门的犯罪分子 7 万多人，检举犯罪线索 170 多万条，犯罪分子主动投案 12 万多人。到 1984 年 1 月，已依法处决了严重刑事犯罪分子 1.9 万多人。

"严打"扭转了对严重危害社会治安、公共安全的犯罪活动打击不力的局面，社会治安较"严打"前的非正常状态有了明显好转，刑事发案率从 1981 年的万分之八点九和 1982 年的万分之七点四降了下来,1983 年为万分之六,1984 年为万分之五,1985、1986、1987 年均为万分之五点二①,社会治安状况明显好转。

六、在干部群众中开展普法教育

在全民中深入开展普法教育,是改革开放以来法治建设的重要举措。从 1985 年起,全国人大常委会先后通过了 7 个在全民中普及法律知识的决定,并已连续实施了 6 个五年普法规划。在此期间,中共中央开始举办法制讲座。经过全国范围的普法运动,广大干部群众的法律意识明显增强,法律素质显著提高,极大地推动了改革开放以来法治建设的历史进程。

(一)"一五"普法

全国性的普法运动始于 1985 年。按照当时全国人大常委会关于要把法律交给人民,要对全体人民进行法制教育,增强法制观念,使人人知法、守法,养成依法办事的观念和习惯的要求,司法部于 1984 年 6 月在辽宁省本溪市召开了全国法制宣传教育工作座谈会,提出用 5 年左右的时间在全体公民中基本普及法律常识。1985 年 11 月 5 日,中共中央、国务院转发了中共中央宣传部和司法部《关于向全体公民基本普及法律常识的五年规划》,揭开了我国法律普及教育的序幕。同月 22 日,六届全国人大常委会第十三次会议作出了《关于在公民中基本普及法律常识的决议》。经过广泛动员、建立领导机构、制订计划、组织编写教材、培训宣传骨干、认真进行试点等一系列准备工作后,从 1986 年开始到 1990 年,在全国范围内有领导、有组织、有计划、有步骤地实施了第一个五年普法教育规划。

---

① 《中国法律年鉴》(1989 年卷),法律出版社 1990 年版,第 750—756 页。

　　"一五"普法的目标是通过普及法律常识,使全体公民增强法制观念,知法、守法,养成依法办事的观念和习惯。工人、农民、知识分子、干部、学生、军人、其他劳动者和城镇居民中一切有接受教育能力的公民接受了普及法律常识的教育。"一五"普法将《中华人民共和国宪法》、《中华人民共和国刑法》、《中华人民共和国刑事诉讼法》、《中华人民共和国民事诉讼法(试行)》、《中华人民共和国婚姻法》、《中华人民共和国继承法》、《中华人民共和国经济合同法》、《中华人民共和国兵役法》、《中华人民共和国治安管理处罚条例》以及其他与广大公民工作和生活密切相关的法律常识作为基本内容。此外,各地还根据不同地区、不同对象的需要,分别选学了其他有关法律常识,如民族区域自治法、森林法、环境保护法(试行)、中外合资经营企业法、专利法、文物保护法、食品卫生法及各种税法等。

　　"一五"普法确定了两个重点对象:第一是各级干部,尤其是各级领导干部;第二是青少年。要求各级领导干部多学一点,学深一点。除应掌握普法要点外,还要学习法学基础理论和经济法方面的知识,熟悉同本职工作有关的法律、法规。

　　"一五"普法采取多种形式进行。各级各类大、中、小学根据不同对象和不同要求设置了有关法制教育的课程。小学重点是进行法制启蒙教育,普及交通管理规则和治安管理处罚条例中的有关常识,对小学高年级学生进行有关违法犯罪的简单概念教育;中学则重点普及宪法和刑法等有关法律常识;大学学生学习了法学基础理论和同本专业有关的法律知识。所有大、中、小学都向学生进行了积极同违法犯罪行为作斗争的教育。

　　党政机关、人民团体、企业事业单位采取在职学习,或举办短期法制培训班的办法进行普及。各级党校、团校、干部学校开设法制课,向干部普及法律常识。在农村,采取干部包片,党员包联系户,宣传员送法上门等方法,有条件的地方用业余法制学校或法律夜校等形式,组织农民学习法律常识。

　　"一五"普法充分发挥了报纸、刊物、广播、电视在法律普及工作中的重要作用。这些媒体通过增加法制方面的宣传报道,努力扩大法制宣传教育的效果。《中国法制报》和各省、自治区、直辖市及百万人口以上大城市的法制报刊成了普及法律常识的重要阵地。除已出版的普及法律常识的干部读本、工人读本、农民读本、战士课本、党校课本、团校课本之外,各省、自治区、直辖市和各行业系统还组织写作力量,紧密联系本地区、本行业的实际情况,为工人、农民编写了法律常识的辅导教材或辅助读物。这些教材和读物,内容准确,通俗生动,受到人们的欢迎。各地还注意发挥文化宫、青少年宫、文化馆(站)、俱乐部、影剧院以及乡镇文化中心等群众文化阵地的作用,开展法制宣传教育活动;通过举办法律常识答题竞赛、讲演、读书活动等方法,吸引青年参加学习;运用橱窗、板报、画廊、幻灯、展览等多种形式进行法制宣传,使广大人民群众耳濡目染,形象地、具体地了解法律常识,增强法制观念,收到良好效果。

"一五"普法是在全国广大公民中进行的一次法律常识的启蒙,深得人心,收到良好效果,得到了社会各界和海外舆论的普遍赞誉。"一五"普法提高了公民的法律意识,广大公民不仅开始学法、知法,而且开始自觉守法、用法,社会风气、社会秩序、社会治安有了根本好转。

(二)"二五"普法

从 1986 年开始实施的第一个全民普法五年规划,在中共中央、全国人大、国务院和各级党委、人大、政府的领导和监督下,经过各方面的共同努力,顺利完成任务,取得显著成效,为我国社会主义法治建设的发展奠定了一定基础。为巩固和发展第一个五年普法工作的成果,不断适应社会主义经济建设和社会主义法治建设的要求,1990 年 12 月,中共中央、国务院同意并批转了中共中央宣传部、司法部《关于在公民中开展法制宣传教育的第二个五年规划》。1991 年 3 月 2 日,七届全国人大常委会第 18 次会议专门作出《关于深入开展法制宣传教育的决议》。第二个五年普法教育规划正式开始。

"二五"普法的指导思想是:紧紧围绕党和国家的中心工作,在各级党委、人大、政府的领导和监督下,深入学习宪法,有针对性地学习国家基本法律常识,有计划、有步骤、分层次、分部门地学习专业法律知识,进一步提高干部群众的社会主义法律意识和民主意识,促进各项事业的依法管理,为治理整顿和深化改革创造良好的法治环境,保证国家政治、经济和社会的稳定发展。

"二五"普法的对象是工人、农(牧、渔)民、知识分子、干部、学生、军人、个体劳动者以及其他一切有接受教育能力的公民,重点对象是:县、团级以上各级领导干部,特别是党、政、军高级干部;执法人员,包括司法人员和行政执法人员;青少年,特别是大、中学校的在校生。要求县、团级以上领导干部除学习掌握与自己主管的工作密切相关的法律知识外,还要学习社会主义法制理论,学习宪法学理论,树立依法治国和依法办事的观念,提高依法决策、依法管理的自觉性和能力。大、中、小学校要进一步完善学校法制教育体系,努力实现法制教育系统化,增强学生的法制观念。

"二五"普法除继续学习宪法外,主要学习了《中华人民共和国行政诉讼法》、《中华人民共和国义务教育法》、《中华人民共和国集会游行示威法》、《中华人民共和国国旗法》以及全国普法主管机关确定学习的新颁布的法律、法规。同时,有针对性地选学了第一个五年普法期间已经学过的有关内容。"二五"普法重点强调专业法律的学习。如《中华人民共和国土地管理法》、《中华人民共和国森林法》、《中华人民共和国水法》、《中华人民共和国矿产资源法》、《中华人民共和国军事设施保护法》、《中华人民共和国环境保护法》、《中华人民共和国文物保护法》、《中华人民共和国食品卫生法》以及与计划生育有关的法律、法规。各部门、各系统还根据业务需要,有重点地学习了同工作、生产相关的法律知识。中共中央和地方各级国家机关学习了组织法和选举法,各级党政机关学习了有关廉政建设方面的法律、法规,各级党政机关、企业事业单位和科技部门学习了保密法,各企业、事业单位和个体劳动者还学习了国家税收方面的法律、法规。

"二五"普法大体上分三个步骤进行:

第一步是准备工作。着重做了五个方面的工作:一是根据"二五"普法规划的要求,从实际出发制定本地区、本部门、本系统普及法律知识的具体规划。二是进行思想发动,动员全体公民特别是各级干部和执法人员积极参加普及法律知识的学习。三是编写普及法律知识教材。四是进行试点工作。五是培训宣传骨干。

第二步是组织实施。在准备工作完成后,各地区、各部门、各系统按照"二五"普法规划和各自具体规划的要求,有计划、分步骤、分期分批地组织实施。

第三步是考核验收。对干部的考核标准是:对规定学习的法律知识比较熟悉,经考核合格;能够运用所学的专业法律知识管理自己的本职工作;掌握一定的马克思主义法学基本理论。对群众的考核标准是:对规定学习的法律常识基本了解,经考核合格;懂得正确行使公民的权利和自觉履行公民的义务。对单位的考核标准是:参加法律学习并经考核合格的人数达到应参加学习人数的80%以上;本单位的各项工作基本走上依法管理的轨道。各地区、各部门根据普及法律知识工作的进展情况,自行组织考核验收。在1995年下半年进行了全国普法工作的考核验收工作。

"二五"普法在各级党委、人大和政府的统一领导和监督下,由党委宣传部门和司法行政部门主管。实行统一管理,分别实施,条块结合,以块为主,分类指导,充分发挥普法主管机构和各业务主管部门的积极性。

全国普法主管机关负责制定全国总体规划并组织实施,协调、指导各地区、各部门、各系统规划的实施;发现培养典型,总结经验,推动总体规划的实施;检查各地区、各部门规划的执行情况;负责对各系统和各省、自治区、直辖市的普法工作进行考核验收。

中共中央和国家机关各部门负责制定本系统干部群众学习专业法律、法规的规划,并在全国普法主管机关的协调、指导下组织实施;编写教材,总结经验,培养典型,对下级业务部门专业法的学习进行督促检查;配合地方普法主管机关管理本系统学习专业法的工作;负责本机关干部的法制宣传教育工作。

各地方的普法主管机关根据全国总体规划和本地实际情况,负责制定地方规划并组织实施;协调、指导地方各部门、各系统实施本部门、本系统的中共中央主管机关制定的普法教育规划;督促检查本地区所辖各部门普法工作的开展,总结经验,培养典型,对本地区的普法教育规划实施情况进行检查验收。

"二五"普法期间,全国 8.1 亿普法对象中,有 7 亿人参加了普法学习,有 96 个行业制定了普法规划,组织学习专业法律法规 200 多部。经过普法教育,公民的宪法观念和法律意识在"一五"启蒙教育的基础上得到了进一步增强,依法参与管理各项事业和维护自身合法权益的能力有了一定提高。在普法教育基础上开展起来的依法治理工作取得初步成效,各级领导干部依法决策、依法管理的观念逐步确立,各项事业的管理开始步入法治化轨道。

（三）"三五"普法的开始

"一五"普法和"二五"普法对于提高全民族的法律素质起到了积极作用。法律知识广泛普及,公民的法律意识明显增强,推动了我国民主法治建设进程,维护了社会稳定,促进了经济建设和各项事业的发展。为进一步增强全体公民的法治观念,1996 年 4 月,中共中央、国务院批转了中共中央宣传部、司法部《关于在公民中开展法制宣传教育的第三个五年规划》,八届全国人大常委会第十九次会议通过《关于继续开展法制宣传教育的决议》,决定从 1996 年到 2000 年在全体公民中实施第三个五年普法规划。

"三五"普法以推进依法治国,建设社会主义法治国家的进程为目标,这是"三五"普法最主要的特点。从 1986 年到 1996 年,我国已经在全体公民中先后实施了两个普法规划,且取得了明显成效。"三五"普法能否在更高层次上取得突破和发展,能否得到广大干部群众的支持,目标的确定是个关键性问题。党的十一届三中全会以来,我国社会主义法治建设取得伟大成就,其主要矛盾已由过去的无法可依转化为少数成员不守法和法律得不到严格执行的问题。在这样的情况下,如果再重复过去的要求显然是不足以动员和组织群众的。因此,"三五"普法必须以推进依法治国、建设社会主义法治国家的进程为宗旨,在这个宗旨的统率下安排五年规划的各项工作。只有这样,才能最大限度地动员组织广大干部群众参与到这一活动中来,也才能实现对"一五"普法和"二五"普法的超越。

"三五"普法的总体目标,是通过在全体公民中继续深入进行以宪法、基本法律和社会主义市场经济法律知识为主要内容的宣传教育,进一步增强公民的法律意识和法治观念,不断提高各级干部依法办事、依法管理的水平和能力,促进依法治国,努力建设社会主义法治国家。

"三五"普法的主要任务是深入学习邓小平社会主义民主与法制建设的理论,努力提高各级干部的法学理论水平,自觉运用这一理论指导法治建设的实践,增强依法办事、依法管理的自觉性;继续开展宪法知识和与公民工作、生活密切相关的基本法律知识以及与维护社会稳定有关的法律知识教育,增强公民权利义务观念,提高公民依法维护自身合法权益的能力和运用法律武器同违法犯罪行为作斗争的自觉性;着重抓好社会主义市场经济法律知识的普及,围绕规范市场主体、维护市场秩序、加强和改善宏观调控、建立社会保障、促进对外开放等环节,有针对性地普及有关法律、法规知识,提高各级领导干部和经营管理者运用法律调节各种经济关系的本领,为保障社会主义市场经济的健康运行创造条件;坚持学法用法相结合,全面推进各项事业的依法治理。

"三五"普法的对象是工人、农(牧、渔)民、知识分子、干部、企业经营管理人员、学生、军人和个体劳动者以及其他一切有接受教育能力的公民。其中重点对象是:县、处级以上领导干部,司法人员,行政执法人员,企业经营管理人员,青少年。

"三五"普法采取分类指导的方法,对不同部门、不同岗位、不同对象,确定不同的学习内容,提出不同的学习要求。对县、处级以上领导干部,要求在深入学习邓小平社会主义民主与法制建设理论的基础上,重点了解和掌握宪法、国家赔偿法、行政处罚法、行政诉讼法、国家公务员暂行条例以及与本职工作相关的其他法律、法规,在学法、用法和守法中发挥表率作用;对司法人员和行政执法人员,要求熟练掌握和运用与本职工作相关的法律、法规,提高自身法律素质,秉公执法,做到有法必依、执法必严、违法必究;对企业经营管理人员,要求着重掌握公司法、劳动法等与社会主义市场经济密切相关的法律、法规,并结合企业经营管理实际,学习其他有关法律法规,提高依法经营管理水平;对青少年,要求大、中、小学校把法制教育列为学生的必修课,做到教学有大纲,学习有教材,任课有教师,课时有保证。

经过一年多的工作,到1997年,"三五"普法已进入实施阶段,并取得初步成效,积累了一些成功经验和做法,为"三五"普法的胜利完成打下了良好基础。

(四)中共中央开办法制讲座

在普法过程中,为提高领导干部的法制观念和依法办事能力,中共中央从1994年开始举办法制讲座。到1997年党的十五大召开前,已举办了5次,起到了很好的教育、示范和激励作用,极大地调动了各级领导干部学法用法的积极性。

第一次法制讲座于1994年12月9日在中南海怀仁堂举行,主讲人是时任华东政法学院国际法系主任的曹建明教授,讲座题目为《国际商贸法律制度与关贸总协定》。

时任中共中央总书记江泽民主持讲座并发表重要讲话。他指出,学习和掌握必要的法律知识,努力提高各级领导运用法律手段管理经济、管理社会的本领,这是新时期党对各级领导干部坚持党的基本路线、保证深化改革开放、维护社会稳定的重要要求。建设社会主义法制,实行以法治国,是为了把我们国家建设成为富强、民主、文明的社会主义现代化国家。我们正在建立社会主义市场经济体制,必须学会运用法律来规范和引导市场经济的运行,充分发挥市场机制对经济发展的积极作用,把市场运行纳入规范和法制的轨道,保证社会主义市场经济体制健康发展。依法管理各项事业,是写入了我们的党章总纲和国家宪法的,作为管理国家各项事业的各级领导干部必须努力学习和掌握必要的法律知识。江泽民说,领导干部学法不仅有助于普及法律知识教育和带动全党学法守法、依法办事,而且有助于推进社会主义市场经济体制的建立和整个国家的法制建设,保证改革开放和现代化建设顺利进行。

曹建明在一个半小时的讲课中，谈了四个问题：国际商贸法律制度与中国的改革开放；国际商贸法律制度的新发展与中国的涉外经济法；关贸总协定与中国的经济法制；思考与建议。他提出，建立完善的与国际经贸规则、惯例相适应的对外经贸法律机制，要加快涉外经济立法；注意涉外经贸法规、政策的透明度；加快国际经济法律人才的培养；积极发展市场中介组织，发挥其服务、沟通、公证、监督的作用；严肃执法，改善和加强对外经济活动的管理和监督。

曹建明在结束讲座时说，在对外开放和体制改革中，如果我们不仅善于总结和正确运用本国的法制建设经验，而且也善于从国际经济法角度，更多地和更大胆地学习和借鉴一些国际经济法原则、规则以及国际惯例，使我国的法规、政策及其通常的经济贸易做法尽快向公认的国际公约、国际惯例靠拢，这对于加快我国经济法制建设，尽快形成社会主义市场体系，发展与扩大平等互利的国际经济合作，具有十分重要的意义。①

第二次法制讲座于 1995 年 1 月 20 日在中南海怀仁堂举行，主讲人是中国社会科学院法学研究所王家福研究员，讲座题目为《社会主义市场经济法律制度建设问题》。

王家福共讲了四个问题：一、建立社会主义市场经济法律制度是一场深刻的法制改革；二、建立社会主义市场经济法律制度应当解决的理论问题；三、健全适应社会主义市场经济发展需要的法律制度；四、完善社会主义市场经济的实施制度。

王家福说，社会主义市场经济法律制度的建立，并非仅仅对过去的法律制度的修补，而是法律体制上的一场深刻改革。它把社会主义与市场经济结合起来，加以法制化，在世界上建立起第一个社会主义市场经济法律制度，具有划时代的意义。

王家福说，从世界各国特别是发达国家的经验来看，也从我国社会主义市场经济健康发展的需要来看，一个健全而完备的社会主义的市场经济法律制度，主要应该包括和涉及五个法律部门的法律：民法和商法、经

---

① 《中共中央举办法律知识讲座》，《人民日报》1994 年 12 月 10 日。

济法、社会法、行政法、刑法。他强调,社会主义市场经济法律的实施自然需要一切公民、所有法人的遵守,但是关键在于各级领导的守法,执法机关的严格执法,司法机关的严格司法。

讲座结束时,江泽民作了重要讲话。他指出,我们党的领导主要是政治、思想、组织领导。而政治领导的主要方式就是:使党的主张经过法定程序变成国家意志,通过党组织的活动和党员的模范作用带动广大人民群众,实现党的路线、方针、政策。党领导人民制定的宪法和法律是人民意志的体现,是党的主张的体现。执行宪法和法律,是对人民意志的尊重,是贯彻党的路线、方针、政策的重要保障。党既要领导宪法和法律的制定,又要自觉地在宪法和法律的范围内活动,严格依法办事,依法管理国家,对实现全党和全国人民意志的统一,对维护法律的尊严和中央的权威关系十分重大。这就要求我们党和国家的各级领导干部,必须不断地学习和掌握法律知识,具备较高的依法管理经济管理社会的能力。江泽民说,为了适应社会主义市场经济发展和社会全面进步的要求,我国法制建设的进程正在不断加快,提高领导干部的法律素质已成为一项紧迫要求。①

第三次法制讲座于1996年2月8日在中南海怀仁堂举行,主讲人还是中国社会科学院法学研究所王家福研究员,他这次讲座的题目是《关于依法治国、建设社会主义法制国家的理论和实践问题》。

王家福结合我国法制建设实际和国际上的情况,就依法治国,建设社会主义法制国家,是建设有中国特色社会主义伟大事业的根本大计;依法治国,建设社会主义法制国家必须具备的基本条件;依法治国,建设社会主义法制国家是一个渐进的历史发展进程;加强和改善党的领导,为更好地依法治国,建设社会主义法制国家而努力奋斗四个方面的内容,从理论到实践,进行了讲解。

讲座结束时,江泽民发表了重要讲话。他指出,加强社会主义法制

---

① 《江泽民在党中央举行的法制建设讲座结束时强调 提高领导干部法律素质已成迫切要求》,《人民日报》1995年1月21日。

建设,依法治国,是邓小平建设有中国特色社会主义理论的重要组成部分,是我们党和政府管理国家和社会事务的重要方针。实行和坚持依法治国,就是使国家各项工作逐步走上法制化和规范化;就是广大人民群众在党的领导下,依照宪法和法律的规定,通过各种途径和形式参与管理国家、管理经济文化事业、管理社会事务;就是逐步实现社会主义民主的法制化、法律化。实行和坚持依法治国,对于推动经济持续快速健康发展和社会全面进步,保障国家的长治久安,具有十分重要的意义。

江泽民说,世界经济的实践证明,一个比较成熟的市场经济,必然要求并具有比较完备的法制。市场经营活动的运行,市场秩序的维系,国家对经济活动的宏观调控和管理,以及生产、交换、分配、消费等各个环节,都需要法律的引导和规范。在国际经济交往中,也需要按国际惯例和国与国之间约定的规则办事。这些都是市场的内在要求。我们要实现经济体制和经济增长方式的根本性转变,也必须按照市场的一般规则和我们的国情,健全和完善各种法制,全面建立起社会主义市场经济和集约型经济所必需的法律体系。

江泽民指出,加强社会主义法制建设,坚持依法治国,一个重要任务是要不断提高广大干部、群众的法律意识和法制观念。思想是行动的先导。干部依法决策、依法行政是依法治国的重要环节;公民自觉守法、依法维护国家利益和自身权益是依法治国的重要基础。广大干部和群众的法律水平的高低,直接影响着依法治国的进程。实践的经验说明,法律不健全,制度上有严重漏洞,坏人就会乘机横行,好人也无法充分做好事。实践的经验也说明,有了比较健全和完善的法律和制度,如果人们的法律意识和法制观念淡薄,思想政治素质低,再好的法律和制度也会因为得不到遵守而不起作用,甚至会形同虚设。他说,加强社会主义法制建设必须同时从两个方面着手,既要加强立法工作,不断地健全和完善法制;又要加强普法教育,不断地提高干部和群众的遵守法律、依法办事的素质和自觉性。二者缺一不可,任何时候都不可偏废。

江泽民最后指出,依法治国是社会进步、社会文明的一个重要标志,是建设社会主义现代化国家的必然要求。①

　　第四次法制讲座于 1996 年 12 月 9 日在中南海怀仁堂举行,主讲人是中国外交学院国际法研究所卢松副教授,讲座的题目是《国际法在国际关系中的作用》。

　　在一个半小时的讲述中,卢松概括地介绍了国际法的内容和作用。他的讲座共分四个部分:第一部分,国际法是国际关系发展的产物。包括国际法的概念,国际法反映了国际关系中各国利益的冲突与妥协,近代国际法的产生与发展,国际法的渊源和国际法与国内法的关系。第二部分,当代国际法的基本原则。包括国家主权平等原则,不干涉别国内政原则,和平解决国际争端原则,条约必须遵守原则。第三部分,在国际关系中发挥国际法的作用。包括运用国际法维护世界和平与安全,运用国际法促进国际合作与发展,运用国际法反对霸权主义和强权政治、建立国际新秩序,运用国际法维护本国权益,运用国际法解决我国当前的具体问题。第四部分,几点思考。

　　卢松在讲座结束时说,国际法对国际社会的和平与发展的作用是非常重要的。从过去的实践看,我国一贯重视运用国际法处理各种国际问题,并对国际法的发展作出过许多贡献。鉴于当今国际问题的复杂性以及各国都利用国际法来维护自身权益这一现实,对涉及我国长远利益的重要问题,应在法律方面进行充分的研究。在继续运用政治、经济等手段处理国际问题的同时,还应进一步加强对法律手段的运用,做到有理、有利、有节,捍卫我国权益。同时,对国际法的进一步发展,我国也应作出自己应有的贡献。

　　讲座结束时,江泽民发表了讲话。他指出,现在,世界经济、科技发展很快,国与国之间的联系日益紧密,国际交往越来越广泛。国际格局朝着多极化的方向发展。国际形势总的趋向缓和,和平与发展是时代的两大主题。但是,世界各种力量在经济、政治等方面的竞争和斗争仍是激烈

————————
　　① 《江泽民在中共中央举办的中央领导同志法制讲座上强调　实行和坚持依法治国保障国家的长治久安》,《人民日报》1996 年 2 月 9 日。

197

的,局部地区战火不断,霸权主义和强权政治依然存在。在这种形势下,各国都十分注重运用政治、经济、法律手段来调整对外关系和处理国际事务。国际法的规范、调节的内容和范围正在不断扩充,涵盖的领域包括政治、经济、贸易、环境保护、自然资源、海洋开发、科学技术、外层空间、军事和司法等。国际法在促进世界和平与发展中的作用日益增强,各国越来越重视利用国际法来保护自身的权益。这是国际社会一个值得注意的趋向。

江泽民指出,我们的领导干部特别是高级干部都要注意学习国际法知识,努力提高运用国际法的能力。在处理国家关系和国际事务中,在开展政治、经济、科技、文化领域的交流与合作中,在反对霸权主义和强权政治的斗争中,都要善于运用国际法这个武器,来维护我们的国家利益和民族尊严,伸张国际正义,牢牢掌握国际合作与斗争的主动权。所有代表国家从事政治、经济、文化、司法等工作的同志,也都要学习国际法知识。有些地方和部门的干部,由于缺乏国际法知识,在实际工作中吃了不少亏。这种教训应该引以为戒。办法就是加强学习,加深了解国际法所确认的基本原则、通行惯例及发展趋势。

江泽民最后强调,从总体上说,目前的国际法体系是有利于维护世界和平,促进经济发展的。但是也应看到,由于受形成条件和国际社会某些政治因素的制约,国际法体系也包含一些不合理的成分,需要进一步加以改进和完善。对国际社会发展进程中出现的一些新情况新问题,还需要建立新的合理的规范。我们既要遵守和维护国际法准则,又要同世界各国人民一道为国际法的完善和发展继续作出努力,推动国际法朝着有利于建立和平、稳定、公正、合理的国际政治经济新秩序的方向前进。这是我们应尽的国际责任。①

第五次法制讲座于 1997 年 5 月 6 日在中南海怀仁堂举行,主讲人是中国社会科学院法学研究所吴建研究员,讲座题目是《"一国两制"与香港基本法》。

---

① 《中共中央举行国际法知识讲座》,《人民日报》1996 年 12 月 10 日。

吴建重点讲了四个方面的问题:"一国两制"的伟大构想及其法律化;基本法是在香港实行"一国两制"的法律基础;实施香港基本法的若干问题;严格按照基本法办事,维护香港的长期繁荣稳定。

讲座结束后,江泽民发表了重要讲话。他强调,依法治港,是实施依法治国的重要组成部分。维护香港基本法的权威,就是维护国家法制的权威。这是全国人民的共同责任。江泽民指出,香港特别行政区基本法,是"一国两制"方针和中央关于香港的各项方针政策的具体化、法律化。香港基本法为保证香港的平稳过渡和长期繁荣稳定,维护香港同胞的利益和民主自由权利,奠定了坚实的法律基础,得到了包括香港同胞在内的全体中国人民的坚决拥护,也得到了国际社会的好评。只要坚持认真地贯彻香港基本法,就一定能够创造香港的美好未来。①

中共中央领导带头学习法律知识,给正在开展的"三五"普法活动注入了新的生机和活力,各级领导干部纷纷以各种形式学习法律,一个自上而下的领导干部学法用法新局面在全国形成。领导干部学法,取得了很好的成效。其一,统一了认识,转变了观念。许多领导干部学法后认识到,作为执政党的领导干部必须学会运用法律手段管理政治、经济和国家、社会事务,要改变过去单纯依靠行政手段办事的习惯,逐步实现既依靠政策又依靠法律进行管理和决策。其二,加强法律知识的学习,已作为全面提高干部素质的重要手段,摆上工作日程。许多地方、部门把是否具备必要的法律知识和依法办事的能力作为衡量干部能力和政绩的一条重要标准,作为考核、提拔、任免干部的重要内容。其三,推动了依法治理工作的发展;其四,提高了领导干部依法决策的水平。通过学法,越来越多的领导干部注重运用法律手段依法决策、依法管理。在领导层中,"重大决策依法,开展工作合法,遇到问题找法"已逐渐成为自觉行动。

---

① 《中共中央举办法制讲座　江泽民强调要依法治港》,《人民日报》1997年5月7日。

第五章　党的十五大后法治建设
进入依法治国新阶段

　　党的十五大依法治国基本方略的提出和建设社会主义法治国家奋斗目标的确立,是改革开放以来的法治建设史上继 1982 年宪法制定和公布之后的又一个里程碑。以此为标志,改革开放以来的法治建设在全面发展的基础上进入新的历史阶段。

一、确立依法治国基本方略

　　依法治国基本方略,是以江泽民为核心的党的第三代中央领导集体,在科学总结党的十一届三中全会后我国民主与法治建设实践经验的基础上,随着治国实践的不断发展而逐步提出并于党的十五大正式确立的。

　　1989 年 9 月 26 日,江泽民当选为中共中央总书记不久,在中外记者招待会上回答《纽约时报》记者提问时就郑重宣布:"我们绝不能以党代政,也绝不能以党代法。这也是新闻界讲的究竟是人治还是法治的问题,我想我们一定要遵循法治的方针。"①向世人公开表明了党的第三代中央领导集体实施法治的坚定立场和坚强决心。

　　1994 年 12 月 9 日,江泽民在第一次中共中央领导同志法制讲座开

---

　　① 《就我国内政外交问题　江泽民等答中外记者问》,《人民日报》1989 年 9 月 27 日。

始前的讲话中首次提出了"以法治国"。他指出,"建设社会主义法制,实行以法治国,是为了把我们国家建设成为富强、民主、文明的社会主义现代化国家。"①

1996 年 2 月 8 日,江泽民在第三次中共中央领导同志法制讲座结束时的讲话中,又把"以法治国"的提法改为"依法治国",并将其确定为"党和政府管理国家和社会事务的重要方针"。他说:"加强社会主义法制建设,依法治国,是邓小平建设有中国特色社会主义理论的重要组成部分,是我们党和政府管理国家和社会事务的重要方针。"在这次讲话中,江泽民首次阐述了依法治国的具体内容,他指出:"实行和坚持依法治国,就是使国家各项工作逐步走上法制化的轨道,实现国家政治生活、经济生活、社会生活的法制化、规范化;就是广大人民群众在党的领导下,依照宪法和法律的规定,通过各种途径和形式,管理国家事务,管理经济和文化事业,管理社会事务;就是逐步实现社会主义民主的制度化、法律化。"②江泽民关于依法治国内涵的论述,表明党的第三代中央领导集体关于依法治国方略的设想已逐渐成熟。

1996 年 3 月 17 日,八届全国人大四次会议通过的《国民经济和社会发展"九五"计划和 2010 年远景目标纲要》,把"依法治国,建设社会主义法制国家"作为国家的一个重大方针规定下来,并提出了具体任务和要求。

1997 年 9 月 12 日,江泽民在党的十五大报告中把"依法治国"正式确立为党领导人民治理国家的基本方略。报告指出:"依法治国,就是广大人民群众在党的领导下,依照宪法和法律规定,通过各种途径和形式管理国家事务,管理经济文化事业,管理社会事务,保证国家各项工作都依法进行,逐步实现社会主义民主的制度化、法律化,使这种制度和法律不因领导人的改变而改变,不因领导人看法和注意力的改变而改变。依法治国,是党领导人民治理国家的基本方略,是发展社会主义市场经济的客

① 《中共中央举办法律知识讲座》,《人民日报》1994 年 12 月 10 日。
② 《坚持依法治国》,见《江泽民文选》第 1 卷,人民出版社 2006 年版,第 511 页。

观需要,是社会文明进步的重要标志,是国家长治久安的重要保障。"

党的十五大报告还把依法治国的目标由"建设社会主义法制国家"改为"建设社会主义法治国家",极其鲜明地突出了法治。报告指出:"我国经济体制改革的深入和社会主义现代化建设跨越世纪的发展,要求我们在坚持四项基本原则的前提下,继续推进政治体制改革,进一步扩大社会主义民主,健全社会主义法制,依法治国,建设社会主义法治国家。"①这样,党的十五大报告对依法治国作了深入、全面、精辟的论证和概括,从而把它作为党领导人民治理国家的基本方略正式确立了下来。

1999 年 3 月 15 日,九届全国人大二次会议通过的《宪法修正案》,又将"依法治国,建设社会主义法治国家"载入宪法②,上升为国家意志,使其具有了法律效力。

依法治国基本方略的确立,是改革开放以来法治建设发展到一定阶段的必然产物,是改革开放以来法治建设史上具有里程碑意义的标志性事件。从此,我国法治建设进入以贯彻和实施依法治国基本方略为主要内容、以建设社会主义法治国家为奋斗目标的新的发展阶段。

二、1999 年和 2004 年宪法修正案

1982 年宪法是一部符合中国国情的好宪法,在国家政治、经济和社会生活等方面发挥了重要作用。随着我国改革开放和社会主义现代化建设事业的不断发展,继 1988 年和 1993 年宪法修正案之后,又先后于 1999年和 2004 年两次对宪法部分内容作了修改,使现行宪法既保持了稳定性,又适应了形势的变化和社会主义现代化建设的需要。

---

① 《高举邓小平理论伟大旗帜,把建设有中国特色社会主义事业全面推向二十一世纪》,见《江泽民文选》第 2 卷,人民出版社 2006 年版,第 28—29 页。

② 《中华人民共和国宪法修正案》(1999 年 3 月 15 日第九届全国人民代表大会第二次会议通过),见中共中央文献研究室编:《十五大以来重要文献选编》(上),中央文献出版社 2011 年版,第 711 页。

（一）1999 年宪法修正案

1997 年召开的中国共产党第十五次全国代表大会,高举邓小平理论伟大旗帜,总结我国改革和建设的新经验,对建设有中国特色社会主义事业的跨世纪发展作出全面部署。中共中央提出应当以党的十五大报告为依据,对宪法部分内容作适当修改,并提出修改的原则是,只对需要修改的并已成熟的问题作出修改,可改可不改的问题不作修改。为此,中共中央成立了宪法修改小组,中共中央政治局常委、全国人大常委会委员长李鹏任组长,组织草拟了关于修改宪法部分内容的初步意见,经中共中央政治局常委审定并经中央政治局会议原则通过后,于 1998 年 12 月 5 日发给各省、自治区、直辖市党委,中央各部委,国家机关各部委党组(党委),军委总政治部,各人民团体党组和中央委员、中央候补委员征求意见。12月 21 日,江泽民主持中共中央召开的党外人士座谈会,就中共中央提出的修改宪法部分内容的初步意见,征求各民主党派中央、全国工商联负责人和无党派代表人士的意见。12 月 22 日和 24 日,李鹏主持中共中央宪法修改小组召开的法律专家和经济专家座谈会,就宪法修改问题征求意见。中共中央认真研究了各方面的意见,对下发征求意见的初步意见又作了修改,经中共中央政治局常委会议和政治局会议讨论通过,形成了中共中央关于修改中华人民共和国宪法部分内容的建议。1999 年 1 月 22日,中共中央向全国人大常委会提出了关于修改中华人民共和国宪法部分内容的建议。九届全国人大常委会第七次会议讨论了中共中央的建议,依照《中华人民共和国宪法》第六十四条的规定,提出关于中华人民共和国宪法修正案(草案),提请九届全国人大二次会议审议。3 月 15日,九届全国人大二次会议经过无记名投票,以 2811 票赞成,21 票反对,24 票弃权,通过了中华人民共和国宪法修正案。

1999 年宪法修正案共 6 条,因条款与 1988 年、1993 年宪法修正案连续排列,故被列为第十二条至第十七条,其具体内容为:

第十二条,宪法序言第七自然段:"中国新民主主义革命的胜利和社会主义事业的成就,都是中国共产党领导中国各族人民,在马克思列宁主义、毛泽东思想的指引下,坚持真理,修正错误,战胜许多艰难险阻而取得的。我国正处于社会主义初级阶段。国家的根本任务是,根据建设有中国特色社会主义的理论,集中力量进行社会主义现代化建设。中国各族人民将继续在中国共产党领导下,在马克思列宁主义、毛泽东思想指引下,坚持人民民主专政,坚持社会主义道路,坚持改革开放,不断完善社会主义的各项制度,发展社会主义民主,健全社会主义法制,自力更生,艰苦奋斗,逐步实现工业、农业、国防和科学技术的现代化,把我国建设成为富强、民主、文明的社会主义国家。"修改为:"中国新民主主义革命的胜利和社会主义事业的成就,是中国共产党领导中国各族人民,在马克思列宁主义、毛泽东思想的指引下,坚持真理,修正错误,战胜许多艰难险阻而取得的。我国将长期处于社会主义初级阶段。国家的根本任务是,沿着建设有中国特色社会主义的道路,集中力量进行社会主义现代化建设。中国各族人民将继续在中国共产党领导下,在马克思列宁主义、毛泽东思想、邓小平理论指引下,坚持人民民主专政,坚持社会主义道路,坚持改革开放,不断完善社会主义的各项制度,发展社会主义市场经济,发展社会主义民主,健全社会主义法制,自力更生,艰苦奋斗,逐步实现工业、农业、国防和科学技术的现代化,把我国建设成为富强、民主、文明的社会主义国家。"

第十三条,宪法第五条增加一款,作为第一款,规定:"中华人民共和国实行依法治国,建设社会主义法治国家。"

第十四条,宪法第六条:"中华人民共和国的社会主义经济制度的基础是生产资料的社会主义公有制,即全民所有制和劳动群众集体所有制。""社会主义公有制消灭人剥削人的制度,实行各尽所能,按劳分配的原则。"修改为:"中华人民共和国的社会主义经济制度的基础是生产资料的社会主义公有制,即全民所有制和劳动群众集体所有制。社会主义公有制消灭人剥削人的制度,实行各尽所能、按劳分配的原则。""国家在社会主义初级阶段,坚持公有制为主体、多种所有制经济共同发展的基本经济制度,坚持按劳分配为主体、多种分配方式并存的分配制度。"

第十五条,宪法第八条第一款:"农村中的家庭联产承包为主的责任制和生产、供销、信用、消费等各种形式的合作经济,是社会主义劳动群众集体所有制经济。参加农村集体经济组织的劳动者,有权在法律规定的范围内经营自留地、自留山、家庭副业和饲养自留畜。"修改为:"农村集体经济组织实行家庭承包经营为基础、统分结合的双层经营体制。农村中的生产、供销、信用、消费等各种形式的合作经济,是社会主义劳动群众集体所有制经济。参加农村集体经济组织的劳动者,有权在法律规定的范围内经营自留地、自留山、家庭副业和饲养自留畜。"

第十六条,宪法第十一条:"在法律规定范围内的城乡劳动者个体经济,是社会主义公有制经济的补充。国家保护个体经济的合法的权利和利益。""国家通过行政管理,指导、帮助和监督个体经济。""国家允许私营经济在法律规定的范围内存在和发展。私营经济是社会主义公有制经济的补充。国家保护私营经济的合法的权利和利益,对私营经济实行引导、监督和管理。"修改为:"在法律规定范围内的个体经济、私营经济等非公有制经济,是社会主义市场经济的重要组成部分。""国家保护个体经济、私营经济的合法的权利和利益。国家对个体经济、私营经济实行引导、监督和管理。"

第十七条,宪法第二十八条:"国家维护社会秩序,镇压叛国和其他反革命的活动,制裁危害社会治安、破坏社会主义经济和其他犯罪的活动,惩办和改造犯罪分子。"修改为:"国家维护社会秩序,镇压叛国和其他危害国家安全的犯罪活动,制裁危害社会治安、破坏社会主义经济和其他犯罪的活动,惩办和改造犯罪分子。"①

1999 年宪法修正案虽然只有 6 条,但意义十分重大。

一是确立了邓小平理论在国家的指导思想地位。党的十五大把邓小平理论确立为党的指导思想,1999 年宪法修正案又进一步把邓小平理论确立为国家的指导思想。全国各族人民在党的领导下,在马列主义、毛泽东思想、邓小平理论的指引下进行社会主义现代化建设,其意义重大而深远。党的十一届三中全会后,以邓小平为代表的中国共产党人,带领全国

① 《中华人民共和国宪法修正案》(1999 年 3 月 15 日第九届全国人民代表大会第二次会议通过),见中共中央文献研究室编:《十五大以来重要文献选编》(上),中央文献出版社 2011 年版,第 710—712 页。

各族人民,总结历史的经验教训,解放思想,实事求是,实现全党全国工作中心向经济建设转移,实行改革开放,开辟了社会主义事业发展的新时期,逐步形成了建设有中国特色社会主义的路线、方针、政策,阐明了在中国建设社会主义、巩固和发展社会主义的一系列基本问题,创立了邓小平理论。实践证明,邓小平理论是指导中国人民在改革开放中胜利实现社会主义现代化的正确理论。把邓小平理论载入宪法,符合各族人民的共同心愿,对于促进中国特色社会主义事业的胜利发展发挥了重要作用。

二是确立了我国社会主义初级阶段的基本经济制度和分配制度,肯定了个体、私营经济等非公有制经济是社会主义市场经济的重要组成部分。我国是社会主义国家,必须坚持公有制为主体。但我国又处于社会主义初级阶段,因此又必须坚持多种所有制经济共同发展,积极鼓励和引导非公有制经济健康发展。公有制为主体、多种所有制经济共同发展,决定了必须实行按劳分配为主体的多种分配方式。1999 年宪法修正案把社会主义初级阶段的基本经济制度和分配制度,以及个体、私营经济等非公有制经济的地位和作用,用根本大法确立下来,既是对此前改革和发展成果的肯定,又为后来的改革和发展提供了宪法依据。

三是把依法治国建设社会主义法治国家载入了宪法。依法治国是历史发展的必然,是社会文明进步的重要标志。党的十五大把依法治国、建设社会主义法治国家,确定为党领导人民治理国家的基本方略,1999 年宪法修正案又把它载入宪法,上升为国家意志,这对于坚持依法治国基本方略,不断健全社会主义法治,发展社会主义民主政治,促进经济体制改革和经济建设,具有重要意义。

除以上述三点外,1999 年宪法修正案将农村集体组织的经营体制肯定下来,对农村、农业与农民的稳定有重大意义。将国家镇压“反革命的活动”改为国家镇压“危害国家安全的犯罪活动”等,也很重要。

(二)2004 年宪法修正案

党的十六大闭幕后不久,中共中央政治局就将修改宪法部分内容的工作提上了议事日程。2002 年 12 月 4 日,中共中央总书记胡锦涛在首都各界纪念宪法公布施行 20 周年大会上所作的重要讲话中提出："要适应改革开放和社会主义现代化建设的发展要求,根据实践中取得的重要的新经验和新认识,及时依照法定程序对宪法的某些规定进行必要的修正和补充。"①修改宪法是国家政治生活中的一件大事,中共中央十分重视。《中央政治局常委会 2003 年工作要点》明确提出,要根据新形势下党和国家事业发展的要求,着手进行宪法修改工作。

2003 年"两会"期间,胡锦涛作出重要批示,要求尽快启动修宪工作,并对宪法修改工作提出了明确要求,强调在整个修宪过程中要"切实加强党的领导,充分发扬民主,广泛听取各方面的意见,严格依法办事"。"两会"一结束,3 月 27 日,中共中央政治局常委会召开会议,研究和部署修宪工作,确定这次修宪总的原则是:坚持以马克思列宁主义、毛泽东思想、邓小平理论和"三个代表"重要思想为指导,贯彻党的十六大精神,体现党的十三届四中全会以来的基本经验,把党的十六大确定的重大理论观点和重大方针政策写入宪法。这次会议决定成立以中共中央政治局常委、全国人大常委会委员长吴邦国为组长的中央宪法修改小组,在中共中央政治局常委会领导下开展工作。宪法修改工作正式启动。

这次修宪预先不提出修改方案,而是直接听取广大党员、干部和人民群众的意见。2003 年 4 月,中共中央向各省、自治区、直辖市党委发出《关于征求对修改〈中华人民共和国宪法〉部分内容的意见的通知》,要求各省、自治区、直辖市人大常委会党组在调查研究的基础上提出修宪建议。各地党委对修宪工作高度重视,认真学习贯彻中共中央的通知精神,立即展开调查研究,广泛征求意见。据不完全统计,各地方、各部门共向中共中央提出了 30 多类近百条意见。5 月、6 月,中共中央宪法修改小组在上海、四川、北京等地,先后召开 6 次座谈会,直接听取全国 31 个省、自治区、直辖市,中央和国家机关有关部门和部分企业(包括非公有制企业)负责人、专家学者的意见。

---

① 《在首都各界纪念中华人民共和国宪法公布施行二十周年大会上的讲话》,见中共中央文献研究室编:《十六大以来重要文献选编》(上),中央文献出版社 2011 年版,第72 页。

在广泛征求各地方、各部门、各方面意见的基础上,中共中央宪法修改小组及其办公室工作人员认真研究每一条意见,字斟句酌,反复推敲,于 7 月初拟出《中共中央关于修改宪法部分内容的建议》(草稿)。《建议》草稿经中共中央政治局常委会会议和中共中央政治局会议讨论后,以《中共中央关于修改宪法部分内容的建议》(征求意见稿)的形式,下发各省、自治区、直辖市党委,中央和国家机关各部委党组(党委),解放军总政治部,各人民团体党组,再次广泛征求意见。

8 月 28 日,胡锦涛在中南海怀仁堂主持召开各民主党派中央、全国工商联负责人和无党派人士座谈会,就《建议》征求意见稿同他们坦诚交谈,征求意见。座谈会上,他们对《建议》征求意见稿给予充分肯定;同时,也提出了重要的修改建议,特别是普遍希望把党的十六大提出的在社会变革中出现的新的社会阶层都是中国特色社会主义事业的建设者的论断,反映到宪法关于统一战线的表述中。9 月 12 日,吴邦国又在人民大会堂召开部分理论工作者、法学专家和经济学专家座谈会,诚恳地听取他们的意见。专家们畅所欲言,充分发表了自己的观点和看法,提出了很好的意见和建议。

根据各地方、各部门、各方面的意见,中共中央宪法修改小组对《建议》征求意见稿进一步作了修改,采纳了关于完善土地征用制度、关于紧急状态制度、关于在统一战线组成中增加社会主义事业的建设者等建议。胡锦涛主持中共中央政治局常委会会议和中共中央政治局会议,经过反复讨论研究,最后形成了《中共中央关于修改宪法部分内容的建议》草案,决定提请党的十六届三中全会审议。

10 月 11 日,党的十六届三中全会在北京召开。吴邦国受中共中央政治局委托,就修宪建议向全会作了说明。出席会议的 342 名中共中央委员会委员和候补委员在审议中,对《建议》草案给予高度评价,一致认为:根据经济社会发展的客观要求,依照法定程序,在宪法中确立"三个代表"重要思想在国家政治和社会生活中的指导地位,把党的十六大确定的重大理论观点和重大方针政策写入宪法,有利于宪法更好地发挥国家根本法的作用。10 月 14 日,党的十六届三中全会通过了《中共中央关于修改宪法部分内容的建议》,并决定向十届全国人大常委会提出。

2003年12月22日至27日举行的十届全国人大常委会第六次会议将《中共中央关于修改宪法部分内容的建议》列入议程。受中共中央委托,中共中央政治局委员王兆国就《建议》作了说明。至此,修宪工作正式进入法定程序。围绕中共中央《建议》,常委会组成人员以高度负责的精神,对中共中央《建议》进行了认真讨论,一致赞成中共中央确定的这次修改宪法总的原则,认为以马克思列宁主义、毛泽东思想、邓小平理论和"三个代表"重要思想为指导,贯彻党的十六大精神,根据我国改革开放和社会主义现代化建设事业发展的需要,修改宪法部分内容,十分必要,非常及时。中共中央《建议》立意高远,内涵深刻,体现了党的主张和人民意志的有机统一,凝聚了全党全国各族人民的智慧,都是关系国家发展和长治久安的重大问题。

根据全国人大常委会组成人员的共同意见,依照宪法第64条规定的修改宪法的特别程序,以中共中央《建议》为基础,委员长会议根据常委会组成人员的审议情况,拟订了全国人大常委会关于提请审议宪法修正案草案的议案代拟稿和宪法修正案草案代拟稿,12月27日提请十届全国人大常委会第六次会议表决。表决结果:出席会议的常委会166名组成人员全票通过,决定将全国人大常委会关于提请审议宪法修正案草案的议案提请十届全国人大二次会议审议,并委托各选举单位组织全国人大代表审阅宪法修正案草案,学习现行宪法和有关文件,为二次会议审议作了必要准备。

2004年3月,宪法修正案草案摆上了出席十届全国人大二次会议2900余名全国人大代表的案头。3月8日,在十届全国人大二次会议第三次全体会议上,全国人大常委会副委员长王兆国受全国人大常委会委托,就宪法修正案草案作了说明。全国人大代表对宪法修正案草案进行了认真的审议。代表们普遍反映,宪法修正案草案体现了"四个统一":宪法的稳定性和适应性的统一,党的主张和人民意志的统一,讲法和讲政治的统一,充分发扬民主和严格依法办事的统一。草案顺乎民意,符合最广大人民的根本利益。

在充分肯定修正案草案的同时,有些代表提出了一些意见和建议。根据代表们的审议意见,大会主席团 3 月 12 日举行第二次会议,听取关于宪法修正案草案审议情况的汇报并表决通过,将大会主席团关于宪法修正案草案审议情况的报告和宪法修正案草案修改稿提交各代表团审议。大会主席团在报告中,建议就两个问题对宪法修正案草案的三条加以修改:关于对土地和私有财产的征收、征用及补偿问题,有的代表提出:宪法修正案草案有关的两条规定中的"依照法律规定",是只规范征收、征用行为,还是也规范补偿行为,应予明确。大会主席团经研究建议,将"并给予补偿"前面的逗号删去,更明确地表明"依照法律规定"既规范征收、征用行为,又规范补偿行为。关于中国特色社会主义道路的表述问题,有的代表建议将宪法修正案草案表述的"沿着建设中国特色社会主义道路"中的"建设"两个字删去。大会主席团建议采纳这一意见,与党的十六大报告的提法一致起来。

3 月 13 日,大会主席团举行第三次会议,根据代表们的审议意见,决定将中华人民共和国宪法修正案草案表决稿提请大会全体会议表决。3 月 14 日,出席会议的 2903 名全国人大代表,以无记名投票方式,郑重表决宪法修正案草案。16 时 54 分,总监票人向大会执行主席报告投票结果后,工作人员宣读表决结果:收回有效票 2890 张,赞成 2863 票,反对 10 票,弃权 17 票。全国人大常务委员会委员长、大会主席团常务主席、执行主席吴邦国宣布:中华人民共和国宪法修正案通过。

2004 年宪法修正案共 14 条,因条款与 1988 年、1993 年和 1999 年宪法修正案连续排列,故被列为第十八条至第三十一条,其具体内容为:

第十八条,宪法序言第七自然段中"在马克思列宁主义、毛泽东思想、邓小平理论指引下"修改为"在马克思列宁主义、毛泽东思想、邓小平理论和'三个代表'重要思想指引下","沿着建设有中国特色社会主义的道路"修改为"沿着中国特色社会主义道路","逐步实现工业、农业、国防和科学技术的现代化"之后增加"推动物质文明、政治文明和精神文明协调发展"。这一自然段相应地修改为:"中国新民主主义革命的胜利和社会主义事业的成就,是中国共产党领导中国各族人民,在马克思列宁主义、毛泽东思想的指引下,坚持真理,修正错误,战胜许多艰难险阻而取得的。我国将长期处于社会主义初级阶段。国家的根本任务是,沿着中国特色社会主义道路,集中力量进行社会主义现代化建设。中国各族人民将继续在中国共产党领导下,在马克思列宁主义、毛泽东思想、邓小平理论和'三个代表'重要思想指引下,坚持人民民主专政,坚持社会主义道路,坚持改革开放,不断完善社会主义的各项制度,发展社会主义市场经济,发展社会主义民主,健全社会主义法制,自力更生,艰苦奋斗,逐步实现工业、农业、国防和科学技术的现代化,推动物质文明、政治文明和精神文明协调发展,把我国建设成为富强、民主、文明的社会主义国家。"

第十九条,宪法序言第十自然段第二句"在长期的革命和建设过程中,已经结成由中国共产党领导的,有各民主党派和各人民团体参加的,包括全体社会主义劳动者、拥护社会主义的爱国者和拥护祖国统一的爱国者的广泛的爱国统一战线,这个统一战线将继续巩固和发展。"修改为:"在长期的革命和建设过程中,已经结成由中国共产党领导的,有各民主党派和各人民团体参加的,包括全体社会主义劳动者、社会主义事业的建设者、拥护社会主义的爱国者和拥护祖国统一的爱国者的广泛的爱国统一战线,这个统一战线将继续巩固和发展。"

第二十条,宪法第十条第三款"国家为了公共利益的需要,可以依照法律规定对土地实行征用。"修改为:"国家为了公共利益的需要,可以依照法律规定对土地实行征收或者征用并给予补偿。"

第二十一条,宪法第十一条第二款"国家保护个体经济、私营经济的合法的权利和利益。国家对个体经济、私营经济实行引导、监督和管理。"修改为:"国家保护个体经济、私营经济等非公有制经济的合法的权利和利益。国家鼓励、支持和引导非公有制经济的发展,并对非公有制经济依法实行监督和管理。"

第二十二条,宪法第十三条"国家保护公民的合法的收入、储蓄、房屋和其他合法财产的所有权。""国家依照法律规定保护公民的私有财产的继承权。"修改为:"公民的合法的私有财产不受侵犯。""国家依照法律规定保护公民的私有财产权和继承权。""国家为了公共利益的需要,可以依照法律规定对公民的私有财产实行征收或者征用并给予补偿。"

第二十三条,宪法第十四条增加一款,作为第四款:"国家建立健全同经济发展水平相适应的社会保障制度。"

第二十四条,宪法第三十三条增加一款,作为第三款:"国家尊重和保障人权。"第三款相应地改为第四款。

第二十五条,宪法第五十九条第一款"全国人民代表大会由省、自治区、直辖市和军队选出的代表组成。各少数民族都应当有适当名额的代表。"修改为:"全国人民代表大会由省、自治区、直辖市、特别行政区和军队选出的代表组成。各少数民族都应当有适当名额的代表。"

第二十六条,宪法第六十七条全国人民代表大会常务委员会职权第二十项"(二十)决定全国或者个别省、自治区、直辖市的戒严"修改为"(二十)决定全国或者个别省、自治区、直辖市进入紧急状态"。

第二十七条,宪法第八十条"中华人民共和国主席根据全国人民代表大会的决定和全国人民代表大会常务委员会的决定,公布法律,任免国务院总理、副总理、国务委员、各部部长、各委员会主任、审计长、秘书长,授予国家的勋章和荣誉称号,发布特赦令,发布戒严令,宣布战争状态,发布动员令。"修改为:"中华人民共和国主席根据全国人民代表大会的决定和全国人民代表大会常务委员会的决定,公布法律,任免国务院总理、副总理、国务委员、各部部长、各委员会主任、审计长、秘书长,授予国家的勋章和荣誉称号,发布特赦令,宣布进入紧急状态,宣布战争状态,发布动员令。"

第二十八条,宪法第八十一条"中华人民共和国主席代表中华人民共和国,接受外国使节;根据全国人民代表大会常务委员会的决定,派遣和召回驻外全权代表,批准和废除同外国缔结的条约和重要协定。"修改为:"中华人民共和国主席代表中华人民共和国,进行国事活动,接受外国使节;根据全国人民代表大会常务委员会的决定,派遣和召回驻外全权代表,批准和废除同外国缔结的条约和重要协定。"

第二十九条,宪法第八十九条国务院职权第十六项"(十六)决定省、自治区、直辖市的范围内部分地区的戒严"修改为"(十六)依照法律规定决定省、自治区、直辖市的范围内部分地区进入紧急状态"。

　　第三十条,宪法第九十八条"省、直辖市、县、市、市辖区的人民代表大会每届任期五年。乡、民族乡、镇的人民代表大会每届任期三年。"修改为:"地方各级人民代表大会每届任期五年。"

　　第三十一条,宪法第四章章名"国旗、国徽、首都"修改为"国旗、国歌、国徽、首都"。宪法第一百三十六条增加一款,作为第二款:"中华人民共和国国歌是《义勇军进行曲》。"①

　　2004年宪法修正案反映了全党全国各族人民的共同意愿,反映了时代的要求,意义重大,影响深远。

　　首先,这是一个具有历史性贡献、与时俱进的宪法修正案。2004年宪法修正案把"三个代表"重要思想同马克思列宁主义、毛泽东思想、邓小平理论一道写入宪法,确立其在国家政治和社会生活中的指导地位,实现了国家指导思想的又一次与时俱进。"三个代表"重要思想同马克思列宁主义、毛泽东思想、邓小平理论是一脉相承而又与时俱进的科学体系,是面向21世纪的中国化的马克思主义。将"三个代表"重要思想写入宪法,反映了全党全国各族人民的共同意愿,确定了全党全国各族人民在新世纪新阶段继续团结奋斗的共同思想基础,具有重大的现实意义和深远的历史意义。

　　其次,这次修宪,进一步明确了国家对发展非公有制经济的方针,规定:"国家保护个体经济、私营经济等非公有制经济的合法的权利和利益。国家鼓励、支持和引导非公有制经济的发展,并对非公有制经济依法实行监督和管理。"这样修改,全面、准确地体现了党的十六大关于对非公有制经济既鼓励、支持、引导,又依法监督、管理,以促进非公有制经济健康发展的精神,符合我国社会主义初级阶段生产力发展的客观要求。

　　最后,这是一个以人为本、充分重视公民权利的宪法修正案。随着经济发展和人民生活水平的提高,公民拥有的私人财产普遍有了不同程度

---

　　① 《中华人民共和国宪法修正案》(2004年3月14日第十届全国人民代表大会第二次会议通过),见中共中央文献研究室编:《十六大以来重要文献选编》(上),中央文献出版社2011年版,第889—892页。

的增加,越来越多的公民有了私人的生产资料,广大群众对用法律保护自己的财产有了更加迫切的要求。这次修宪从法律上进一步明确了私有财产的保护范围,用"财产权"代替"所有权",为在市场经济条件下保护公民财产所有权以外的其他物权、债权以及知识产权等方面的财产权,提供了宪法保障;同时,完善了对私有财产的征收、征用制度,以利于正确处理私有财产保护和公共利益需要的关系。

三、中国特色社会主义法律体系的形成与完善

从党的十五大到党的十八大的 15 年中,国家立法工作取得重大进展。立法步伐不断加快,立法质量不断提高。经过几届全国人大的不懈努力,到十一届全国人大任期结束前,构成中国特色社会主义法律体系的各个法律部门已经齐全,每个法律部门中主要的法律已经基本制定出来,以宪法为核心的中国特色社会主义法律体系已经形成并逐步得到完善,为改革开放和社会主义现代化建设提供了有力的法治保障。

(一)中国特色社会主义法律体系初步形成

1997 年,党的十五大报告首次提出"加强立法工作,提高立法质量,到 2010 年形成有中国特色社会主义法律体系"[1]。此后,九届至十一届全国人大及其常委会为实现这一目标进行了持续努力。九届全国人大及其常委会任期 5 年中,共审议通过 113 件法律、法律解释和有关法律问题的决定。其中,由常委会审议通过 102 件,由常委会审议后提请代表大会审议通过 7 件,另有 4 件有关法律问题的决定由代表大会审议通过。[2]在前几届工作的基础上,经过不懈努力,到九届全国人大任期结束前,以

---

[1]　中共中央文献研究室编:《十五大以来重要文献选编》(上),中央文献出版社 2011 年版,第 28 页。

[2]　《全国人民代表大会常务委员会工作报告——2003 年 3 月 10 日在第十届全国人民代表大会第一次会议上》,《人民日报》2003 年 3 月 22 日。

宪法为核心的中国特色社会主义法律体系已经初步形成。

九届全国人大坚持把立法与国家改革、发展、稳定的重大决策紧密结合起来。紧紧围绕国家的中心工作开展立法,集中力量,保证急需制定的法律,以及形成法律体系必不可少的重要法律适时出台,使立法工作服从服务于国家工作大局。

为规范立法活动,健全国家立法制度,建立和完善中国特色社会主义法律体系,保障和发展社会主义民主,推进依法治国,建设社会主义法治国家,2000年3月15日,九届全国人大三次会议审议通过了《中华人民共和国立法法》,自2000年7月1日起施行。

《立法法》共6章94条,对本法的适用范围、立法活动的基本原则、立法权限、授权立法、立法程序、法律解释、适用规则、法规、规章的备案等作了具体规定。

关于本法的适用范围,立法法规定,法律、行政法规、地方性法规、自治条例和单行条例的制定、修改和废止,适用本法。

关于立法活动的基本原则,立法法规定:立法应当遵循宪法的基本原则;应当维护社会主义法制的统一和尊严;应当体现人民的意志,维护人民的利益;应当从实际出发,合理地规定公民、法人和其他组织的权利与义务、国家机关的权力与责任;应当依照法定的权限和程序进行。

关于立法权限,立法法规定,全国人民代表大会和全国人民代表大会常务委员会行使国家立法权。全国人民代表大会制定和修改刑事、民事、国家机构的和其他的基本法律。全国人民代表大会常务委员会制定和修改除应当由全国人民代表大会制定的法律以外的其他法律;在全国人民代表大会闭会期间,对全国人民代表大会制定的法律进行部分补充和修改,但是不得同该法律的基本原则相抵触。立法法对只能由全国人大及其常委会立法的事项作了明确规定,即国家主权的事项;各级人民代表大会、人民政府、人民法院和人民检察院的产生、组织和职权;民族区域自治制度、特别行政区制度、基层群众自治制度;犯罪和刑罚;对公民政治权利的剥夺、限制人身自由的强制措施和处罚;对非国有财产的征收;民事基本制度;基本经济制度以及财政、税收、海关、金融和外贸的基本制度;诉讼和仲裁制度;必须由全国人民代表大会及其常务委员会制定法律的其他事项。

关于授权立法,立法法规定,全国人大及其常委会有权决定,授权国务院就应当由法律规定的部分事项先制定行政法规,但是有关犯罪和刑罚、对公民政治权利的剥夺和限制人身自由的强制措施和处罚、司法制度等不能授权。

关于立法程序,立法法规定:一、常委会审议法律案一般实行三审制。二、坚持统一审议,充分发挥各专门委员会的作用。法律案由有关专门委员会提出审议意见;法律委员会对法律案统一审议,提出审议结果的报告及草案修改稿。法律委员会对有关专门委员会的重要审议意见没有采纳的,应向有关专门委员会反馈。各专门委员会之间对重要问题意见不一致时,应当向委员长会议报告。三、进一步发扬民主,走群众路线。听取意见可以采取座谈会、论证会、听证会等多种形式,一些重要法律草案,经委员长会议决定,向全民公布,征求意见。四、常委会在分组会议审议的基础上,可召开联组会议或全体会议,对主要问题进行讨论。五、审议中如有重大问题需进一步研究,可暂不付表决。因存在较大意见分歧,搁置审议满两年的,对该法律草案终止审议。六、对行政法规、地方性法规和规章的制定程序做了原则规定。

关于法律解释,立法法规定,法律规定需要进一步明确具体含义,需要明确适用法律依据的,由全国人大常委会作出解释。全国人大常委会的法律解释同法律具有同等效力。

关于适用规则,立法法规定,上位法的效力高于下位法;同位法中特别规定与一般规定不一致的,适用特别规定;同位法中新规定与旧规定不一致的,适用新规定。

关于法规、规章的备案,立法法规定了备案程序,并规定:机关、团体或公民认为行政法规、地方性法规、自治条例和单行条例同宪法或者法律相抵触时,可以向全国人大常委会书面提出进行审查的要求,由常委会工作机构分送有关专门委员会进行审查。经审查,认为同宪法或者法律相抵触的,可以向制定机关提出书面审查意见。制定机关不予修改的,提请全国人大常委会决定是否予以撤销。①

立法法的颁布施行,对规范立法活动,健全国家立法制度,维护国家法制统一,具有重要意义。

除立法法之外,九届全国人大及其常委会还围绕国家中心工作制定了以下法律:

民法商法是规范民事和商事活动的基础性法律。通过制定合同法,规范了市场交易规则,使我国市场经济条件下民事活动的法律制度更加完备。制定农村土地承包法,以法律的形式赋予农民长期而有保障的土地使用权,有利于保持党在农村基本政策的连续性和稳定性,促进农村和农业的发展,维护农村的稳定。证券法、招标投标法、信托法、个人独资企业法等法律的制定,确立了我国证券市场、招投标市场、信托事业、私营企业的基本制度和活动规则,维护了金融秩序,促进了公平竞争和非公有制经济的健康发展。

经济法是调整因国家对经济活动的管理所产生的社会经济关系的法律。海域使用管理法的制定,建立健全了有偿使用资源的法律制度,为我国自然资源的永续利用提供了法律保障。中小企业促进法和政府采购法的制定,有利于多种所有制经济共同发展,增加劳动就业,有利于提高财政资金的使用效益,从源头上遏制腐败。

行政法是调整国家行政管理活动的法律。行政复议法的制定,健全了对行政行为的监督机制,有利于纠正违法和不当的行政行为,维护公民和法人的合法权益,促进依法行政。在总结各地多年实践和实施地方性法规经验的基础上,制定了人口与计划生育法,把这一基本国策上升为法律,这对于有效控制人口数量,提高人口素质,具有现实和深远的影响。高等教育法、国防教育法、民办教育促进法、国家通用语言文字法、科学技术普及法、执业医师法、药品管理法、文物保护法等一批法律的制定,推动了科教兴国战略的实施,促进了教育、科学、文化、卫生事业的健康发展。本届常委会还制定了防沙治沙法、环境影响评价法、清洁生产促进法,加

① 《中华人民共和国立法法》,《人民日报》2000年3月19日。

上以往制定的保护环境的法律,我国环境保护方面的法律基本完备,从而把生态环境的法制保护提高到一个新的水平。

社会法是调整劳动关系、社会保障和社会福利关系的法律。通过制定安全生产法、职业病防治法等,为防止和减少生产安全事故,预防、控制和消除职业危害,保护劳动者的健康安全,提供了法律保障。

诉讼和非诉讼程序法是规范因诉讼和非诉讼活动而产生的社会关系的法律。根据海事活动的特点,制定了海事诉讼特别程序法。还制定了引渡法,为惩治犯罪的国际合作,提供了法律依据。

九届全国人大坚持把修改原有法律与制定新的法律放在同等重要的位置,对不适应社会主义市场经济和改革开放要求的法律及时进行修改。本届全国人大及其常委会审议通过的 74 件法律中,有 41 件是对法律的修改,从而把实践证明是成功的新经验和新认识及时用法律规定下来,使立法工作适应我国社会发生的广泛而深刻的变化,更好地发挥法律对现实生活的规范作用。

民族区域自治法的修改,对坚持和完善民族区域自治制度,促进民族地区经济和社会的全面发展,维护国家统一,巩固和发展平等、团结、互助的社会主义民族关系,具有重要作用。在村民自治经过 10 年实践的基础上,对村民委员会组织法进行修订,进一步扩大了农村基层民主,保障广大农民群众直接行使民主权利,调动了他们依法管理自己的事情、发展生产和创造自己幸福生活的积极性。

根据我国社会生活变化给婚姻家庭关系带来的新情况、新问题,修改了婚姻法,这对坚持一夫一妻的婚姻家庭制度,维护平等、和睦、文明的婚姻家庭关系,促进社会稳定,推进社会主义精神文明建设,起到了积极作用。专利法、商标法、著作权法的修改,适应了我国加入世界贸易组织的需要,进一步完善了保护知识产权的各项制度。

本届常委会修改了产品质量法、会计法、税收征收管理法,针对经济活动中的突出问题,建立和补充了新的行为规范,加大执法力度,完善监管措施,保障了人民群众的生命和财产安全,维护了良好的经济秩序。通过修改农业法,巩固和加强了农业在国民经济中的基础地位,对建设现代农业,发展农村经济,增加农民收入,具有重要意义。在修改知识产权法律的同时,分别对中外合资经营企业法、中外合作经营企业法、外资企业法、海关法、进出口商品检验法等进行了修改,使我国有关货物贸易、服务贸易、知识产权、投资措施的法律,与世贸组织规则相一致,维护了国家的经济利益和经济安全,进一步完善了我国对外开放的法律环境。

通过对工会法的修改,进一步肯定了工人阶级在我国政治生活和社会生活中的主人翁地位,对完善市场经济条件下的劳动关系,维护职工的合法权益,组织职工积极参加经济建设,具有重要意义。

通过对刑法有关规定的修改和法律解释,为严厉打击邪教活动犯罪、恐怖活动犯罪和黑社会性质的有组织犯罪,惩处国家工作人员犯罪,以及破坏外汇、期货、财务会计管理等新的经济犯罪行为,维护国家安全和经济建设的正常秩序,保持社会稳定,提供了有力的法律武器。

另外,海洋环境保护法,土地管理法、草原法、水法的修改,建立健全了保护基本农田、维护草原生态和有偿使用资源的法律制度。

(二)中国特色社会主义法律体系基本形成

2002年党的十六大报告重申"加强立法工作,提高立法质量,到2010年形成中国特色社会主义法律体系"①。为此,十届全国人大及其常委会从一开始就明确提出了在任期内"以基本形成中国特色社会主义法律体系为目标、以提高立法质量为重点"的立法工作思路,并在总结经验,广泛征求立法项目建议,深入调查研究,充分听取各方面意见的基础上,制定了五年立法规划。列入规划的立法项目共76件,涵盖了中国特色社会主义法律体系的各个法律部门。5年来,十届全国人大及其常委会共审议宪法修正案草案、法律草案、法律解释草案和有关法律问题的决定草案106件,通过了其中的100件。一批在中国特色社会主义法律体系中具

---

① 中共中央文献研究室编:《十六大以来重要文献选编》(上),中央文献出版社2011年版,第25—26页。

有支架作用的重要法律相继出台。① 在前几届全国人大及其常委会立法工作的基础上,经过十届全国人大及其常委会的不懈努力,至 2008 年 3 月,我国法律已达 229 件,加上行政法规约 600 件、地方性法规 7000 多件,构成中国特色社会主义法律体系的各个法律部门已经齐全,各个法律部门中基本的、主要的法律及配套规定已经制定出来,中国特色社会主义法律体系已经基本形成,国家经济、政治、文化、社会生活的各个方面基本实现了有法可依。

在宪法及宪法相关法方面,十届全国人大及其常委会通过了 29 件法律、法律解释和有关法律问题的决定,包括宪法修正案、反分裂国家法、监督法等重要法律,香港特别行政区基本法的两个解释和两个决定,以及完善选举制度、司法制度的有关法律和决定。

十届全国人大三次会议审议并高票通过的反分裂国家法,是关系国家主权和领土完整、实现祖国和平统一大业的重要法律。全国人大及其常委会贯彻中共中央对台工作的大政方针,坚持一个中国原则决不动摇、争取和平统一的努力决不放弃、贯彻寄希望于台湾人民的方针决不改变、反对"台独"分裂活动决不妥协,紧紧围绕反对和遏制"台独"分裂活动、促进祖国和平统一这个主题,把国家关于对台工作的一系列重大原则和方针政策措施以法律形式固定下来,充分体现我们以最大诚意、尽最大努力实现两岸和平统一的一贯主张,同时表明全中国人民为维护国家主权和领土完整,绝不允许任何人以任何名义任何方式把台湾从祖国分裂出去的共同意志和坚定决心。

监督法涉及我国政治制度和国家体制,政治性很强。十届全国人大常委会在总结实践经验的基础上,广泛听取意见,反复研究论证,对监督法草案作了重大修改。明确了适用范围,重点规范了各级人大常委会最为关注、最希望规范的问题,正确处理了加强人大监督工作和坚持党的领导的关系,正确处理了加强人大监督工作和支持"一府两院"依法开展工

① 《全国人民代表大会常务委员会工作报告——2008 年 3 月 8 日在第十一届全国人民代表大会第一次会议上》,《人民日报》2008 年 3 月 22 日。

作的关系,充分体现了坚持党的领导、人民当家作主、依法治国的有机统一。监督法的制定,对于各级人大常委会依法行使监督职权,加强和改进监督工作,健全监督机制,增强监督实效,推进社会主义民主法治建设,具有重大意义。

香港基本法的解释权,是宪法和香港基本法赋予全国人大常委会的重要职权。十届全国人大常委会依照法定职权和程序,先后作出关于香港基本法附件一第七条和附件二第三条的解释、关于香港基本法第五十三条第二款的解释,关于香港特别行政区2007年行政长官和2008年立法会产生办法的决定、香港特别行政区2012年行政长官和立法会产生办法及有关普选问题的决定。这两个解释、两个决定,对于全面贯彻"一国两制"、"港人治港"、高度自治方针,正确实施香港基本法,推进香港民主健康发展,维护香港长期繁荣稳定,具有重大而深远的意义。

十届全国人大常委会还修改了地方组织法、选举法,完善国家的地方组织制度和选举制度;通过了一系列有关人大代表选举问题的决定,保障选举工作的顺利进行;通过了关于完善人民陪审员制度的决定、关于司法鉴定管理问题的决定,促进公正司法;授权香港特别行政区对深圳湾口岸港方口岸区实施管辖,促进两地交流和经贸往来;通过了外国中央银行财产司法强制措施豁免法、关于增加香港基本法附件三所列全国性法律的决定、关于增加澳门基本法附件三所列全国性法律的决定等。

在民法商法方面,十届全国人大及其常委会通过了13件法律和有关法律问题的决定,包括物权法、公司法(修订)、证券法(修订)、合伙企业法(修订)、企业破产法等。

十届全国人大五次会议审议并通过的物权法是我国民商事方面的一部基本法律。十届全国人大常委会强调制定物权法必须坚持正确的政治方向,从我国国情和实际出发,全面准确地体现社会主义基本经济制度,体现党的十六大确定的两个"毫不动摇"的方针;坚持对国家、集体和私人的物权实行平等保护,同时针对国有财产流失的情况,加强对国有财产保护;全面准确地体现现阶段党在农村的基本政策,坚持以家庭承包为基础、统分结合的双层经营体制,切实维护广大农民的利益;重点规范现实生活中群众最为关注的问题,妥善协调和处理各种利益关系。物权法的制定,对于维护好最广大人民的根本利益,发展社会主义市场经济,构建社会主义和谐社会,具有重要意义。

公司法、证券法、合伙企业法、企业破产法是民商事方面的重要法律。随着形势的发展,这些法律的一些规定已经不能适应现实需要。在总结实践经验、借鉴国外立法和广泛听取意见的基础上,十届全国人大常委会对公司法、证券法、合伙企业法作了全面修订,并制定了新的企业破产法。公司法的修改,一是下调公司注册资本最低限额,扩大股东出资财产的范围,鼓励投资创业;二是充实职工民主管理和保护职工权益的规定,明确公司监事会职工代表比例不得低于三分之一,职工的法定补偿金列入公司清算优先清偿的范围;三是修改公司股东大会、股东会、董事会、监事会和经理的职责等规定,强化内部监督与制约,进一步完善了公司法人治理结构;四是从知情权、投票权和退出机制等方面,加强对中小股东利益的保护。证券法的修改,主要是完善证券发行和交易制度,开辟证券市场发展的新空间;加强对中小投资者权益的保护,强化证券监管措施和手段,加大对违法行为的处罚力度。合伙企业法的修改,主要是增加和完善合伙企业的组织形式,鼓励自主创新和风险投资,促进技术、人才与资本的结合,推动专业服务机构做大做强。企业破产法的制定,健全了市场主体退出机制,增设了企业重整制度和破产管理人制度,完善了企业破产程序和破产当事人有关实体权利的规定,有利于各类企业公平清理债权债务,有利于保护债权人和债务人的合法权益,有利于维护社会主义市场经济秩序。这几部法律的修改、制定,对于健全市场主体法律制度,规范市场主体行为,推动现代企业制度建设,发展社会主义市场经济,具有重要作用。

十届全国人大常委会还修改了商业银行法,完善商业银行的治理和监管;制定了证券投资基金法,促进证券投资和证券市场的健康发展;制定了电子签名法,为电子商务发展提供法律保障;制定了农民专业合作社法,确立农民专业合作社的市场主体地位。

在行政法方面,十届全国人大常委会通过了 23 件法律和有关法律问题的决定,包括行政许可法、公务员法、治安管理处罚法等。

行政许可法是继行政诉讼法、行政处罚法和行政复议法之后又一部规范行政行为的重要法律,是促进依法行政、建设法治政府的重要举措。十届全国人大常委会从转变政府职能、提高行政效能出发,力求从制度上减少和规范行政审批,既切实保障行政机关实施管理又有效制约和监督行政权力。行政许可法对行政许可的原则、范围、设定权限、许可程序、法律责任等都作出了明确规定。行政许可法的制定,有利于政府转变职能,保障和监督行政机关依法实施行政管理,保护公民、法人和其他组织的合法权益。

公务员法是完善我国干部人事管理制度的一部重要法律。十届全国人大常委会从建立中国特色公务员制度出发,强调公务员立法要体现党的干部路线,全面反映党管干部原则和干部队伍建设"四化"方针,从我国政治体制的特点出发,把实践证明行之有效的干部人事管理制度以法律的形式确定下来。公务员法的制定,对于完善公务员制度,建设高素质公务员队伍,促进勤政廉政建设,提高工作效能,推进干部人事制度改革,具有重要意义。

治安管理处罚法关系到社会秩序和公共安全、关系到公民合法权益。十届全国人大常委会强调,治安管理立法要增强公民的法治观念,提高公安机关的执法水平,维护社会治安秩序,保护公民、法人和其他组织的合法权益;坚持综合治理的方针,采取有效措施,化解社会矛盾,增进社会和谐,维护社会稳定;立法既要赋予执法机关履行维护治安管理职责的必要权力,又要对其行使权力作出严格的规范和制约。适应新情况新问题,治安管理处罚法将一些新的违法行为纳入治安管理处罚的范围,适当提高罚款的数额,缩小行政拘留处罚的自由裁量幅度,完善处罚程序,强化对公安机关执法行为的规范和监督。

十届全国人大常委会还制定和修改了道路交通安全法,将道路交通安全管理工作纳入了规范化、法制化的轨道;制定了突发事件应对法,进一步确立突发事件应对的管理体制和机制;制定了禁毒法,加强预防和惩治,完善戒毒措施;制定了公证法,修改了律师法,进一步规范法律服务机构及其业务活动;制定了居民身份证法、护照法,进一步完善居民身份证管理和护照管理;修订了科学技术进步法,促进创新型国家的建设;制定了城乡规划法,修改了城市房地产管理法,促进城镇化建设和城乡协调发展;制定了放射性污染防治法,修订了固体废物污染环境防治法,加大环境保护力度,保障人民群众身体健康和生命安全。

在经济法方面,十届全国人大及其常委会通过了 23 件法律和有关法律问题的决定,包括企业所得税法、反垄断法、个人所得税法(三次修正)等。

统一内外资企业所得税是完善社会主义市场经济体制的重要举措。十届全国人大五次会议通过的企业所得税法,确立了各类企业统一适用、科学规范的企业所得税制度,实现了"四个统一",即:一是统一税法,为各类企业创造一个公平、规范的税收法制环境,内外资企业不再实行两套所得税制度;二是统一并降低法定税率,法定税率降低了 8 个百分点,同时规定了 20%和 15%两档优惠税率;三是统一并规范税前扣除办法和标准,企业实际发生的与取得收入有关的、合理的支出,准予在计算应纳税所得额时扣除;四是统一并完善税收优惠政策,实行"产业优惠为主、区域优惠为辅",对国家重点扶持和鼓励发展的产业和项目给予企业所得税优惠,并规定了较为稳妥的过渡措施。企业所得税法的制定,有利于规范税制,为各类企业创造一个公平竞争的市场环境,促进社会主义市场经济健康发展。

反垄断法是确立社会主义市场经济活动基本规则的一部重要法律。反垄断法确立了与我国社会主义基本经济制度相符合、与社会主义市场经济相符合、与我国经济发展阶段相适应的预防和制止垄断、保护和促进公平竞争的法律制度,对禁止垄断协议、禁止滥用市场支配地位、控制经营者集中、滥用行政权力排除和限制竞争等作出了明确规定。针对社会普遍关注的外资并购国内企业或者以其他方式参与经营者集中,反垄断法明确规定,涉及国家安全的,除依法对经营者集中进行审查之外,还应当按照国家有关规定进行国家安全审查。反垄断法的制定,对于预防和制止垄断行为,保护市场公平竞争,维护消费者权益和社会公共利益,促进科技进步,推进社会主义市场经济健康发展,具有重要作用。

个人所得税法是关系收入分配调节的一部重要法律,社会关注度高。十届全国人大常委会对这部法律先后作出三次修改。第一次修改,主要是将工薪所得减除费用标准从 800 元提高到 1600 元。第二次修改,就储蓄存款利息所得的个人所得税调整问题授权国务院作出规定。第三次修改,进一步将工薪所得减除费用标准从 1600 元提高到 2000 元。这三次修改,适应了居民基本生活消费支出增长的新情况,减轻了中低收入者的纳税负担。

十届全国人大常委会还制定了银行业监督管理法、反洗钱法,修改了中国人民银行法,以加强和完善金融监管;修改了对外贸易法,以更好地适应我国对外贸易的发展和加入世贸组织的需要;制定了可再生能源法,修改了节约能源法,促进经济社会可持续发展;制定了港口法,充分发挥港口在经济社会发展中的作用;制定了农产品质量安全法、畜牧法、农业机械化促进法,修改了动物防疫法,保障公众身体健康和生命安全,促进农业和养殖业健康发展。

在社会法方面,十届全国人大常委会通过了劳动合同法、就业促进法、劳动争议调解仲裁法,修改了义务教育法、传染病防治法等与群众利益关系密切的法律。此外,还修改了妇女权益保障法、未成年人保护法等。

劳动合同法是规范劳动关系的一部重要法律,涉及广大劳动者的切身利益。在广泛征求社会各方面意见特别是基层单位和群众意见的基础上,十届全国人大常委会经过四次审议,对劳动合同法草案作了较大修改,关键是如何妥善处理用人单位与劳动者之间的关系。劳动合同法针对当前劳动合同签订率低、劳动合同短期化、有些用人单位利用强势地位侵犯劳动者合法权益、劳务派遣关系不清、劳动监察执法不力等突出问题,进一步明确了劳动合同的法律地位,为规范劳动合同当事人权利义务、保护劳动者合法权益、发展和谐劳动关系,提供了有力的法律保障。

就业是民生之本,就业问题始终是关系亿万人民群众切身利益和经济社会发展全局的重大问题。就业促进法是继劳动合同法之后十届全国人大常委会通过的又一部完善劳动制度方面的重要法律。该法把实施积极的就业政策写入法律,坚持劳动者自主择业、市场调节就业、政府促进就业的方针,注重针对性和可操作性,把行之有效的促进就业再就业的政策措施以法律的形式固定下来,从法律上确立了促进就业的政策体系和制度保障,明确了就业援助和就业公共服务制度,还对实现公平就业、消除就业歧视、保障平等劳动权利等作了具体规定,为解决就业问题提供了有力的法律保障。

劳动争议调解仲裁法着眼于公正及时解决劳动争议,对劳动争议的处理原则、方式、程序和当事人权利义务作出了具体规定。主要内容是:强化基层调解组织的作用,完善劳动争议仲裁程序,缩短劳动争议处理时间,规定部分劳动争议仲裁裁决具有终局效力,明确劳动争议仲裁不收费,降低劳动者维权成本,维护当事人合法权益,发展和谐稳定的劳动关系。

针对义务教育方面存在的突出问题,十届全国人大常委会在全面修订义务教育法过程中强调:采取有效措施,确保义务教育经费纳入财政预算并及时足额拨付,尤其要重点扶持农村地区、贫困地区和民族地区义务教育的发展;从义务教育的本质属性出发,促进义务教育均衡发展;改革教学制度,精简教学内容,改进教学方法,减轻课业负担,尽快将义务教育转到素质教育的轨道上来。修订的主要内容:一是将义务教育经费保障机制以法律形式固定下来,明确义务教育不收学杂费,实施步骤由国务院规定;二是将促进义务教育均衡发展作为方向性要求确定下来,明确要求各级政府应当合理配置教育资源;三是围绕推进义务教育,进一步明确义务教育的方针、目标和政策措施。

传染病防治法是关系人民群众幸福安康的一部重要法律。十届全国人大常委会对传染病防治法进行了全面修订,进一步健全传染病预防、疫情报告通报公布、疫情控制制度,加强传染病防治保障措施和监督管理;同时,强化传染病的医疗救治措施,规定不得歧视传染病病人、病原携带者和疑似传染病病人,对患有特定传染病的困难人群实行医疗救助,要求各级人民政府加强艾滋病防治等,体现了对人的生命权、健康权的尊重和保护。

十届全国人大常委会修改了妇女权益保障法,第一次在法律上明确实行男女平等是国家的基本国策。修改了未成年人保护法,进一步强化家庭、学校、社会、政府的保护责任,突出未成年人的受教育权。

在刑法方面,十届全国人大常委会通过了刑法修正案(五)、刑法修正案(六),完善惩处信用卡犯罪和过失破坏武器装备、军事设施、军事通信犯罪的规定,对安全生产事故犯罪、破坏金融管理秩序犯罪、妨害公司和企业管理秩序犯罪等方面的规定,进行了修改和补充。十届全国人大常委会还通过了3个刑法有关规定的解释,进一步明确了刑法中"信用卡"、"出口退税、抵扣税款的其他发票"的含义,明确了刑法有关文物的规定适用于具有科学价值的古脊椎动物化石、古人类化石。这些修正和解释,对于准确理解刑法的有关规定,依法打击犯罪行为,发挥了积极作用。

在诉讼与非诉讼程序法方面,十届全国人大常委会修改了民事诉讼法。民事诉讼法的修改完善涉及公民诉讼权利的保障和实体权利的实现,特别是如何解决"申诉难"、"执法难"等问题,是人大代表和社会各界所普遍关注的。民事诉讼法修正案草案是在代表议案的基础上形成的,着重从细化再审事由、完善再审程序、强化执行措施、规范执行行为等方面完善法律规定,以解决群众反映强烈的"申诉难"、"执行难"等问题。[1]

(三)中国特色社会主义法律体系如期形成

为确保到2010年形成中国特色社会主义法律体系,十一届全国人大及其常委会自2008年依法履职以来,在提高立法质量的前提下,一手抓法律制定,一手抓法律清理。

在法律制定方面,2008年,十一届全国人大及其常委会共审议15件法律案,通过9件。制定了企业国有资产法、食品安全法、刑法修正案

---

[1]　《全国人民代表大会常务委员会工作报告——2008年3月8日在第十一届全国人民代表大会第一次会议上》,《人民日报》2008年3月22日。

(七)、循环经济促进法,修改了防震减灾法、残疾人保障法、消防法、保险法、专利法。针对企业国有资产管理和监督中的突出问题,企业国有资产法确立了国有资产出资人制度的基本原则,对关系出资人权益的重大事项,包括企业改制、关联交易、资产评估转让等容易造成国有资产流失的环节,规定了必须遵循的基本规则和严格的监管程序。

2009 年,十一届全国人大及其常委会共审议 22 件法律和有关法律问题的决定草案,通过 14 件,作出 2 项决议,在形成中国特色社会主义法律体系上迈出决定性步伐。

十一届全国人大常委会制定的侵权责任法,坚持从我国国情和实际出发,对民法通则确立的相关基本制度作了细化、补充和完善,明确承担侵权责任的基本原则和责任方式,就广大人民群众普遍关注、各方面意见又比较一致的医疗损害、环境污染、产品缺陷、交通事故、动物损害等问题作出具体规定,对保护民事主体的合法权益,预防并制裁侵权行为,减少和化解社会矛盾,促进社会和谐稳定具有重要意义。

十一届全国人大常委会还制定了农村土地承包经营纠纷调解仲裁法、国防动员法、人民武装警察法、驻外外交人员法、海岛保护法,修改了常委会议事规则、邮政法、统计法、著作权法,作出了关于授权澳门特别行政区对设在横琴岛的澳门大学新校区实施管辖的决定等。

2010 年,十一届全国人大及其常委会紧紧围绕如期形成中国特色社会主义法律体系加强立法工作,着力抓了一批在中国特色社会主义法律体系中起支架作用的重要法律的制定和修改,共审议通过 16 件法律和有关法律问题的决定。

修改选举法,推进中国特色社会主义选举制度的自我完善与发展,是坚持和完善人民代表大会制度的重要内容,是发展社会主义民主政治的必然要求。为贯彻落实党的十七大提出的逐步实行城乡按相同人口比例选举人大代表的要求,十一届全国人大常委会把修改选举法作为立法工作的一个重点。修改后的选举法一步到位实行城乡按相同人口比例选举人大代表,保证各地区、各民族、各方面都有适当数量人大代表,符合党的十七大精神,符合我国经济社会发展实际,符合广大人民群众的意愿,能够更好地体现人人平等、地区平等和民族平等,有利于进一步扩大人民民主,保证人民当家作主。

建立健全社会保险法律制度,是关系亿万群众切身利益的大事。十一届全国人大常委会对社会保险法作出重要修改,从法律上明确国家建立基本养老、基本医疗和工伤、失业、生育等社会保险制度,并对基本养老保险关系转移接续,提高基本养老保险基金统筹层次,建立新型农村社会养老保险制度和新型农村合作医疗制度等作出原则规定,强化了各级人大常委会对社会保险基金的监督职权。它的颁布实施,对加快建立覆盖城乡居民的社会保障体系,保障人民群众共享改革发展成果,促进社会主义和谐社会建设,具有十分重要的意义。

人大代表是国家权力机关的组成人员。为充分发挥代表作用,十一届全国人大常委会修改了代表法。修改后的代表法进一步明确了代表的权利和义务,细化了闭会期间代表活动的方式,强化了代表履职的保障措施,有利于进一步保障代表依法执行代表职务,更好地发挥人民代表大会制度的特点和优势。

基层群众自治制度是我国的一项重要政治制度。十一届全国人大常委会修订的村民委员会组织法,完善了村委会选举和罢免程序,健全了民主决策、民主管理、民主监督制度,对发展农村基层民主,调动广大农民群众的积极性、主动性和创造性,促进农村改革发展稳定具有重要作用。

对国家赔偿法的修改,主要从畅通请求渠道、完善办理程序、细化赔偿范围、明确举证责任、保障费用支付等方面完善了相关法律规定,对促进国家机关依法行使职权,保障公民、法人和其他组织的合法权益,维护社会公平正义与和谐稳定具有重要意义。

刑法作为规定犯罪、刑事责任和刑罚的法律,在中国特色社会主义法律体系中起支架作用,在惩治犯罪、保护人民、维护社会秩序、保障国家安全等方面发挥着重要作用。十一届全国人大常委会通过的刑法修正案(八),进一步落实宽严相济的刑事政策,取消了 13 个经济性非暴力犯罪死刑罪名,占死刑罪名总数的 19.1%;对判处死缓和无期徒刑罪犯的减刑、假释作了严格规范,对数罪并罚执行期限作了调整,加大了对累犯和黑社会性质组织犯罪等的惩处力度;将醉酒驾车、飙车、拒不支付劳动报酬等严重危害群众利益的行为规定为犯罪,并细化了惩治危害食品安全、生产销售假药和破坏环境资源等方面犯罪的规定,进一步强化了刑法对民生的保护,使我国刑罚结构更趋合理,以更好地起到惩治犯罪,教育改造罪犯,预防减少犯罪的作用。

十一届全国人大常委会制定的人民调解法,将人民调解工作长期积累的好经验、好做法上升为法律,从法律上完善了人民调解制度,明确人民调解与其他纠纷解决机制的关系,加强对人民调解工作的支持和保障,有利于充分发挥人民调解制度的特点和优势,更好地解决民间纠纷、化解社会矛盾、促进和谐稳定。

十一届全国人大常委会还制定了车船税法、非物质文化遗产法、涉外民事关系法律适用法、石油天然气管道保护法,修改了行政监察法、水土保持法、保守国家秘密法、预备役军官法,作出了关于批准香港特别行政区基本法附件一行政长官产生办法修正案的决定,并对附件二立法会产生办法和表决程序修正案依法予以备案。

在法律清理方面,2009 年以来,十一届全国人大常委会废止了 8 部法律和有关法律问题的决定,对 59 部法律作出修改;国务院废止了 7 部行政法规,对 107 部行政法规作出修改;地方人大及其常委会共废止地方性法规 455 部,修改地方性法规 1417 部①,基本解决了法律法规中存在的明显不适应、不一致、不协调等问题。

到 2010 年底,我国已制定现行有效法律 236 件、行政法规 690 多件、地方性法规 8600 多件,并全面完成对现行法律和行政法规、地方性法规的集中清理工作。② 至此,涵盖社会关系各个方面的法律部门已经齐全,各法律部门中基本的、主要的法律已经制定,相应的行政法规和地方性法规比较完备,法律体系内部总体做到科学和谐统一。一个立足中国国情和实际、适应改革开放和社会主义现代化建设需要、集中体现党和人民意志

---

① 《中国特色社会主义法律体系》(2011 年 10 月),《人民日报》2011 年 10 月 28 日。
② 《全国人民代表大会常务委员会工作报告》,《人民日报》2011 年 3 月 19 日。

的中国特色社会主义法律体系已经形成,国家经济建设、政治建设、文化建设、社会建设以及生态文明建设的各个方面实现有法可依,党的十五大提出到2010年形成中国特色社会主义法律体系的立法工作目标如期完成。

中国特色社会主义法律体系,是以宪法为统帅,以法律为主干,以行政法规、地方性法规为重要组成部分,由宪法相关法、民法商法、行政法、经济法、社会法、刑法、诉讼与非诉讼程序法等多个法律部门组成的有机统一整体。

中国特色社会主义法律体系是中国特色社会主义永葆本色的法治根基,是中国特色社会主义创新实践的法治体现,是中国特色社会主义兴旺发达的法治保障。中国特色社会主义法律体系的形成,是我国社会主义法治建设史上的重要里程碑,是中国特色社会主义制度逐步走向成熟的重要标志,具有重大的现实意义和深远的历史意义。

(四)中国特色社会主义法律体系的完善

中国特色社会主义法律体系是动态的、开放的、发展的,必然随着中国特色社会主义实践的发展而发展。中国特色社会主义法律体系形成后,我国立法任务依然艰巨而繁重,立法工作只能加强不能削弱。十一届全国人大及其常委会在新的起点上继续加强和改进立法工作,把更多的精力放到法律的修改完善上,放到法律配套法规的制定上,同时制定一些新的法律,以推动中国特色社会主义法律体系的与时俱进和发展完善。

2011年,十一届全国人大及其常委会共审议24件法律、法律解释和有关法律问题的决定草案,通过14件。

常委会通过的关于修改个人所得税法的决定,将工薪所得减除费用标准由每月2000元提高至3500元,将工薪所得税率由9级超额累进税率修改为7级,扩大了低档税率的适用范围,并将第一级税率由5%降至3%。这次修改进一步降低了中低收入者的税负,适当增加了高收入者的税负。

修改后的职业病防治法,增强了法律规定的可操作性。一是明确用人单位应当依法落实职业病防治措施,保障所需资金投入,并进一步强化了监管部门的责任。二是完善职业病诊断和鉴定机制,简化劳动仲裁程序,重点解决职业病诊断难的问题。三是规定用人单位应当保障职业病患者依法享受国家规定的待遇,用人单位已经不存在或无法确认劳动关系的职业病患者,可以向地方人民政府申请医疗和生活等方面的救助。

行政强制法关系到行政权的行使和公民合法权益的保障,涉及问题比较复杂,立法难度比较大。在反复调研论证和沟通协商的基础上,常委会经过审议通过了行政强制法。在立法过程中始终强调正确处理权力与权利、权力与责任的关系,既对行政强制行为进行规范、制约和监督,避免和防止权力滥用,维护公民、法人和其他组织合法权益,又赋予行政机关必要的强制手段,保障行政机关依法履行职责,提高行政管理效率。

香港特别行政区基本法、澳门特别行政区基本法的解释权,是宪法和两个基本法赋予全国人大常委会的重要职权。2011 年 8 月,常委会审议通过关于香港特别行政区基本法第十三条第一款和第十九条的解释。这是第一次由香港特别行政区终审法院在审理案件过程中,就基本法有关中央人民政府管理的事务和中央与特别行政区关系的条款,提请全国人大常委会进行解释。常委会的解释明确国家豁免属于外交事务范畴、决定国家豁免规则和政策属于中央的权力、香港特别行政区须遵循国家统一的国家豁免规则和政策,使有关案件审理于法有据。2011 年 12 月,常委会审议通过关于澳门特别行政区基本法附件一第七条和附件二第三条的解释,明确了修改澳门特别行政区行政长官产生办法和立法会产生办法的程序。这是全国人大常委会第一次对澳门特别行政区基本法行使解释权。常委会对两个基本法作出的有关解释和决定,充分体现了"一国两制"方针,既维护了基本法规定的中央的权力,又保证了香港、澳门两个特别行政区的高度自治权,对于推动基本法全面正确实施,保障香港、澳门长期繁荣稳定,具有重要意义。

常委会还修改了兵役法、居民身份证法、清洁生产促进法,作出了关于加强反恐怖工作有关问题的决定。①

---

① 《全国人民代表大会常务委员会工作报告——二〇一二年三月九日在第十一届全国人民代表大会第五次会议上》,《人民日报》2012 年 3 月 19 日。

2012 年,十一届全国人大及其常委会共审议 38 件法律和有关法律问题的决定草案,通过了其中的 31 件。

制定精神卫生法。该法的规定体现了预防为主,预防与治疗、康复相结合,减少精神障碍发生,提高治疗、康复水平的立法精神,对促进心理健康和预防精神障碍提出了明确要求,对精神障碍的诊断、治疗和康复进行了严格规范,并对促进精神卫生事业的发展,提高对患者的救治救助水平规定了切实有效的保障措施。针对社会上"被精神病"现象屡有发生的问题,该法明确规定精神障碍的住院治疗实行自愿原则,严格设置非自愿住院治疗的条件和程序,并对故意将非精神障碍患者作为精神障碍患者送入医疗机构治疗的设定了相应的法律责任。精神卫生法的制定,对保障精神障碍患者合法权益,提高公众心理健康水平,促进精神卫生事业发展,维护社会和谐稳定具有重要意义。

制定出境入境管理法。该法将中国公民出境入境、外国人入境出境、外国人在中国境内停留居留的管理,以及交通运输工具出境入境的边防检查等,均纳入调整范围。其主要内容:一是将人体生物识别技术引入出境入境管理,规定经国务院批准,公安部、外交部根据出境入境管理的需要,可以对留存出境入境人员的指纹等人体生物识别信息作出规定。二是细化了中国公民的出境入境管理规定,明确了中国公民出境入境证件的管理以及不准出境的情形。三是完善了外国人入境签证制度,规范了邀请行为和签证延期,明确了不予签发签证的情形,并在普通签证中增加规定了"人才引进"类别。四是规范了外国人停留居留行为。五是强化了边防检查以及调查、遣返等措施,加大了对非法入境、非法居留、非法就业等违法行为的处罚力度。出境入境管理法的制定,对于更好地维护国家主权、安全和社会秩序,促进对外交往和对外开放具有重要意义。

修改刑事诉讼法。这次修改的主要内容:一是将"尊重和保障人权"写入刑事诉讼法。二是完善非法证据排除制度,增加不得强迫任何人证实自己有罪的规定,并强化证人出庭和保护制度。三是完善逮捕、监视居住的条件、程序的规定,严格限制采取强制措施后不通知家属的例外情形。四是完善辩护人在刑事诉讼中的法律地位和作用,扩大法律援助的适用范围。五是完善讯问犯罪嫌疑人的程序和其他侦查措施,强化对侦查措施的规范和监督,防止滥用。六是进一步完善审判程序,包括:调整简易程序适用范围,完善第一审程序;明确第二审应当开庭审理的案件范围,对发回重审作出限制规定;完善附带民事诉讼程序、审判监督程序,对死刑复核程序作出具体规定。七是完善暂予监外执行的规定,强化人民检察院对减刑、假释、暂予监外执行的监督。八是增加规定特别程序,包括规定未成年人刑事案件诉讼程序,设置当事人和解的公诉案件诉讼程序,犯罪嫌疑人、被告人逃匿、死亡案件违法所得的没收程序,依法不负刑事责任的精神病人的强制医疗程序等。

修改民事诉讼法。修改的主要内容:一是充分发挥调解作用,规定了对调解协议的司法确认制度,与人民调解法相衔接,增加了先行调解的规定。二是进一步保障当事人的诉讼权利,完善起诉和受理程序、送达程序、开庭前准备程序、二审程序、保全制度、裁判文书公开制度,以及增加公益诉讼制度、对案外被侵害人的救济程序等。三是完善证据制度,增加接收当事人提交证据材料的手续、促使当事人积极提供证据、促使证人出庭作证、赋予当事人启动鉴定程序的权利、增加专家辅助人制度等。四是完善简易程序,设立小额诉讼制度、扩大简易程序适用范围、简化审理程序,增设程序转换规定提高审判效率,降低当事人诉讼成本。五是强化法律监督,增加监督方式,规定检察院有权以检察建议的方式进行法律监督,扩大监督范围,将民事执行活动和人民法院的调解活动纳入监督范围,强化监督手段。此外,还对审判监督程序和执行程序作了进一步修改完善。

修改劳动合同法。此次修改劳动合同法,重点解决劳务派遣被滥用及不规范的问题。一是明确劳动合同用工是企业基本用工形式,劳务派遣用工是补充形式,只能在临时性、辅助性或者替代性的工作岗位上实施。二是规定用工单位的劳务派遣用工数量,不得超过其用工总量的一定比例。三是规定被派遣劳动者享有与用工单位的劳动者同工同酬的权利。四是严格经营劳务派遣业务应当具备的条件,强化劳动行政部门的监督职责。

修改老年人权益保障法。这次修改集中规定了老年人享有的基本权利,从经费保障、规划制定和老龄工作机构职责三个层面强化了政府的职责,明确了建立以居家为基础、社区为依托、机构为支撑的社会养老服务体系,充实了家庭赡养与社区养老的内容,增加了对老年人社会保障、社会服务和社会优待的规定,还对国家推进老年宜居环境建设、老年人参与社会发展等作了规定。

修改证券投资基金法。这次修改的主要目的在于规范基金行业发展,加强基金业监管,加大对投资者的保护力度,维护资本市场稳定。修改的主要内容:适应基金业发展变化,将非公开募集基金纳入调整范围;适当降低基金份额持有人大会召开的门槛,促进其发挥作用;完善公开募集基金监管规则,将基金管理人的股东及其实际控制人纳入监管范围,并适当放宽有关基金投资、运作的管制;增加对基金服务机构的规定。

2012 年,十一届全国人大常委会还制定了军人保险法,修改了清洁生产促进法、农业技术推广法、邮政法,并对监狱法等 7 部法律的个别条款一并作出了修改,通过了关于澳门特别行政区 2013 年立法会产生办法和 2014 年行政长官产生办法有关问题的决定,批准了澳门特别行政区基本法附件一澳门特别行政区行政长官的产生办法修正案,并对澳门特别行政区基本法附件二澳门特别行政区立法会的产生办法修正案予以备案。①

四、推进依法行政的重要举措

1997 年党的十五大以后,我国政府采取制定行政复议法、行政许可法、颁布依法行政实施纲要、推进行政审批制度改革和开展行政复议工作等重要举措,全面推进依法行政,加快建设法治政府,社会主义法治建设在行政领域取得突出成就。

---

① 《中国法治建设年度报告(2012)》,《法制日报》2013 年 6 月 26 日。

（一）全面清理行政法规及规章

为更好地适应加快建设法治政府、全面推进依法行政的要求，2007年初，国务院决定对截至 2006 年底现行有效的 655 件行政法规进行全面清理，并明确要求开门清理，充分发挥专家学者作用，充分听取社会公众意见。在综合各方面意见和建议的基础上，对现行有效的行政法规分别提出应当宣布废止或者失效、需要修改完善的意见，报制定机关批准后向社会公布。

国务院法制办将行政法规清理作为 2007 年的重点工作，并建立机制、明确责任、层层落实。在工作部署中，及时召开国务院各部门、各地方政府法制工作机构的工作动员会和经验交流会，建立清理单位联系工作机制。在开展工作中，主要抓了四件事：一是全面征求各地方政府、各部门的意见，各地方、各部门共对 655 件行政法规提出 7561 条清理意见和建议；二是通过人民日报、新华社、法制日报等新闻媒体和网络广泛征求社会公众的意见，社会公众共对 182 件与群众利益密切相关的行政法规提出 1130 条清理意见和建议；三是征求专家学者意见，委托 24 名专家对405 件行政法规逐件进行研究，提出意见和建议；四是深入基层，召开执法一线人员和管理相对人座谈会，听取意见。在综合分析研究各方面意见的基础上，国务院法制办对 655 件行政法规逐件进行分析研究，最后形成清理意见上报国务院。国务院决定：一、对主要内容被新的法律或者行政法规所代替的 49 件行政法规，予以废止；二、对适用期已过或者调整对象已经消失，实际上已经失效的 43 件行政法规，宣布失效。2008 年 1 月15 日，国务院总理温家宝签署中华人民共和国国务院第 516 号令，公布《国务院关于废止部分行政法规的决定》，自公布之日起生效。①

此次行政法规的全面清理，是新中国成立以来规模最大的一次，是国务院为更好地适应加快建设法治政府、全面推进依法行政的要求而采取的重大举措。它从源头上厘清了依法行政的依据，对维护全国法制统一和政令畅通，促进民主法治建设与时俱进具有重要意义。

---

① 《国务院关于废止部分行政法规的决定》，《人民日报》2008 年 1 月 24 日。

根据国务院的统一部署,各省、自治区、直辖市和较大的市人民政府、国务院各部门对现行规章进行了全面清理,2008 年已全部完成。列入清理范围的 12695 部规章中,共废止 1977 部,宣布失效 196 部,修改 395 部,进一步提高了国务院部门和省、市两级政府的制度建设质量,为建立健全立、改、废相结合的法规规章清理工作长效机制进行了有益探索。①

(二)行政复议法及行政许可法的制定

为防止和纠正违法的或者不当的具体行政行为,保护公民、法人和其他组织的合法权益,保障和监督行政机关依法行使职权,1999 年 4 月 29 日,九届全国人大常委会第九次会议审议通过了《中华人民共和国行政复议法》,自同年 10 月 1 日正式施行。

《中华人民共和国行政复议法》共 7 章 43 条,对行政复议范围、行政复议申请、行政复议受理、行政复议决定以及法律责任等作了明确规定。

关于行政复议范围,行政复议法规定,有下列情形之一的,公民、法人或者其他组织可以依照本法申请行政复议:一、对行政机关作出的警告、罚款、没收违法所得、没收非法财物、责令停产停业、暂扣或者吊销许可证、暂扣或者吊销执照、行政拘留等行政处罚决定不服的;二、对行政机关作出的限制人身自由或者查封、扣押、冻结财产等行政强制措施决定不服的;三、对行政机关作出的有关许可证、执照、资质证、资格证等证书变更、中止、撤销的决定不服的;四、对行政机关作出的关于确认土地、矿藏、水流、森林、山岭、草原、荒地、滩涂、海域等自然资源的所有权或者使用权的决定不服的;五、认为行政机关侵犯合法的经营自主权的;六、认为行政机关变更或者废止农业承包合同,侵犯其合法权益的;七、认为行政机关违法集资、征收财物、摊派费用或者违法要求履行其他义务的;八、认为符合法定条件,申请行政机关颁发许可证、执照、资质证、资格证等证书,或者申请行政机关审批、登记有关事项,行政机关没有依法办理的;九、申请行

---

① 《全面加强法治建设努力促进科学发展——2008 年国务院法治工作综述》,《人民日报》2008 年 12 月 26 日。

政机关履行保护人身权利、财产权利、受教育权利的法定职责,行政机关没有依法履行的;十、申请行政机关依法发放抚恤金、社会保险金或者最低生活保障费,行政机关没有依法发放的。

关于行政复议申请,行政复议法规定,公民、法人或者其他组织认为具体行政行为侵犯其合法权益的,可以自知道该具体行政行为之日起 60 日内提出行政复议申请。依照本法申请行政复议的公民、法人或者其他组织是申请人。申请人申请行政复议,可以书面申请,也可以口头申请;口头申请的,行政复议机关应当当场记录申请人的基本情况、行政复议请求、申请行政复议的主要事实、理由和时间。对县级以上地方各级人民政府工作部门的具体行政行为不服的,由申请人选择,可以向该部门的本级人民政府申请行政复议,也可以向上一级主管部门申请行政复议。对地方各级人民政府的具体行政行为不服的,向上一级地方人民政府申请行政复议。对国务院部门或者省、自治区、直辖市人民政府的具体行政行为不服的,向作出该具体行政行为的国务院部门或者省、自治区、直辖市人民政府申请行政复议。

关于行政复议受理,行政复议法规定,行政复议机关收到行政复议申请后,应当在 5 日内进行审查,对不符合本法规定的行政复议申请,决定不予受理,并书面告知申请人;对符合本法规定,但是不属于本机关受理的行政复议申请,应当告知申请人向有关行政复议机关提出。法律、法规规定应当先向行政复议机关申请行政复议、对行政复议决定不服再向人民法院提起行政诉讼的,行政复议机关决定不予受理或者受理后超过行政复议期限不作答复的,公民、法人或者其他组织可以自收到不予受理决定书之日起或者行政复议期满之日起 15 日内,依法向人民法院提起行政诉讼。

关于行政复议决定,行政复议法规定,行政复议机关在对被申请人作出的具体行政行为进行审查时,认为其依据不合法,本机关有权处理的,应当在 30 日内依法处理;无权处理的,应当在 7 日内按照法定程序转送有权处理的国家机关依法处理。处理期间,中止对具体行政行为的审查。行政复议机关负责法制工作的机构应当对被申请人作出的具体行政行为进行审查,提出意见,经行政复议机关的负责人同意或者集体讨论通过后,按照下列规定作出行政复议决定:一、具体行政行为认定事实清楚,证据确凿,适用依据正确,程序合法,内容适当的,决定维持;二、被申请人不履行法定职责的,决定其在一定期限内履行;申请人在申请行政复议时可以一并提出行政赔偿请求,行政复议机关对符合国家赔偿法的有关规定应当给予赔偿的,在决定撤销、变更具体行政行为或者确认具体行政行为违法时,应当同时决定被申请人依法给予赔偿。行政复议机关应当自受理申请之日起 60 日内作出行政复议决定;但是法律规定的行政复议期限少于 60 日的除外。情况复杂,不能在规定期限内作出行政复议决定的,经行政复议机关的负责人批准,可以适当延长,并告知申请人和被申请人;但是延长期限最多不超过 30 日。

关于法律责任,行政复议法规定,行政复议机关违反本法规定,无正当理由不予受理依法提出的行政复议申请或者不按照规定转送行政复议申请的,或者在法定期限内不作出行政复议决定的,对直接负责的主管人员和其他直接责任人员依法给予警告、记过、记大过的行政处分;经责令受理仍不受理或者不按照规定转送行政复议申请,造成严重后果的,依法给予降级、撤职、开除的行政处分。行政复议机关工作人员在行政复议活动中,徇私舞弊或者有其他渎职、失职行为的,依法给予警告、记过、记大过的行政处分;情节严重的,依法给予降级、撤职、开除的行政处分;构成犯罪的,依法追究刑事责任。被申请人违反本法规定,不提出书面答复或者不提交作出具体行政行为的证据、依据和其他有关材料,或者阻挠、变相阻挠公民、法人或者其他组织依法申请行政复议的,对直接负责的主管人员和其他直接责任人员依法给予警告、记过、记大过的行政处分;进行报复陷害的,依法给予降级、撤职、开除的行政处分;构成犯罪的,依法追究刑事责任。被申请人不履行或者无正当理由拖延履行行政复议决定的,对直接负责的主管人员和其他直接责任人员依法给予警告、记过、记大过的行政处分;经责令履行仍拒不履行的,依法给予降级、撤职、开除的行政处分。行政复议机关负责法制工作的机构发现有无正当理由不予受理行政复议申请、不按照规定期限作出行政复议决定、徇私舞弊、对申请人打击报复或者不履行行政复议决定等情形的,应当向有关行政机关提出建议,有关行政机关应当依照本法和有关法律、行政法规的规定作出处理。①

行政复议法把行政复议制度作为行政机关内部自我纠正错误的一种监督制度,加以法律化和规范化。它的颁布实施,对于推动社会主义民主政治建设,加强行政机关内部监督,维护社会经济秩序和社会稳定,从制度上遏制和清除腐败,具有重要意义。

行政许可,即通常所说的"行政审批",是指行政机关根据公民、法人或者其他组织的申请,经依法审查,准予其从事特定活动的行为。行政许可作为行政机关依法对社会、经济事务实行事前监督管理的一种重要手段,在行政管理中起着十分重要的作用,且与广大人民群众的利益息息相关。但多年来,行政许可存在过多、过滥的问题。为规范行政许可的设定和实施,保护公民、法人和其他组织的合法权益,维护公共利益和社会秩序,保障和监督行政机关有效实施行政管理,2003 年 8 月 27 日,十届全国人大常委会第四次会议通过了《中华人民共和国行政许可法》,于 2004 年 7 月 1 日起施行。

行政许可法共 8 章 83 条,对行政许可的设定、行政许可的实施机关、行政许可的实施程序、行政许可的费用、监督检查以及法律责任等作了明确规定。②

为从制度上防止作为公权力的行政许可对社会经济生活和公民个人生活的过度干预,行政许可法按照妥善处理政府与市场、政府与社会、权力和权利关系的要求,明确规定下列事项可以设定行政许可:一、直接涉及国家安全、公共安全、经济宏观调控、生态环境保护以及直接关系人身健康、生命财产安全等特定活动,需要按照法定条件予以批准的事项;二、

---

① 《中华人民共和国行政复议法》(1999 年 4 月 29 日第九届全国人民代表大会常务委员会第九次会议通过),《人民日报》1999 年 4 月 30 日。

② 《中华人民共和国行政许可法》(2003 年 8 月 27 日第十届全国人民代表大会常务委员会第四次会议通过),见中共中央文献研究室编:《十六大以来重要文献选编》(上),中央文献出版社 2011 年版,第 428—447 页。

有限自然资源开发利用、公共资源配置以及直接关系公共利益的特定行业的市场准入等,需要赋予特定权利的事项;三、提供公众服务并且直接关系公共利益的职业、行业,需要确定具备特殊信誉、特殊条件或者特殊技能等资格、资质的事项;四、直接关系公共安全、人身健康、生命财产安全的重要设备、设施、产品、物品,需要按照技术标准、技术规范,通过检验、检测、检疫等方式进行审定的事项;五、企业或者其他组织的设立等,需要确定主体资格的事项;六、法律、行政法规规定可以设定行政许可的其他事项。

行政许可法同时也规定,凡是公民、法人或者其他组织能够自主解决的问题,通过市场竞争机制能够解决的问题,通过行业组织或者中介机构能够自律解决的问题,行政机关采用事后监督等其他行政管理方式能够解决的等问题,不要设定行政许可。

针对行政许可设定权不明确,许多行政机关甚至行政机关内设机构都在设行政许可的问题,行政许可法明确规定,只有全国人大及其常委会、国务院和省级地方人大及其常委会可以依法设定行政许可,省级人民政府可以依据法定条件设定临时性行政许可,其他国家机关包括国务院各部门一律不得设定行政许可。

针对办理行政许可环节过多、手续繁琐、时限过长等问题,行政许可法规定:经批准,一个行政机关可以行使其他行政机关的行政许可权;一个行政机关实施行政许可的,实行"一个窗口"对外;依法需要几个部门办理几道行政许可的,可以确定一个部门受理行政许可申请并转告其他有关部门分别提出意见后统一办理,或者实行联合办理、集中办理;申请行政许可可以通过信函、电报等方式提出,申请人不必事事都到行政机关办公场所提出申请;行政机关要在网站上公布行政许可事项,方便老百姓申请行政许可,并应当与其他行政机关共享有关行政许可信息,提高办事效率;申请人提供的申请材料齐全,不需要对行政许可申请作实质性审查、核实的,行政机关原则上应当当场作出决定;除当场作出决定和法律、行政法规另有规定的外,行政机关原则上应当自受理之日起20日内作出决定;对涉及申请人与第三人重大利益的行政许可事项,行政机关应当告知申请人、利害关系人听证的权利。

为解决重许可、轻监管或者只许可、不监管的问题,行政许可法通过把对行政许可事项的监督检查作为行政许可权的必要延伸,设专章规定了对从事需要行政许可的活动的严格监督检查,把事前行政审批与事后严格监管有机统一起来,有利于行政机关及其工作人员改变管理方式。

行政许可法对行政机关该许可的不许可、不该许可的乱许可等行为,规定了严格的法律责任。同时,规定了实施行政许可原则上不准收费,实施行政许可不得索取或者收受他人财物,从而确保了权力与责任挂钩、权力与利益脱钩,从制度上防止利用行政许可"寻租"。

行政许可法是继国家赔偿法、行政处罚法、行政复议法后又一部规范政府行为的重要法律,其所确立的行政许可设定制度、相对集中行政许可权制度、行政许可的统一办理制度、行政许可实施程序制度、行政机关对被许可人的监督检查制度、实施行政许可的责任制度等,都是对行政许可制度的规范和重大改革。它的颁布施行,对于保护公民、法人和其他组织的合法权益,进一步推进行政管理体制改革,从源头上预防和治理腐败,保障和监督行政机关有效实施行政管理,具有重要意义。

(三)开展行政复议工作,推进行政审批制度改革

行政复议制度是维护和监督行政机关依法行使职权,防止和纠正因违法或者不当的具体行政行为侵犯公民、法人和其他组织合法权益的重要法律制度。行政复议工作是化解社会矛盾纠纷的重要渠道和手段,对保障人民群众合法权益、维护社会和谐稳定具有重要作用。自1999年行政复议法实施起,全国平均每年通过行政复议解决8万多起行政争议。[①] 2008年,国务院共收到行政复议申请866件,比2007年增加23%,全国共收到行政复议申请78002件,平均审结率近96.1%,80%以上的行政复议案件基本实现了"案结事了"。[②] 2009年,国务院共收到行政复议申请

---

① 中华人民共和国国务院新闻办公室:《中国的法治建设》(2008年2月),《人民日报》2008年2月29日。

② 《中国法治建设年度报告(2008)》,《法制日报》2009年6月3日。

831 件,办结 799 件。其中,正式立案并办结的行政复议案件中,作出维持裁决的占 57%,作出变更、确认违法以及其他裁决的占 43%。① 2010年,国务院共收到行政复议申请 814 件,办结 695 件。其中,立案受理 164件,裁决 108 件。裁决撤销、变更、确认违法和以其他方式纠正违法或者不当行政行为的 25 件,占已决案件的 23%。② 2011 年,国务院共收到行政复议申请 982 件(含 2010 年结转 136 件),办结 832 件;立案受理 213件,办结 131 件。其中,裁决维持 75 件,维持率占 57.2%;因相对人自愿撤回申请而终止行政复议 25 件,和解率占 19.1%;撤销 28 件,变更 3 件,纠错率为 23.7%。③ 2012 年,国务院共收到行政复议申请 1140 件,立案受理 256 件,办结 108 件。为提高行政复议案件办理的质量,对 94 起案件进行了听证审理。办结的 108 件立案案件中,通过责成地方政府自行纠错、与申请人达成和解终止结案,撤销复议决定和确认违法决定的案件42 件,综合纠错率达 38.9%。④ 通过加强行政复议工作,及时纠正了大量违法或者不当的行政行为,进一步规范了行政执法。

2001 年 9 月,国务院成立行政审批制度改革工作领导小组,将办公室设在监察部,行政审批制度改革工作全面启动。党的十六大以后,国务院进一步充实和加强了领导小组及其办公室。党的十七大以后,为适应国务院机构改革的需要,取消了原国务院行政审批制度改革工作领导小组,成立了由监察部牵头、中央编办和发展改革委等 12 个部门组成的行政审批制度改革工作部际联席会议,负责继续深入推进行政审批制度改革。与此同时,各地区和国务院各部门都建立了改革工作领导机构,形成了党委、政府统一领导,办事机构组织协调,有关部门各负其责,集中各方面智慧和力量推进改革的工作格局。行政审批制度改革实施 10 年来,国务院部门的审批项目先后进行了 5 轮全面清理,共取消调整审批项目2183 项,占原有审批项目总数的 60.6%;各省(区、市)本级共取消调整审

---

① 《中国法治建设年度报告(2009)》,新华出版社 2010 年版,第 14 页。
② 《中国法治建设年度报告(2010)》,《法制日报》2011 年 6 月 22 日。
③ 《中国法治建设年度报告(2011)》,《法制日报》2012 年 7 月 18 日。
④ 《中国法治建设年度报告(2012)》,《法制日报》2013 年 6 月 26 日。

批项目 3.6 万余项,占原有审批项目总数的 68.2%。① 为进一步减少和规范行政审批,2012 年 8 月 22 日,国务院总理温家宝主持召开国务院常务会议,决定在以往工作基础上,再取消和调整 314 项部门行政审批项目,其中取消 184 项、下放 117 项、合并 13 项。至此,国务院 10 年来分 6 批共取消和调整了 2497 项行政审批项目,占原有总数的 69.3%。② 行政审批制度改革有力促进了政府职能转变,进一步增强了市场配置资源的基础性作用;有力促进了依法行政,进一步规范了政府行为;有力促进了政府管理创新,提高了行政效能;有力促进了反腐倡廉建设,进一步完善了政府系统预防和治理腐败的体制机制。

(四)颁布依法行政实施纲要

为促使政府进一步转变管理职能,改革行政管理方式,规范行政机关的行政行为,2004 年 3 月,国务院颁布了《全面推进依法行政实施纲要》,提出经过 10 年左右坚持不懈的努力,基本实现建设法治政府的目标:

政企分开、政事分开,政府与市场、政府与社会的关系基本理顺,政府的经济调节、市场监管、社会管理和公共服务职能基本到位。中央政府和地方政府之间、政府各部门之间的职能和权限比较明确。行为规范、运转协调、公正透明、廉洁高效的行政管理体制基本形成。权责明确、行为规范、监督有效、保障有力的行政执法体制基本建立。

提出法律议案、地方性法规草案,制定行政法规、规章、规范性文件等制度建设符合宪法和法律规定的权限和程序,充分反映客观规律和最广大人民的根本利益,为社会主义物质文明、政治文明和精神文明协调发展提供制度保障。

法律、法规、规章得到全面、正确实施,法制统一,政令畅通,公民、法

---

① 《我国行政审批改革步入"快车道",十年取消调整六成审批项目》,《人民日报》2012 年 1 月 7 日。

② 《温家宝主持召开国务院常务会议,决定取消和调整 314 项部门行政审批项目》,《人民日报》2012 年 8 月 23 日。

人和其他组织合法的权利和利益得到切实保护,违法行为得到及时纠正、制裁,经济社会秩序得到有效维护。政府应对突发事件和风险的能力明显增强。

科学化、民主化、规范化的行政决策机制和制度基本形成,人民群众的要求、意愿得到及时反映。政府提供的信息全面、准确、及时,制定的政策、发布的决定相对稳定,行政管理做到公开、公平、公正、便民、高效、诚信。

高效、便捷、成本低廉的防范、化解社会矛盾的机制基本形成,社会矛盾得到有效防范和化解。

行政权力与责任紧密挂钩、与行政权力主体利益彻底脱钩。行政监督制度和机制基本完善,政府的层级监督和专门监督明显加强,行政监督效能显著提高。

行政机关工作人员特别是各级领导干部依法行政的观念明显提高,尊重法律、崇尚法律、遵守法律的氛围基本形成;依法行政的能力明显增强,善于运用法律手段管理经济、文化和社会事务,能够依法妥善处理各种社会矛盾。

《纲要》规定了七项具体任务和措施来保证这一目标的实现:

一是转变政府职能,深化行政管理体制改革,包括依法界定和规范经济调节、市场监管、社会管理和公共服务的职能;合理划分和依法规范各级行政机关的职能和权限;完善依法行政的财政保障机制;改革行政管理方式;推进政府信息公开;等等。

二是建立健全科学民主决策机制,包括健全行政决策机制、完善行政决策程序、建立健全决策跟踪反馈和责任追究制度;等等。

三是提高制度建设质量,包括制度建设的基本要求重在提高质量;按照条件成熟、突出重点、统筹兼顾的原则,科学合理制定政府立法工作计划;改进政府立法工作方法,扩大政府立法工作的公众参与程度;积极探索对政府立法项目尤其是经济立法项目的成本效益分析制度;建立和完善行政法规、规章修改、废止的工作制度和规章、规范性文件的定期清理制度;等等。

四是理顺行政执法体制,加快行政程序建设,规范行政执法行为,包括深化行政执法体制改革;严格按照法定程序行使权力、履行职责;健全行政执法案卷评查制度;建立健全行政执法主体资格制度;推行行政执法责任制;等等。

五是积极探索高效、便捷和成本低廉的防范、化解社会矛盾的机制,包括积极探索预防和解决社会矛盾的新路子;充分发挥调解在解决社会矛盾中的作用;切实解决人民群众通过信访举报反映的问题;等等。

六是完善行政监督制度和机制,强化对行政行为的监督,包括自觉接受人大监督和政协的民主监督;接受人民法院依照行政诉讼法的规定对行政机关实施的监督;加强对规章和规范性文件的监督;认真贯彻行政复议法,加强行政复议工作;完善并严格执行行政赔偿和补偿制度;创新层级监督新机制,强化上级行政机关对下级行政机关的监督;加强专门监督;强化社会监督;等等。

七是不断提高行政机关工作人员依法行政的观念和能力,包括提高领导干部依法行政的能力和水平;建立行政机关工作人员学法制度;建立和完善行政机关工作人员依法行政情况考核制度;积极营造全社会尊法守法、依法维权的良好环境;等等。①

《纲要》的发布是我国改革开放以来法治建设史上的一件大事,充分表明了国务院全面推进依法行政、建设法治政府的决心。它的颁布实施,为我国全面推进依法行政提供了重要的法律制度保障。

《纲要》实施以来,我国推进依法行政、建设法治政府取得重大成就:法治政府制度体系总体上已经形成,行政程序建设加快,行政权力运行逐步规范,行政权力监督和行政问责力度明显加强,政府工作人员依法行政意识和能力不断提高。②

---

① 《国务院关于印发全面推进依法行政实施纲要的通知》,见中共中央文献研究室编:《十六大以来重要文献选编》(中),中央文献出版社 2011 年版,第 1—16 页。

② 马凯:《加快建设中国特色社会主义法治政府》,《求是》2012 年第 1 期。

五、党的十五大后的司法和司法行政工作

党的十五大后,我国司法和司法行政工作取得新的重大进展。司法体制改革取得实质进展,审判工作全面加强,检察工作整体推进,司法行政工作也取得新的成就,为改革开放和社会主义现代化建设提供了重要的司法保障。

(一)司法体制改革取得实质进展

党的十六大作出了推进司法体制改革的重大战略决策。在中共中央的高度重视和直接领导下,中央政法委员会坚持从人民群众反映的突出问题和影响司法公正的关键环节入手,按照公正司法和严格执法的要求,组织有关方面深入调研论证,广泛听取意见,并报经中共中央批准,于2004年底提出了改革和完善诉讼制度,改革和完善诉讼收费制度,改革和完善检察监督体制,改革劳动教养制度,改革和完善监狱和刑罚执行体制,改革司法鉴定体制,改革和完善律师制度,改革和完善司法干部管理体制,改革和完善司法机关经费保障机制,改革有关部门、企业管理"公检法"体制等10个方面的改革任务,成为新中国成立以来集中进行的一次重要司法改革。在中共中央的坚强领导下,中央和国家机关各有关部门以及地方各级党委、政府高度重视,密切配合,共同推进。到党的十七大召开前,各方面改革任务都取得了实质性进展,其中绝大多数已经完成或基本完成。

一是加强了对司法权的监督制约,一些影响司法公正的突出问题得到有效解决。法律监督机制逐步健全,司法机关接受监督的自觉性进一步提高。全国绝大多数检察机关办理贪污贿赂犯罪案件在讯问嫌疑人时实行了全程同步录音录像,进一步规范了执法行为。人民监督员试点工作平稳推进。为加强对查办职务犯罪工作的外部监督,最高人民检察院经中共中央同意并报告全国人大常委会,从2003年9月起开展了人民监

督员制度试点工作。规定职务犯罪案件中拟作撤案、不起诉处理和犯罪嫌疑人不服逮捕决定的"三类案件",全部纳入人民监督员监督程序。截至2007年底,全国已有86%的检察院开展试点。人民监督员共对21270件"三类案件"进行了监督,其中不同意办案部门意见的930件,检察机关采纳543件。促进了司法公正。① 人民陪审员制度进一步完善。截至2006年底,全国共选任具有广泛代表性的人民陪审员55681人,2005年以来参与审理各类案件121万件,充分发挥了人民陪审员制度维护司法公正、促进司法公开、推进司法民主的作用。②

二是改革完善刑事司法制度,在尊重和保障人权上取得新进展。根据全国人大常委会关于修改人民法院组织法的决定,最高人民法院从2007年1月1日起统一行使死刑案件核准权。此后,最高人民法院完善死刑案件二审开庭程序和死刑核准程序,统一死刑适用标准,依法严格、慎重、公正地复核死刑案件,确保死刑只适用于极少数罪行极其严重、性质极其恶劣、社会危害性极大的刑事犯罪分子。宽严相济的刑事政策进一步落实,未成年人司法制度进一步完善,适合未成年人特点的侦查、批捕、起诉和审判方式逐步建立。刑罚执行的法律监督更加规范,超期羁押由2004年的4947人(次)下降为2006年的210人(次)。监狱体制改革试点稳妥推进,监狱科学文明执法的能力进一步增强,教育改造质量进一步提高,依法维护了在押犯人的合法权益,罪犯脱逃率和狱内发案率大幅度下降。全国25个省(区、市)积极推进社区矫正试点工作,社区服刑人员重新犯罪率仅为0.21%。加强和改进劳动教养审批工作,推出律师代理、全面实行聆询制度、缩短劳教期限、扩大所外执行范围及强化监督等改革措施,有效维护了劳教人员的合法权益。

三是改革和完善工作机制,进一步提高司法效率。建立健全人民调

---

① 《最高人民检察院工作报告——2008年3月10日在第十一届全国人民代表大会第一次会议上》,《人民日报》2008年3月23日。

② 《最高人民法院工作报告——2008年3月10日在第十一届全国人民代表大会第一次会议上》,《人民日报》2008年3月23日。

解、行政调解、司法调解的多元化矛盾纠纷解决机制,2006年,全国各类人民调解组织共调解民间纠纷400多万件,95%以上的矛盾纠纷得到及时化解。积极推进司法鉴定体制改革,全国人大常委会作出了《关于司法鉴定管理问题的决定》,统一的司法鉴定管理体制正在逐步形成,多头鉴定、重复鉴定的现象得到初步改变。大力开展信息化建设,以科技促效率。人民法院、人民检察院开辟网上立案、远程立案。公安机关构建网络工作平台,大大提高了工作效率,方便了人民群众。

四是进一步加大司法救助和法律援助力度,有效缓解打官司难问题。2006年12月1日起开始执行的新的《律师服务收费管理办法》,严格收费程序,严惩违法违规收费行为。2007年4月1日起开始施行的新的《诉讼费用交纳办法》平均降低诉讼费用60%,全国每年约减收诉讼费80亿元。全国法院在降低诉讼费用的同时,进一步加大司法救助力度,仅从2005年5月至2006年9月,就为经济确有困难的当事人提供司法救助393271人(次),减免缓诉讼费22.6亿元。2006年,司法行政部门的法律援助机构共办理法律援助案件318514件,接受法律援助咨询3193801人(次),其中为125290名农民工提供了法律援助服务。采取这些举措,较好地缓解了人民群众,特别是困难群众打不起官司和打官司难的问题。

五是改革和完善干部管理体制,政法队伍的政治业务素质进一步提高。中共中央印发了《关于进一步加强和改进党对政法工作领导的意见》《关于进一步加强和改进公安工作的决定》《关于进一步加强人民法院、人民检察院工作的决定》,对加强和改进新形势下党对政法工作的领导,加强政法队伍建设提出明确要求。中共中央组织部印发了《地方公安机关领导干部任职条件》,把政治上强、熟悉业务、作风务实、实绩突出的干部及时提拔到各级政法领导岗位。《关于缓解西部及贫困地区基层人民法院、人民检察院法官、检察官短缺问题的意见》,对初任法官、检察官选拔任用作出具体规定。最高人民法院、最高人民检察院进一步完善了司法行政工作与审判、检察业务相分离的管理制度。颁布实施的《公安机关组织管理条例》,对公安机关工作人员实行科学的分类管理。

中共中央政法部门相继制定完善了公开招考、竞争上岗、干部交流等制度,制定实施了干部教育培训规划,切实加强党风廉政建设,严肃查处违法违纪案件,确保政法队伍清正廉洁。

六是改革和完善司法保障机制,为政法机关履行职责提供更多保障。司法机关所需经费由县级以上财政保证,公安派出所、人民法庭、司法所经费列入县级财政预算。为更好地保障县级特别是中西部地区县级政法机关的正常运行,财政部与中央政法部门联合下发通知,要求制定县级政法经费基本保障标准,凡地方财政达不到保障标准的,由省级和中央财政予以补助。中央财政进一步完善了专项转移支付方式,并制定了相应的管理办法。[1]

经过司法改革,司法体制和工作机制进一步理顺,监督制约机制进一步完善,政法队伍整体素质进一步提高,执法环境和执法保障进一步改善,公正、高效、权威的社会主义司法制度正在逐步完善。

在此基础上,党的十七大又从发展社会主义民主政治、加快建设社会主义法治国家的战略高度,提出了"深化司法体制改革,优化司法职权配置,规范司法行为,建设公正高效权威的社会主义司法制度"[2]的新要求。为此,2008 年底,中共中央转发的《中央政法委员会关于深化司法体制和工作机制改革若干问题的意见》部署了 4 个方面、60 项改革任务,对深化司法体制改革进行具体落实。在中共中央的高度重视和统一部署下,政法机关和各有关部门密切配合,我国司法体制改革逐步深化,呈现出整体推进、扎实有序、举措频出的良好态势。

在审判工作方面,从改革和完善审判组织到加强合议庭职责,从加强人民法院审判公开到规范人民法院接受新闻媒体舆论监督,从不断改革完善人民陪审员制度、再审制度到改革审判管理制度,完善民事、行政诉

---

[1] 中央司法体制改革领导小组办公室:《坚持和完善中国特色社会主义司法制度的成功实践——党的十六大以来司法体制机制改革取得明显成效》,《人民日报》2007 年 9 月 23 日。

[2] 中共中央文献研究室编:《十七大以来重要文献选编》(上),中央文献出版社 2011 年版,第 24 页。

讼简易程序,最高人民法院在促进司法公开公正、提高司法效率上采取了一系列措施,让群众切实感受到了我国审判机关的变化。2005 年 5 月至 2010 年 3 月,人民陪审员共参与全国法院审理案件近 200 万件,占基层法院普通程序案件总数的 19.5%。① 2012 年人民陪审员数量达到 8.5 万人,参审案件 148.7 万件。②

在检察工作方面,针对诉讼活动中的执法不严、司法不公现象,我国检察机关通过建立和完善行政执法与刑事司法相衔接的工作机制,开展量刑建议试点,改革和完善对刑罚执行活动的法律监督制度,建立刑罚变更执行同步监督机制,完善超期羁押责任追究制度等一系列举措,加强法律监督,维护司法公正。人民监督员制度自 2003 年启动试点以来至 2010 年 3 月,全国 3137 个检察院共先后选任人民监督员 3 万多人次,监督案件 3 万多件。③

在公安工作方面,从制定《公安机关执法细则》等一大批规范,到狠抓交警、消防等重点执法环节的规范化建设,从全面开展执法管理体系建设,到构建大教育、大培训体系,我国公安机关逐步深化规范执法机制建设,不断提高执法能力和公信力。

党的十七大后,在中共中央正确领导下,经过各地各部门共同努力,深化司法体制和工作机制改革取得显著成效,所定各项改革任务基本上都已出台实施意见。通过改革,强化对司法权的监督制约,促进了公正廉洁执法;落实宽严相济的刑事政策,促进了社会和谐稳定;完善政法队伍管理体制机制,提升了凝聚力、战斗力;改革政法经费保障体制,提升了政法机关依法履职能力。中国特色社会主义司法制度在改革中不断完善和发展,为提升司法机关的能力水平、维护社会公平正义提供了有力保障,

① 《我国司法体制机制改革在攻坚克难中不断深化》,《人民日报》2011 年 2 月 16 日。
② 《最高人民法院工作报告——二〇一三年三月十日在第十二届全国人民代表大会第一次会议上》,《人民日报》2013 年 3 月 22 日。
③ 《我国司法体制机制改革在攻坚克难中不断深化》,《人民日报》2011 年 2 月 16 日。

赢得了广大人民群众的拥护支持。①

(二)党的十五大后的司法工作

1998 年九届全国人大一次会议后,各级人民法院紧紧围绕党和国家工作大局,全面加强审判和执行工作,审判职能进一步强化,审判领域进一步拓展,审判质量和效率进一步提高。1998 年至 2002 年,最高人民法院共审结各类案件 20293 件;地方各级人民法院和专门人民法院共审结各类案件 2960 万件。

一是严厉打击刑事犯罪,维护国家安全,确保社会稳定。人民法院以维护社会稳定为己任,坚决依法惩处各类刑事犯罪。5 年中,共审结一审刑事案件 283 万件,判处犯罪分子 322 万人。其中,审结危害国家安全和公民生命财产安全的犯罪案件 109 万件,判处犯罪分子 161 万人。此外,还审结诈骗、寻衅滋事、交通肇事等案件 130 万件,判处犯罪分子 140 万人,审结自诉案件 27 万件。审结破坏社会主义市场经济秩序的犯罪案件 71213 件,判处犯罪分子 89896 人,给国家和集体挽回直接经济损失 138 亿元。判处贪污贿赂等职务犯罪分子 83308 人。其中,县(处)级以上公务人员 2662 人。对拉拢、腐蚀国家工作人员的行贿犯罪分子,加大打击力度。此外,依法惩处滥用职权、玩忽职守,给国家、集体造成重大损失的渎职犯罪,一批重大责任事故案件的被告人被依法追究刑事责任。

二是调节民事和行政关系,促进经济发展和社会进步。5 年中,共审结一审民事案件 2362 万件,诉讼标的总金额 31971 亿元。在婚姻家庭等案件的审理方面,人民法院妥善处理离婚、抚养、赡养、扶养、继承以及家庭财产分割案件,共审结 678 万件,注重保护妇女、老人、未成年人、残疾人的合法权益。妥善处理人身、财产损害赔偿案件,依法制裁侵权行为,共审结 179 万件。妥善处理劳动争议等案件,共审结 42 万件,维护用人

---

① 《全面落实司法体制改革各项措施,把改革成果更多地惠及人民群众》,《人民日报》2012 年 1 月 21 日。

单位和劳动者合法权益。此外,还审结房地产、建设工程、运输等案件791万件。在商事案件的审理方面,人民法院妥善处理涉及企业改制、破产案件,买卖合同、金融纠纷、企业承包、租赁等案件,共审结670万件。其中,审结借款、存单、票据、股票、债券、清收金融资产债权等案件292万件,诉讼标的金额13285亿元,推动资本市场健康发展,维护金融安全。在知识产权案件的审理方面,人民法院相继开展涉及植物新品种、商业秘密、计算机软件、网络环境下侵犯著作权、商标权、专利权等案件的审判工作。5年中,共审结知识产权案件23636件。在行政案件的审理方面,5年中,各级人民法院共审结行政案件464689件,共办理国家赔偿案件11321件,决定赔偿4013件,使蒙受冤屈的公民获得司法救济。在涉外案件的审理方面,人民法院严格执行我国法律,认真履行我国参加和批准的国际公约、条约和协定,充分行使我国的司法管辖权。5年中,共审结涉外案件26399件,不同诉讼主体、不同地域当事人的合法权益受到平等保护。

三是加强执行工作,维护法律权威。各级人民法院认真落实中共中央关于解决"执行难"问题的指示,改革执行体制,改进执行方法,加大工作力度,清理执行积案。5年中,执结诉讼案件、行政机关申请执行的非诉讼案件以及仲裁裁决等案件共1226万件,执结标的总金额13477亿元。

四是加强审判监督与指导,提高裁判质量。5年中,全国法院共审结检察机关依照审判监督程序提出抗诉的案件66757件,其中抗诉理由成立依法予以改判的14956件,因有新的证据或原判事实不清而发回重审的5011件,双方当事人自愿达成调解协议以及和解结案的24797件,原判正确依法予以维持的20107件,检察机关撤回抗诉的1886件。①

全国检察机关坚持"公正执法,加强监督,依法办案,从严治检,服

① 《最高人民法院工作报告——2003年3月11日在第十届全国人民代表大会第一次会议上》,《人民日报》2003年3月23日。

务大局"的检察工作方针,认真履行宪法和法律赋予的职责,检察工作整体推进,全面发展,为改革开放和社会主义现代化建设作出了积极贡献。

一是依法严厉打击严重刑事犯罪,全力维护社会稳定。检察机关始终把维护社会稳定作为首要任务,认真履行对刑事案件的批准逮捕和提起公诉职责,坚持严打方针,稳、准、狠地打击刑事犯罪活动。5 年共批准逮捕各类刑事犯罪嫌疑人 3601357 人,提起公诉 3666142 人,有力地维护了社会稳定。其中,批准逮捕危害国家安全的犯罪嫌疑人 3402 人,起诉 3550 人;批准逮捕黑社会性质组织犯罪和爆炸、杀人、强奸、绑架、抢劫等严重暴力犯罪嫌疑人 411379 人,起诉 410511 人;批准逮捕破坏市场经济秩序的犯罪嫌疑人 116932 人,起诉 106910 人。

二是积极查办职务犯罪,促进反腐败斗争深入开展。各级检察机关坚决贯彻中共中央关于反腐败斗争的部署,认真履行对职务犯罪案件的侦查职责,不断加大办案力度,共立案侦查贪污贿赂、渎职等职务犯罪案件 207103 件。其中,贪污、贿赂、挪用公款百万元以上大案 5541 件,涉嫌犯罪的县处级以上干部 12830 人。查办了成克杰、胡长清、李纪周等一批严重腐败分子。查办危害国有企业改革和发展,涉嫌贪污、受贿、挪用公款、私分国有资产犯罪的国有企业人员 84395 人。查办国家机关工作人员滥用职权、玩忽职守等渎职犯罪案件 27416 件,利用职权侵犯公民人身权利、民主权利的犯罪案件 7760 件。在严打整治斗争中,查办充当黑恶势力后台和"保护伞",涉嫌职务犯罪的国家工作人员 554 人。对为谋取不正当利益拉拢腐蚀国家工作人员的严重行贿犯罪,坚决依法追究,共立案侦查 6440 件。

三是强化诉讼监督,努力维护司法公正和法制尊严。在对侦查活动和刑事审判活动的监督方面,注意防错防漏、不枉不纵。对侦查机关应当立案而未立案的,依法监督立案 36955 件;对应当逮捕、起诉而未提请逮捕、移送起诉的,依法决定追加逮捕 50863 人,追加起诉 25297 人。对不符合法定逮捕、起诉条件的,依法决定不批准逮捕 466357 人,不起诉 106715 人;对认为确有错误的刑事判决、裁定,按照二审程序提出抗诉 16680 件,按照审判监督程序提出抗诉 1689 件;对侦查、审判活动中的违法情况,提出书面纠正意见 61162 件次,维护了诉讼当事人的合法权益。

在对刑罚执行活动和监管活动的监督方面,重点对违法减刑、假释、保外就医和不按规定交付执行等情况进行检察,共提出书面纠正意见 44435 件次。对侦查、起诉、审判等各个环节的超期羁押问题,共监督纠正 308182 次。

在对民事审判和行政诉讼的监督方面,重点监督严重侵害国家利益或社会公共利益、因地方保护主义造成错判、审判人员枉法裁判以及裁判明显不公的案件。对认为确有错误的民事、行政生效判决、裁定,依法提出抗诉 69392 件,提出检察建议 15189 件。

在诉讼监督方面,检察机关坚持纠正违法与惩治司法领域中的腐败现象相结合,注意透过严重违反程序和司法不公的现象,查办贪赃枉法、徇私舞弊、刑讯逼供等职务犯罪案件,共立案侦查涉嫌犯罪的政法机关工作人员 24886 人。①

2003 年十届全国人大一次会议后,各级司法机关认真履行宪法和法律赋予的职责,切实增强司法能力,努力提高司法水平,确保法律严格实施,维护社会公平正义,为推进依法治国、建设社会主义法治国家作出了新的贡献。

在审判工作方面,各级人民法院从维护社会和谐稳定和国家长治久安出发,认真开展审判和监督指导工作。2003 年至 2007 年,最高人民法院共审理各类案件 20451 件,监督指导地方各级人民法院和专门法院审结各类案件 3178.4 万件。

一是依法惩罚刑事犯罪,维护国家安全和社会稳定。5 年中,最高人民法院审理刑事案件 4802 件;监督指导地方各级人民法院审结一审刑事案件 338.5 万件。其中共审结爆炸、杀人、绑架、抢劫等犯罪案件

---

①　《最高人民检察院工作报告——2003 年 3 月 11 日在第十届全国人民代表大会第一次会议上》,《人民日报》2003 年 3 月 23 日。

120 万件;生产、销售伪劣产品、走私、破坏金融管理秩序等犯罪案件 8 万余件;侵犯知识产权犯罪案件 2962 件;贪污、贿赂、渎职犯罪案件 12 万件。

二是依法平等保护自然人、法人和其他组织的民事权利,促进经济发展与社会和谐。5 年中,最高人民法院审理民事案件 3196 件;监督指导地方各级人民法院审结一审民事案件 2214.5 万件。其中审结婚姻家庭、遗产继承等案件 593 万件;人身损害赔偿纠纷案件 209 万件;劳动争议案件 60 万件。审结合同纠纷案件 1144 万件,诉讼标的总金额 23085 亿元。审结企业改制和破产案件 1.5 万件;借款合同、保险、证券、期货等金融纠纷案件 395 万件。审结知识产权民事案件 6 万余件,诉讼标的总金额 133 亿元,其中著作权侵权案件 2.5 万件,专利侵权案件 1.4 万件,商标侵权案件 9687 件,不正当竞争案件 6540 件,技术合同、植物新品种等其他知识产权案件 6259 件。审结涉港、涉澳民商事案件 26561 件,涉台民商事案件 16130 件,涉外民商事和海事海商案件 64558 件。

三是通过行政审判监督和支持行政机关依法行政,保护公民、法人和其他组织合法权益。最高人民法院审理行政案件 1242 件,国家赔偿案件 313 件;监督和指导地方各级人民法院审结一审行政案件 47 万余件;审结国家赔偿案件 1.3 万件,涉及赔偿金额 1.8 亿元。

四是加强和改进执行工作,最大限度地实现生效裁判所确认的权益,维护司法权威。最高人民法院依法协调和督办跨地区民事执行案件 1038 件,监督指导地方各级人民法院加大执行协调工作力度,积极推动国家执行联动机制建设,当事人自行履行率比前 5 年提高 3.63 个百分点,强制执行案件 1080 万件;执行标的金额 17276.2 亿元。

五是完善申诉复查和再审工作机制,着力解决申诉难,依法支持当事人的合理诉求。最高人民法院审查申诉和申请再审案件 9860 件,监督和指导地方各级人民法院审查申诉案件 55.7 万件,其中申诉符合再审事由进入再审程序的案件 18.4 万件,占全部生效案件总数的 0.71%。

六是进一步加强司法解释工作,加强法律实施,维护法制统一。为了提高司法解释质量,最高人民法院制定《关于司法解释工作的规定》,对司法解释的立项要求、调查研究、征求意见、报送审查等程序作了规范。5年中,共制定司法解释85件;发布司法指导性文件180件。通过公报发布指导性案例169个,为探索建立案例指导制度积累了经验。①

在检察工作方面,全国检察机关紧紧围绕党和国家工作大局,忠实履行宪法和法律赋予的职责,着力服务经济发展、促进社会和谐。

一是致力于维护我国发展重要战略机遇期的社会稳定,认真履行批捕、起诉职责。2003年至2007年,共批准逮捕各类刑事犯罪嫌疑人4232616人,提起公诉4692655人。其中批准逮捕危害国家安全的犯罪嫌疑人2404人,提起公诉2451人;批准逮捕黑社会性质组织犯罪和故意杀人、放火、爆炸、强奸、绑架、抢劫犯罪嫌疑人906947人,提起公诉931876人;批准逮捕走私、金融诈骗、偷税骗税等犯罪嫌疑人113347人,提起公诉129392人;批准逮捕造成重大环境污染事故、非法采矿等破坏环境资源犯罪嫌疑人37272人,提起公诉53745人;批准逮捕假冒注册商标、侵犯著作权等侵犯知识产权犯罪嫌疑人6339人,提起公诉7448人。

二是依法查办和积极预防职务犯罪,促进反腐倡廉建设。5年中,共立案侦查贪污贿赂、渎职侵权犯罪案件179696件209487人,其中,立案侦查贪污受贿10万元以上、挪用公款百万元以上案件35255件,涉嫌犯罪的县处级以上国家工作人员13929人(其中厅局级930人、省部级以上35人)。抓获4547名在逃的职务犯罪嫌疑人,追缴赃款赃物244.8亿多元。立案侦查涉及国家工作人员的商业贿赂犯罪案件19963件,涉案金额34.2亿多元。立案侦查渎职侵权犯罪案件34973件42010人。查办为黑恶势力充当"保护伞"的国家机关工作人员101人。立案侦查纵容违法违规生产、不报或谎报重大事故等涉嫌犯罪的国家机关工作人员1193人。

三是强化对诉讼活动的法律监督,维护司法公正。在刑事诉讼法律

---

① 《最高人民法院工作报告——2008年3月10日在第十一届全国人民代表大会第一次会议上》,《人民日报》2008年3月23日。

监督方面,各级检察机关坚持打击犯罪与保障人权并重,既注意监督纠正有罪不究、执法不严的问题,又重视监督纠正侵犯人权、冤及无辜的问题,努力做到严格依法、客观公正。对应当立案而不立案的,督促侦查机关立案 94766 件;对违法插手民事经济纠纷等不应当立案而立案的,督促侦查机关撤案 18266 件。对应当逮捕而未提请逮捕、应当起诉而未移送起诉的,决定追加逮捕 63500 人、追加起诉 42430 人;对依法不应当追究刑事责任或证据不足的,决定不批准逮捕 255931 人、不起诉 34433 人;对侦查活动中滥用强制措施等违法情况提出纠正意见 50742 件次。对认为确有错误的刑事判决、裁定提出抗诉 15161 件,对刑事审判中的违法情况提出纠正意见 9251 件次。在刑罚执行和监管活动法律监督方面,依法监督纠正减刑、假释、暂予监外执行不当 13275 人,对不按照规定将罪犯交付执行等违法情况提出纠正意见 29631 件次。在民事审判和行政诉讼法律监督方面,对认为确有错误的民事、行政裁判提出抗诉 63662 件、再审检察建议 24782 件。①

2008 年十一届全国人大一次会议后,最高人民法院在中共中央坚强领导下,忠实履行宪法和法律赋予的职责,全面做好审判工作,为维护社会公平正义、尊重和保障人权、推进法治建设、促进经济社会发展作出了积极努力。5 年中,最高人民法院受理案件 50773 件,审结 49863 件;地方各级人民法院受理案件 5610.5 万件,审结、执结 5525.9 万件,结案标的总金额 8.17 万亿元。

一是依法惩治刑事犯罪,努力维护国家安全和社会稳定。坚持惩罚犯罪与保障人权并重,严格贯彻宽严相济刑事政策,审结一审刑事案件 414.1 万件,判处罪犯 523.5 万人。依法严惩严重刑事犯罪,审结杀人、抢劫、绑架、爆炸、黑社会性质组织、拐卖妇女儿童等犯罪案件 135.7 万件,判处罪犯 185.8 万人;审结拉萨"3·14"事件和乌鲁木齐"7·5"事件所涉刑事犯罪案件以及湄公河中国船员遇害案等重大案件,有力打击分

---

① 《最高人民检察院工作报告——2008 年 3 月 10 日在第十一届全国人民代表大会第一次会议上》,《人民日报》2008 年 3 月 23 日。

裂势力、恐怖势力和暴力犯罪分子；依法严惩危害人民群众生命健康犯罪，审结生产销售问题奶粉、瘦肉精、地沟油等有毒有害食品以及生产销售伪劣产品、不符合安全标准产品等犯罪案件 1.4 万件，判处罪犯 2 万余人；依法严惩危害生产安全犯罪，审结重大责任事故犯罪案件 6283 件，判处罪犯 8239 人；审结危险驾驶犯罪案件 6.6 万件，判处罪犯 6.6 万人；积极参与反腐败斗争，审结贪污贿赂、渎职犯罪案件 13.8 万件，判处罪犯 14.3 万人。

二是妥善审理经济领域各类案件，依法促进经济持续健康发展。做好商事审判工作。审结一审商事案件 1630.7 万件；审结金融纠纷案件 280.8 万件，维护金融安全和金融秩序；审结企业兼并、改制、破产、强制清算、股权转让等案件 5 万余件，促进经济结构调整优化；审结民间借贷案件 292.4 万件，规范和引导民间融资健康发展。做好知识产权审判工作。审结一审知识产权案件 27.8 万件。做好涉外商事、海事海商和涉港澳台案件审判工作。审结一审涉外商事和海事海商案件 10.6 万件、涉港澳台案件 6.5 万件。

三是努力践行司法为民宗旨，依法保障人民群众合法权益。妥善审理与群众生产生活密切相关的案件。审结一审民事案件 1474.9 万件。注重依法保障民生，审结人身损害、劳动就业、社会保险、教育、医疗、住房、消费、物业服务等案件 232.9 万件；依法保护妇女、儿童、老年人合法权益，审结婚姻、家庭、继承案件 738.7 万件；切实保护农民合法权益，审结涉"三农"案件 113.5 万件。维护行政相对人与赔偿请求人的合法权益。审结一审行政案件 62.4 万件；审结国家赔偿案件 8684 件，决定赔偿金额 2.18 亿元。维护申请执行人的合法权益。受理执行案件 1219.6 万件，执结 1203.9 万件。切实解决信访群众的合法合理诉求。坚持源头治理，畅通信访渠道，引导群众依法理性表达诉求，涉诉信访状况趋于好转。2012 年共接待群众来访 60.1 万人次，比 2007 年下降 75.5%。①

---

① 《最高人民法院工作报告——二〇一三年三月十日在第十二届全国人民代表大会第一次会议上》，《人民日报》2013 年 3 月 22 日。

全国检察机关紧紧围绕党和国家工作大局,忠实履行宪法和法律赋予的职责,着力强化法律监督,各项检察工作取得新进展。

一是围绕中心、服务大局,保障经济持续健康发展。5 年中,检察机关自觉把检察工作摆到经济社会发展全局中谋划和推进,着力为经济建设提供司法保障。2008 年至 2012 年,共起诉走私、传销、制售假币、金融诈骗等破坏市场经济秩序犯罪嫌疑人 290730 人。积极参与打击侵犯知识产权和制售假冒伪劣商品专项行动,起诉 54205 人。

二是以人为本、执法为民,维护人民群众合法权益。5 年中,检察机关严惩危害人民群众生命健康的犯罪,起诉制售假药劣药、有毒有害食品犯罪嫌疑人 11251 人,立案侦查问题奶粉、瘦肉精、地沟油、毒胶囊等事件背后涉嫌渎职犯罪的国家机关工作人员 465 人。加强公民个人信息司法保护,起诉非法出售、提供、获取公民个人信息的犯罪嫌疑人 640 人。依法介入火灾、矿难等重特大事故调查,立案侦查涉嫌渎职等职务犯罪的国家工作人员 4365 人。加强对妇女儿童、残疾人、老年人的司法保护,起诉拐卖、收买妇女儿童犯罪嫌疑人 18752 人。

三是依法惩治犯罪,积极化解矛盾,维护社会和谐稳定。5 年中,检察机关认真履行批捕、起诉等职责,全面贯彻宽严相济刑事政策,努力提高维护社会和谐稳定能力。依法惩治各类刑事犯罪。对黑恶势力犯罪、严重暴力犯罪、多发性侵财犯罪、毒品犯罪等严重刑事犯罪嫌疑人依法决定批准逮捕 2642067 人,提起公诉 2965467 人。注重化解社会矛盾,集中清理化解涉检信访积案 13626 件。

四是深入查办和预防职务犯罪,促进反腐倡廉建设。5 年中,检察机关认真贯彻标本兼治、综合治理、惩防并举、注重预防方针,加大查办和预防职务犯罪工作力度。严肃查办贪污贿赂等职务犯罪。共立案侦查各类职务犯罪案件 165787 件 218639 人,其中县处级以上国家工作人员 13173 人(含厅局级 950 人、省部级以上 30 人)。加大惩治行贿犯罪力度,对 19003 名行贿人依法追究刑事责任。严肃查处执法司法不公背后的职务犯罪,立案侦查行政执法人员 36900 人、司法工作人员 12894 人。会同有关部门追缴赃款赃物计 553 亿元,抓获在逃职务犯罪嫌疑人 6220 人。着力加强反渎职侵权工作。立案侦查渎职侵权犯罪案件 37054 件 50796 人,其中重特大案件 17745 件。

五是强化对诉讼活动的法律监督,维护社会公平正义。5 年中,检察机关对应当立案而不立案的,督促侦查机关立案 118490 件;对不应当立案而立案的,督促撤案 56248 件,对侦查活动中的违法情况提出纠正意见 177819 件次,对认为确有错误的刑事裁判提出抗诉 24178 件,对刑事审判中的违法情况提出纠正意见 34636 件次。加强刑罚执行和监管活动监督。对刑罚执行和监管活动中的违法情况提出纠正意见 110656 件次,纠正减刑、假释、暂予监外执行不当 52068 人,会同公安机关、人民法院集中清理久押不决案件,依法纠正超期羁押 1894 人次。加强民事行政诉讼监督。重点监督虚假诉讼、违法调解和其他显失公正,严重损害公共利益和当事人、案外人合法权益的裁判,依法提出抗诉 55992 件、再审检察建议 45823 件。①

在司法工作开展过程中,司法队伍建设也有很大发展。截至 2011 年 6 月,全国已有 3115 个基层法院,下设 9880 个人民法庭;基层法院(含人民法庭)已有法官及其他工作人员 250827 人,占全国法院总人数的 76.9%。② 截至 2012 年底,全国检察机构已达 3642 个,其中最高人民检察院 1 个、省级人民检察院 33 个(包括解放军军事检察院 1 个和新疆生产建设兵团检察院 1 个)。全国检察人员 232237 人,其中检察长 3574 人,副检察长 11465 人,检察委员会委员 18566 人,检察员 92566 人,助理检察员 28493 人,书记员 23857 人,司法警察 16645 人,其他干部 37053 人。这支司法队伍在社会主义法治建设进程中作出重要贡献。

(三)党的十五大后的司法行政工作

党的十五大后,我国司法行政工作取得较快发展。详情如下表所示。

---

① 《最高人民检察院工作报告——二〇一三年三月十日在第十二届全国人民代表大会第一次会议上》,《人民日报》2013 年 3 月 22 日。
② 《一审案件三年来超 89%服判息诉》,《人民日报》2011 年 10 月 26 日。

1997—2002 年律师、公证、调解和法律援助工作发展状况一览表(一)

项目		1997 年	1998 年	1999 年	2000 年	2001 年	2002 年
一、律师工作							
律师事务所	(个)	8441	8946	9144	9541	10225	10873
律师工作人员	(人)	98902	101220	111433	117260	122585	136684
其中:专职律师	(人)	47574	51008	61761	69117	76558	90012
兼职律师	(人)	18695	17958	17082	15639	13699	12186
聘请担任常年法律顾问的单位	(处)	232434	235676	238576	247160	254758	265362
民事诉讼代理	(件)	454273	526633	592455	640610	667232	767628
经济诉讼代理	(件)	403337	414229	426358	438672	402669	381146
刑事辩护	(件)	275188	286668	309767	317108	339549	335267
行政诉讼代理	(件)	29618	35865	39006	41785	43800	43707
非诉讼法律事务	(件)	1222239	851433	716287	770087	1162715	827057
涉外及涉港澳台法律事务	(件)	24765	21618	18793	30531	10609	26788
解答法律咨询	(万件)	425.92	489.86	419.2	457.4	403.4	487.41
代写法律事务文书	(万件)	95.9	125.9	96.6	111.3	113.9	119.66
二、公证工作							
公证处	(个)	3162	3179	3189	3189	3186	3157
公证人员	(人)	17431	18159	18654	19211	19303	19460
其中:公证员	(人)	11749	13006	13083	12849	12931	12245
公证助理员	(人)	1741	1428	1584	2103	1995	2556
办理公证文书	(万件)	982.8	1022.8	1644.6	1249.7	1007.2	1004.5
三、人民调解工作							
专职司法助理员	(人)	57029	52875	54987	54638	48682	47173
人民调解委员会	(万个)	98.5	98.4	97.4	96.4	92.3	89.06
调解人员	(万人)	1027.4	917.5	880.3	844.5	779.3	716.16
调解民间纠纷	(万件)	554.3	526.7	518.9	503.1	486.1	314.1
四、法律援助工作							
法律援助机构	(个)			1235	1890	2274	2418
工作人员	(人)			3920	6109	8816	8285
其中:法律专业	(人)			2801	4253	6252	6537
受理案件	(件)			132097	172180	178748	164908
其中:民事法律援助	(件)			42438	62671	85429	57892
刑事法律援助	(件)			41597	48293	58361	51219
行政法律援助	(件)			1806	2240	3649	3291
公证法律援助	(件)			40371	58643	30869	29160
其他	(件)			5885	26093	35823	—
受援人	(人)			190545	231288	309254	286616

资料来源:《中国法律年鉴》(2000 年),中国法律年鉴社 2000 年版,第 1230 页;《中国法律年鉴》(2002 年),中国法律年鉴社 2002 年版,第 1253、1257 页;《中国法律年鉴》(2003 年),中国法律年鉴社 2003 年版,第 1335、1337 页。

2003—2007 年律师、公证、调解和法律援助工作发展状况一览表（二）

项目		2003 年	2004 年	2005 年	2006 年	2007 年
一、律师工作						
律师事务所	（个）	11593	11823	12988	13096	13593
律师工作人员	（人）	142534	145196	153846	164516	143967
其中：专职律师	（人）	99793	100875	114471	122242	128172
兼职律师	（人）	6850	6966	7418	8065	7842
聘请担任常年						
法律顾问的单位	（处）	271669	282361	276097	279573	295990
民事诉讼代理	（件）	781452	853897	965956	1027117	1247877
经济诉讼代理	（件）	405133	357326	371793	377999	—
刑事辩护	（件）	324454	332688	351229	341619	495824
行政诉讼代理	（件）	48115	50778	50389	56657	56342
非诉讼法律事务	（件）	876696	904516	933346	915482	607049
涉外及涉港澳台法律事务	（件）	20622	37728	36361	10700	—
解答法律咨询	（万件）	430.25	471.05	441.48	520.13	381.83
代写法律事务文书	（万件）	120.27	123.16	120.07	145.32	715.37
二、公证工作						
公证处	（个）	3175	3164	3160	3082	3031
公证人员	（人）	20015	19913	20789	31123	21060
其中：公证员	（人）	12093	11714	11738	21362	11616
公证助理员	（人）	3018	3644	4138	4709	4966
办理公证文书	（万件）	1010.39	1021.9	945.22	980.7	971.43
三、人民调解工作						
专职司法助理员	（人）	46088	63438	61666	62573	60824
人民调解委员会	（万个）	81.78	85.33	84.71	84.3	83.66
调解人员	（万人）	669.20	514.42	509.65	498.19	486.87
调解民间纠纷	（万件）	449.22	441.42	448.68	462.8	480.02
四、法律援助工作						
法律援助机构	（个）	2774	3023	3129	3149	3259
工作人员	（人）	9457	10458	11377	12038	12519
其中：法律专业	（人）	7643	8468	7429	8032	9971
受理案件	（件）	166433	190187	253665	318514	420104
其中：民事法律援助	（件）	95053	108323	147688	204945	297388
刑事法律援助	（件）	67807	78602	103485	110961	118946
行政法律援助	（件）	3573	3262	2492	2608	3770
公证法律援助	（件）	—	29160	—	—	—
受援人	（人）	293715	294138	433965	540162	524547

资料来源：《中国法律年鉴（2004 年）》，中国法律年鉴社 2004 年版，第 1071 页；《中国法律年鉴（2005 年）》，中国法律年鉴社 2005 年版，第 1077、1079 页；《中国法律年鉴（2006 年）》，中国法律年鉴社 2006 年版，第 1001、1003 页；《中国法律年鉴（2007 年）》，中国法律年鉴社 2007 年版，第 1080、1082 页；《中国法律年鉴（2008 年）》，中国法律年鉴社 2008 年版，第 1122、1124 页。

2008—2012 年律师、公证、调解和法律援助工作发展状况一览表(三)

项目		2008 年	2009 年	2010 年	2011 年	2012 年
一、律师工作						
律师事务所	(个)	14467	15888	17230	18235	19361
律师工作人员	(人)	156710	173327	195170	214968	232384
其中:专职律师	(人)	140135	155457	176219	192546	208356
兼职律师	(人)	8116	8764	9294	9740	10108
聘请担任常年						
法律顾问的单位	(处)	314867	338179	369129	392456	447993
民事诉讼代理	(件)	1401147	1499105	1569043	1693635	1779118
刑事辩护	(件)	511971	564204	530800	569330	576050
行政诉讼代理	(件)	54666	57286	51011	52136	43312
非诉讼法律事务	(件)	729218	569304	549453	625229	585358
解答法律咨询	(万件)	226	383.08	474.51	513.55	436.92
代写法律事务文书	(万件)	720.99	684.22	723.72	787.36	733.00
二、公证工作						
公证处	(个)	3035	3023	3026	3006	3007
公证人员	(人)	33462	23077	24185	25609	26527
其中:公证员	(人)	22284	11282	11457	12163	12333
公证助理员	(人)	5469	5895	6678	7089	7650
办理公证文书	(万件)	949	1075.08	1104.8	1076.64	1120.75
三、人民调解工作						
专职司法助理员	(人)	74147	72704	72698	95430	95920
人民调解委员会	(万个)	82.74	82.37	81.81	81.10	81.71
调解人员	(万人)	479.29	493.89	466.90	433.55	428.14
调解民间纠纷	(万件)	498.14	579.73	841.84	893.53	926.59
四、法律援助工作						
法律援助机构	(个)	3268	3274	3592	3672	3693
工作人员	(人)	12778	13081	13830	14150	14330
其中:法律专业	(人)	10250	10337	10939	10880	11042
受理案件	(件)	546859	542686	727401	844624	1022015
其中:民事法律援助	(件)	418419	575414	610198	726826	882839
刑事法律援助	(件)	124217	121870	112264	113717	133677
行政法律援助	(件)	4223	3781	4939	4081	5499
受援人	(人)	670821	736544	820608	946690	1145671

资料来源:《中国法律年鉴(2009 年)》,中国法律年鉴社 2009 年版,第 1016、1018 页;《中国法律年鉴(2010 年)》,中国法律年鉴社 2010 年版,第 935、937 页;《中国法律年鉴(2011 年)》,中国法律年鉴社 2011 年版,第 1067、1069 页;《中国法律年鉴(2012 年)》,中国法律年鉴社 2012 年版,第 1081、1083 页;《中国法律年鉴(2013 年)》,中国法律年鉴社 2013 年版,第 1226、1228 页。

六、在干部群众中继续开展普法教育

党的十五大后，全民普法教育继续深入开展。到党的十八大召开前已连续实施了 6 个五年普法规划。在此期间，中共中央继续举办法制讲座，全国人大常委会也开始举办法制讲座。经过全国范围的普法运动，广大干部群众的法律意识进一步增强，法律素质更加提高，全民守法的社会氛围开始逐步形成。

（一）从"三五"普法到"六五"普法

"三五"普法经过 5 年的顺利实施，到 2000 年胜利完成。"三五"普法期间，全国 8 亿多普法对象中有 7.5 亿参加了各种形式的学法活动，50 多部重要法律法规被全国普法办公室列入重点宣传普及计划，30 个省、自治区、直辖市结合普法活动开展了依法治理工作，95% 的地级市、87% 的县（市、区）、75% 的基层单位开展依法治理工作。[①] "三五"普法使公民的法律意识和法制观念在"一五"普法和"二五"普法的基础上又得到进一步增强，依法参与管理各项事业和维护自身合法权益的能力有了更大的提高。

为适应新世纪对我国民主法制建设和法制宣传教育工作提出的新任务、新要求，进一步提高全民的法律素质和全社会法制化管理水平，有必要在全体公民中继续深入开展法制宣传教育。2001 年 4 月，中共中央、国务院批转中共中央宣传部、司法部《关于在公民中开展法制宣传教育的第四个五年规划》。同年 4 月 28 日，九届全国人大常委会第 21 次会议通过《关于进一步开展法制宣传教育的决议》。"四五"普法正式实施。

"四五"普法的指导思想是：高举邓小平理论伟大旗帜，深入贯彻党

---

① 中华人民共和国国务院新闻办公室：《中国的法治建设》（2008 年 2 月），《人民日报》2008 年 2 月 29 日。

的十五大精神,立足于建立和完善社会主义市场经济体制的客观需要,立足于依法治国、建设社会主义法治国家基本方略的总体要求,紧紧围绕党和国家的工作大局,继续深入开展法制宣传教育,进一步提高广大公民的法律素质;继续坚持法制教育与法制实践相结合,积极推进依法治理,使全社会的管理工作逐步走上法制化轨道,保障和促进经济建设和社会各项事业健康发展。

"四五"普法的目标是:根据我国宪法原则和改革开放以来社会主义民主法制建设的发展进程,深入开展法制宣传教育,全面提高全体公民特别是各级领导干部的法律素质;扎实推进地方、行业、基层依法治理,全面提高社会法制化管理水平。通过"四五"普法规划的实施,努力实现由提高全民法律意识向提高全民法律素质的转变,实现由注重依靠行政手段管理向注重运用法律手段管理的转变,全方位推进各项事业的依法治理,为依法治国、建设社会主义法治国家奠定坚实基础。

"四五"普法的任务是:一、继续深入学习宣传邓小平民主法制理论和党的依法治国、建设社会主义法治国家的基本方略,学习宣传宪法和国家基本法律,学习宣传与公民工作、生产、生活密切相关的法律法规知识,努力提高广大公民的法律素质。注重培养公民的权利义务对等的现代法制观念,增强公民遵纪守法、维护自身合法权益和民主参与、民主监督的意识。注重提高广大干部特别是领导干部的社会主义法制理论水平,提高依法决策、依法行政和依法管理的能力。二、紧紧围绕党和国家的中心工作,宣传社会主义市场经济特别是与整顿规范市场经济秩序相关的法律法规,宣传涉及保障和促进国家西部大开发的法律法规,宣传与加入世界贸易组织相关的法律知识,宣传与维护社会稳定相关的法律法规,宣传社会发展迫切要求普及的各项法律法规,为改革、发展、稳定创造更加良好的法治环境。三、坚持法制教育与法制实践相结合,继续推进依法治理工作。妥善处理学法与用法的关系,以法制宣传教育为基础,以依法行政、公正司法为重点,以法治化管理为目标,进一步加大依法治理力度,积极推进依法治国进程。

"四五"普法的对象是一切有接受教育能力的公民,各级领导干部、司法和行政执法人员、青少年、企业经营管理人员是法制宣传教育的重点对象。要求各级领导干部带头学法用法,依法决策、依法行政、依法管理,努力实现领导方式和管理方式的转变。司法人员和行政执法人员要努力提高自身法律素质,忠实于宪法和法律,公正司法、严格执法,自觉维护国家法制的权威和尊严。青少年学生要在法律素质的养成上下功夫。各级、各类学校要开设法制教育课,并且做到计划、课时、教材、师资"四落实",保证普及基本法律常识的任务在九年义务教育期间完成。企业经营管理人员要重点学习和掌握社会主义市场经济法律法规知识、国际经贸法律知识、企业管理法律知识,提高依法经营管理的水平和能力。

"四五"普法要求学法和用法相结合,积极开展地方依法治理。要在抓好法制宣传教育的基础上,认真制定并实施依法治省(自治区、直辖市)、依法治市(地、州)、依法治县(市、区)、依法治乡(镇)的决定、决议、规划,围绕地方立法、司法、执法、普法、法律监督、法律服务等环节,逐步实现地方政治、经济、文化事业和社会事务管理的法治化。各部门、各行业要结合自身工作职能和特点,重点学好与本部门、本行业相关的法律法规,并认真制定和完善依法治理实施方案,全面推进依法行政,严格执法,公正司法,大力提高行业依法治理水平。

"四五"普法经过 5 年的顺利实施,到 2005 年胜利完成。据不完全统计,"四五"普法期间,全国省、市、县三级共建立学法讲师团 3000 多个,各地、各部门共举办地(市)级以上领导干部法制讲座近万场,其中举办省部级领导干部法制讲座 400 多场。① 全国共有 8.5 亿普法对象接受了普法教育,实际接受教育面达 90% 以上。② 经过"四五"普法,以宪法为核心的法律知识得到较为广泛的普及,人民群众的法律意识进一步增强;依法治理工作深入开展,各项事业的法治化管理水平进一步提高,为推进依法治国基本方略的实施、促进经济社会发展作出了积极贡献。

---

① 《"五五"普法国家中高级干部学法讲师团成立》,《人民日报》2006 年 11 月 17 日。

② 中华人民共和国国务院新闻办公室:《中国的法治建设》(2008 年 2 月),《人民日报》2008 年 2 月 29 日。

党的十六大和十六届五中全会对做好法制宣传教育工作进一步提出明确要求。大力开展法制宣传教育,对于保障"十一五"规划的顺利实施和全面建设小康社会宏伟目标的实现,具有十分重要的意义。为适应新形势新任务对法制宣传教育工作提出的新要求,有必要在全体公民中继续深入开展法制宣传教育。2006 年 4 月 27 日,中共中央、国务院批转中共中央宣传部、司法部《关于在公民中开展法制宣传教育的第五个五年规划》。同年 4 月 29 日,十届全国人大常委会第 21 次会议通过《关于加强法制宣传教育的决议》,决定从 2006 年到 2010 年在全体公民中实施法制宣传教育的第五个五年规划。"五五"普法正式实施。

"五五"普法的指导思想是:以邓小平理论和"三个代表"重要思想为指导,深入贯彻党的十六大和十六届三中、四中、五中全会精神,全面落实科学发展观,紧紧围绕经济社会发展的目标任务,按照依法治国基本方略的要求,深入开展法制宣传教育,大力推进依法治理,坚持法制教育与法治实践相结合,坚持法制教育与道德教育相结合,为构建社会主义和谐社会和全面建设小康社会营造良好的法治环境。

"五五"普法的主要目标是:适应党和国家工作大局,适应整个社会和广大人民群众对法律知识的现实需求,紧密结合国家民主法制建设的新进展新成果,通过深入扎实的法制宣传教育和法治实践,进一步提高全民法律意识和法律素质;进一步增强公务员社会主义法治理念,提高依法行政能力和水平;进一步增强各级政府和社会组织依法治理的自觉性,提高依法管理和服务社会的水平。

"五五"普法坚持以下原则:一、坚持围绕中心,服务大局。紧紧围绕"十一五"规划总体目标,安排和落实法制宣传教育各项任务,服务经济建设,服务改革开放,服务构建社会主义和谐社会;二、坚持以人为本,服务群众。始终坚持全心全意为人民服务的根本宗旨,从群众需要出发开展法制宣传教育,着力解决群众关心的热点难点问题,在服务群众中教育群众。宣传教育内容要与群众生产生活密切相关,宣传教育形式要为群众喜闻乐见;三、坚持求实创新,与时俱进。研究构建社会主义和谐社会和全面建设小康社会的新形势新任务,把握全社会对法制宣传教育的根本需求,探索内在规律,转变工作观念,创新工作形式;四、坚持从实际出发,分类指导。各地区各部门各行业根据不同地域、不同对象和不同行业的特点,确定法制宣传教育的重点内容,研究切实可行的方法,制定年度工作计划,提高工作的针对性和实效性。

"五五"普法的主要任务是:一、深入学习宣传宪法,努力提高全体人民特别是各级领导干部和公务员的宪法意识,在全社会进一步形成学习贯彻宪法的热潮,使宪法家喻户晓、深入人心;二、围绕促进经济社会全面协调可持续发展,深入学习宣传经济社会发展的相关法律法规;三、围绕实现好维护好发展好人民群众的根本利益,深入学习宣传与群众生产生活密切相关的法律法规;四、围绕完善社会主义市场经济体制,深入学习宣传整顿和规范市场经济秩序的法律法规;五、围绕构建社会主义和谐社会,深入学习宣传维护社会和谐稳定、促进社会公平正义的相关法律法规;六、坚持普法与法治实践相结合,大力开展依法治理;七、组织开展法制宣传教育主题活动,大力推进法制宣传教育进机关、进乡村、进社区、进学校、进企业、进单位,在各行各业掀起学法用法的热潮。

"五五"普法的对象是一切有接受教育能力的公民,重点对象是领导干部、公务员、青少年、企业经营管理人员和农民。要求加强领导干部法制宣传教育,着力提高依法执政能力;加强公务员法制宣传教育,着力提高依法行政和公正司法能力;加强青少年法制宣传教育,着力培养法制观念;加强企业经营管理人员法制宣传教育,着力提高依法经营、依法管理能力。"五五"普法规划首次把农民作为法制宣传教育的重点对象具有深远意义。党的十六届五中全会提出了建设社会主义新农村的重大历史任务。建设社会主义新农村,一项首要的和基础性的工作,就是要极大地提高广大农民包括法律素质在内的综合素质。要充分发挥法制宣传教育在推进社会主义新农村建设中的作用,立足农村、面向农民,广泛开展与农民切身利益密切相关的法律法规的宣传教育,引导广大农民依法参与村民自治活动和其他社会管理,了解和掌握维护自身合法权益、解决矛盾纠纷的法律途径和法律常识。

"五五"普法规划从2006年开始实施,到2010年结束。共分三个阶段:2006 年上半年为宣传发动阶段;2006 年下半年至 2010 年为组织实施阶段;2010 年为检查验收阶段。为配合"五五"普法启动,四川省开展了"律师奉献进千村工程"活动,就农村土地承包经营、征地补偿等与农民生产、生活密切相关的问题提供免费法律服务。律师奉献进千村工程、领导干部法制讲座、法律"六进"等多种形式,让"五五"普法启动之年呈现出良好的势头。为推动领导干部学法用法工作的深入,结合"五五"普法的要求,中宣部和司法部 11 月联合组建了"五五"普法国家中高级干部学法讲师团,社会主义法治理念首次纳入授课的重要内容。在认真总结前些年普法宣传的基础上,各地继续坚持和完善党委理论中心组集体学法制度、领导干部法制讲座等制度。甘肃、青海、新疆、广西、内蒙古等省(区)先后举办了"百名法学家百场报告会"专场法制讲座。省级领导干部带头参加听讲,为全民学法守法用法做出了表率。创新载体也是"五五"普法启动之年的特色之一。2006 年 7 月 27 日,中宣部、司法部、全国普法办在北京举行了"法律六进"(即法律进机关、进乡村、进社区、进学校、进企业、进单位)活动启动仪式,作为"五五"普法期间引导和促进公民学习法律知识、增强法制观念的重要载体。①

在中共中央、国务院正确领导下,"五五"普法经过 5 年的顺利实施,到 2010 年胜利完成。"五五"普法"坚持法制宣传教育与法治实践相结合,多层次、多领域依法治理活动不断深化。到 2010 年底,全国已有 26 个省(自治区、直辖市)、241 个市(地、州、盟)、1856 个县(市、区、旗)全面开展了法治创建活动。""五五"普法期间,以"维护宪法法律权威、促进社会和谐稳定"为主题的普法讲师团巡回报告 7.86 万场次,2.46 万人次省部级领导干部参加法制讲座,组织公务员法律知识考试 2700 多万人次,培训农民工 1.56 亿人次。②"五五"普法取得显著成效。全民法制宣传教育深入开展,依法治理和法治创建活动深入推进,宪法和法律得到较为广泛普及,全体公民宪法和法律意识明显增强,全社会法治化管理水平逐

① 《各地"五五"普法启动势头良好　中高级干部学法讲师团成立;法律"六进"成重要载体》,《人民日报》2006 年 12 月 4 日。

② 《"五五"普法规划实施回眸》,《人民日报》2011 年 4 月 22 日。

步提高,法制宣传教育在落实依法治国基本方略、服务经济社会发展、维护社会和谐稳定方面发挥了重要作用。

党的十七大和十七届五中全会提出了深入开展法制宣传教育的重大任务。中国特色社会主义法律体系的形成,整个社会和广大人民群众法治意识的不断增强,对法制宣传教育提出了新的更高要求。为进一步增强全社会法治观念、推进依法治国进程,为"十二五"时期经济社会发展提供良好法治环境和有效法治保障,2011年4月,十一届全国人大常委会第二十次会议通过《关于进一步加强法制宣传教育的决议》,决定从2011年到2015年在全体公民中实施法制宣传教育的第六个五年规划。5月,召开第七次全国法制宣传教育工作会议,"六五"普法全面启动。

2011年是实施"六五"普法规划的第一年。一年中,全国共举办"六五"普法骨干培训班540多期,培训骨干5.8万人。中共中央宣传部、司法部、中国法学会还成立了"六五"普法国家中高级干部学法讲师团。围绕中国特色社会主义法律体系的形成,组织学习宣传以宪法为统帅的中国特色社会主义法律体系。围绕"服务经济社会科学发展",组织开展专项活动17.2万多场次,法制宣传报告会31.8万多场次,开展送法活动56.3万多场次。围绕人民群众关心、关注的热点问题,组织开展食品药品管理、社会治安综合治理、流动人口服务和管理、突发事件应急管理、交通安全等相关法律法规的学习宣传教育。组织开展与维权、信访、投诉、调解等相关的法律法规的学习宣传,引导群众依法表达利益诉求,依法解决矛盾纠纷。全国共组织维护稳定专项法制宣传活动22.8万多场次,开展重点地区、特殊人群法制宣传9.2万多场次,开展学校周边法制宣传31.5万多场次,促进了社会和谐稳定。① 经过一年多的工作,到2012年,"六五"普法已进入实施阶段,并已取得初步成效,积累了一些成功经验和做法,为"六五"普法的胜利完成打下了良好基础。

---

① 《中国法治建设年度报告(2011)》,《法制日报》2012年7月18日。

(二)中共中央继续举办法制讲座与中央政治局集体学法

为进一步提高领导干部的法律素质,中共中央继续举办法制讲座。到党的十六大召开前又举办了 7 次,极大地促进和带动了各级领导干部的学法用法。

中共中央第六次法制讲座于 1997 年 12 月 23 日上午在中南海怀仁堂举行,这也是党的十五大后中央举办的第一次法制讲座。主讲人是北京大学法律系罗玉中教授,他讲座的题目是《科技进步与法制建设》。

罗玉中的讲座共分三个部分:第一部分,科技进步呼唤法制建设。包括科技优先发展的战略地位需要法律加以确认,科技活动引起的社会关系需要法律调整,参与国际经贸的合作与竞争需要法律加以保护,防范禁止科技成果的非道德使用需要法律加以引导和规范。第二部分,当代科技法制建设的发展趋势。包括国际科技法制发展趋势、我国科技进步法制建设的现状。第三部分,几点思考。包括健全和完备适应科技进步需求的法律制度;做好法律实施工作,依法保障和促进科技进步;加强法制宣传,提高全民族的科技和法制意识;加强对科技法的研究和教育,培养专门的科技法人才。

讲座结束时,江泽民发表了《大力加强科技法制建设》的讲话。他说,世界范围的科技革命正在形成新的高潮,必然推动世界经济进入一个新的发展阶段。日新月异的科技进步,开拓了前人难以想象的研究和开发领域,创造了巨大的物质力量。特别是高新科学技术正在成为决定未来经济发展进程的重要力量,各国综合国力的竞争日益表现为科技和经济力量的竞争。这是当今世界的一个重要发展趋势。

江泽民说,科学技术是第一生产力。为保证 21 世纪中叶把我国建成富强、民主、文明的社会主义现代化国家,必须始终坚持把大力发展科学技术,加速全社会的科技进步放在经济社会发展的关键地位。这就需要大力加强科技法制建设,为实施科教兴国战略提供坚实的法制保障。适应科技发展的客观规律,把国家的重大科技政策通过立法程序上升为法律,可以大大推进科技进步。历史和现实都表明,一个国家法制工作的好坏,直接影响着它的科技、经济发展和社会进步。

江泽民强调,在我国加强科技法制建设,就是要按照依法治国,建设社会主义法治国家的要求,努力建设有中国特色的科技法制,保证党和国家的科技工作方针得到全面贯彻落实,推动建立适应社会主义市场经济体制和科技自身发展规律的新的科技体制,促进科技生产力的解放和发展,充分发挥科学技术对经济社会发展的巨大推动作用。同时,在全社会大力倡导和树立尊重科学精神、学习科学知识、运用科学技术的良好风气,鼓励各种创造发明。这样,才能保证我们的经济建设真正沿着依靠科技进步和提高劳动者素质的轨道前进。

江泽民指出,改革开放以来,我国科技法制建设取得了显著成绩,但同现代化建设的要求相比,还有不小的差距,还需要作出很大的努力。各级干部特别是领导干部,要认真研究运用法律手段促进我国科学技术进步同经济发展紧密结合的理论与实践问题。要把我国科技事业发展的成功经验,特别是在改革开放中形成的、实践证明是行之有效的新机制和新体制,用法律形式确定下来,并继续加以完善。同时,要把握世界科技发展的趋势,充分估量未来科技发展对综合国力、社会经济结构和人民生活的巨大影响,增强对科技前沿领域的重要立法的预见性和系统性。①

中共中央第七次法制讲座于 1998 年 5 月 12 日上午在中南海怀仁堂举行。主讲人是华东政法学院院长曹建明教授,他讲座的题目是《金融安全与法制建设》。

曹建明讲了四个方面的内容:金融安全与经济安全和国家安全;各国金融危机的法律防范与国际金融监管立法;重视国内金融隐患,依法治理金融,保障金融安全;思考与建议。

讲座结束后,江泽民发表了重要讲话。他指出,金融在经济工作全局中至关重要。发展社会主义市场经济,必须充分发挥金融的作用。同时,金融安全关系到国家经济的安全,国家和人民的利益要求有一个安全与稳健的金融体系。如果金融不稳定,势必会影响经济和社会稳定,阻碍整

---

① 《大力加强科技法治建设》,见江泽民:《论科学技术》,中央文献出版社 2000 年版,第 96—98 页。

个改革和发展的进程。因此,必须高度重视金融安全工作。

江泽民说,亚洲金融危机以及世界上一些国家曾经发生过的金融风波,给我们以许多深刻的启示。防范和化解金融风险,规范和维护金融秩序,同样需要综合运用经济手段、法律手段、行政手段。从发展趋势看,各国政府越来越注重运用法律手段防范金融风险,保障金融安全。

江泽民指出,当今世界日益呈现出经济全球化的趋势,国际合作越来越广泛,竞争日趋复杂激烈,金融市场的影响和渗透难以避免。我们只有沉着应付,趋利避害,才能掌握主动权。首先要把我们自己的事情办好,最根本的是要把经济工作做好,以增强承受和抵御风险的能力。要认真研究亚洲金融危机的症结,引以为鉴,搞好金融监管和金融体制改革,特别是要加强金融法制建设。

江泽民说,我国在金融立法方面已经取得了不少成绩,但是,就完善法制和严格依法办事来说,还存在着很大差距,需要进一步加强。他强调:要健全完善金融法律体系;建立和完善市场经济条件下的金融监管制度;建立完善金融机构内部自律控制机制;理顺政府、企业与银行等法律关系;依法整顿和规范金融秩序,把一切金融活动纳入规范化、法制化的轨道。要加大金融执法力度,依法从严从快打击金融领域内的违法犯罪活动。各级司法机关和金融部门,要严格按照刑法中关于惩治金融犯罪的规定,坚决打击金融诈骗和破坏金融管理秩序的犯罪活动。要加强宣传教育,增强全社会的金融法治意识和金融风险意识。①

中共中央第八次法制讲座于 1998 年 12 月 14 日上午在人民大会堂举行。主讲人是中国人民大学法学院龙翼飞教授,他讲座的题目是《社会保障与法制建设》。

龙翼飞讲了三个问题:一、社会保障在社会进步中的重要作用;二、当代世界各国的社会保障制度;三、建设具有中国特色的社会保障法律制度。

讲座结束时,江泽民作了重要讲话。他说,社会保障,是一个很重要的经济和社会问题。社会保障的主要作用,是帮助人们降低生活和工作

① 《依法治理金融　保证安全运行》,《人民日报》1998 年 5 月 13 日。

中可能遇到的风险,保障社会成员的基本生活,增强他们的生活安全感。社会保障体系是否健全,这方面的法制是否完备,对一个国家的经济发展和社会稳定,会产生直接的影响。

江泽民强调,为了建立符合我国社会主义市场经济发展要求的完备的社会保障体系,进一步做好社会保障工作,必须十分重视和不断加强社会保障的法制建设。世界上许多国家的实践表明,基本的社会保险活动,都是以国家制定相关法律、法规和政策为手段来实施的。要努力把在发展社会保障方面长期积累的成功经验,用法律形式确定下来。同时,要增强社会保障的法制建设的前瞻性和系统性。①

中共中央第九次法制讲座于 1999 年 6 月 11 日上午在人民大会堂举行。主讲人是西南政法大学李昌麒教授,他讲座的题目是《依法保障和促进农村的改革、发展与稳定》。

李昌麒主要讲了三个问题:一、加强法治,是建设有中国特色社会主义新农村的迫切需要;二、我国农业、农村方面法制建设面临的几个主要问题;三、思考与建议。

讲座结束后,江泽民发表了题为《大力加强农村法制建设》的重要讲话。他指出,在进行社会主义现代化建设的全过程中,必须始终重视保障和促进农村的改革、发展与稳定,必须紧密结合农村改革和发展的实际,按照依法治国方略,继续积极推进农村的法制建设。他说,实现建设有中国特色社会主义新农村的目标,离不开法制的保障。巩固农业的基础地位,长期稳定农村基本政策,实施科教兴农,实现农业可持续发展,保护和发展农村生产力,维护广大农民的民主权利和其他合法权益,促进农村物质文明建设和精神文明建设协调发展,都需要进一步加强法制建设。

江泽民就继续推进农村法制建设提出四点要求:

第一,要进一步提高对农村法制建设重要性的认识。各级党委和政府在推进农村各项工作中,要始终坚持"一手抓建设,一手抓法制",不能有任何动摇。要坚持依法决策、依法行政、依法办事,努力提高运用法律

① 《中共中央举行社会保障与法制建设讲座》,《人民日报》1998 年 12 月 15 日。

手段管理农村工作的水平。

第二,要进一步加强农业立法工作。要把在农村改革和建设实践中行之有效的方针政策、已经成熟的经验上升为法律,使农村生活的各个方面都能做到有法可依、有法必依、执法必严、违法必究。

第三,要进一步在广大农民和农村干部中开展法制宣传教育。通过这种宣传教育,切实提高农民群众的法律意识,切实增强农村干部的法制观念和依法办事能力。要努力做到使广大农民知法守法,积极履行应尽义务,并懂得用法律保护自己的合法权益;使农村干部自觉遵守法律,严格依法办事。

第四,要进一步加大农村的执法力度。关键是要努力建设一支高素质的农业行政执法队伍,建立起科学合理、运行有效的行政执法体制,以保证农村执法工作的顺利实施。①

中共中央第十次法制讲座于 1999 年 11 月 26 日上午在中南海怀仁堂举行。主讲人是中国政法大学王卫国教授,他讲座的题目是《依法保障和促进国有企业的改革与发展》。

王卫国主要讲了三个问题:一、依法保障和促进国有企业改革的必要性;二、现阶段国有企业改革若干问题的法律思考;三、依法保障和促进国有企业改革需要注意的几个问题。

讲座结束后,江泽民发表了重要讲话。他指出,依法保障和促进国有企业改革与发展,是推进国有企业跨世纪发展需要进一步解决好的一个重大课题。国有企业是我国国民经济的支柱。不断从整体上增强国有企业的活力和国有经济的控制力,对于建立社会主义市场经济体制和巩固社会主义制度,具有极为重要的意义。要积极推进国有企业扭亏增盈和建立现代企业制度,实现国有企业改革和发展的近期与长远目标,必须通过进一步加强法制建设来依法保障、依法促进。

江泽民说,解决国有企业改革和发展面临的重点难点问题,必须充分

---

① 《江泽民主持法制讲座发表重要讲话强调　大力加强农村法制建设》,《人民日报》1999 年 6 月 12 日。

发挥法律的作用。从战略上调整国有经济布局和改组国有企业,实行改革、改组、改造和加强管理相结合,建立现代企业制度,推动企业科技进步,全面加强企业管理,建立企业优胜劣汰的机制,协调推进各项配套改革,切实维护职工合法权益,推进企业精神文明建设,都会涉及相关的法律问题,需要法律提供保障。各级领导干部特别是主要领导干部,要带头学法、用法、守法,不断提高依法行政的能力,学会运用法律手段保障和促进国有企业的改革与发展。

江泽民强调,国有企业能否依法经营管理,关键在企业领导班子。要采取切实有效的措施,加强对企业经营者的法律培训,增加他们的法律知识和依法经营管理能力。企业领导人要自觉增强法制观念,坚持依法经营管理,不断提高企业的效益。①

中共中央第十一次法制讲座于 2000 年 9 月 22 日上午在中南海怀仁堂举行。主讲人是中国社会科学院法学研究所夏勇研究员,他讲座的题目是《西部开发与加快中西部发展的法治保障》。

夏勇主要讲了三个问题:一、法治保障在西部开发与加快中西部发展中的地位和作用;二、国外运用法律手段促进区域开发的经验教训;三、依法保障西部开发与加快中西部发展的几个重大问题。

讲座结束后,江泽民发表了重要讲话。他指出,加强西部大开发的法治保障,是社会主义市场经济发展的内在要求,也是依法治国的重要实践。加快西部经济和社会发展、维护民族团结、保持社会稳定,调节西部大开发中各方面的关系以及扩大对外开放,都需要强有力的法治保障。充分发挥法治的规范、引导、促进和保障作用,把各方面的积极性最大限度地调动起来,西部大开发的各项建设就能真正健康、有序、优质地进行。②

中共中央第十二次法制讲座于 2001 年 7 月 11 日上午在中南海怀仁堂举行。主讲人是中国社会科学院法学研究所郑成思研究员,他讲座的

---

① 《江泽民主持法制讲座并作重要讲话强调　依法保障和促进国企改革发展》,《人民日报》1999 年 11 月 27 日。

② 《就西部开发与加快中西部发展的法治保障　中共中央举办法制讲座》,《人民日报》2000 年 9 月 23 日。

题目是《运用法律手段保障和促进信息网络健康发展》。

郑成思主要讲了三个问题:信息网络的发展与加强法律规范的必要性和重要性,国外的做法及立法现状,我国在信息网络法制建设方面的基本情况。他还就信息网络立法、鼓励通过网络开展精神文明建设、积极参与保障网络安全的国际合作、对各级领导干部进行网络知识的培训等问题提出了建议。

江泽民在讲座结束时作了重要讲话。他指出,在加强网络安全保障体系建设的同时,要注意充分运用法律手段,搞好对信息网络的管理工作,以推动信息网络的快速健康发展。第一,要充分认识依法保障和促进信息网络健康发展的重要性。在大力推进我国国民经济和社会信息化的进程中,必须高度重视信息网络的安全问题。要积极支持和大力推进信息网络化,也要加强规范,依法管理,保障和促进我国信息技术和信息网络健康有序地发展。第二,要加强和完善信息网络立法。要制定管理性的法律规范,也要制定促进信息技术和信息产业健康发展的法律法规,还要有促进信息网络从业单位行业自律的规定。要建立和完善信息网络安全保障体系的法规及有效防止有害信息通过网络传播的管理机制,制定通过信息网络实现政务公开和拓宽公民参政议政渠道的法律规范,制定通过信息网络引导和鼓励全社会弘扬中华优秀文化的激励机制等等。第三,要加强信息网络方面的执法和司法。要努力完善这方面的行政执法体制,健全执法机构,明确职责,做到依法决策、依法行政、依法管理。要加强信息网络领域的司法工作,通过司法手段保护公民的合法权益,保障国家的政治和经济安全,保障和促进信息网络健康有序发展。第四,要积极参与国际信息网络方面规则的制定。信息网络是国际化的,不仅需要通过国内法律进行规范,还需要通过国际性规则予以调整。我们要在相应国际组织中积极参与制定有关信息网络的国际条约,加强国际交流与合作。①

党的十六大后,中共中央政治局建立了集体学习制度,学习的内容也不再仅限于法制。十六届中共中央政治局共集体学习 44 次,其中有 7 次

---

① 《推动我国信息网络快速健康发展》,见《江泽民文选》第 3 卷,人民出版社 2006 年版,第 300—303 页。

集体学习与法制有关。

2002年12月26日,十六届中共中央政治局进行第一次集体学习。这次集体学习安排的是学习宪法。中国人民大学许崇德教授、武汉大学周叶中教授以《认真贯彻实施宪法和全面建设小康社会》为题,就宪法是国家的根本法、新中国宪法的发展历程、现行宪法的主要内容和特点等问题作了讲解,并就贯彻实施宪法提出了有关建议。

胡锦涛在主持学习时发表了重要讲话。他指出,实现十六大提出的宏伟目标和各项任务,要求我们更好地把坚持党的领导、人民当家作主和依法治国有机统一起来,进一步发展社会主义民主,健全社会主义法制,建设社会主义政治文明,以充分调动全国各族人民的积极性、主动性、创造性,同心同德地推进改革开放和社会主义现代化建设。要做到这一点,必须坚持实施依法治国基本方略,在全社会进一步树立宪法意识和宪法权威,切实保证宪法的贯彻实施,充分发挥宪法对我国社会主义物质文明、政治文明、精神文明协调发展的促进和保障作用。

在谈到贯彻实施宪法时,胡锦涛指出,第一,要深入学习宣传宪法,不断提高全党全国人民对宪法的重要地位和重要作用、宪法的基本知识和基本内容、贯彻落实宪法的重大意义的认识,在全社会形成崇尚宪法、遵守宪法、维护宪法的良好氛围。第二,要切实加强法律监督,保证宪法和其他法律得到贯彻实施。这是我们实施依法治国基本方略、建设社会主义法治国家的根本要求。要加强立法监督和执法监督,坚决纠正各种违宪现象,坚决维护国家法制的统一和尊严。第三,要坚持依法执政,不断加强和改善党的领导。我们党是执政党,应该在贯彻实施宪法上为全社会作出表率。十六大提出党要坚持依法执政,这是我们为加强党的执政能力建设,提高党的领导水平和执政水平,改革和完善党的领导方式和执政方式而提出的一个具有重大政治意义的要求。党的各级组织和全体党员都要做遵守宪法的模范,严格依法办事,带动全社会严格贯彻实施宪法。①

---

① 《胡锦涛在中共中央政治局集体学习时强调　加强领导干部学习提高执政兴国本领》,《人民日报》2002年12月27日。

2003 年 9 月 29 日,十六届中共中央政治局进行第八次集体学习。这次集体学习安排的内容是坚持依法治国、建设社会主义政治文明。复旦大学国际关系与公共事务学院林尚立教授、中国社会科学院法学研究所李林研究员就这个题目进行了讲解,谈了他们对这个问题的一些思考。胡锦涛在主持学习时发表了讲话。他强调,必须从全面建设小康社会的战略全局出发,充分认识社会主义政治文明建设的重要性,深刻把握社会主义政治文明建设的规律,继续积极稳妥地推进政治体制改革,扩大社会主义民主,健全社会主义法制,依法治国,建设社会主义法治国家,实现社会主义民主政治的制度化、规范化和程序化,巩固和发展民主团结、生动活泼、安定和谐的政治局面。

2004 年 4 月 26 日,十六届中共中央政治局进行第十二次集体学习。这次集体学习安排的内容是法制建设与完善社会主义市场经济体制。北京大学吴志攀教授、中国人民大学王利明教授就这个问题进行了讲解,谈了他们对这个问题的研究体会。

胡锦涛在主持学习时发表了重要讲话。他强调,要适应社会主义市场经济发展、社会全面进步的需要和中国加入世贸组织后的新形势,大力加强立法工作,提高立法质量,特别是要进一步建立健全市场主体和中介组织法律制度、产权法律制度、市场交易法律制度、信用法律制度,以及有关劳动、就业和社会保障等法律制度,加快形成中国特色社会主义法律体系。要坚持以人为本、全面、协调、可持续的发展观,在立法工作中体现统筹城乡发展、统筹区域发展、统筹经济社会发展、统筹人与自然和谐发展、统筹国内发展和对外开放的要求。要积极推进司法体制改革,强化司法监督,维护司法公正,提高执法水平,确保法律的严格实施,保障在全社会实现公平和正义。

胡锦涛指出,坚持依法治国、依法执政,是新形势新任务对我们党领导人民更好地治国理政提出的基本要求,也是提高党的执政能力的重要方面。全党同志特别是各级领导干部都要切实增强法制观念,带头学法守法,在全党全社会营造依法执政、依法治国、依法办事的良好氛围。要进一步加大以宪法为核心的法制宣传教育的力度,提高全民特别是各级领导干部和国家机关工作人员的宪法意识和法制观念。各级领导干部要努力提高依法执政、依法行政、依法办事的能力,自觉地在宪法和法律的范围内活动。越是工作重要,越是事情紧急,越是矛盾突出,越要坚持依法办事。要善于运用法律手段促进经济的繁荣发展和社会的全面进步,管理经济和社会事务,妥善处理人民内部矛盾和其他社会矛盾,切实维护广大人民群众的权益。要加强学习和研究,不断解决依法治国、依法执政实践中的新情况新问题,努力从理论和实践的结合上回答推进依法治国、依法执政提出的重大理论和现实问题,更好地带领广大人民群众为全面建设小康社会而奋斗。①

2005 年 12 月 20 日,十六届中共中央政治局进行第二十七次集体学习。这次集体学习安排的内容是行政管理体制改革和完善经济法律制度。中国政法大学法学院马怀德教授、中国人民大学法学院史际春教授就这个问题进行讲解,并谈了他们的有关看法和建议。

胡锦涛在主持学习时发表了重要讲话。他强调,要加强行政法制建设和经济法制建设,加快建立权责明确、行为规范的行政执法体制,保证各级行政管理机关及其工作人员严格按照法定权限和程序行使职权、履行职责。要完善对行政管理权力的监督机制,强化对决策和执行等环节的监督,建立体现科学发展观和正确政绩观要求的干部实绩考核评价制度,认真推行政务公开制度,完善人大、政协、司法机关、人民群众、舆论依法进行监督的机制。要研究完善政府机构设置,实现机构职能、编制、工作程序的法定化,提高行政效率,降低行政成本。要大力加强法制教育,使广大公务人员特别是领导干部提高法律素养,做到依法决策、依法行政、依法管理,不断提高工作效率和为人民服务的水平。

2006 年 5 月 26 日,十六届中共中央政治局进行第三十一次集体学习。这次集体学习安排的内容是国际知识产权保护和我国知识产权保护的法律和制度建设。中国社会科学院法学所郑成思研究员、中南财经政

---

① 《胡锦涛在中共中央政治局第十二次集体学习时强调　始终坚持依法治国依法执政　提高全社会法制化管理水平》,《人民日报》2004 年 4 月 27 日。

法大学知识产权研究中心主任吴汉东教授就这个问题进行讲解,并谈了他们的有关看法和建议。

胡锦涛在主持学习时发表了重要讲话。他指出,知识产权工作在建设创新型国家中具有重要的地位和作用。要按照履行承诺、适应国情、完善制度、积极保护的方针,适应我国经济社会发展的需要,适应国际知识产权保护的发展趋势,完善知识产权法律法规体系,从行政、司法等方面落实知识产权法律法规,为鼓励自主创新和维护权利人合法权益提供有力的法制保障。

2006 年 6 月 29 日,十六届中共中央政治局进行第三十二次集体学习。这次集体学习安排的内容是坚持科学执政、民主执政、依法执政。中央党校党建教研部张志明教授、政法教研部卓泽渊教授就这个问题进行讲解,并谈了他们的有关看法和建议。

胡锦涛在主持学习时发表了重要讲话。他强调,依法执政是新的历史条件下马克思主义政党执政的基本方式。依法执政,就是坚持依法治国、建设社会主义法治国家,领导立法,带头守法,保证执法,不断推进国家经济、政治、文化、社会生活的法制化、规范化,以法治的理念、法治的体制、法治的程序保证党领导人民有效治理国家。要加强党对立法工作的领导,推进科学立法、民主立法,从制度上、法律上保证党的路线方针政策的贯彻实施。各级党组织都要在宪法和法律范围内活动,全体党员都要模范遵守宪法和法律。要督促和支持国家机关依法行使职权,依法推动各项工作的开展,切实维护公民的合法权益。

2007 年 3 月 23 日,十六届中共中央政治局进行第四十次集体学习。这次集体学习安排的内容是关于制定和实施物权法的若干问题。中国社会科学院法学研究所梁慧星研究员、中国人民大学法学院王利明教授就这个问题进行了讲解,并谈了实施好物权法的意见和建议。

胡锦涛在主持学习时发表了重要讲话。他指出,十届全国人大五次会议通过了《中华人民共和国物权法》,这是推动形成中国特色社会主义法律体系的重要步骤,是贯彻依法治国基本方略、建设社会主义法治国家的重要举措。制定和实施物权法,完善中国特色社会主义物权制度,对于坚持和完善国家基本经济制度、完善社会主义市场经济体制,对于实现好、维护好、发展好最广大人民的根本利益和激发全社会创造活力,对于全面建设小康社会、加快构建社会主义和谐社会,具有十分重要的意义。各级党委和政府要从坚持依法治国基本方略的高度,充分认识制定和实施物权法的重大意义,认真实施好物权法。

胡锦涛强调,要突出把握好以下几个重大问题。一是要牢固树立物权观念。要通过多种途径提高广大干部群众对物权法的认识,充分认识依据宪法和法律对国家、集体和私人的物权给予平等保护的重大意义,牢固树立依法平等保护和正确行使财产权利的物权观念,为实施物权法营造广泛的社会思想基础。二是要全面坚持国家基本经济制度。毫不动摇地巩固和发展公有制经济,毫不动摇地鼓励、支持、引导非公有制经济发展。要按照解放和发展社会生产力的要求,继续深化改革,加大攻坚力度,坚决消除各种体制性障碍,着力完善社会主义市场经济体制,着力形成更加公平、更加开放的市场竞争秩序,为增强公有制经济活力和促进非公有制经济发展提供更加有力的法制保障。三是要切实维护广大人民群众的权益。要按照物权法的规定,切实维护人民群众的土地承包经营权、宅基地使用权、房屋所有权及其他财产权利。要坚持和完善农村基本经营制度,坚决制止侵害农民合法权益的行为。四是要加快完善相关法律制度。要配合物权法的实施,着眼于保障权利、维护秩序、促进竞争,抓紧建立健全民商法律制度,发挥民商法律制度在推动社会主义市场经济发展、促进社会和谐方面的重要作用。

胡锦涛指出,要在全社会深入宣传制定和实施物权法的重要性和必要性,深入宣传物权法的立法主旨、基本内容和各项规定,为实施物权法营造良好舆论氛围。要利用实施物权法的有利时机,在全社会广泛倡导全体公民学法辨是非、知法明荣辱、用法止纷争,增强依法行使权利、履行义务的公民意识。

胡锦涛强调,各级党委、政府和领导干部要带头学习和实施物权法,全面落实保障一切市场主体的平等法律地位和发展权利的法律要求,正确处理行使国家权力和保障公民权利的关系,充分运用物权法等法律手段提高促进经济社会发展、管理经济社会事务的水平,增强解决社会矛盾、促进社会和谐的能力。各有关部门要各司其职、各负其责,通力协作、加强配合,共同推进物权法的实施。要依法严厉打击各种侵犯国家、集体和私人财产权益的违法犯罪行为。①

十七届中共中央政治局共集体学习 33 次,其中有 2 次集体学习与法制有关。

2007 年 11 月 27 日,在现行宪法公布实施 25 周年和实施依法治国基本方略、建设社会主义法治国家提出 10 周年之际,十七届中共中央政治局以完善中国特色社会主义法律体系和全面落实依法治国基本方略为题进行第一次集体学习。中国政法大学徐显明教授、中国社会科学院信春鹰研究员就学习内容进行讲解,并谈了对建设社会主义法治国家的意见和建议。

胡锦涛在主持学习时发表了重要讲话。他指出,党的十七大明确提出,要全面落实依法治国基本方略,加快建设社会主义法治国家,并对加强社会主义法制建设作出了全面部署。这是我们党从夺取全面建设小康社会新胜利、开创中国特色社会主义事业新局面的战略高度提出的重大任务,是保证人民当家作主的必然要求,是发展中国特色社会主义的必然要求,是促进社会和谐稳定、实现党和国家长治久安的必然要求。

胡锦涛在讲话中就全面落实依法治国基本方略提出四点要求。一是要加强和改进立法工作,进一步提高立法质量。坚持科学立法、民主立法,按照法定的立法程序,扩大公民对立法的有序参与,推动解决好人民最关心、最直接、最现实的利益问题,维护人民合法权益和社会公平正义。二是要加强宪法和法律实施,维护社会主义法制的统一、尊严、权威。各级党组织和全体党员要自觉在宪法和法律范围内活动,带头维护宪法和法律权威,为全社会作出表率。三是要加强对执法活动的监督,确保法律正确实施。完善权力制约和监督机制,综合运用各种监督形式,增强监督

---

① 《胡锦涛在中共中央政治局第四十次集体学习时强调　认真学习全面实施物权法　开创社会主义法治国家新局面》,《人民日报》2007 年 3 月 25 日。

合力和实效,真正做到有权必有责、用权受监督、违法要追究。四是要深入开展法制宣传教育,弘扬法治精神。①

十六届中共中央政治局和十七届中共中央政治局第一次集体学习都是学习的宪法。这充分体现了以胡锦涛为总书记的党的中央领导集体对法制建设的高度重视,表明了推进依法治国,建设社会主义法治国家的鲜明立场和坚定决心。

2011年3月28日,中共中央政治局就推进依法行政和弘扬社会主义法治精神进行第二十七次集体学习,国家行政学院胡建淼教授、中共中央党校卓泽渊教授就这个问题进行讲解,并谈了他们的意见和建议。

胡锦涛在主持学习时发表了重要讲话。他指出,推进依法行政,弘扬社会主义法治精神,是党的十七大为适应全面建设小康社会新形势、推进依法治国进程而提出的一项战略任务,对深化政治体制改革、发展社会主义民主政治,对全面实施依法治国基本方略、加快建设社会主义法治国家,对建设富强民主文明和谐的社会主义现代化国家、实现党和国家长治久安具有十分重要的意义。

胡锦涛强调,全面推进依法行政,要以邓小平理论和"三个代表"重要思想为指导,深入贯彻落实科学发展观,坚持党的领导、人民当家作主、依法治国有机统一,认真落实依法治国基本方略,以建设法治政府为目标,以事关依法行政全局的体制机制创新为突破口,以增强领导干部依法行政意识和能力、提高制度建设质量、规范行政权力运行、保证法律法规严格执行为着力点,为保障经济又好又快发展和社会和谐稳定发挥更大作用。要更加注重制度建设,在中国特色社会主义法律体系已经形成的有利基础上,继续通过完善立法加强和改进制度建设,坚持科学立法、民主立法,着力抓好促进科学发展、深化改革开放、保护资源环境、保障和改善民生、维护社会和谐稳定、加强政府建设等方面所急需法律法规的制定或修改工作,力求体现规律要求、适应时代需要、符合人民意愿、解决实际

---

① 《胡锦涛在十七届中共中央政治局第一次集体学习时强调 切实抓好全面落实依法治国基本方略各项工作 为推动科学发展促进社会和谐提供有力法制保障》,《人民日报》2007年11月29日。

问题。要更加注重行政执法,严格依照法定权限和程序行使权力、履行职责,推进政府管理方式创新,加强行政决策程序建设,切实把政府职能转变到经济调节、市场监管、社会管理、公共服务上来,着力保障和改善民生。要更加注重行政监督和问责,完善监督体制机制,全面推进政务公开,切实为人民掌好权、用好权。要更加注重依法化解社会矛盾纠纷,完善行政调解制度,提高行政调解效能,完善行政复议制度,完善信访制度。

胡锦涛指出,在全社会大力弘扬社会主义法治精神,对全面贯彻落实依法治国基本方略、建设社会主义法治国家具有基础性作用,必须把加强宪法和法律实施作为弘扬社会主义法治精神的基本实践,不断推进科学立法、严格执法、公正司法、全民守法进程。各级党委要按照科学执政、民主执政、依法执政的要求,带头维护社会主义法制的统一、尊严、权威,坚持依法办事,各级政府要认真履行宪法和法律赋予的职责,广大党员、干部特别是领导干部要带头遵守和执行宪法和法律。要加强对全体人民的普法宣传教育,深入开展社会主义法治理念教育,特别是要加强与人民群众生产生活密切相关的法律法规宣传,加快在全社会形成学法尊法守法用法的良好法治环境。①

(三)全国人大常委会举办法制讲座和专题讲座

九届全国人大常委会自任期开始就作出了举办全国人大常委会法制讲座的决定,其目的是为常委会组成人员提供一个学习的机会,并为地方人大常委会树立学习法律的范例。讲座紧紧围绕社会主义民主法制建设、坚持和完善人民代表大会制度和建立中国特色社会主义法律体系,密切结合立法和监督工作的进程,重点讲授了宪法、邓小平民主法制思想、社会主义民主法制理论以及中国特色社会主义法律体系各部门法中的基本法律,内容比较丰富。讲座都由有关方面的知名专家、学者主讲,具有较高理论水平。法制讲座的举办,对常委会组成人员熟悉人大工作,进一

---

① 《胡锦涛在中共中央政治局第二十七次集体学习时强调　推进依法行政弘扬社会主义法治精神　充分发挥法律促进经济社会发展作用》,《人民日报》2011 年 3 月 30 日。

步履行好宪法和法律赋予的职责,特别是提高法律审议质量,起到了积极作用。全国人大常委会法制讲座的举办,也推动了全国人大系统学习、培训工作的开展和良好学习氛围的形成。具体情况详见下表:

九届全国人大常委会法制讲座一览表

次别	日期	主讲人	题目
第一次	1998.6.16	中国人民大学教授　许崇德	《我国宪法与宪法的实施》
第二次	1998.8.30	中国社会科学院法学所研究员　李步云	《依法治国,建设社会主义法治国家》
第三次	1998.9.22	全国人大法律委员会委员、研究员　刘政	《我国人民代表大会制度的特点及其历史发展》
第四次	1998.10.20	全国人大法律委员会副主任委员,全国人大常委会法工委副主任　乔晓阳	《完善我国立法体制,维护国家法制统一》
第五次	1998.11.26	全国人大常委会委员,中国社会科学院法学所研究员　王家福	《关于社会主义市场经济法律制度建设问题》
第六次	1998.12.22	中国政法大学教授　张晋藩	《中华法制文明的世界地位与近代化的几个问题》
第七次	1999.2.28	中国社会科学院法学研究所研究员　刘瀚	《法学理论的几个基本问题》
第八次	1999.4.23	全国人大法律委员会主任委员　王维澄	《关于有中国特色社会主义法律体系的几个问题》
第九次	1999.6.21	中国人民大学教授　高铭暄	《我国刑法和刑事诉讼制度》
第十次	1999.8.31	中国社会科学院法学研究所研究员　梁慧星	《关于我国民事法律制度的几个问题》
第十一次	1999.10.31	清华大学法学院教授　王保树	《中国的商事法律制度》
第十二次	1999.12.27	全国人大内务司法委员会委员,国家行政学院教授　应松年	《我国的行政法律制度》
第十三次	2000.3.1	吉林大学教授　王惠岩	《马克思主义国家政权理论的几个基本问题》
第十四次	2000.4.29	外交学院副教授　江国青	《国际法与国际条约的几个问题》
第十五次	2000.7.8	全国人大常委会法制工作委员会副主任　胡康生	《我国的婚姻家庭法律制度》

次别	日期	主讲人	题目
第十六次	2000.8.25	中国人民大学教授　龙翼飞	《完善我国的社会保障法律制度》
第十七次	2000.10.31	中国人民大学教授　郭寿康	《加入世界贸易组织与我国立法的有关问题》
第十八次	2000.12.28	北京大学法学院院长、教授　吴志攀	《我国的金融法律制度》
第十九次	2001.2.28	全国人大法律委员会委员，中国社会科学院法学所研究员　郑成思	《我国的知识产权法律制度》
第二十次	2001.4.28	清华大学法学院院长、教授　王保树	《现代企业法律制度》
第二十一次	2001.6.30	全国人大财政经济委员会副主任委员　周正庆	《我国的证券法律制度》
第二十二次	2001.8.31	全国人大财经委员会委员，中国人民大学法学院副院长、教授　王利明	《物权法律制度》
第二十三次	2001.10.27	全国人大内务司法委员会委员，国家行政学院教授　应松年	《行政程序法律制度》
第二十四次	2001.12.29	国务院法制办公室主任　杨景宇	《加入世贸组织与我国法制建设》
第二十五次	2002.2.28	全国人大内务司法委员会委员，国家行政学院教授　应松年	《行政许可与行政强制法律制度》
第二十六次	2002.4.28	国务院法制办公室副主任　曹康泰	《关于我国农业法制建设的几个问题》
第二十七次	2002.6.29	中国社会科学院法学研究所研究员　王晓晔	《反垄断法律制度》
第二十八次	2002.8.29	全国人大法律委员会副主任委员，全国人大常委会法工委主任　顾昂然	《宪法是治国安邦的总章程》
第二十九次	2002.10.28	全国人大财经委员会副主任委员，北京大学光华管理学院院长、教授　厉以宁	《投资基金法律制度》
第三十次	2002.12.28	北京大学法学院教授，华中科技大学法学院院长　罗玉中	《科技法律制度》

资料来源：《人民日报》2003年2月19日。

为切实加强全国人大常委会的学习,十届全国人大常委会发扬九届全国人大常委会的传统,承前启后,继续举办法制讲座,到2005年底已举办法制讲座18次。由于常委会的工作涉及方方面面,需要学习和了解的知识很多,讲座除安排宪法、法律等法制方面的内容外,还需要围绕党和国家的工作大局,结合人大工作需要,安排一些其他重大课题。鉴于此,从2006年2月开始法制讲座更名为专题讲座。十届全国人大常委会共举办法制讲座和专题讲座30次,其中22次为法制讲座。详情如下表所示:

十届全国人大常委会法制讲座和专题讲座一览表

场次	时间	主讲人、讲座内容
第一次	2003.4.25	全国人大法律委员会主任委员杨景宇:《我国的立法体制、法律体系和立法原则》
第四次	2003.8.27	国务院法制办公室主任曹康泰:《我国的卫生法律制度》
第五次	2003.10.28	全国人大法律委员会主任委员杨景宇:《宪法和宪法的修改》
第六次	2003.12.27	对外经济贸易大学教授、博士生导师沈四宝:《对外贸易法律制度若干问题》
第七次	2004.2.29	全国人大常委会委员、全国人大法律委员会委员信春鹰:《法学理论的几个基本问题》
第八次	2004.4.6	全国人大法律委员会委员、中国人民大学法学院副院长王利明教授:《企业破产法律制度》
第十一次	2004.10.27	全国人大常委会法制工作委员会副主任王胜明:《我国的物权法律制度》
第十二次	2004.12.29	全国人大常委会委员、全国人大财经委员会委员贺铿:《统计法及其需要完善的几个问题》
第十三次	2005.2.28	国务院法制办公室副主任汪永清:《紧急状态法律制度》
第十四次	2005.4.27	中国证监会主席尚福林:《我国的证券法律制度》
第十五次	2005.7.1	中央党校常务副校长虞云耀:《民主法制与构建社会主义和谐社会》
第十六次	2005.8.28	全国人大常委会委员、全国人大常委会法工委副主任信春鹰:《我国的行政强制法律制度》

续表

场次	时间	主讲人、讲座内容
第十七次	2005.10.27	中国社会科学院法学研究所研究员王晓晔:《反垄断法是维护社会主义市场经济秩序的基本法律制度》
第十八次	2005.12.29	中国人民大学法学院教授、劳动法和社会保障法研究所所长林嘉:《我国的劳动法律制度》
第二十二次	2006.8.27	国家禁毒委员会副主任兼国家禁毒委员会办公室主任张新枫:《我国的禁毒工作和禁毒立法》
第二十三次	2006.10.31	北京大学财经法研究中心主任、法学院教授刘剑文:《我国的税收法律制度》
第二十四次	2006.12.29	北京大学法学院副院长李鸣教授:《国际条约的法律制度》
第二十五次	2007.2.28	劳动和社会保障部劳动科学研究所副所长、研究员莫荣:《完善我国促进就业的法律制度》
第二十六次	2007.4.27	清华大学建筑学院副院长毛其智:《完善城乡规划法律制度,促进城镇化健康发展》
第二十七次	2007.6.29	中国科学院科技政策与管理科学研究所研究员、可持续发展战略研究组组长牛文元:《关于循环经济及其立法的若干问题》
第二十九次	2007.10.24	中国人民大学教授、知识产权教学研究中心主任刘春田:《〈与贸易有关的知识产权协定〉及其修改的有关法律问题》
第三十次	2007.12.29	全国人大常委会委员、中国人民大学教授、中国社会保障发展战略研究项目组组长郑功成:《社会保险制度建设与社会保险立法》

注:本表据《人民日报》历年报道整理而成。

十一届全国人大常委会继续举办专题讲座。讲座作为全国人大常委会和全国人大专门委员会组成人员集体学习的主要形式进一步发展。讲座更加注重围绕党和国家的中心工作、全国人大常委会的立法监督工作,坚持从实际出发确定选题,增强针对性。讲座的举办,对于常委会组成人员熟悉宪法、法律和人大工作,拓展知识面,加强素质建设,增强履职能力,提高审议质量,发挥了重要作用。十一届全国人大常委会共举办专题讲座 30 次,其中 10 次为法制内容的讲座。详情如下表所示:

十一届全国人大常委会专题讲座一览表

场次	时间	主讲人、讲座内容
第一——三次	2008.4.24—25	这次履职学习专题讲座共分三讲,题目分别是《全国人大常委会的组织、职权和议事规则》《立法法和全国人大常委会的立法工作》和《监督法和全国人大常委会的监督工作》
第七次	2008.12.27	中国政法大学教授、民商经济法学院院长王卫国:《我国的保险法律制度》
第八次	2009.2.28	全国人大常委会委员、全国人大法律委员会主任委员胡康生:《学习宪法　忠于宪法　维护宪法权威》
第九次	2009.4.24	全国人大常委会委员、常委会办公厅研究室主任沈春耀:《关于加强社会领域立法的若干问题》
第十次	2009.6.27	全国人大常委会法制工作委员会副主任王胜明:《我国的侵权责任法律制度》
第二十一次	2011.4.22	全国人大常委会委员、全国人大常委会法工委副主任信春鹰:《法律体系的概念与意义》
第二十九次	2012.10.26	环境保护部原总工程师、中国环境科学学会副理事长杨朝飞:《我国环境法律制度和环境保护若干问题》
第三十次	2012.12.28	全国人大常委会副秘书长、全国人大法律委员会副主任委员乔晓阳:《关于宪法规定的我国政治制度及其特点和优势》

注:本表据《人民日报》历年相关报道整理而成。

第六章　党的十八大开启全面依法治国新时代

党的十八大以来,以习近平同志为核心的党中央高度重视依法治国,把全面推进依法治国作为治国理政的基本方式。党的十八届四中全会通过的《中共中央关于全面推进依法治国若干重大问题的决定》,对全面依法治国作出顶层设计,进行战略部署。以此为契机,中国法治建设进入全面依法治国新时代。

一、习近平全面依法治国思想述论

党的十八大以来,习近平围绕全面依法治国作了一系列重要论述。这些论述立意高远,内涵丰富,思想深刻,涵盖全面依法治国的重大意义、指导思想、总目标、基本原则和总体要求,为全面落实依法治国基本方略,加快建设社会主义法治国家提供了理论指导和实践指南。

(一)关于全面依法治国的重大意义

依法治国是坚持和发展中国特色社会主义的本质要求和重要保障,是实现国家治理体系和治理能力现代化的必然要求,事关我们党执政兴国,事关人民幸福安康,事关党和国家长治久安。围绕全面推进依法治国的重大意义,习近平从以下几个方面进行了论述:

第一,全面推进依法治国,是全面建成小康社会、加快推进社会主义现代化的重要保证。

习近平指出："全面推进依法治国是贯彻落实中共十八大和十八届三中全会精神的重要内容，是顺利完成各项目标任务、全面建成小康社会、加快推进社会主义现代化的重要保证。"①党的十八大描绘了全面建成小康社会、加快推进社会主义现代化、实现中华民族伟大复兴中国梦的宏伟蓝图。党的十九大又对决胜全面建成小康社会、开启全面建设社会主义现代化国家新征程作出战略安排。要把宏伟蓝图和战略安排由规划变成现实，到2020年如期实现全面建成小康社会的奋斗目标，并向第二个百年奋斗目标进军，就必须在全面推进依法治国上作出总体部署、采取切实措施、迈出坚实步伐。当前，全面建成小康社会进入决胜阶段，改革进入攻坚期和深水区，国际形势复杂多变，我们面对的改革发展稳定任务之重前所未有、面对的矛盾风险挑战之多前所未有。能不能有效解决我国发展中遇到的矛盾和问题、化解来自各方面的风险和挑战，直接关系着全面建成小康社会、实现中华民族伟大复兴的中国梦。法律是治国之重器，法治是治国理政的基本方式，是国家治理体系和治理能力的重要依托。全面推进依法治国，是解决党和国家事业发展面临的一系列重大问题，解放和增强社会活力、促进社会公平正义、维护社会和谐稳定、确保党和国家长治久安的根本举措。我们要实现党的十八大和十九大作出的一系列战略部署，全面建成小康社会、实现中华民族伟大复兴的中国梦，就必须全面推进依法治国，从法治上为"两个一百年"奋斗目标的顺利实现提供可靠保证。

第二，全面推进依法治国，是解决我们在发展中面临的一系列突出问题、保持我国经济社会持续健康发展势头的根本要求。

习近平指出："要推动我国经济社会持续健康发展，不断开拓中国特色社会主义事业更加广阔的发展前景，就必须全面推进社会主义法治国家建设，从法治上为解决这些问题提供制度化方案。"②当前，我国改革发展稳定形势总体是好的，但发展中不平衡不充分的问题依然突出，人民内部矛盾和其他社会矛盾凸显，党风政风也存在一些不容忽视的问题，其中大量矛盾和问题与有法不依、执法不严、违法不究相关。随着我国经济社会的发展，人民群众对法治的要求也越来越高，依法治国在党和国家工作全局中的地位更加突出、作用更加重大。要妥善解决制约持续健康发展的种种问题，保持我国经济社会长期持续健康发展势头，不断开拓新时代中国特色社会主义事业更加广阔的发展前景，就必须密织法律之网、强化法治之力，把依法治国摆在更加突出的位置，把党和国家工作纳入法治化轨道，坚持在法治轨道上统筹社会力量、平衡社会利益、调节社会关系、规范社会行为，依靠法治解决各种社会矛盾和问题，确保我国社会在深刻变革中既生机勃勃又井然有序。

第三，全面推进依法治国，是着眼于实现中华民族伟大复兴中国梦、实现党和国家长治久安的长远考虑。

习近平指出："我们提出全面推进依法治国，坚定不移厉行法治，一个重要意图就是为子孙万代计、为长远发展谋。"①党的十八大以来，以习近平为核心的党中央，对全面推进依法治国作出部署，既是立足于解决我国改革发展稳定中的矛盾和问题的现实考量，也是着眼于长远的战略谋划。正如习近平所说："从现在的情况看，只要国际国内不发生大的波折，经过努力，全面建成小康社会目标应该可以如期实现。但是，人无远虑，必有近忧。全面建成小康社会之后路该怎么走？如何跳出'历史周期率'、实现长期执政？如何实现党和国家长治久安？这些都是需要我们深入思考的重大问题。"②到 2020 年全面建成小康社会后，我们还要为到本世纪中叶全面建成社会主义现代化强国接续奋斗。而要顺利实现现代化，法治是必须面对和解决的一个重大问题。综观人类政治文明史，凡是顺利实现现代化的国家，没有一个不是较好解决了法治和人治问题的。

---

① 《习近平关于全面依法治国论述摘编》，中央文献出版社 2015 年版，第 12—13 页。

② 《习近平关于全面依法治国论述摘编》，中央文献出版社 2015 年版，第 11—12 页。

相反,一些国家虽然也一度实现快速发展,但并没有顺利迈进现代化的门槛,而是陷入这样或那样的"陷阱",出现经济社会发展停滞甚至倒退的局面。后一种情况很大程度上与法治不彰有关。因此,要实现中华民族伟大复兴中国梦、实现党和国家长治久安,就必须采取有力措施全面推进依法治国,建设社会主义法治国家,建设法治中国,推进国家治理体系和治理能力现代化,为党和国家事业长远发展提供根本性、全局性、长期性、稳定性的制度保障。

（二）关于全面依法治国的指导思想

《中共中央关于全面推进依法治国若干重大问题的决定》对全面依法治国的指导思想明确表述为:"全面推进依法治国,必须贯彻落实党的十八大和十八届三中全会精神,高举中国特色社会主义伟大旗帜,以马克思列宁主义、毛泽东思想、邓小平理论、'三个代表'重要思想、科学发展观为指导,深入贯彻习近平总书记系列重要讲话精神,坚持党的领导、人民当家作主、依法治国有机统一,坚定不移走中国特色社会主义法治道路,坚决维护宪法法律权威,依法维护人民权益、维护社会公平正义、维护国家安全稳定,为实现'两个一百年'奋斗目标、实现中华民族伟大复兴的中国梦提供有力法治保障。"①在全面依法治国的指导思中,习近平特别强调了以下两点:

第一,全面依法治国,必须坚持党的领导。

在习近平关于全面依法治国的一系列重要论述中,坚持党对依法治国领导的思想处于核心地位。他旗帜鲜明地指出:"社会主义法治必须坚持党的领导","对这一点,要理直气壮讲、大张旗鼓讲。要向干部群众讲清楚我国社会主义法治的本质特征,做到正本清源、以正视听。"②

全面推进依法治国这件大事能不能办好,政治保证至关重要。党的领导是中国特色社会主义最本质的特征,是社会主义法治最根本的保证。

---

① 《中共中央关于全面推进依法治国若干重大问题的决定》,人民出版社 2014 年版,第 4 页。

② 《习近平关于全面依法治国论述摘编》,中央文献出版社 2015 年版,第 36、24 页。

全面推进依法治国,必须坚持党的领导。这是中国特色社会主义法治之魂,是社会主义法治的根本要求,是全面推进依法治国的题中应有之义和必须遵循的首要原则。只有坚持党的领导,国家和社会生活制度化、法治化才能有序推进。离开党的领导,中国特色社会主义法治体系、社会主义法治国家就建不起来,就会偏离正确的政治方向,失去坚强的政治保证。因此,习近平强调,在坚持党对法治工作的领导这样的大是大非面前,"一定要保持政治清醒和政治自觉,任何时候任何情况下都不能有丝毫动摇。"①这是关系依法治国方向和成败的重大政治问题。

习近平指出:"党和法治的关系是法治建设的核心问题。"②有人把坚持党的领导和依法治国割裂开来、对立起来,认为坚持党的领导就不能树立和维护宪法法律权威,坚持宪法法律至上就不应坚持党的领导,甚至还有人别有用心地提出"党大还是法大"的伪命题。习近平指出:"对这个问题,我们不能含糊其辞、语焉不详,要明确予以回答。"③事实上,党的领导和社会主义法治是一致的。在我国,党的政策和国家法律本质上都是人民根本意志的体现。党的政策是国家法律的先导和指引,是立法的依据和执法司法的重要指导。党的政策通过法定程序成为国家意志便形成法律。党的政策成为国家法律后,实施法律就是贯彻党的意志,依法办事就是执行党的政策。因此,党和法、党的领导和依法治国是高度统一的。不能把坚持党的领导同依法治国对立起来,更不能用依法治国来动摇和否定党的领导。那样做在思想上是错误的,在政治上是十分危险的。习近平告诫道:"我们全面推进依法治国,绝不是要虚化、弱化甚至动摇、否定党的领导,而是为了进一步巩固党的执政地位、改善党的执政方式、提高党的执政能力,保证党和国家长治久安。"④

---

① 《习近平关于全面依法治国论述摘编》,中央文献出版社 2015 年版,第 20 页。

② 《中国共产党第十八届中央委员会第四次全体会议文件汇编》,人民出版社 2014 年版,第 78 页。

③ 《习近平关于全面依法治国论述摘编》,中央文献出版社 2015 年版,第 34 页。

④ 《习近平关于全面依法治国论述摘编》,中央文献出版社 2015 年版,第 35—36 页。

习近平在强调坚持党对依法治国领导不动摇的同时,又强调要改善党对依法治国的领导,不断提高党领导依法治国的能力和水平。他提出:"党既要坚持依法治国、依法执政,自觉在宪法法律范围内活动,又要发挥好各级党组织和广大党员、干部在依法治国中的政治核心作用和先锋模范作用。"①这是全面推进依法治国的坚强政治保证。

第二,全面依法治国,必须坚定不移走中国特色社会主义法治道路。

方向决定道路,道路决定命运。全面推进依法治国,必须坚持正确的政治方向,必须走对路。如果路走错了,南辕北辙了,那再提什么要求和举措也都没有意义了。在全面依法治国的方向和道路这个至关重要的问题上,习近平明确指出,中国特色社会主义法治道路"是建设社会主义法治国家的唯一正确道路"②。这就向国内外鲜明宣示了我们坚定不移走中国特色社会主义法治道路的坚定信心和坚强决心。

长期以来,党领导人民不断加强社会主义法治建设并取得历史性成就。经过艰辛探索和不懈努力,走出了一条适合中国国情的法治建设道路,即中国特色社会主义法治道路。这条道路以坚持党的领导、坚持中国特色社会主义制度、贯彻中国特色社会主义法治理论为核心要义,是中国特色社会主义道路在法治领域的具体体现,是对我国社会主义法治建设成功经验和深刻教训的根本总结,是我们党推进社会主义法治理论创新和实践创新的重要成果。在新的历史条件下,全面推进依法治国,建设社会主义法治国家,必须坚定不移地坚持和拓展这条道路。正如习近平所说:"在坚持和拓展中国特色社会主义法治道路这个根本问题上,我们要树立自信、保持定力。"③

关于中国应该走什么样的法治建设道路,社会上有各种不同的声音。有人大肆渲染西方法治理念和法治模式,主张走西方资本主义法治道路,其目的就是企图从法治问题上打开缺口,进而否定中国共产党的领导和

---

① 《加快建设社会主义法治国家》,《求是》2015年第1期。
② 《中国共产党第十八届中央委员会第四次全体会议文件汇编》,人民出版社2014年版,第81页。
③ 《加快建设社会主义法治国家》,《求是》2015年第1期。

我国社会主义制度。针对各种噪音杂音的干扰,习近平明确指出:"在走什么样的法治道路问题上,必须向全社会释放正确而明确的信号,指明全面推进依法治国的正确方向,统一全党全国各族人民认识和行动。"①这是事关全面依法治国性质和成败的重大问题。

走什么样的法治道路,是由一个国家的基本国情决定的。习近平强调:"全面推进依法治国,必须从我国实际出发,同推进国家治理体系和治理能力现代化相适应。"②我们有符合国情的一套理论、一套制度。我们是中国共产党执政,各民主党派参政,没有反对党,不是三权鼎立、多党轮流坐庄。这样的基本国情决定了我们只能走自己的法治建设道路,我国的法治体系必须跟这个制度相配套。只有这样,我国社会主义法治建设才能为坚持和发展新时代中国特色社会主义提供有力的法治保障。

坚持从我国实际出发,并不等于关起门来搞法治。习近平在强调全面依法治国必须从我国实际出发的同时,也强调要抱着开放的胸怀学习借鉴世界上优秀的法治文明成果。但他特别指出:"学习借鉴不等于是简单的拿来主义,必须坚持以我为主、为我所用,认真鉴别、合理吸收,不能搞'全盘西化',不能搞'全面移植',不能照搬照抄。"③否则,只能把我国社会主义法治建设引上邪路。

(三)关于全面依法治国的总目标及基本原则

党的十八届四中全会提出,全面推进依法治国,总目标是建设中国特色社会主义法治体系,建设社会主义法治国家。全会决定并对这个总目标作出了阐释:这就是,在中国共产党领导下,坚持中国特色社会主义制度,贯彻中国特色社会主义法治理论,形成完备的法律规范体系、高效的法治实施体系、严密的法治监督体系、有力的法治保障体系,形成完善的党内法规体系,坚持依法治国、依法执政、依法行政共同推进,坚持法治国家、法治政府、法治社会一体建设,实现科学立法、严格执法、公正司法、全

---

① 《加快建设社会主义法治国家》,《求是》2015 年第 1 期。
② 《加快建设社会主义法治国家》,《求是》2015 年第 1 期。
③ 《加快建设社会主义法治国家》,《求是》2015 年第 1 期。

民守法,促进国家治理体系和治理能力现代化。全会决定还同时提出了为实现这个总目标必须坚持的五项基本原则,即:坚持党的领导、坚持人民主体地位、坚持法律面前人人平等、坚持依法治国和以德治国相结合、坚持从中国实际出发。① 这些基本原则实际上也是实现全面依法治国总目标的具体举措。在全面推进依法治国的总目标及基本原则中,习近平突出强调了以下几点:

第一,我国法治体系要跟中国特色社会主义制度相配套。

建设中国特色社会主义法治体系、建设社会主义法治国家这一总目标的提出,既明确了全面推进依法治国的性质和方向,又突出了全面推进依法治国的工作重点和总抓手,对全面推进依法治国具有纲举目张的意义。其中,建设社会主义法治国家是党的十五大提出的,建设中国特色社会主义法治体系是党的十八届四中全会首次提出的,体现了以习近平为核心的党中央对我国社会主义法治建设事业的继承与发展。

关于建设中国特色社会主义法治体系,习近平明确提出要坚持党的领导,坚持中国特色社会主义制度,贯彻中国特色社会主义法治理论,也就是要坚定不移走中国特色社会主义法治道路。他指出:"党的领导是中国特色社会主义最本质的特征,是社会主义法治最根本的保证。中国特色社会主义制度是中国特色社会主义法治体系的根本制度基础,是全面推进依法治国的根本制度保障。中国特色社会主义法治理论是中国特色社会主义法治体系的理论指导和学理支撑,是全面推进依法治国的行动指南。"② 只有坚定不移走中国特色社会主义法治道路,才能确保中国特色社会主义法治体系的制度属性和前进方向。

习近平强调:"我们要建设的中国特色社会主义法治体系,本质上是中国特色社会主义制度的法律表现形式。"③政治制度决定法律制度,有

---

① 《中共中央关于全面推进依法治国若干重大问题的决定》,人民出版社 2014 年版,第 4—7 页。

② 《中国共产党第十八届中央委员会第四次全体会议文件汇编》,人民出版社 2014 年版,第 78—79 页。

③ 《习近平关于全面依法治国论述摘编》,中央文献出版社 2015 年版,第 35 页。

什么样的政治制度,就必须实行与之相适应的法律制度,古今中外概莫能外。中国特色社会主义政治制度,是我国社会主义法治的根本制度基础,我国一切法律法规和相关法律制度都必须建立在这个根本制度基础之上。中国特色社会主义法治体系,本质上是中国特色社会主义制度的法律表现形式。建设中国特色社会主义法治体系,也就是形成完备的法律规范体系、高效的法治实施体系、严密的法治监督体系、有力的法治保障体系,形成完善的党内法规体系,也必须与中国特色社会主义制度相配套,必须符合我国社会主义制度属性,必须坚持社会主义方向。这是坚持和完善中国特色社会主义制度的必然要求。

第二,建设中国特色社会主义法治体系、建设社会主义法治国家是实现国家治理体系和治理能力现代化的必然要求。

习近平指出:"法治体系是国家治理体系的骨干工程。"①建设中国特色社会主义法治体系,建设社会主义法治国家,实现全面推进依法治国的总目标,有利于在法治轨道上推进国家治理体系和治理能力现代化。

党的十八届三中全会提出,全面深化改革的总目标是完善和发展中国特色社会主义制度,推进国家治理体系和治理能力现代化。实现这个总目标,需要从法治上提供可靠保障,也就是要建设中国特色社会主义法治体系,建设社会主义法治国家。这是实现国家治理体系和治理能力现代化的必然要求。

国家治理体系是在党领导下管理国家的制度体系,包括经济、政治、文化、社会、生态文明和党的建设等各领域体制机制、法律法规安排,也就是一整套紧密相连、相互协调的国家制度;国家治理能力则是运用国家制度管理社会各方面事务的能力,包括改革发展稳定、内政外交国防、治党治国治军等各个方面。可以看出,在这个国家治理体系,也就是在这套国家制度中,法律规范安排处于重要地位和关键环节。包括完备的法律规范体系在内的中国特色社会主义法治体系,是国家治理体系的主体和骨干,也是国家治理体系现代化的重要标志。法治是国家治理体系和治理

---

① 《加快建设社会主义法治国家》,《求是》2015 年第 1 期。

能力的重要依托。全面推进依法治国,建设社会主义法治国家,是充分发挥国家治理体系效能,提高管理社会各方面事务能力的基本方式,也是国家治理能力现代化的重要体现。因此,建设中国特色社会主义法治体系,建设社会主义法治国家,对于完善国家治理体系,提高国家治理能力,在法治轨道上推进国家治理体系和治理能力现代化,具有十分重要的意义。习近平从实现国家治理体系和治理能力现代化的高度,阐述全面推进依法治国总目标的科学内涵、精神实质和实践要求,充分体现了他治国理政的战略眼光和远见卓识。

第三,建设社会主义法治国家,必须坚持依法治国和以德治国相结合。

在为实现全面推进依法治国总目标所必须坚持的 5 项原则中,习近平除特别强调必须坚持党的领导、坚持人民主体地位等原则之外,还重点强调了必须坚持依法治国和以德治国相结合这项基本原则,并提出许多重要思想。

习近平指出,"治理国家、治理社会必须一手抓法治、一手抓德治,既重视发挥法律的规范作用,又重视发挥道德的教化作用,实现法律和道德相辅相成、法治和德治相得益彰。"①这些论述深刻揭示了法治和德治在国家和社会治理中各自的重要作用,以及在依法治国过程中把二者结合起来的内在必然性。

国家和社会治理需要法律和道德共同发挥作用。法律是成文的道德,道德是内心的法律,法律和道德都具有规范社会行为、调节社会关系、维护社会秩序的作用。把依法治国和以德治国结合起来,必须一方面发挥好法律的规范作用,以法治体现道德理念、强化法律对道德建设的促进作用。道德是法律的基础,只有那些合乎道德、具有深厚道德基础的法律才能为更多人所自觉遵行。同时,法律是道德的保障,可以通过强制性规范人们行为、惩罚违法行为来引领道德风尚。为此,习近平提出:"要注意把一些基本道德规范转化为法律规范,使法律法规更多体现道德理念

---

① 《加快建设社会主义法治国家》,《求是》2015 年第 1 期。

和人文关怀,通过法律的强制力来强化道德作用、确保道德底线,推动全社会道德素质提升。"①

另一方面,把依法治国和以德治国结合起来,又必须发挥好道德的教化作用,以道德滋养法治精神、强化道德对法治文化的支撑作用。习近平强调:"再多再好的法律,必须转化为人们内心自觉才能真正为人们所遵行。'不知耻者,无所不为。'没有道德滋养,法治文化就缺乏源头活水,法律实施就缺乏坚实社会基础。"②为此,在推进依法治国过程中,必须大力弘扬社会主义核心价值观,弘扬中华传统美德,培育社会公德、职业道德、家庭美德、个人品德,提高全民族思想道德水平,为依法治国创造良好人文环境。习近平上述关于依法治国和以德治国相结合的思想,为实现全面推进依法治国总目标奠定了理论基础,提供了思想指南。

(四)关于全面依法治国在"四个全面"战略布局中的地位

党的十八大以来,以习近平同志为核心的党中央从坚持和发展新时代中国特色社会主义全局出发,提出并形成了全面建成小康社会、全面深化改革、全面依法治国、全面从严治党的"四个全面"战略布局,确立了新形势下党和国家各项工作的战略目标和战略举措。关于全面依法治国在这个战略布局中的地位及与其他三个"全面"的关系,习近平提出了如下重要思想:

第一,没有全面依法治国,"四个全面"战略布局就会落空。

习近平指出:"从这个战略布局看,做好全面依法治国各项工作意义十分重大。没有全面依法治国,我们就治不好国、理不好政,我们的战略布局就会落空。"③这就清楚地说明了全面依法治国在"四个全面"战略布局中至关重要的地位,以及对"四个全面"战略布局的决定意义。

① 《习近平关于全面依法治国论述摘编》,中央文献出版社 2015 年版,第 30 页。
② 《习近平关于全面依法治国论述摘编》,中央文献出版社 2015 年版,第 30—31 页。
③ 《习近平关于全面依法治国论述摘编》,中央文献出版社 2015 年版,第 15 页。

"四个全面"战略布局以全面深化改革、全面依法治国、全面从严治党作为战略举措,共同保障全面建成小康社会这一战略目标的如期实现。全面依法治国作为三大战略举措之一,对于确保"四个全面"战略布局不落空,也就是确保到 2020 年如期全面建成小康社会,具有特别重要的意义。要实现全面建成小康社会这个奋斗目标,全面深化改革和全面从严治党固然重要,它们为全面建成小康社会提供着强大的发展动力和坚强的领导力量,但如果没有全面依法治国,国家生活和社会生活就不能有序运行,就不能为全面建成小康社会、全面深化改革和全面从严治党提供和谐稳定的社会环境和有力的法治保障。正是从这个意义上,以习近平同志为核心的党中央专门召开一次中央全会,重点研究全面推进依法治国问题,并把全面依法治国纳入"四个全面"战略布局。这对于实现党的十八大和十九大作出的一系列战略部署,全面建成小康社会、实现中华民族伟大复兴的中国梦,全面深化改革、完善和发展中国特色社会主义制度,全面从严治党、确保党始终成为中国特色社会主义事业的坚强领导核心,具有重要意义。

第二,全面依法治国和全面深化改革像两个轮子,共同推动全面建成小康社会的事业滚滚向前。

习近平指出:"改革和法治如鸟之两翼、车之两轮,将有力推动全面建成小康社会事业向前发展。"①这个论断形象地说明了全面依法治国和全面深化改革这两个"全面"之间的内在联系,以及对实现全面建成小康社会这一战略目标的重大战略意义。

全面依法治国和全面深化改革有其紧密的内在逻辑,二者相辅相成、互相支撑。全面推进依法治国需要深化改革。全面深化改革也需要法治保障。当前,我国法治建设取得历史性成就。中国特色社会主义法律体系已经形成并不断完善,法治政府建设稳步推进,司法体制和工作机制不断完善,全社会法治观念明显增强。但同时也要看到,我国法治建设还存在许多亟待解决的问题。这些问题严重影响着全面建成小康社会的进

---

① 《习近平关于全面依法治国论述摘编》,中央文献出版社 2015 年版,第 14 页。

程。而要解决这些问题,最根本的办法还是要靠改革。另一方面,我国改革进入攻坚期和深水区,改革的关联性和互动性明显增强,每一项改革都会对其他改革产生重要影响,每一项改革又都需要其他改革协同配套。这就要求我们处理好改革和法治的关系,在整个改革过程中,都要高度重视运用法治思维和法治方式,发挥法治的引领和保障作用,确保在法治轨道上推进改革,做到凡属重大改革都要于法有据。这也就是习近平所说的"在法治下推进改革,在改革中完善法治"①。

全面依法治国和全面深化改革都是以全面建成小康社会为引领,服从这一战略目标,聚焦这一战略目标,为实现这一战略目标服务。"全面深化改革、全面依法治国像两个轮子,共同推动全面建成小康社会的事业滚滚向前。"②

第三,全面依法治国和全面从严治党相辅相成、相互促进、相互保障。

习近平指出:"全面推进依法治国,必须努力形成国家法律法规和党内法规制度相辅相成、相互促进、相互保障的格局。"③这虽然是就国家法律法规和党内法规制度讲的,其实也道出了全面依法治国和全面从严治党相辅相成、相互促进、相互保障的内在联系。

全面依法治国的顺利推进,以全面从严治党为重要前提和根本保障。各级领导干部在推进依法治国方面肩负着重要责任。他们对法治建设既可以起到关键推动作用,也可能起到致命破坏作用。习近平指出:"现在,一些党员、干部仍然存在人治思想和长官意识,认为依法办事条条框框多、束缚手脚,凡事都要自己说了算,根本不知道有法律存在,大搞以言代法、以权压法。这种现象不改变,依法治国就难以真正落实。"④而要改变这种现象,从根本上要靠全面从严治党。只有全面从严治党,把党自身建设好,我们党才能担负起领导全面依法治国的历史重任,成为全面依法

① 《习近平关于全面依法治国论述摘编》,中央文献出版社 2015 年版,第 52 页。
② 《习近平关于全面依法治国论述摘编》,中央文献出版社 2015 年版,第 13 页。
③ 《中共中央关于全面推进依法治国若干重大问题的决定》,人民出版社 2014 年版,第 53 页。
④ 《加快建设社会主义法治国家》,《求是》2015 年第 1 期。

治国的坚强领导核心,保证全面依法治国的顺利推进。

全面从严治党,需要运用法治思维和法治方式,加强依规治党力度,健全党内法规制度,把国家法律法规和党内法规制度结合起来,把依法治国和依规治党统一起来,为全面从严治党创设良好的法治环境。党的十八大以来,以习近平同志为核心的党中央十分重视党内法规体系建设,并注重党内法规同国家法律的衔接和协调,把形成完善的党内法规体系作为中国特色社会主义法治体系的重要内容,纳入全面推进依法治国总目标,形成了依法治国和依规治党相互促进、相互保障的良好局面,有力促进了全面从严治党的深入开展。

(五)关于全面依法治国对各级领导干部的要求

全面推进依法治国,是国家治理领域一场广泛而深刻的革命,它对各级领导干部的依法行政能力和依法办事水平提出了许多新的更高的要求。在这些要求中,习近平重点强调了以下几个方面:

第一,全面依法治国,必须抓住领导干部这个"关键少数"。

政治路线确定之后,干部就是决定因素。各级领导干部是全面推进依法治国的重要组织者、推动者和实践者,他们的信念、决心和行动对于全面依法治国具有十分重要的意义。要实现全面依法治国的目标和任务,必须紧紧抓住领导干部这个"关键少数"。

习近平指出:"各级领导干部作为具体行使党的执政权和国家立法权、行政权、司法权的人,在很大程度上决定着全面依法治国的方向、道路、进度。党领导立法、保证执法、支持司法、带头守法,主要是通过各级领导干部的具体行动和工作来体现、来实现。"①这就清楚地说明了各级领导干部对全面依法治国的关键作用及肩负的重要责任。

经过多年的法治实践,我国领导干部的法治意识和法治能力有了显著提高。但在现实生活中,也有不少领导干部法治意识比较淡薄,有法不依、违法不究、知法犯法等还比较普遍,特别是少数领导干部不尊崇宪法、

---

① 《习近平关于全面依法治国论述摘编》,中央文献出版社 2015 年版,第 14 页。

不敬畏法律、不信仰法治,崇拜权力、崇拜金钱、崇拜关系,大搞权权勾结、权钱交易、权色交易,一些地方和单位被搞得乌烟瘴气,政治生态受到严重破坏。这些问题,影响了党和国家的形象和威信,损害了政治、经济、文化、社会、生态文明领域的正常秩序,干扰了党和国家制度体系运行,冲击了人民群众对法治的信心,给全面推进依法治国造成了很多问题,甚至很严重的问题。这些问题更加凸显了抓住领导干部这个"关键少数"对于全面依法治国的紧迫性和必要性。

习近平强调,抓住领导干部这个"关键少数","首先解决好思想观念问题,引导各级干部深刻认识到,维护宪法法律权威就是维护党和人民共同意志的权威,捍卫宪法法律尊严就是捍卫党和人民共同意志的尊严,保证宪法法律实施就是保证党和人民共同意志的实现。"[1]这是提高各级领导干部尊法用法的自觉性和坚定性的前提,对于发挥领导干部在全面依法治国中的关键作用具有重要意义。

第二,领导干部要做尊法学法守法用法的模范。

习近平指出:"高级干部做尊法学法守法用法的模范,是实现全面推进依法治国目标和任务的关键所在。"[2]这是因为民以吏为师。领导干部是否尊法学法守法用法,人民群众看在眼里、记在心上,并且会在自己的行动中去效法。如果领导干部尊法学法守法用法,老百姓就会去尊法学法守法用法。如果领导干部装腔作势、装模作样,当面是人、背后是鬼,老百姓就不可能信你那一套。因此,提出领导干部要带头依法办事,带头遵守法律,对宪法和法律保持敬畏之心,牢固确立法律红线不能触碰、法律底线不能逾越的观念,做尊法学法守法用法的模范,这是全面推进依法治国对各级领导干部的基本要求。"如果我们的领导干部不能尊法学法守法用法,不要说全面推进依法治国,不要说实现'两个一百年'奋斗目标、实现中华民族伟大复兴的中国梦,就连我们党的领导、我国社会主义制度都可能受到严重冲击和损害。"[3]

① 《加快建设社会主义法治国家》,《求是》2015 年第 1 期。
② 《习近平关于全面依法治国论述摘编》,中央文献出版社 2015 年版,第 121 页。
③ 《习近平关于全面依法治国论述摘编》,中央文献出版社 2015 年版,第 120 页。

在对各级领导干部的这项基本要求中,习近平把尊法放在第一位。这是因为领导干部增强法治意识、提高法治素养,首先要解决好尊法问题。只有内心尊崇法治,才能行为遵守法律。只有铭刻在人们心中的法治,才是真正牢不可破的法治。学法懂法是守法用法的前提。在那些违法乱纪、胡作非为的领导干部中,相当多的人是长期不学法、不懂法。各级领导干部或多或少也都学过一些法律知识,但同全面推进依法治国的要求相比,还很不够,必须加强学习,打牢依法办事的理论基础和知识基础。习近平提出:"要系统学习中国特色社会主义法治理论,准确把握我们党处理法治问题的基本立场。首要的是学习宪法,还要学习同自己所担负的领导工作密切相关的法律法规。""各级领导干部尤其要弄明白法律规定我们怎么用权,什么事能干、什么事不能干,而不能当'法盲'。"①

尊崇法治、敬畏法律,是领导干部必须具备的基本素质。习近平要求各级领导干部做尊法学法守法用法的模范,对全面推进依法治国具有重要意义。

第三,领导干部要提高运用法治思维和法治方式的能力。

习近平指出:"各级领导干部要提高运用法治思维和法治方式深化改革、推动发展、化解矛盾、维护稳定能力,努力推动形成办事依法、遇事找法、解决问题用法、化解矛盾靠法的良好法治环境,在法治轨道上推动各项工作。"②这是全面依法治国对各级领导干部的素质和能力提出的新要求。

领导干部提高运用法治思维和法治方式的能力,是推进国家治理体系和治理能力现代化的必然要求。随着经济社会的发展以及广大干部群众民主意识、法治意识、权利意识的普遍增强,法治作为治国理政的基本方式,在国家治理体系中的地位和作用越来越重要。领导干部只有适应新形势对法治建设提出的新要求,善于运用法治思维和法治方式调节经济社会关系、统筹协调各方利益,才能更好地凝聚改革共识、规范发展行

---

① 《习近平关于全面依法治国论述摘编》,中央文献出版社 2015 年版,第 123 页。

② 中共中央文献研究室编:《十八大以来重要文献选编》(上),中央文献出版社 2014 年版,第 92 页。

为、促进矛盾化解、保障社会和谐。如果领导干部仍然习惯于人治思维、迷恋于以权代法,那十个有十个要栽大跟头。

当前,一些领导干部运用法治思维和法治方式管理经济社会事务的能力不强,水平不高。一些地方和部门还习惯于仅靠行政命令等方式来管理经济,习惯于用超越法律法规的手段和政策来抓企业、上项目推动发展,习惯于采取陈旧的计划手段、强制手段完成收入任务。这些问题说明,提高领导干部运用法治思维和法治方式的能力,是一项重大而紧迫的任务。

领导干部提高运用法治思维和法治方式的能力,要求领导干部把对法治的尊崇、对法律的敬畏转化成思维方式和行为方式,做到在法治之下、而不是法治之外、更不是法治之上想问题、作决策、办事情。习近平指出:"领导干部提高法治思维和依法办事能力,关键是要做到以下几点。一是要守法律、重程序,这是法治的第一位要求。二是要牢记职权法定,明白权力来自哪里、界线划在哪里,做到法定职责必须为、法无授权不可为。三是要保护人民权益,这是法治的根本目的。四是要受监督,这既是对领导干部行使权力的监督,也是对领导干部正确行使权力的制度保护。"①

总之,习近平关于全面推进依法治国的思想内涵丰富,论述深刻,涉及全面依法治国的方方面面。只有全面准确地理解习近平关于全面依法治国的思想内涵和精神实质,才能把全面依法治国事业顺利地推向前进。

二、继续完善中国特色社会主义法律体系

党的十八大以来,全国人大及其常委会全面贯彻落实党的十八大和十九大精神,着力加强重点领域立法,通过了 2018 年宪法修正案,中国特色社会主义法律体系继续得到完善,为新时代坚持和发展中国特色社会

---

① 《习近平关于全面依法治国论述摘编》,中央文献出版社 2015 年版,第 125 页。

主义提供了有力的法治保障。

（一）2018 年宪法修正案

宪法是国家的根本法,是治国安邦的总章程,是党和人民意志的集中体现。2018 年的宪法修改,是党和国家政治生活中的一件大事,是以习近平同志为核心的党中央从新时代坚持和发展中国特色社会主义全局和战略高度作出的重大决策,是推进全面依法治国、推进国家治理体系和治理能力现代化的重大举措。

30 多年来的发展历程充分证明,我国现行宪法即 1982 年宪法是符合国情、符合实际、符合时代发展要求的好宪法,它所确立的一系列制度、原则和规则,确定的一系列大政方针,具有显著优势、坚实基础、强大生命力,必须长期坚持、全面贯彻。同时,宪法只有不断适应新形势、吸纳新经验、确认新成果、作出新规范,才具有持久生命力。这是宪法发展的一条基本规律。现行宪法公布施行后,根据我国改革开放和社会主义现代化建设的实践和发展,在党中央领导下,全国人大于 1988 年、1993 年、1999 年、2004 年先后 4 次对现行宪法的个别条款和部分内容作出必要的、也是十分重要的修正,共通过了 31 条宪法修正案。通过 4 次宪法修改,我国宪法在中国特色社会主义伟大实践中紧跟时代步伐,不断与时俱进,有力推动和保障了党和国家事业发展,有力推动和加强了我国社会主义法治建设。

自 2004 年宪法修改以来,党和国家事业又有了许多重要发展变化。特别是党的十八大以来,以习近平同志为核心的党中央团结带领全国各族人民毫不动摇坚持和发展中国特色社会主义,统筹推进"五位一体"总体布局、协调推进"四个全面"战略布局,推进党的建设新的伟大工程,形成一系列治国理政新理念新思想新战略,推动党和国家事业取得历史性成就、发生历史性变革,中国特色社会主义进入了新时代。党的十九大在新的历史起点上对新时代坚持和发展中国特色社会主义作出重大战略部署,提出了一系列重大政治论断,确立了习近平新时代中国特色社会主义思想在全党的指导地位,确定了新的奋斗目标,对党和国家事业发展具有重大指导和引领意义。新时代坚持和发展中国特色社会主义的新形势新实践,要求我们在总体保持我国宪法连续性、稳定性、权威性的基础上,对我国宪法作出适当的修改,以更好发挥宪法的规范、引领、推动、保障作用。这是全党全国上下的广泛共识和普遍愿望。

2017 年 9 月 29 日,习近平主持召开中央政治局会议,决定启动宪法修改工作,对宪法适时作出必要修改。为此,决定成立宪法修改小组,在中央政治局常委会领导下开展工作。党中央确定的这次宪法修改的总体要求是,高举中国特色社会主义伟大旗帜,全面贯彻党的十九大精神,坚持以马克思列宁主义、毛泽东思想、邓小平理论、"三个代表"重要思想、科学发展观、习近平新时代中国特色社会主义思想为指导,坚持党的领导、人民当家作主、依法治国有机统一,把党的十九大确定的重大理论观点和重大方针政策特别是习近平新时代中国特色社会主义思想载入国家根本法,体现党和国家事业发展的新成就新经验新要求,在总体保持我国宪法连续性、稳定性、权威性的基础上推动宪法与时俱进、完善发展,为新时代坚持和发展中国特色社会主义、实现"两个一百年"奋斗目标和中华民族伟大复兴的中国梦提供有力宪法保障。这次宪法修改遵循的原则是,坚持党对宪法修改的领导;严格依法按程序推进宪法修改;充分发扬民主、广泛凝聚共识;坚持对宪法作部分修改、不作大改。

11 月 13 日,党中央发出征求对修改宪法部分内容意见的通知,请各地区各部门各方面在精心组织讨论、广泛听取意见的基础上提出宪法修改建议。各地区各部门各方面共提出修改意见 2639 条。宪法修改小组在此基础上经反复修改形成了中央修宪建议草案稿。中央政治局常委会会议、中央政治局会议分别审议了中央修宪建议草案稿。

12 月 12 日,党中央决定将中央修宪建议草案稿下发党内一定范围征求意见。各地区各部门各方面反馈书面报告 118 份,共提出修改意见 230 条。12 月 15 日,习近平主持召开党外人士座谈会,听取各民主党派中央、全国工商联负责人和无党派人士代表的意见和建议。党外人士提交了书面发言稿 10 份。2018 年 1 月 2 日至 3 日,根据党中央安排,张德江主持召开 4 场座谈会,分别听取中央和国家机关有关部门党委(党组)

负责同志、智库和专家学者、各省区市人大常委会党组负责同志对中央修宪建议草案稿的意见和建议。与会同志提交书面材料 52 份。

从征求意见的情况看,各地区各部门各方面坚决拥护党中央关于宪法修改的决策部署,一致认同这次修改宪法的总体要求和原则,完全赞成中央修宪建议草案稿,认为中央修宪建议草案稿总体上已经成熟。对各地区各部门各方面的意见和建议,宪法修改小组认真汇总梳理,逐条进行研究,对中央修宪建议草案稿作出进一步修改完善。中央政治局常委会会议和中央政治局会议再次审议了修改后的中央修宪建议草案稿。

1 月 18 日至 19 日,中共十九届二中全会审议并通过了《中共中央关于修改宪法部分内容的建议》。1 月 26 日,中共中央向全国人大常委会提出《中国共产党中央委员会关于修改宪法部分内容的建议》。1 月 29 日至 30 日,十二届全国人大常委会召开第三十二次会议。会议讨论了中央修宪建议,一致表示坚决拥护党中央关于宪法修改工作的决策部署,一致赞同党中央确定的这次宪法修改的总体要求和原则,一致认为中央修宪建议是成熟的。受委员长会议委托,全国人大常委会法制工作委员会以中央修宪建议为基础,拟订了《中华人民共和国宪法修正案(草案)》。经会议审议和表决,决定将宪法修正案(草案)提请十三届全国人大一次会议审议。①

3 月 5 日,十三届全国人大一次会议开幕当天,十二届全国人大常委会副委员长兼秘书长王晨向会议作了关于《中华人民共和国宪法修正案(草案)》的说明。随后几天内,代表们对宪法修正案草案进行了认真审议,充分表达意见,一致赞成将草案提请大会表决通过。3 月 11 日,十三届全国人大一次会议举行第三次全体会议,以无记名投票方式表决通过了《中华人民共和国宪法修正案草案》。此次宪法修改工作圆满完成。

2018 年宪法修正案共 21 条,因条款与之前的 4 个宪法修正案连续排列,故被列为第三十二条至第五十二条,其具体内容为:

---

① 《关于〈中华人民共和国宪法修正案(草案)〉的说明(摘要)》,《人民日报》2018 年 3 月 7 日。

第三十二条，宪法序言第七自然段中"在马克思列宁主义、毛泽东思想、邓小平理论和'三个代表'重要思想指引下"修改为"在马克思列宁主义、毛泽东思想、邓小平理论、'三个代表'重要思想、科学发展观、习近平新时代中国特色社会主义思想指引下"；"健全社会主义法制"修改为"健全社会主义法治"；在"自力更生，艰苦奋斗"前增写"贯彻新发展理念"；"推动物质文明、政治文明和精神文明协调发展，把我国建设成为富强、民主、文明的社会主义国家"修改为"推动物质文明、政治文明、精神文明、社会文明、生态文明协调发展，把我国建设成为富强民主文明和谐美丽的社会主义现代化强国，实现中华民族伟大复兴"。这一自然段相应修改为："中国新民主主义革命的胜利和社会主义事业的成就，是中国共产党领导中国各族人民，在马克思列宁主义、毛泽东思想的指引下，坚持真理，修正错误，战胜许多艰难险阻而取得的。我国将长期处于社会主义初级阶段。国家的根本任务是，沿着中国特色社会主义道路，集中力量进行社会主义现代化建设。中国各族人民将继续在中国共产党领导下，在马克思列宁主义、毛泽东思想、邓小平理论、'三个代表'重要思想、科学发展观、习近平新时代中国特色社会主义思想指引下，坚持人民民主专政，坚持社会主义道路，坚持改革开放，不断完善社会主义的各项制度，发展社会主义市场经济，发展社会主义民主，健全社会主义法治，贯彻新发展理念，自力更生，艰苦奋斗，逐步实现工业、农业、国防和科学技术的现代化，推动物质文明、政治文明、精神文明、社会文明、生态文明协调发展，把我国建设成为富强民主文明和谐美丽的社会主义现代化强国，实现中华民族伟大复兴。"

第三十三条，宪法序言第十自然段中"在长期的革命和建设过程中"修改为"在长期的革命、建设、改革过程中"；"包括全体社会主义劳动者、社会主义事业的建设者、拥护社会主义的爱国者和拥护祖国统一的爱国者的广泛的爱国统一战线"修改为"包括全体社会主义劳动者、社会主义事业的建设者、拥护社会主义的爱国者、拥护祖国统一和致力于中华民族伟大复兴的爱国者的广泛的爱国统一战线"。这一自然段相应修改为："社会主义的建设事业必须依靠工人、农民和知识分子，团结一切可以团结的力量。在长期的革命、建设、改革过程中,已经结成由中国共产党领导的,有各民主党派和各人民团体参加的,包括全体社会主义劳动者、社会主义事业的建设者、拥护社会主义的爱国者、拥护祖国统一和致力于中华民族伟大复兴的爱国者的广泛的爱国统一战线,这个统一战线将继续巩固和发展。中国人民政治协商会议是有广泛代表性的统一战线组织,过去发挥了重要的历史作用,今后在国家政治生活、社会生活和对外友好活动中,在进行社会主义现代化建设、维护国家的统一和团结的斗争中,将进一步发挥它的重要作用。中国共产党领导的多党合作和政治协商制度将长期存在和发展。"

第三十四条,宪法序言第十一自然段中"平等、团结、互助的社会主义民族关系已经确立,并将继续加强。"修改为:"平等团结互助和谐的社会主义民族关系已经确立,并将继续加强。"

第三十五条,宪法序言第十二自然段中"中国革命和建设的成就是同世界人民的支持分不开的"修改为"中国革命、建设、改革的成就是同世界人民的支持分不开的";"中国坚持独立自主的对外政策,坚持互相尊重主权和领土完整、互不侵犯、互不干涉内政、平等互利、和平共处的五项原则"后增加"坚持和平发展道路,坚持互利共赢开放战略";"发展同各国的外交关系和经济、文化的交流"修改为"发展同各国的外交关系和经济、文化交流,推动构建人类命运共同体"。这一自然段相应修改为:"中国革命、建设、改革的成就是同世界人民的支持分不开的。中国的前途是同世界的前途紧密地联系在一起的。中国坚持独立自主的对外政策,坚持互相尊重主权和领土完整、互不侵犯、互不干涉内政、平等互利、和平共处的五项原则,坚持和平发展道路,坚持互利共赢开放战略,发展同各国的外交关系和经济、文化交流,推动构建人类命运共同体;坚持反对帝国主义、霸权主义、殖民主义,加强同世界各国人民的团结,支持被压迫民族和发展中国家争取和维护民族独立、发展民族经济的正义斗争,为维护世界和平和促进人类进步事业而努力。"

第三十六条,宪法第一条第二款"社会主义制度是中华人民共和国的根本制度。"后增写一句,内容为:"中国共产党领导是中国特色社会主义最本质的特征。"

第三十七条,宪法第三条第三款"国家行政机关、审判机关、检察机关都由人民代表大会产生,对它负责,受它监督。"修改为:"国家行政机关、监察机关、审判机关、检察机关都由人民代表大会产生,对它负责,受它监督。"

第三十八条,宪法第四条第一款中"国家保障各少数民族的合法的权利和利益,维护和发展各民族的平等、团结、互助关系。"修改为:"国家保障各少数民族的合法的权利和利益,维护和发展各民族的平等团结互助和谐关系。"

第三十九条,宪法第二十四条第二款中"国家提倡爱祖国、爱人民、爱劳动、爱科学、爱社会主义的公德"修改为"国家倡导社会主义核心价值观,提倡爱祖国、爱人民、爱劳动、爱科学、爱社会主义的公德"。这一款相应修改为:"国家倡导社会主义核心价值观,提倡爱祖国、爱人民、爱劳动、爱科学、爱社会主义的公德,在人民中进行爱国主义、集体主义和国际主义、共产主义的教育,进行辩证唯物主义和历史唯物主义的教育,反对资本主义的、封建主义的和其他的腐朽思想。"

第四十条,宪法第二十七条增加一款,作为第三款:"国家工作人员就职时应当依照法律规定公开进行宪法宣誓。"

第四十一条,宪法第六十二条"全国人民代表大会行使下列职权"中增加一项,作为第七项"(七)选举国家监察委员会主任",第七项至第十五项相应改为第八项至第十六项。

第四十二条,宪法第六十三条"全国人民代表大会有权罢免下列人员"中增加一项,作为第四项"(四)国家监察委员会主任",第四项、第五项相应改为第五项、第六项。

第四十三条,宪法第六十五条第四款"全国人民代表大会常务委员会的组成人员不得担任国家行政机关、审判机关和检察机关的职务。"修改为:"全国人民代表大会常务委员会的组成人员不得担任国家行政机关、监察机关、审判机关和检察机关的职务。"

第四十四条,宪法第六十七条"全国人民代表大会常务委员会行使下列职权"中第六项"（六）监督国务院、中央军事委员会、最高人民法院和最高人民检察院的工作"修改为"（六）监督国务院、中央军事委员会、国家监察委员会、最高人民法院和最高人民检察院的工作"；增加一项，作为第十一项"（十一）根据国家监察委员会主任的提请，任免国家监察委员会副主任、委员"，第十一项至第二十一项相应改为第十二项至第二十二项。

宪法第七十条第一款中"全国人民代表大会设立民族委员会、法律委员会、财政经济委员会、教育科学文化卫生委员会、外事委员会、华侨委员会和其他需要设立的专门委员会。"修改为："全国人民代表大会设立民族委员会、宪法和法律委员会、财政经济委员会、教育科学文化卫生委员会、外事委员会、华侨委员会和其他需要设立的专门委员会。"

第四十五条，宪法第七十九条第三款"中华人民共和国主席、副主席每届任期同全国人民代表大会每届任期相同，连续任职不得超过两届。"修改为："中华人民共和国主席、副主席每届任期同全国人民代表大会每届任期相同。"

第四十六条，宪法第八十九条"国务院行使下列职权"中第六项"（六）领导和管理经济工作和城乡建设"修改为"（六）领导和管理经济工作和城乡建设、生态文明建设"；第八项"（八）领导和管理民政、公安、司法行政和监察等工作"修改为"（八）领导和管理民政、公安、司法行政等工作"。

第四十七条，宪法第一百条增加一款，作为第二款："设区的市的人民代表大会和它们的常务委员会，在不同宪法、法律、行政法规和本省、自治区的地方性法规相抵触的前提下，可以依照法律规定制定地方性法规，报本省、自治区人民代表大会常务委员会批准后施行。"

第四十八条，宪法第一百零一条第二款中"县级以上的地方各级人民代表大会选举并且有权罢免本级人民法院院长和本级人民检察院检察长。"修改为："县级以上的地方各级人民代表大会选举并且有权罢免本级监察委员会主任、本级人民法院院长和本级人民检察院检察长。"

第四十九条，宪法第一百零三条第三款"县级以上的地方各级人民代表大会常务委员会的组成人员不得担任国家行政机关、审判机关和检察机关的职务。"修改为:"县级以上的地方各级人民代表大会常务委员会的组成人员不得担任国家行政机关、监察机关、审判机关和检察机关的职务。"

第五十条,宪法第一百零四条中"监督本级人民政府、人民法院和人民检察院的工作"修改为"监督本级人民政府、监察委员会、人民法院和人民检察院的工作"。这一条相应修改为:"县级以上的地方各级人民代表大会常务委员会讨论、决定本行政区域内各方面工作的重大事项;监督本级人民政府、监察委员会、人民法院和人民检察院的工作;撤销本级人民政府的不适当的决定和命令;撤销下一级人民代表大会的不适当的决议;依照法律规定的权限决定国家机关工作人员的任免;在本级人民代表大会闭会期间,罢免和补选上一级人民代表大会的个别代表。"

第五十一条,宪法第一百零七条第一款"县级以上地方各级人民政府依照法律规定的权限,管理本行政区域内的经济、教育、科学、文化、卫生、体育事业、城乡建设事业和财政、民政、公安、民族事务、司法行政、监察、计划生育等行政工作,发布决定和命令,任免、培训、考核和奖惩行政工作人员。"修改为:"县级以上地方各级人民政府依照法律规定的权限,管理本行政区域内的经济、教育、科学、文化、卫生、体育事业、城乡建设事业和财政、民政、公安、民族事务、司法行政、计划生育等行政工作,发布决定和命令,任免、培训、考核和奖惩行政工作人员。"

第五十二条,宪法第三章"国家机构"中增加一节,作为第七节"监察委员会";增加五条,分别作为第一百二十三条至第一百二十七条。内容如下:

第七节　监察委员会

第一百二十三条　中华人民共和国各级监察委员会是国家的监察机关。

第一百二十四条　中华人民共和国设立国家监察委员会和地方各级监察委员会。

监察委员会由下列人员组成:

主任，

副主任若干人，

委员若干人。

监察委员会主任每届任期同本级人民代表大会每届任期相同。国家监察委员会主任连续任职不得超过两届。

监察委员会的组织和职权由法律规定。

第一百二十五条　中华人民共和国国家监察委员会是最高监察机关。

国家监察委员会领导地方各级监察委员会的工作，上级监察委员会领导下级监察委员会的工作。

第一百二十六条　国家监察委员会对全国人民代表大会和全国人民代表大会常务委员会负责。地方各级监察委员会对产生它的国家权力机关和上一级监察委员会负责。

第一百二十七条　监察委员会依照法律规定独立行使监察权，不受行政机关、社会团体和个人的干涉。

监察机关办理职务违法和职务犯罪案件，应当与审判机关、检察机关、执法部门互相配合，互相制约。

第七节相应改为第八节，第一百二十三条至第一百三十八条相应改为第一百二十八条至第一百四十三条。①

此次修改宪法，内容丰富，意义重大，影响深远。

第一，把习近平新时代中国特色社会主义思想载入宪法，以国家根本法的形式确立其在国家政治和社会生活中的指导地位，使之成为全体人民的共同意志，成为国家各项事业、各方面工作的根本遵循，有利于在全体人民中强化党的领导意识、把党的领导落实到国家工作全过程和各方面，确保党对国家各项事业、各方面工作的全面领导。这对于进一步巩固全党全国各族人民团结奋斗的共同思想基础，充分发挥习近平新时代中

---

① 《中华人民共和国宪法修正案》（2018 年 3 月 11 日第十三届全国人民代表大会第一次会议通过），《人民日报》2018 年 3 月 12 日。

国特色社会主义思想对国家各项事业、各方面工作的指导作用,确保党和国家事业始终沿着正确方向前进,具有重大的现实意义和深远的历史意义。

第二,把"中国共产党领导是中国特色社会主义最本质的特征"写入宪法,为坚持和加强党的全面领导提供了根本制度保障。中国共产党的领导地位,是在领导中国人民进行革命、建设、改革的长期实践中形成的,是人民的选择、历史的选择。现行宪法已在序言中确定了党的领导地位。这次宪法修改把"中国共产党领导是中国特色社会主义最本质的特征"写入宪法关于国家根本制度的条款,从国家根本制度的高度确立了党在国家政治生活和社会生活中的领导地位,从社会主义制度本质属性的角度把党的领导与社会主义制度内在统一起来,这就为坚持和加强党的全面领导提供了根本制度保障。

第三,对国家主席任职规定作出调整,是健全党和国家领导体制的制度性安排。国家主席制度是党和国家领导体制的重要组成部分。中国共产党、中华人民共和国、中国人民解放军领导人"三位一体"的领导体制,是我们党在长期执政实践中探索出的成功经验。在国家主席任职规定上作出修改,使党的总书记、党的中央军委主席、国家中央军委主席、国家主席的任职规定保持一致,是符合我国国情、保证党和国家长治久安的制度性设计,是健全党和国家领导体制的制度性安排。对于坚持和加强党的全面领导,完善党和国家领导制度,坚持和维护党中央权威和集中统一领导,具有重要意义。

第四,宪法修正案增写"监察委员会"一节并作出相关规定,确立监察委员会作为国家机构的法律地位,反映了党的十八大以来深化国家监察体制改革的成果,贯彻了党的十九大关于健全党和国家监督体系的部署,使党的主张成为国家意志,使国家监察体制改革于宪有据、监察法制定于宪有源,体现了全面深化改革和全面依法治国、全面从严治党的有机统一。这必将为加强党对反腐败工作的统一领导,建立集中统一、权威高效的国家监察体系,实现对所有行使公权力的公职人员监察全覆盖,奠定坚实宪法基础、产生重大深远影响。

另外,这次通过的宪法修正案,还站在健全完善党和国家领导制度、推进国家治理体系和治理能力现代化的高度,对人大制度、统一战线制度、宪法宣誓制度、国务院管理制度、地方立法制度等各个方面作了一系列重大制度安排。这些重大修改,是保证党和国家长治久安的顶层设计和制度创新,体现了党和人民的共同意志,体现了新时代坚持和发展中国特色社会主义取得的制度成果,为充分发挥中国特色社会主义制度的优势,不断提高党的执政能力和领导水平,提供了坚强的政治保证。

(二)党的十八大以来的立法工作

党的十八大以来,全国人大及其常委会着力加强重点领域立法,完善以宪法为核心的中国特色社会主义法律体系,立法工作呈现数量多、分量重、节奏快、效果好的特点。5年共制定法律25件,修改法律127件次,通过有关法律问题和重大问题的决定46件次,作出法律解释9件,为新时代坚持和发展中国特色社会主义提供了有力的法治保障。

一是健全保证宪法实施的法律制度。制定国家勋章和国家荣誉称号法,落实宪法规定的国家功勋荣誉表彰制度。制定国歌法,同此前已经施行的国旗法、国徽法一道,维护宪法确立的国家重要象征和标志的尊严。

二是加快国家安全法治建设。贯彻落实总体国家安全观,相继出台国家安全法、反间谍法、反恐怖主义法、境外非政府组织境内活动管理法、网络安全法、国家情报法以及国防交通法、军事设施保护法、核安全法等一批重要法律,为维护国家安全、核心利益和重大利益提供了有力法治保障。

三是推进编纂民法典和制定民法总则。经过常委会3次审议和反复修改,十二届全国人大五次会议通过民法总则,完成民法典开篇之作,为编纂一部具有中国特色、体现时代精神、反映人民意愿的民法典打下坚实基础。目前,民法典各分编的编纂工作正在扎实推进。

四是加强社会主义市场经济立法。制定环境保护税法、烟叶税法、船舶吨税法,修改企业所得税法。开展产权保护法律清理工作。修改反不正当竞争法、中小企业促进法、农民专业合作社法、促进科技成果转化法、标准化法、商标法、广告法,制定旅游法、资产评估法等。

五是用法律推动社会主义核心价值观建设。制定公共文化服务保障法、公共图书馆法、电影产业促进法,改变了我国文化领域立法相对滞后的局面。

六是为改善民生提供有力法治保障。适应人民日益增长的优美生态环境需要,全面修订环境保护法,相继修改大气污染防治法、水污染防治法、海洋环境保护法、野生动物保护法,构建最严格的生态环境保护法律制度。全面修订食品安全法,还制定了慈善法、中医药法、反家庭暴力法、特种设备安全法,修改了安全生产法、消费者权益保护法,通过了刑法修正案(九)等。

七是坚定维护宪法和基本法确立的特别行政区宪制秩序。对香港特别行政区基本法第一百零四条作出解释,坚决遏制和反对"港独"行径,捍卫宪法和基本法权威。决定将国歌法列入香港特别行政区基本法附件三、澳门特别行政区基本法附件三,确保该法在香港、澳门得到一体遵循。①

为深化国家监察体制改革,加强对所有行使公权力的公职人员的监督,实现国家监察全面覆盖,深入开展反腐败工作,推进国家治理体系和治理能力现代化,

十三届全国人大一次会议于 2018 年 3 月 20 日通过《中华人民共和国监察法》,自公布之日起施行。监察法由总则、监察机关及其职责、监察范围和管辖、监察权限、监察程序、反腐败国际合作、对监察机关和监察人员的监督、法律责任、附则 9 章 69 条组成。监察法的制定出台,对于构建集中统一、权威高效的中国特色国家监察体制,具有重大而深远的影响,必将为反腐败工作开创新局面、夺取反腐败斗争压倒性胜利提供坚强法治保障。

---

① 《全国人民代表大会常务委员会工作报告》,《人民日报》2018 年 3 月 25 日。

三、深入推进依法行政，加快建设法治政府

党的十八大把法治政府基本建成确立为到 2020 年全面建成小康社会的一项重要目标，党的十八届五中全会又进一步明确了这一目标要求。为到 2020 年基本建成职能科学、权责法定、执法严明、公开公正、廉洁高效、守法诚信的法治政府，党的十八大以来，以习近平同志为核心的党中央深入推进依法行政，加快建设法治政府，法治政府建设取得积极进展和明显成效。

（一）各级政府依法履行职能

政府依法履行职能，在法治轨道上开展工作，是法治政府的基本属性和重要标志。党的十八大以来，各级政府完善行政组织和行政程序法律制度，推进机构、职能、权限、程序、责任法定化，政府依法履行职能的意识和能力不断增强。

第一，深化行政审批制度改革。

行政审批是行政管理的一种重要方式，也是政府履行职能的一种重要形式。改革行政审批制度，是转变政府职能、改革行政体制的重点任务，也是促进各级政府依法履行职能的关键环节。

党的十八大以来，中共中央、国务院高度重视简政放权、放管结合、优化服务改革，坚持把这项改革作为全面深化改革的"先手棋"和转变政府职能的"当头炮"，以壮士断腕的决心和勇气持续推进。李克强总理多次强调，要紧紧扭住"放管服"改革这个"牛鼻子"，逐步厘清政府和市场的边界，消除市场主体生产经营活动中的羁绊，破除生产要素合理流动与有效配置的障碍，切实解放和发展生产力。按照中共中央、国务院决策部署，国务院审改办和国务院各有关部门大力推进行政审批制度改革，不断削减行政审批事项，持续向市场和社会放权，有效破除了制约创业创新的各种不合理束缚，降低了制度性交易成本，极大激发了市场活力和社会创

造力。2013 年以来国务院分 9 批审议通过取消和下放的国务院部门行政审批事项共 618 项,其中取消 491 项、下放 127 项。①

中共中央、国务院高度重视清理规范国务院部门行政审批中介服务事项和取消中央指定地方实施行政审批事项,将其作为深化"放管服"改革的重要内容,多次作出明确部署,持续加大改革力度。李克强总理强调,简政放权要坚持"简"字当头,把该放的权力彻底放出去,能取消的尽量取消、直接放给市场和社会;坚决砍掉各种不合理的审批中介事项,加快摘掉中介机构的"红顶",斩断利益链条,切实拆除"旋转门""玻璃门",加强事中事后监管,营造公平竞争环境,促进经济社会平稳健康发展。按照中共中央、国务院决策部署,国务院审改办和国务院各有关部门切实推进行政审批中介服务事项清理规范,并对中央指定地方实施行政审批事项进行了大力削减,为地方放权进一步打开空间,不断优化行政审批程序,减轻企业和群众负担,切实降低了制度性交易成本,有力推动了大众创业、万众创新,增强了市场活力和经济发展内生动力。2013 年以来,国务院分 3 批审议通过清理规范的国务院部门行政审批中介服务事项共 323 项;分 3 批审议通过取消的中央指定地方实施行政审批事项共 283 项。②

取消不必要的职业资格许可和认定事项,是降低制度性交易成本、推进供给侧结构性改革的重要举措,也是为就业创业和去产能中人员转岗创造便利条件。中共中央、国务院高度重视这项工作,将其作为推进"放管服"改革的重要内容。2013 年以来,国务院分 7 批审议通过取消国务院部门职业资格许可和认定事项共 434 项,其中专业技术人员职业资格 154 项、技能人员职业资格 280 项。③ 此举有效降低了社会就业创业门

---

① 国务院审改办:《2013 年以来国务院已公布的取消和下放国务院部门行政审批事项》,《人民日报》2017 年 2 月 10 日。
② 国务院审改办:《2013 年以来国务院已公布清理规范的国务院部门行政审批中介服务事项和取消的中央指定地方实施行政审批事项》,《人民日报》2017 年 3 月 2 日。
③ 国务院审改办:《2013 年以来国务院已公布取消的国务院部门职业资格许可和认定事项》,《人民日报》2017 年 2 月 20 日。

槛,减轻了各类人才和用人单位的负担,推动了政府职能转变,提高了职业资格管理的科学化规范化水平,激发了市场活力和社会创造力。

深化行政审批制度改革和加大取消职业资格许可及认定事项力度,为政府依法履职、建设法治政府创造了有利条件。

第二,推行政府权力清单制度。

推行各级政府工作部门权力清单制度是党的十八届三中、四中全会部署的重要改革任务,对于深化行政体制改革,规范权力运行,建设法治政府具有重要意义。为落实这项改革任务,2015 年 3 月,中共中央办公厅、国务院办公厅印发《关于推行地方各级政府工作部门权力清单制度的指导意见》,要求省级政府 2015 年底前、市县两级政府 2016 年底前要基本完成政府工作部门、依法承担行政职能的事业单位权力清单的公布工作。①

《意见》发布后,各地普遍按照"清权、减权、制权、晒权"四个主要环节,对政府部门权力"大起底"。到 2015 年底前,全国 31 个省份全部公布省级政府部门权力清单,其中 24 个省份公布了责任清单,17 个省份公布了市县两级政府部门的权力清单和责任清单。公布政府部门清单的,大都建立了较为详细的行政职权目录,有的地方还建立"行政权力数据库",确保权力行使有章可循、有规可依。

在摸清底数基础上,各地按照"职权法定"原则,对部门行政职权全面削减。有的省级部门行政职权削减 5000 项左右,减幅达一半。同时,一些资质资格认证、行政收费等权力事项大幅削减。不少地方着重对部门职责交叉问题深入摸排,有的仅省级部门就减少了十几项交叉事项,对确需多个部门参与管理的事项,也都明确了牵头部门和参与部门的分工职责。

在建立权责清单、完善政府运行机制的同时,各地还强化对权力运行的监督制约。对"行政许可"和"行政处罚"这两类社会集中关注的职权

---

① 《关于推行地方各级政府工作部门权力清单制度的指导意见》,《人民日报》2015年 3 月 25 日。

事项,制定权力运行图,简化行政流程,缩短办事时限,同时把权力主体、权力依据、监督电话等一并向社会公布。①

为给全面推进国务院部门权力和责任清单编制工作探索经验,2015年12月9日,中共中央全面深化改革领导小组第十九次会议审议通过了《国务院部门权力和责任清单编制试点方案》。根据部门职责特点,《方案》确定在国家发展改革委、民政部、司法部、文化部、海关总署、税务总局、证监会开展试点。到2016年底,各试点部门均已按照《方案》要求完成了试点任务,31个省(区、市)也均已公布省市县三级政府部门权力和责任清单。②

法治政府要求行政机关法定职责必须为、法无授权不可为,没有法律法规依据不得作出减损公民、法人和其他组织合法权益或者增加其义务的决定。推行政府权力清单制度,将政府职能、法律依据、实施主体、职责权限、管理流程、监督方式等事项以权力清单的形式向社会公开,为各级政府依法履行职能提供了制度依据和基本遵循,对于约束和规范权力,加快建成法治政府具有重要意义。

(二)依法决策机制不断健全

决策是行政行为的起点,规范决策行为是规范行政权力的重点,也是建设法治政府的前端环节。党的十八大以来,各级政府通过采取以下举措,完善行政决策法定程序,提高行政决策法治化水平,政府依法决策机制不断健全。

第一,建立行政机关内部重大决策合法性审查机制。

合法性审查是依法决策的重要保障。随着依法决策观念逐渐确立,把出台规范性文件等政策措施类决策和政府订立合同等涉法事项交由法制机构进行合法性审查,已成为各地区各部门决策实践的普遍做法。

上海市十分重视发挥政府法制机构在行政决策中的法律审核作用,

---

① 《全国省级政府部门权力清单全部公布》,《人民日报》2016 年 1 月 29 日。
② 李克强:《在国务院第五次廉政工作会议上的讲话》,《人民日报》2017 年 4 月 10 日。

在作出行政决策前,均事先由本机关法制机构进行合法性审查并出具法律意见书。2011年到2014年,市政府法制办共办理各类重大行政法律事务168件。普陀区制定了《区政府重大行政决策合法性审查规定》,对合法性审查的内容和流程进行细化。杨浦区制定了政府合同管理办法,明确对区政府签订的重大合同必须经过合法性审查,减少政府在经济活动中的法律风险。部分区县还要求政府法制机构列席区政府常务会议及专题会议,确保政府依法决策。①

2015年4月12日,山东省政府办公厅发出通知,明确由县级以上政府法制机构负责对本级政府重大行政决策方案进行合法性审查。未经合法性审查或经审查不合法的,重大行政决策方案不得提交本级政府全体会议或常务会议讨论决策。通知要求,需要进行合法性审查的重大行政决策事项,决策事项承办单位应当在完成组织公众参与、专家论证、风险评估等法定程序,并经本单位法制机构进行合法性初审和部门会签后,将重大行政决策方案及相关材料送同级政府法制机构进行合法性审查。决策事项承办单位在调研起草、组织论证等过程中转请政府法制机构进行合法性审查的,政府法制机构不予办理。政府法制机构完成合法性审查工作后,应当出具合法性审查意见书。②

2016年3月25日,山西省政府常务会议通过《山西省重大行政决策合法性审查办法》。《办法》规范了重大行政决策合法性审查工作的事项范围、审查内容、审查方式、审查意见和审查时限。审查内容主要包括:决策主体是否于法有据、决策程序是否依法履行、决策内容是否符合法律、法规、规章及有关政策规定。《办法》规定,政府法制机构可以采用书面审查、调查研究、召开座谈会、论证会、听证会、协调会、网上征求意见以及组织政府法律顾问、专家学者进行咨询论证等形式,在10日之内完成审查工作,确保政府重大行政决策工作合法、公正、高效运行。③

---

① 《上海市依法行政状况白皮书(2010—2014)》,上海人民出版社2016年版,第18页。

② 《重大行政决策须经合法性审查》,《人民日报》2015年4月13日。

③ 《我省规范重大行政决策事项合法性审查办法》,《山西日报》2016年5月8日。

建立重大行政决策合法性审查机制,把合法性审查作为政府重大行政决策的法定程序,能够有效规范各级政府的重大行政决策行为,避免法外行政、违法决策,滥用决策权,对于提高各级政府重大行政决策的质量,深入推进法治政府建设,具有重要意义。

第二,推行政府法律顾问制度。

"普遍建立法律顾问制度"是党的十八届三中全会确立的改革任务。党的十八届四中全会进一步提出:"积极推行政府法律顾问制度,建立政府法制机构人员为主体、吸收专家和律师参加的法律顾问队伍,保证法律顾问在制定重大行政决策、推进依法行政中发挥积极作用。"为落实这一改革任务,2016 年 3 月 22 日,中共中央全面深化改革领导小组第二十二次会议审议通过了《关于推行法律顾问制度和公职律师公司律师制度的意见》。6 月 16 日,中共中央办公厅、国务院办公厅印发了该《意见》,提出到 2017 年底前,中央和国家机关各部委,县级以上地方各级党政机关普遍设立法律顾问、公职律师,乡镇党委和政府根据需要设立法律顾问、公职律师。

这项改革任务提出后,各地及时制定了政府法律顾问制度的指导意见。2015 年 5 月 25 日发布的《上海市人民政府关于推行政府法律顾问制度的指导意见》,明确要用 3 年左右时间,建立覆盖全市各级政府及其工作部门的政府法律顾问制度。① 2016 年 1 月 23 日出台的江苏省人民政府《关于建立政府法律顾问制度的意见》,明确 2016 年年底前,江苏县级以上地方政府及其工作部门全部建立政府法律顾问制度,乡镇政府、街道办事处根据需要形成多种形式的政府法律顾问服务方式。②

自政府法律顾问制度推行以来,各地取得明显进展。江苏县级以上政府部门已在 2016 年年底前实现了法律顾问全覆盖。湖北省、市、县三级党政机关和国有企事业单位全部建立了法律顾问和公职律师、公司律

---

① 《上海政府机关 3 年内全部落实法律顾问制度》,《人民日报》2015 年 5 月 26 日。
② 《江苏县级以上政府部门年底法律顾问全覆盖》,《人民日报》2016 年 2 月 22 日。

师制度,党政机关、国有企事业单位重大决策事前必须征求法律顾问的意见。① 到 2017 年底,中央和国家机关各部委,县级以上地方各级党政机关普遍设立了法律顾问、公职律师。

建立政府法律顾问制度是促进政府依法、科学、民主决策的重要手段,对于提高决策质量,避免违法决策,提升行政决策的公信力和执行力发挥了重要作用。

第三,建立重大决策终身责任追究制度及责任倒查机制。

党的十八届四中全会《决定》指出:"建立重大决策终身责任追究制度及责任倒查机制,对决策严重失误或者依法应该及时作出决策但久拖不决造成重大损失、恶劣影响的,严格追究行政首长、负有责任的其他领导人员和相关责任人员的法律责任。"

责任追究制度不完善,科学民主依法决策就无法落实到位。实践表明,决策失误是最大的失误。要保证决策的正确性,避免决策失误造成重大损失,就必须建立重大决策终身责任追究制度及责任倒查机制,坚持有错必究、有责必问,不论事发时责任人是在岗在任,还是已经升迁、调转或者离退休,都要一查到底、严格追究。在这方面,有关地区进行了初步探索,取得了有益经验。

为加强对重大行政决策行为的监督,切实提高重大行政决策的科学性,进一步明确重大行政决策责任追究,2014 年 10 月 17 日,安徽省人民政府出台了《关于进一步规范政府系统重大事项决策行为的意见》,要求各级各部门坚持重大事项集体决策,实行决策事项终身负责,坚持谁决策谁负责、谁主管谁负责,实行责任到人、记录在案、问题倒查的决策事项终身负责制。《意见》提出,要强化审计监督,加强对重大事项决策情况审计,追踪决策执行结果。严格责任追究,对负有责任的领导人员和直接责任人员,依纪依法严肃追究责任,对本地区、本部门发生的严重违纪违法行为不制止、不查处的,实行"一案双查",追究直接责任人的同时追究相

---

① 《湖北推进依法治省　党政机关全部建立法律顾问制度》,《人民日报》2017 年 5 月 18 日。

关领导的责任。①

　　为规范政府重大行政决策行为,健全依法决策机制,提高行政决策质量,内蒙古自治区制定了《重大行政决策程序规定》,于 2015 年 6 月 1 日起实施。《规定》主要适用于自治区国民经济和社会发展规划、计划以及经济和社会发展战略,各类总体规划、重点区域规划以及重大专项规划安排,重大财政资金使用、重大政府投资项目安排、重要公共资源配置和重大国有资产处置等方面。根据《规定》,上述方面的重大行政决策实行终身责任追究制度和责任倒查机制。违反本《规定》造成决策失误的,依照《行政机关公务员处分条例》,对负有领导责任和直接责任人员给予处分。②

　　重大决策终身责任追究制度及责任倒查机制的建立,是促进领导干部依法、审慎决策,保证重大决策经得起历史检验的重要举措,对于健全和完善依法决策机制,具有重要意义。

(三)行政执法体制改革继续深化

　　行政执法体制关系到法律法规能否全面正确实施,关系到人民群众合法权益能否得到切实保障,对于推进依法行政、建设法治政府具有特别重要的意义。党的十八大以来,各级政府继续深化行政执法体制改革并取得显著成效,严格规范公正文明执法水平不断提高,为到 2020 年基本建成法治政府奠定了坚实基础。

　　第一,推进综合执法。

　　推进综合执法是党的十八届三中、四中全会《决定》提出的改革任务,是深化行政执法体制改革的重要举措。《决定》要求各级行政机关在横向上整合执法主体,相对集中执法权,推进综合执法,着力解决权责交叉、多头执法问题,建立权责统一、权威高效的行政执法体制。在纵向上

---

① 《我省出台意见规范政府重大事项决策》,《安徽日报》2014 年 12 月 16 日。
② 《内蒙古自治区重大行政决策程序规定》,《内蒙古自治区人民政府公报》2015 年第 8 期。

根据不同层级政府的事权和职能,按照减少层次、整合队伍、提高效率的原则,合理配置执法力量,推进执法重心向市县政府下移,着力提高基层政府执法能力,特别是加强食品药品、安全生产、环境保护、劳动保障、海域海岛等重点领域基层执法力量。

为落实这项改革部署,2015 年 11 月 9 日,中共中央全面深化改革领导小组第十八次会议审议通过了《关于深入推进城市执法体制改革 改进城市管理工作的指导意见》。12 月 24 日,中共中央、国务院印发该《意见》。《意见》的核心内容就是理顺城管执法体制,加强城市管理综合执法机构建设,提高执法和服务水平。① 2016 年 4 月 4 日,中共中央办公厅、国务院办公厅又印发了《关于进一步深化文化市场综合执法改革的意见》,《意见》要求形成权责明确、监督有效、保障有力的文化市场综合执法管理体制,进一步整合文化市场执法权,加快实现跨部门、跨行业综合执法。② 《意见》的出台,为进一步深化文化市场综合执法改革,促进文化市场持续健康发展发挥了重要作用。

在推进综合执法方面,部分地方政府结合实际制定了工作方案并取得初步实施成效。2015 年 2 月 17 日,浙江省人民政府出台《关于深化行政执法体制改革 全面推进综合行政执法的意见》。《意见》以推动行政执法重心下移、相对集中行政执法权、整合规范执法主体、优化执法力量配置为主要内容,以县(市、区)和乡镇(街道)为重点,就全面推进城乡统筹的跨部门、跨领域综合行政执法,加快建立权责统一、权威高效的行政执法体制的有关问题作出规定。③

近年来,上海浦东新区充分利用综合配套改革和自贸试验区的平台,率先开展市场监管"四合一"和城市管理综合执法体制改革,努力探索形

---

① 《关于深入推进城市执法体制改革 改进城市管理工作的指导意见》,《人民日报》2015 年 12 月 31 日。

② 中办国办印发《关于进一步深化文化市场综合执法改革的意见》,《人民日报》2016 年 4 月 5 日。

③ 《关于深化行政执法体制改革 全面推进综合行政执法的意见》,《浙江省人民政府公报》2015 年第 6 期。

成以市场监管、城市管理、治安管理三大综合领域为重点,若干专业领域为补充的分类综合执法体系,取得了初步成效。① 上述各地政府的努力,推进了综合执法工作,促进了法治政府建设进程。

党的十九大以来,党中央和国务院在总结各地推进综合执法实践经验的基础上,提出综合设置行政执法队伍的改革举措,并将其纳入深化党和国家机构改革的框架之中,为深化行政执法体制改革提供了组织保障。

一是整合组建市场监管综合执法队伍。整合工商、质检、食品、药品、物价、商标、专利等执法职责和队伍,组建市场监管综合执法队伍。由国家市场监督管理总局指导。鼓励地方将其他直接到市场、进企业,面向基层、面对老百姓的执法队伍,如商务执法、盐业执法等,整合划入市场监管综合执法队伍。药品经营销售等行为的执法,由市县市场监管综合执法队伍统一承担。二是整合组建生态环境保护综合执法队伍。整合环境保护和国土、农业、水利、海洋等部门相关污染防治和生态保护执法职责、队伍,统一实行生态环境保护执法。三是整合组建文化市场综合执法队伍。将旅游市场执法职责和队伍整合划入文化市场综合执法队伍,统一行使文化、文物、出版、广播电视、电影、旅游市场行政执法职责。四是整合组建交通运输综合执法队伍。整合交通运输系统内路政、运政等涉及交通运输的执法职责、队伍,实行统一执法。五是整合组建农业综合执法队伍。将农业系统内兽医兽药、生猪屠宰、种子、化肥、农药、农机、农产品质量等执法队伍整合,实行统一执法。②

上述改革举措是按照整合队伍、提高效率的原则,大幅减少执法队伍种类,整合同一领域或相近领域执法队伍,实行综合设置。这对于相对集中执法权,解决权责交叉、多头执法问题,促进严格规范公正文明执法,具有重要意义。

第二,完善行政执法程序。

行政执法程序是约束行政权力、保护公民权利的重要方式。党的十

---

① 《上海浦东新区行政执法类公务员分类管理改革试点启动》,《人民日报》2016 年 4 月 13 日。

② 《深化党和国家机构改革方案》,《人民日报》2018 年 3 月 22 日。

八大以来,各地政府按照党的十八届三中、四中全会要求,把完善行政执法程序作为深化行政执法体制改革的重点工作,并在以下几个方面取得初步进展和成效。

在规范执法自由裁量权方面,各地政府出台规定,建立健全行政裁量权基准制度,细化、量化行政裁量标准,规范裁量范围、种类、幅度。针对我国现行法律规定的治安行政处罚幅度比较宽、缺乏量化的规范问题,自2012 年起,江苏省试点推行常见治安行政案件自动量罚系统建设,旨在破解"同城同事不同罚,同案同事不同罚"。该系统将治安行政案件的违法情节、处罚标准、裁量规则预先统一设定,由执法人员直接选择,自动生成行政处罚。[1]

在建立执法全过程记录制度方面,2015 年 10 月,河北省政府出台《行政执法全过程记录实施办法》,率先在全国试点推行行政执法全过程记录制度。《办法》按照执法类别细化执法流程,切实做到流程清楚、要求具体、期限明确,确保完整、精准、有效记录执法行为。[2] 2016 年 7 月 1日,公安部正式实施《公安机关现场执法视音频记录工作规定》。《规定》要求公安机关应当对当场盘问、检查等 6 种现场执法活动进行视音频记录,且至少保存 6 个月,如果记录被作为行政、刑事案件证据使用,或者当事人有阻碍执法、妨害公务行为的,应当永久保存。[3] 建立执法全过程记录制度,能够有效避免执法机关随意执法、不按程序执法、不文明执法、损害群众利益的现象,对于解决执法证据不全、证据不固定等问题发挥了重要作用。

在建立重大执法决定法制审核制度方面,2015 年 11 月 2 日,宁夏回族自治区政府印发了《重大行政执法决定法制审核办法》。《办法》明确了法制审核的内容、原则和范围,规定行政执法机关、法律法规授权组织

---

① 《建立健全行政裁量权基准制度"一把尺"裁量　破解同案不同罚》,《人民日报》2015 年 11 月 25 日。

② 《我省率先全面推行行政执法全过程记录制度》,《河北日报》2016 年 4 月 3 日。

③ 《关注文明执法环境系列报道之一:执法如何严格又文明》,《人民日报》2016 年7 月 20 日。

在作出重大行政执法决定前,由本部门法制机构或指定的机构或人员对其合法性进行审核。未经法制审核或审核未通过的,不得作出决定。明确规定行政许可、行政处罚、行政强制、行政征收和行政收费等重大行政执法决定以及可能会产生重大社会影响的其他重大行政决定应当进行法制审核。① 建立重大行政执法决定法制审核制度,从程序上确保重大行政执法的公正、公平、合法、适当,进一步规范行政执法行为,对有效避免行政执法错案的发生,维护公民、法人和其他组织的合法权益具有重要的现实意义。

在一些地方政府和相关部门有益探索并取得成效的基础上,国务院法制办制定了《推行行政执法公示制度执法全过程记录制度重大执法决定法制审核制度试点工作方案》。2016 年 12 月 30 日,中共中央全面深化改革领导小组第三十一次会议审议通过。2017 年 2 月 10 日,国务院办公厅印发了该《方案》。《方案》确定在天津市、河北省、安徽省、甘肃省、国土资源部以及呼和浩特市等 32 个地方和部门开展试点。各试点地方和部门在行政许可、行政处罚、行政强制、行政征收、行政收费、行政检查 6 类行政执法行为中推行行政执法公示制度、执法全过程记录制度和重大执法决定法制审核制度。② 推行行政执法三项制度对于促进行政机关严格规范公正文明执法,保障和监督行政机关有效履行职责,维护人民群众合法权益,具有重要意义。

第三,严格行政执法人员资格管理制度。

行政执法人员素质高低,直接影响着执法质量。党的十八届四中全会《决定》提出,严格实行行政执法人员持证上岗和资格管理制度,未经执法资格考试合格,不得授予执法资格,不得从事执法活动。《决定》作出后,各地积极贯彻全会精神,行政执法人员持证上岗和资格管理制度得到严格实行。

甘肃省在"十二五"期间积极开展第四轮执法换证工作,把资格审

① 《宁夏回族自治区重大行政执法决定法制审核办法》,《宁夏回族自治区人民政府公报》2015 年第 24 期。
② 《国办印发〈方案〉试点行政执法公示等制度》,《人民日报》2017 年 2 月 11 日。

查、教育培训、人员考试和证件管理纳入网络化管理。共审核确认行政执法机关主体资格 10580 个,行政执法人员资格 114814 名,行政执法监督人员资格 5950 名。取消不具备法定授权和委托资质的执法机构 236 个,清理不符合执法上岗资格的执法人员 1521 人。组织全省行政执法人员综合法律知识考试 1135 场次,考试通过 104055 人,考试不合格 10759人,合格率达到 90.63%。①

西藏自治区加大对行政执法人员的考核力度。"十二五"期间,共举办培训班 58 期,培训行政执法人员 10130 余人,对符合条件的 10110 名行政执法人员颁发了执法证件,对不符合办证条件的坚决不予办理,并建立了行政执法人员基本信息数据库,行政执法人员的法律意识和执法水平得到较大提高,行政执法人员的信息化管理有效推进。②

2015 年 5 月 1 日起正式施行的《山东省行政执法监督条例》,其中明确提出行政执法人员应按规定参加专业法律知识、公共法律知识和职业素养等培训,经考试合格并取得行政执法证件后,才能从事行政执法工作。行政执法机关聘用的劳动合同制人员、劳务派遣人员、临时借调人员以及其他无行政执法资格的人员,不得从事行政执法工作。③

在吉林,"临时工"执法正式退出历史舞台。2016 年 6 月 1 日起正式施行的《吉林省行政执法证件管理办法》,禁止为合同工、临时工和公益性岗位人员申领和发放执法证件。发现单位安排无证人员继续从事行政执法活动的,将对有关责任人员给予相应处分。执法人员只有参加法律知识培训并考试合格,才能获得持证资格、上岗执法,且执法时必须主动出示证件、表明身份。否则,行政相对人有权拒绝其执法行为。④

2016 年 11 月,陕西省政府法制办印发《关于严格清理行政执法人员

---

① 《甘肃省政府法制办"十二五"工作综述》,《甘肃日报》2015 年 12 月 30 日。

② 《西藏"十二五"法治政府建设回顾和"十三五"法治政府建设展望》,《西藏日报》2016 年 1 月 23 日。

③ 《山东行政执法将拒绝"临时工"(迈向法治中国)》,《人民日报》2014 年 11 月29 日。

④ 《吉林:"临时工"执法正式退出历史舞台》,《光明日报》2016 年 6 月 3 日。

进一步做好申领和换发〈陕西省行政执法证〉工作的通知》,要求各地、各部门严格清理行政执法人员,凡是合同工、临时工、工勤人员以及因离职、退休、工作调动、岗位调整等不符合相关条件的人员,一律注销行政执法资格并收回行政执法证件。根据通知要求,陕西省对行政执法人员进行了严格清理,全省共清理行政执法人员 8821 人。其中省级 20 个单位清理行政执法人员 148 人,各设区市、杨凌示范区、韩城市清理行政执法人员 8673 人。①

上述各地的做法,严格了行政执法人员实行持证上岗和资格管理制度,提高了行政执法质量,深化了行政执法体制改革。

第四,全面落实行政执法责任制。

严格行政执法责任制,是深化行政执法体制改革的重要环节,也是监督和制约行政执法权力的有效途径。党的十八届三中、四中全会提出了全面落实行政执法责任制的改革任务,要求严格确定不同部门及机构、岗位执法人员执法责任和责任追究机制。这项改革部署在各地政府得到有效落实并取得积极进展。

为规范和约束行政权力,促进行政执法机关严格规范公正文明执法,切实做到“法无授权不可为、法定职责必须为”,2015 年,河北省各地各部门对省政府 2014 年度行政执法检查中发现的 458 个“不作为、乱作为”问题进行责任追究,共追究执法过错责任人 666 人次。此次责任追究对执法过错问题进行科学分类。将检查出的 458 个问题分为 7 类,其中超越或者滥用职权 65 个;违反法定程序 150 个;适用法律、法规、规章错误 21个;认定事实不清,主要证据不足 71 个;具体行政行为明显不当 24 个;不履行法定职责 54 个;其他情形 73 个问题。同时,此次责任追究坚持主管责任和直接责任共同追究。共追究一线行政执法人员（直接责任）342人,占 80%;追究其所在单位主要领导或法制机构人员（主管责任）86 人,占 20%。通过此次责任追究,强化了问责效果,确保了重大行政违法行为得到及时、彻底纠正。使“有权必有责、用权受监督,违法必追究”的要

---

① 《陕西清理行政执法人员 8821 人》,《人民日报》2017 年 2 月 17 日。

求成为常态化。①

为加快建设权责明确、行为规范、监督有效、保障有力的行政执法体制,2015 年 9 月,河南省开封市政府办公室出台了《关于全面落实行政执法责任制实施意见》,对全面落实行政执法责任制进行具体部署。一是对具有行政执法主体资格部门的执法依据分类排序、列明目录;二是把本部门的法定职权分解落实到执法机构和执法岗位;三是按照有权必有责的要求,依法确定不同执法部门、内设执法机构和执法岗位的具体执法责任。意见要求,对违法或不当行政执法行为,要根据造成后果和影响的轻重程度,依法追究有关行政执法部门和行政执法人员的责任,并给予相应的行政处理。②

行政执法责任制的全面落实,约束了行政执法权力,惩戒了不当或违法执法行为,提高了行政执法人员的责任意识,保护了公民、法人和其他组织的合法权益,促进了法治政府建设进程。

(四)对行政权力的制约和监督进一步加强

对行政权力进行制约和监督,保障其依法正确行使,防止权力滥用,是法治政府建设的重要内容和基本要求。党的十八大以来,各级政府接受监督的自觉性和主动性不断提高,政务公开深入推进,对行政权力的制约和监督进一步加强。

第一,政府接受监督的自觉性和主动性不断提高。

改革开放以来,经过多年实践发展和制度建设,我国已形成一套政府权力制约和监督体系,包括党内监督、人大监督、民主监督、行政监督、司法监督、审计监督、社会监督和舆论监督。上述各种力量,分工合作、优势互补,从不同层面、以不同形式对行政权力进行制约和监督,对规范行政权力运行发挥着重要作用。党的十八大以来,各级政府自觉接受各方面

---

① 《当好参谋助手　推动依法行政——2015 年政府法制工作亮点回顾》,《河北法制报》2015 年 12 月 31 日。

② 《我市全面落实行政执法责任制》,《开封日报》2015 年 9 月 11 日。

监督,监督合力和实效不断增强。

在接受人大监督、民主监督方面,各级政府认真执行向本级人大及其常委会报告工作制度,接受询问和质询制度,报备行政法规、规章制度。认真研究处理人大及其常委会组成人员对政府工作提出的有关审议意见,及时研究办理人大代表和政协委员提出的意见和建议,切实改进工作。健全知情明政机制,政府相关部门向政协定期通报有关情况,为政协委员履职提供便利、创造条件。"十二五"期间,山东省政府系统严格执行人大制定的地方性法规和决定、决议,自觉接受人大及其常委会的监督。在重大问题决策前、决策中主动加强与政协的民主协商。省政府及部门与各民主党派、工商联和无党派人士的对口联系逐步常态化、机制化。2011 年至 2015 年共办理人大代表建议 1815 件、政协提案 3362 件。①

在接受司法监督方面,各级政府严格执行《行政诉讼法》及其相关规定,积极推进行政机关负责人出庭应诉,密切配合人民法院的行政审判活动,尊重并自觉履行人民法院的生效判决和裁定,认真落实人民法院和人民检察院的司法建议,并取得显著成效。2016 年 4 月 11 日,贵州省副省长陈鸣明作为行政机关负责人出庭应诉。这是全国首例副省长出庭应诉的行政案件。② 北京市行政机关应诉水平进一步提升,行政机关负责人出庭应诉工作取得重要进展,2016 年全年庭审实现了行政机关工作人员出庭率 100%。北京全市 16 区政府负责人出庭应诉覆盖率 100%。③ 2016 年 7 月 7 日,国务院办公厅印发《关于加强和改进行政应诉工作的意见》。《意见》的出台对指导和督促各地区、各部门加强和改进行政应诉工作、依法及时有效化解行政纠纷、自觉接受司法监督、不断提高依法行政能力和水平,发挥了重要作用。

在接受审计监督方面,各级政府高度重视审计工作,全力支持审计机关依法对公共资金、国有资产、国有资源和领导干部履行经济责任情况的

---

① 《政府工作报告——2016 年 1 月 24 日在山东省第十二届人民代表大会第五次会议上》,《山东省人民政府公报》2016 年第 4 期。

② 《村民状告省政府 副省长出庭应诉》,《贵州日报》2016 年 4 月 12 日。

③ 《北京:区政府负责人出庭全覆盖》,《人民日报》2017 年 5 月 10 日。

审计。审计监督的力度越来越大,成效越来越明显。2010 年至 2014 年间,上海市共开展审计和审计调查项目 4598 个,促进财政增收节支、避免和挽回损失 290.42 亿元,向司法、纪检监察机关和相关主管部门移送处理事项 74 件。① 同时,加大审计整改工作力度,完善审计整改报告、督查、结果通报和公告等制度,以公开促整改,有力地发挥了审计的监督作用。

第二,政务公开深入推进。

公开透明是法治政府的基本特征。政务公开是强化对行政权力制约和监督的有效途径。党的十八大以来,党中央、国务院高度重视政务公开,作出了一系列重大部署,各级政府认真贯彻落实,政务公开工作取得积极成效。

2016 年 1 月 11 日,中共中央全面深化改革领导小组第二十次会议审议通过《关于全面推进政务公开工作的意见》,2 月 17 日,中共中央办公厅、国务院办公厅印发该《意见》,部署全面推进各级行政机关政务公开工作,并要求各地区各部门结合实际,制定具体实施办法,细化任务措施,明确责任分工,认真抓好落实。为此,5 月 17 日,北京市政府常务会议原则审议通过了《关于全面推进政务公开工作的实施意见》。该文件不仅要求政务公开覆盖权力运行全流程、政务服务全过程,还强调要扩大公众参与、积极回应社会关切,特别重大、重大突发事件发生后,应在 24 小时内举行新闻发布会。此次出台的文件细化了重大突发舆情联动处理机制的具体要求,对政策解读材料的公开时限、重点职能部门新闻发布次数等都提出了量化要求。②

作为推进政务公开的具体举措,国务院及地方各级政府每年都出台政务公开工作要点。2017 年 3 月 23 日,国务院办公厅印发《2017 年政务公开工作要点》,部署推进全国政务公开工作。《要点》指出,2017 年政务公开工作要深入贯彻落实党中央、国务院有关部署,全面推进决策、执行、管理、服务、结果公开,加强解读回应,扩大公众参与,增强公开实效,助力

---

① 《上海市依法行政状况白皮书(2010—2014)》,上海人民出版社 2016 年版,第 28 页。

② 《北京政务公开要覆盖服务全过程》,《人民日报》2016 年 5 月 18 日。

稳增长、促改革、调结构、惠民生、防风险。《要点》提出,要以政务公开助力稳增长。围绕积极的财政政策、稳健的货币政策和更加积极的就业政策,国务院有关部门负责同志要深入解读,以政策解读的"透"赢得市场预期的"稳"。推进减税、降费、降低要素成本各项政策措施以及执行落实情况信息公开。出台关于重大建设项目批准和实施、公共资源配置领域信息公开的指导意见。加大政府和社会资本合作项目中社会资本参与方式、项目合同和回报机制等的公开力度。《要点》强调,要增强政务公开实效,全面落实"五公开"工作机制,进一步健全解读回应机制,加强政务公开平台建设,依法规范依申请公开工作。《要点》还明确了抓好政务公开任务落实的有关措施。①

国务院及地方各级政府通过以上措施,完善政府信息公开制度,拓宽政府信息公开渠道,提高政务公开信息化水平,推进了政务公开,促进了依法行政,加快了法治政府的建设进程。

(五)政府工作人员法治思维和依法行政能力明显提高

政府工作人员法治思维和依法行政能力的高低,直接决定法治政府建设的成败。党的十八大以来,党和政府抓住领导干部这个全面依法治国的"关键少数",通过以下措施,使政府工作人员特别是各级领导干部的法治思维和依法行政能力明显提高,为法治政府建设奠定了坚实的组织基础。

第一,加强对政府工作人员的法治教育培训。

加强对政府工作人员的法治教育培训是法治政府建设的基础性工作,是切实提高政府工作人员法治思维和依法行政能力的有效途径。党的十八大以来,各级领导干部学法热情高涨。政府常务会前学法,已在许多地方成为"必修课"。各地各部门在加快法治政府建设中,无一例外地把领导干部尊法学法守法用法列为重中之重。

"十二五"期间,甘肃省每年至少组织两期全省政府系统领导干部依法行政专题讲座,邀请国务院法制办、中共中央党校、国家行政学院等知名专

---

① 《2017 年政务公开工作要点》,《光明日报》2017 年 3 月 24 日。

家学者作视频辅导报告。5 年来累计举办法治讲座 10 期,省市县共计 5.6 万余人聆听报告。2011 年 4 月在清华大学建立了甘肃政府法制培训基地。5 年间已在清华大学成功举办 5 期政府法制干部综合素质与业务能力提升高级培训班,邀请北京大学、清华大学、中共中央党校、国家行政学院的知名法学专家教授亲临授课,全省各级政府领导干部 500 多人次参加培训,对开阔视野、创新理念、提升素质、增强能力具有重要的推动意义。①

河北省把抓"关键少数"作为推进依法行政的重要举措。2015 年 2 月,省政府印发《省政府领导干部学法制度》,明确了省政府领导干部学法的内容、方式。2015 年以来,省政府常务会学法 21 次,全省政府系统开展领导干部学法活动 1600 余次,有效提高了领导干部的法治思维和法治能力。省政府在抓好自身学法的同时,大力推进政府系统领导干部学法用法,对全省领导干部学法用法作出部署。据统计,2015 年各设区市政府共开展常务会前学法 93 次,举办法制讲座 24 次,县(市、区)政府共开展常务会前学法 625 次,举办法制讲座 419 次,举办各种依法行政培训班 220 次。② 这些法治教育培训活动,对于提高政府工作人员的法治思维和依法行政能力发挥了重要作用。

2016 年 4 月 7 日,在总结提炼各地各部门开展国家工作人员学法用法工作实践经验的基础上,中组部、中宣部、司法部、人社部联合印发了本年 1 月由中共中央全面深化改革领导小组第 20 次会议审议通过的《关于完善国家工作人员学法用法制度的意见》,对完善国家工作人员学法用法制度作出全面部署。《意见》的出台,对促使国家工作人员学法用法工作制度化、规范化和长效化,促使国家工作人员带头尊法学法守法用法,提高运用法治思维和法治方式解决问题的能力,促进全社会树立法治意识,建设社会主义法治国家,具有重要意义。

第二,完善政府工作人员法治能力考查测试制度。

党的十八大以来,国务院各部门、地方各级政府加强对领导干部任职

---

① 《甘肃省政府法制办"十二五"工作综述》,《甘肃日报》2015 年 12 月 30 日。

② 《河北省政府系统开展领导干部学法活动 1600 余次》,《河北日报》2016 年 5 月 3 日。

前法律知识考查和依法行政能力测试,并将考查和测试结果作为领导干部任职的重要参考,有力地促进了政府及其部门负责人严格履行法治建设职责。在浙江,法律考试的成绩是领导干部任职、晋升、考核的重要依据。拟任领导干部法律知识考试不合格,不得任命。杭州市上城区有一名人大拟任干部,因身体原因没有参加任前法律考试,他提出是否可以"通融通融",没想到人大常委会不同意,最后还是通过补考合格后才得以任命。① 在上海,"法律没学好,区长当不了。"2015 年 4 月上旬,上海市徐汇区人大常委会正、副主任,区政府正、副区长,区法院院长、检察长等 200 多人参加了一场特殊的考试。考试题目全部是宪法、地方组织法、代表法和监督法等 4 部法律的条款。按规定,成绩不合格的将参加补考,没有通过法律考试的将被一票否决。②

在优化公务员录用考试测查内容方面,各地政府不断增加公务员录用考试中法律知识的比重。2016 年 7 月 29 日出台的《宁夏回族自治区法治政府建设实施方案(2016—2020 年)》明确规定,今后将增加公务员录用考试中法治知识的比重,且法治知识比重不低于 40%。③ 上述措施,完善了政府工作人员法治能力考查测试制度,提高了政府工作人员特别是各级领导干部的法治思维和依法行政能力,促进了法治政府的建设进程。

四、围绕促进公平正义开展司法和司法行政工作

党的十八大以来,各级司法和司法行政机关在以习近平为核心的党中央坚强领导下,紧紧围绕"努力让人民群众在每一个司法案件中感受到公平正义"的工作目标,忠实履行宪法法律赋予的职责,服务"十三五"规划实施,深入推进平安中国、法治中国建设,各项工作取得新进展。

---

① 《法治,浙江领导干部"必修课"》,《人民日报》2014 年 12 月 4 日。
② 《政务生态清朗起来——关于加快法治政府建设的调查与思考》(上),《人民日报》2015 年 12 月 24 日。
③ 《法治建设从"软任务"到"硬指标"》,《宁夏日报》2016 年 7 月 30 日。

（一）党的十八大以来的司法工作

党的十八大以来，全国各级人民法院和人民检察院坚持以习近平新时代中国特色社会主义思想为指导，全面贯彻落实党的十八大和十九大精神，坚持司法为民、公正司法，不断提高审判工作和检察工作的质量与效率，司法公信力明显增强，为统筹推进"五位一体"总体布局和协调推进"四个全面"战略布局提供了有力的司法服务和保障。

在审判工作方面，2013 年至 2017 年，最高人民法院受理案件 82383 件，审结 79692 件，分别比前五年上升 60.6% 和 58.8%；地方各级人民法院受理案件 8896.7 万件，审结、执结 8598.4 万件，结案标的额 20.2 万亿元，同比分别上升 58.6%、55.6% 和 144.6%。通过发挥审判职能，人民群众获得感、幸福感、安全感不断增强。

一是贯彻总体国家安全观，推进平安中国建设。各级法院依法惩治刑事犯罪，审结一审刑事案件 548.9 万件，判处罪犯 607 万人，保障社会安定有序、人民安居乐业。严惩贪污贿赂犯罪。审结贪污贿赂等案件 19.5 万件 26.3 万人，其中，被告人原为省部级以上干部 101 人，厅局级干部 810 人；依法惩治行贿犯罪，判处罪犯 1.3 万人。严惩严重危害群众生命财产安全犯罪。审结相关案件 131.5 万件，判处罪犯 153.8 万人；严惩重大责任事故、危险驾驶等危害公共安全犯罪，审结相关案件 127.1 万件；审结毒品犯罪案件 57.1 万件；审结传销、非法经营等经济犯罪案件 28.2 万件，维护良好市场经济秩序。严惩侵害妇女儿童权益犯罪。加大妇女儿童权益保护力度，审结相关案件 13.1 万件；审结拐卖妇女儿童犯罪案件 4685 件。严惩危害食品药品安全、污染环境犯罪。加大对危害食品药品安全犯罪惩治力度，各级法院审结相关案件 4.2 万件；依法从严惩治污染环境犯罪，审结相关案件 8.8 万件。严惩电信网络犯罪，审结徐玉玉被诈骗等案件 1.1 万件。

二是贯彻新发展理念，服务保障经济社会持续健康发展。各级法院服务供给侧结构性改革，审结一审商事案件 1643.8 万件，同比上升 53.9%；审结破产案件 1.2 万件；审结买卖合同案件 410.6 万件，促进公平交易；审结房地产纠纷案件 132.1 万件，促进房地产市场规范有序发展。依法防范化解金融风险,审结借款、保险、证券等案件 503 万件,维护金融市场秩序;审结全国首例证券支持诉讼等案件,维护中小投资者合法权益;审结民间借贷案件 705.9 万件,规范民间融资行为;审结互联网金融案件 15.2 万件,促进互联网金融健康发展。服务创新驱动发展,审结一审知识产权案件 68.3 万件,促进大众创业、万众创新。服务美丽中国建设,审结环境民事案件 48.7 万件,维护生态环境安全;审理生态环境损害赔偿案件 1.1 万件、检察机关提起的环境公益诉讼案件 1383 件、社会组织提起的环境公益诉讼案件 252 件。服务全面开放新格局,审结涉外民商事案件 7.5 万件,平等保护中外当事人合法权益;审结一审海事案件 7.2 万件,维护我国海洋安全和司法主权;加强国际司法交流与合作,办理国际司法协助案件 1.5 万件。

三是坚持以人民为中心的发展思想,努力满足人民群众日益增长的多元司法需求。各级法院审结一审民事案件 3139.7 万件,同比上升 54.1%。审结涉及劳动争议、食品药品纠纷、消费者权益保护等相关案件 232.5 万件。审理涉及承包地"三权分置"、征地补偿等案件 126.1 万件,促进农村改革发展。依法为老年人追索赡养费,审结相关案件 12.6 万件。审结婚姻家庭案件 854.6 万件,有效化解婚姻家庭纠纷。审结一审行政案件 91.3 万件,同比上升 46.2%,妥善化解行政争议,支持、监督行政机关依法履职。审结涉港澳台、涉侨案件 8.1 万件,办理涉港澳台司法协助互助案件 5.8 万件,保护港澳台同胞、海外侨胞和归侨侨眷合法权益。军事法院和地方法院加强涉军维权工作,审理破坏军事设施、破坏军婚等案件 6491 件。

四是"基本解决执行难"问题取得重大进展。各级法院加大执行工作力度,着力破解执行难,受理执行案件 2224.6 万件,执结 2100 万件,执行到位金额 7 万亿元,同比分别上升 82.4%、74.4% 和 164.1%。与此同时,强力实施联合信用惩戒。全国法院累计公开失信被执行人信息 996.1 万人次,限制 1014.8 万人次购买机票,限制 391.2 万人次乘坐动车和高铁,221.5 万人慑于信用惩戒主动履行义务;加大对抗拒执行行为惩治力度,以拒不执行判决裁定罪判处罪犯 9824 人,"一处失信、处处受限"的信用惩戒格局初步形成,有力促进了社会诚信体系建设。①

在检察工作方面,全国检察机关围绕维护国家政治安全、确保社会大局稳定、促进社会公平正义、保障人民安居乐业,坚持高质量办案、高标准司法,强化法律监督,推进平安中国、法治中国建设,检察工作取得明显进展。

一是推进平安中国建设,确保国家长治久安、人民安居乐业。2013年至2017年,全国检察机关共批捕各类刑事犯罪嫌疑人453.1万人,较前五年下降3.4%;起诉717.3万人,较前五年上升19.2%。切实保护公民人身权、财产权、人格权,共起诉故意杀人、绑架、放火等严重暴力犯罪40.5万人。推进扫黑除恶、缉枪治爆、禁毒扫黄等专项斗争,起诉黑社会性质组织犯罪8932人,立案侦查为黑恶势力充当"保护伞"的国家工作人员333人。惩治抢劫、抢夺、盗窃等多发性侵财犯罪,起诉172.4万人。起诉重大责任事故、危险物品肇事等犯罪1.4万人,查处事故背后失职渎职等职务犯罪4368人,较前五年分别上升10.4%和80.1%。起诉侮辱、诽谤、诬告陷害等犯罪1472人,依法保护公民人格尊严。

二是贯彻新发展理念,服务大局保障民生。开展互联网金融风险专项整治活动,起诉破坏金融管理秩序、金融诈骗犯罪14.4万人,是前五年的2.2倍。惩治非法吸收公众存款、集资诈骗、传销等涉众型经济犯罪,起诉8.2万人。强化知识产权司法保护,起诉制售伪劣商品、侵犯知识产权犯罪12万余人,是前五年的2.1倍。惩治污染大气、水源、土壤以及进口"洋垃圾"、非法占用耕地、破坏性采矿、盗伐滥伐林木等破坏环境资源犯罪,起诉13.7万人,较前五年上升59.3%。办理生态环境领域公益诉讼1.3万件,督促5972家企业整改,督促恢复被污染、破坏的耕地、林地、湿地、草原总面积14.3万公顷,索赔治理环境、修复生态等费用4.7亿元。开展专项立案监督,挂牌督办非法经营疫苗系列案等986起重大案件;办理食品药品领域公益诉讼731件;起诉制售假药劣药、有毒有害和不符合安全标准的食品等犯罪6.3万人,是前五年的5.7倍。惩治恶意欠薪,起诉拒不支付劳动报酬犯罪7957人,支持农民工起诉9176件。依

① 《最高人民法院工作报告》,《人民日报》2018年3月26日。

法保护妇女人身权益,起诉强奸、拐卖、强迫卖淫等犯罪4.3万人。

三是坚持有腐必反,查办大案要案。立案侦查职务犯罪254419人,较前五年上升16.4%,为国家挽回经济损失553亿余元。其中,涉嫌职务犯罪的县处级国家工作人员15234人、厅局级2405人,对122名原省部级以上干部立案侦查,对107名原省部级以上干部提起公诉。坚持受贿行贿一起查,查办国家工作人员索贿受贿犯罪59593人,查办行贿犯罪37277人,较前五年分别上升6.7%和87%。查办不作为、乱作为的渎职侵权犯罪62066人。坚决惩治"微腐败",在涉农资金管理、征地拆迁、社会保障、扶贫等民生领域查办"蝇贪"62715人。

四是加强对诉讼活动的法律监督,维护司法公正。纠正违法减刑、假释、暂予监外执行。对提请"减假暂"不符合法定条件或程序,以及裁定或决定不当的,监督纠正11.8万人。以职务犯罪、金融犯罪、涉黑犯罪为重点,强化对异地调监、计分考核、病情鉴定等环节监督,共监督有关部门对2244名罪犯收监执行,其中原厅局级以上干部121人。强化民事行政诉讼监督。对认为确有错误的民事行政生效裁判、调解书提出抗诉2万余件,人民法院已改判、调解、发回重审、和解撤诉1.2万件;提出再审检察建议2.4万件,人民法院已采纳1.6万件。对审判程序中的违法情形提出检察建议8.3万件,对民事执行活动提出检察建议12.4万件。惩治司法腐败,立案侦查以权谋私、贪赃枉法、失职渎职的司法工作人员11560人。发挥审前主导和过滤作用,督促侦查机关立案9.8万件、撤案7.7万件,追加逮捕12.4万人、追加起诉14.8万人,对不构成犯罪或证据不足的不批捕62.5万人、不起诉12.1万人,其中因排除非法证据不批捕2864人,不起诉975人,监督相关政法机关纠正阻碍律师行使执业权利6981件。

五年来,全国各级检察机关还努力为实现强军梦提供有力司法保障,共起诉破坏武器装备、军事设施、军事通信,伪造、变造、买卖武装部队公文、证件、印章,冒充军人招摇撞骗、破坏军婚等涉军犯罪1635人。①

---

① 《最高人民检察院工作报告》,《人民日报》2018年3月26日。

（二）党的十八大以来的司法行政工作

党的十八以来,我国司法行政工作取得较快发展。详情如下表所示。

2013—2016 年律师、公证、调解和法律援助工作发展状况一览表

项目		2013 年	2014 年	2015 年（单位:万）	2016 年（单位:万）
一、律师工作					
律师事务所	（个）	20609	22166	2.4	2.6
律师工作人员	（人）	248623	269132	29.7	32.8
其中:专职律师	（人）	225267	244255		
兼职律师	（人）	10550	10545		
法律顾问单位	（处）	456847	508854		
民事诉讼代理	（件）	1887156	2100102	330（各类诉讼案件）	354（各类诉讼案件）
刑事辩护	（件）	592486	667391		
行政诉讼代理	（件）	75659	64545		
非诉讼法律事务	（件）	817703	673080	78	84
解答法律咨询	（万件）	452.33	464.28		
代写法律事务文书	（万件）	70.68	72.87		
二、公证工作					
公证处	（个）	2987	3006		
公证人员	（人）	29039	30003		
其中:公证员	（人）	12725	12960	1.3	1.3
公证员助理	（人）	9121	9607		
办理公证文书	（万件）	1258.92	1221.61	870	1399
三、人民调解工作					
人民调解委员会	（万个）	82	80.3	79.8	78.4
调解人员	（万人）	422.9	394.1	391.1	385.2
调解民间纠纷	（万件）	943.94	940.4	933.1	901.9
四、法律援助工作					
法律援助机构	（个）	3680	3737		
工作人员	（人）	14548	14533		
其中:法律专业	（人）	11343	11517		
受理案件	（件）	1158876	1243075	132	130
其中:民事法律援助	（件）	931027	997058		
刑事法律援助	（件）	222200	240480		
行政法律援助	（件）	5649	5804		
受援人	（人）	1279202	1388365		

资料来源:《中国司法行政年鉴·2014》,法律出版社 2016 年版,第 725、729 页;《中国司法行政年鉴·2015》,法律出版社 2016 年版,第 641、645 页;《中国法治建设年度报告·2015》,法律出版社 2016 年版,第 37 页;《中国法治建设年度报告·2016》,法律出版社 2017 年版,第 33—34 页。

五、司法体制改革取得突破性进展和明显成效

党的十八大以来,在以习近平同志为核心的党中央坚强领导下,中国司法体制改革积极稳妥推进。一些重要改革举措已经全面推开,一些重大改革任务已经在全国各地开展试点。司法体制改革取得突破性进展和明显成效。

(一)司法管理体制改革有序推进

司法管理体制是司法体制的重要组成部分,司法管理体制改革是司法体制改革的重要内容。党的十八大以来,党和国家在司法管理体制方面出台了一系列改革举措,为司法机关和司法人员依法独立公正地行使职权提供了制度保障。

第一,最高人民法院设立巡回法庭。

最高人民法院设立巡回法庭是党的十八届四中全会作出的重大改革部署。2014 年 12 月 2 日,中共中央全面深化改革领导小组第七次会议审议通过《最高人民法院设立巡回法庭试点方案》。会后,2015 年 1 月 28 日,最高人民法院第一巡回法庭在广东省深圳市挂牌,巡回区为广东、广西、海南三省区。1 月 31 日,最高人民法院第二巡回法庭在辽宁省沈阳市揭牌成立,巡回区为辽宁、吉林、黑龙江三省。

第一、第二巡回法庭挂牌成立并于 2015 年 2 月 2 日正式办公以来,各项工作有序开展,取得良好开局。当年,第一巡回法庭共受理案件 898 件,结案 843 件,法官人均结案数 70.25 件;全年共接待来访 10769 人次,办理来信 2196 件。① 第二巡回法庭共受理案件 876 件,结案率 93%。接待涉诉信访 33000 人次。② 第二巡回法庭还于 2015 年 10 月 27 日首次在

---

① 《最高法院巡回法庭晒出一周年成绩单》,《光明日报》2016 年 1 月 31 日。
② 《与大法官聊"家门口的最高法院"》,《光明日报》2016 年 1 月 25 日。

高校公开审理案件,开创了"庭审走进法学院"的先河。① 巡回法庭新开门面就站在高起点上,有整体性考虑和系统性设计,并在机构设置、运行机制、人员管理、监督机制等方面进行了创新,较好地发挥了司法改革"试验田"、"排头兵"作用,基本实现了审判机关重心下移、就地解决纠纷、方便当事人诉讼的改革初衷,提高了司法公信力和司法权威。

2016 年 11 月 1 日召开的中共中央全面深化改革领导小组第二十九次会议审议通过了《关于最高人民法院增设巡回法庭的请示》,同意最高人民法院在深圳市、沈阳市设立第一、第二巡回法庭的基础上,在重庆市、西安市、南京市、郑州市增设巡回法庭。12 月 28 日至 29 日,最高人民法院第三、四、五、六巡回法庭相继在江苏南京、河南郑州、重庆、陕西西安挂牌成立。第三巡回法庭管辖江苏、上海、浙江、福建、江西 5 省市有关案件;第四巡回法庭管辖河南、山西、湖北、安徽 4 省有关案件;第五巡回法庭管辖重庆、四川、贵州、云南、西藏 5 省区市有关案件;第六巡回法庭管辖陕西、甘肃、青海、宁夏、新疆 5 省区有关案件。最高法本部直接管辖北京、天津、河北、山东、内蒙古 5 省区市有关案件。至此,最高法完成了巡回法庭在全国的总体布局,实现了巡回法庭管辖范围全覆盖。2017 年,6 个巡回法庭共审结案件 1.2 万件,占最高人民法院办案总数的 47%。共接待群众来访 4.6 万人次,最高人民法院本部接待来访总量下降 33.2%②,对维护首都社会稳定发挥了助力作用。

增设巡回法庭减轻了人民群众诉累,有助于人民群众更便捷地获得最高法优质高效的司法服务;有助于最高法本部集中精力制定司法政策和司法解释,审理对统一法律适用有重大指导意义的案件,强化最高法本部监督指导全国法院审判工作的职能;有助于促进最高法本部深化改革,破解体制性、机制性障碍,努力探索更多可复制、可推广、可持续的司法改革经验。

---

① 《最高法第二巡回法庭首次在高校公开审理案件》,《人民日报》2015 年 10 月 28 日。

② 《最高人民法院工作报告》,《人民日报》2018 年 3 月 26 日。

第二,设立跨行政区划人民法院、人民检察院。

设立跨行政区划人民法院、人民检察院,是党的十八届四中全会提出的又一项涉及司法管理体制的重要改革举措。2014 年 12 月 2 日,中共中央全面深化改革领导小组第七次会议审议通过《设立跨行政区划人民法院、人民检察院试点方案》。《试点方案》明确在北京、上海试点设立跨行政区划人民法院、人民检察院。

2014 年 12 月 28 日,备受各界关注的上海市第三中级人民法院正式挂牌,这是全国第一家跨行政区划法院。同日,上海市人民检察院第三分院正式成立,这是全国首个跨行政区划的人民检察院。两天后的 12 月 30 日,北京市第四中级人民法院、北京市人民检察院第四分院正式成立并开始履职,标志着我国在探索设立跨行政区划人民法院和人民检察院方面迈出新步伐。

在北京和上海设立的首批跨行政区划人民法院、人民检察院主要是跨区域管辖部分行政诉讼案件及其他重大案件。北京四中院开门不到 4 个月,行政案件收案量已超过 2014 年全市的总和,反映出跨行政区划法院在摆脱地方保护和行政干预方面的意义。这一点从两家跨区法院成立后两年间的收案数量来看,表现得更加明显。以北京四中院为例,在其成立前,2014 年北京全市法院受理的以各区政府为被告的行政案件只有 216 件。而 2015 年即北京四中院成立的第一年该院便受理此类案件 1397 件,增幅近 6 倍。2016 年此类案件受理量则达到了 2893 件,是 2015 年的两倍多。两年间,上海三中院受理以市政府为被告的行政一审案件 440 件,结案 400 件;而 2014 年全年全市法院受理以市政府为被告的行政一审案件仅 13 件。

随着案件数量的不断上升和审理难度的不断加大,院、庭长开庭审案在两家跨区法院已成为常态。上海三中院明确规定院、庭长带头办理疑难、复杂、新类型案件,并提出办案数量要求。两年来,院、庭长办案 1120 件,占案件总数的 35.74%。而北京四中院院、庭长办案数量也达到全院案件数量的 25%。①

① 《跨区法院,如何在"跨"字上做文章》,《光明日报》2017 年 1 月 12 日。

第三,设立知识产权法院。

设立知识产权法院是党的十八届三中全会提出的改革任务。2014年6月6日,中共中央全面深化改革领导小组第三次会议审议通过《关于设立知识产权法院的方案》。8月31日,十二届全国人大常委会第十次会议作出决定,以立法形式宣布在北京、上海、广州设立知识产权法院。酝酿了多年的知识产权法院,一步一步由设想变为现实。2014年11月6日、12月16日、12月28日,北京、广州、上海知识产权法院先后挂牌成立并开始依法履职。

2015年1月3日,最高人民法院公布《关于北京、上海、广州知识产权法院案件管辖的规定》,明确了新的管辖体制。当年,3家知识产权法院共审结知识产权案件9872件。① 知识产权司法保护初见成效。北京知识产权法院自成立以来,2015年共收案7918件,结案3250件,其中第一批遴选的18名一线主审法官人均收案400件,结案159件,审结了一批疑难、复杂、具有影响力的案件。② 2016年北京知识产权法院共受理各类知识产权案件10638件,同比上升15.74%,审结8111件,同比增长49.32%。③

知识产权保护制度是市场经济最重要的制度之一,对知识产权保护最有效的手段是司法救济手段。知识产权法院的设立,是我国知识产权案件审判体制的重大革新,是司法体制改革的一项基础性、制度性措施,对于统一知识产权案件裁判标准、提升知识产权司法保护品质具有重要意义,为推动实施国家创新发展战略提供了强有力的司法保障。

第四,完善司法人员分类管理制度。

完善司法人员分类管理制度是一项基础性司法体制改革工作。这项改革举措的基本思路是将法院工作人员分为法官、审判辅助人员和司法

---

① 《最高人民法院工作报告》,《人民日报》2016年3月21日。

② 《北京知识产权法院成立一周年:收案近8000件审判去行政化》,《光明日报》2015年11月14日。

③ 《北京知识产权法院:大幅提升知识产权侵权赔偿力度》,《光明日报》2017年1月11日。

行政人员三类分别管理,并对法官实行员额制,严格限定法官员额比例。其中审判辅助人员包括执行员、法官助理、书记员、司法警察、司法技术人员等。检察院工作人员分为检察官、检察辅助人员和司法行政人员,其中检察辅助人员包括检察官助理、书记员、司法警察、检察技术人员等。

从 2014 年 6 月上海等 7 个省市率先试点开始,全国陆续分三批开展法官员额制改革试点。2016 年 7 月全国司法体制改革推进会后,法官员额制改革在全国范围内全面推开。各省区市划定的法官员额比例均在中央政法专项编制的 39%以下,同时坚持以案定员、按岗定员、全省统筹、动态调整,预留一定比例给后续入额的空间。比如,北京规定高级、中级、基层法院实行差异化员额比例,办案任务最重的朝阳法院员额比例为48.2%;广东坚持以案定员、全省统筹,在预留 10%的基础上,首批下达法官员额 7162 名,适当向基层、向办案任务重的法院倾斜,法官员额比例最高的占 51.7%,最低的占 20.8%。各地严格入额遴选标准和程序,实行考核为主、考试为辅的办法,突出考核办案业绩和司法能力,发挥遴选委员会专业把关作用,防止论资排辈、照顾平衡。特别是坚持领导干部按照规定经过遴选程序入额,入额后必须办案。

2017 年 7 月 1 日,最高法首批 367 名员额法官宣誓,标志着法官员额制改革在全国法院已经全面落实。截至 2017 年 6 月,全国法院从 211990名法官中遴选产生 120138 名员额法官,法院普遍建立新型审判权运行机制,取消案件审批,确立法官、合议庭办案主体地位。经过 4 年的探索,改革成效显现,85%的司法人力资源配置到办案一线,各地法院人均结案数量普遍提升 20%以上。[①] 截至 2017 年 6 月,全国检察院从 16 万名检察官中遴选出员额内检察官 8.7 万名。2017 年 7 月 17 日,最高检首批 228 名入额检察官进行宪法宣誓,标志着检察官员额制改革在全国检察院已经全面落实。[②]

此项改革的目的和意义是完善司法人员分类管理制度,创设对法官、

---

① 《最高人民法院工作报告》,《人民日报》2018 年 3 月 26 日。
② 《最高检首批入额检察官进行宪法宣誓》,《人民日报》2017 年 7 月 18 日;《最高人民检察院工作报告》,《人民日报》2018 年 3 月 26 日。

检察官按照单独职务序列,与行政职级相对脱钩,实行不同于普通公务员的管理制度。审判辅助人员、检察辅助人员按国家有关规定管理,司法行政人员按综合管理类公务员管理。探索建立法官助理、检察官助理和书记员单独职务序列管理制度,使每一类人员都有各自的晋升渠道和职业发展空间,从而到达整合司法资源、优化司法队伍、提高司法效率、调动司法人员积极性的目的。

第五,健全防止人为干扰司法制度。

健全防止人为干扰司法制度是党的十八届四中全会提出的改革举措。2015 年 2 月 27 日召开的中共中央全面深化改革领导小组第十次会议审议通过《领导干部干预司法活动、插手具体案件处理的记录、通报和责任追究规定》。同年 3 月,中共中央办公厅、国务院办公厅和中共中央政法委分别印发《领导干部干预司法活动、插手具体案件处理的记录、通报和责任追究规定》、《司法机关内部人员过问案件的记录和责任追究规定》(以下简称"两个规定"),为司法机关依法独立公正行使职权提供了制度保障。

"两个规定"主要建立了三项制度:一是司法机关对领导干部干预司法活动、插手具体案件处理的记录制度;二是党委政法委对领导干部违法干预司法活动、插手具体案件处理的通报制度;三是纪检监察机关对领导干部违法干预司法活动以及司法人员不记录或者不如实记录的责任追究制度。这三项制度紧密衔接,前后呼应,构成一个有机整体。

为贯彻落实"两个规定",最高人民法院于 2015 年 8 月 19 日发布《人民法院落实"两个规定"实施办法》,同时要求各高级人民法院依照"两个规定"及其实施办法制定实施细则,并抓好贯彻落实工作,积极报送信息,筛选典型案例,确保铁规发力、制度生威。同年 11 月,中共中央政法委公开通报了 5 起领导干部干预司法活动、插手具体案件处理和司法机关内部人员过问案件的典型案件。① 这是"两个规定"颁布实施以来,中

---

① 这 5 起典型案例的具体内容,参见《中央政法委首次通报五起干预司法典型案例》,《人民日报》2015 年 11 月 7 日。

共中央政法委首次公开通报此类典型案件。此举发挥了重要的警示作用,取得了良好的法治效果和社会效果,有力推动了"两个规定"的全面落实。2016 年 2 月,中共中央政法委再次公开通报 7 起领导干部干预司法活动、插手具体案件处理和司法机关内部人员过问案件的典型案件。①这是"两个规定"颁布实施以来,中共中央政法委第二次公开通报此类典型案件。中共中央政法委将继续坚持对违反"两个规定"行为"零容忍",发现一起,查处一起,通报一起,营造良好的法治环境。

(二)司法权运行机制改革逐步推开

党的十八大以来,司法权运行机制改革逐步推开,并在以下几个方面取得明显成效。这对于优化司法职权配置,健全司法权力分工负责、互相配合、互相制约机制,拓宽人民群众有序参与司法渠道,具有重要意义。

第一,完善人民法院、人民检察院司法责任制。

完善司法责任制是党的十八届三中、四中全会确定的重要改革任务。2015 年 8 月召开的中共中央全面深化改革领导小组第十五次会议审议通过《关于完善人民法院司法责任制的若干意见》、《关于完善人民检察院司法责任制的若干意见》。最高人民法院、最高人民检察院分别于 9 月 21 日、9 月 28 日全文发布了各自《意见》。

最高人民法院《意见》提出了改革的总体目标,即实现"让审理者裁判、由裁判者负责",确保法院依法独立公正行使审判权,让人民群众在每一个司法案件中都感受到公平正义。围绕这一目标,《意见》提出了改革裁判文书签署机制、明确违法审判责任的 7 种情形、加强法官履职保障等 40 多项具体改革措施。传统的审判模式强调内部层层审批,导致"审者不判、判者不审、判审分离、权责不清",遭到社会各界近乎一致的批评。为此,《意见》提出彻底改革裁判文书的签署机制。审判责任的认定是《意见》的核心内容,受到社会各界高度关注。为此,《意见》规定,故意

---

① 这 7 起典型案例的具体内容,参见《中央政法委通报七起干预司法典型案例》,《人民日报》2016 年 2 月 2 日。

违反法律法规的，或者因重大过失导致裁判错误并造成严重后果的，依法应当承担违法审判责任，并就违法审判必须追责的 7 种情形进行了具体规定。《意见》坚持权力与制约并行，保障与监督并重，为构建公正高效的审判权运行机制和公平合理的司法责任认定、追究机制提供了重要制度保障。

最高人民检察院《意见》突出检察官办案主体地位与加强监督制约相结合，要求检察官必须在司法一线办案，明确检察人员应当对其履行检察职责的行为承担司法责任，在职责范围内对办案质量终身负责。《意见》根据检察人员主观上是否存在故意或重大过失，客观上是否造成严重后果或恶劣影响，将司法责任分为故意违反法律法规责任、重大过失责任和监督管理责任。检察人员在司法办案工作中故意实施违背职责的行为，或有重大过失，怠于履行或不正确履行职责造成严重后果的，应当承担故意违反法律法规责任或重大过失责任。《意见》按照"谁办案谁负责、谁决定谁负责"的要求，通过明晰检察官职责权限和完善检察权运行机制，形成了对检察人员司法办案工作的全方位、全过程规范监督制约体系。这有利于完善办案机制，增强检察官司法办案的责任心，促进检察官依法公正履行职责，提高司法办案的质量和效率。

《意见》出台后，各试点省份结合实际制定具体实施方案，推行办案责任制改革。改革前，各地各级人民法院的案子需领导过目才能签发。改革后，上海等地由法官、合议庭直接裁判的案件超过 98% 以上，由检察官审查决定的公诉案件占 90% 以上。① 在海南法院已全面推行"二维码"终身识别案件，其责任制细化到法律文书中标点符号错误都能找得到人，追得了责。为保证检察官依法公正办案，海南的检察官需接受上级监督、案件管理部门的监督、同级监督和纪律监督等四重监督。② 去行政化的司法改革及严格的办案质量责任制，既调动了司法人员的工作积极性和主动性，提高了司法效率，又保证了办案质量及司法公正，司法权运行机

---

① 《司法体制改革的主体框架基本确立》，《人民日报》2017 年 1 月 12 日。

② 《海南：全力推进"谁办案谁负责"》，《人民日报》2015 年 5 月 27 日。

制改革成效初步显现。

2016 年 11 月,最高人民法院、最高人民检察院又联合印发了《关于建立法官、检察官惩戒制度的意见(试行)》,就法官、检察官惩戒相关问题作出规定。《意见》明确,法官、检察官在审判、检察工作中违反法律法规,实施违反审判、检察职责的行为,应当依照相关规定予以惩戒。法官、检察官惩戒工作由人民法院、人民检察院与法官、检察官惩戒委员会分工负责,人民法院、人民检察院负责对法官、检察官涉嫌违反审判、检察职责行为进行调查核实,并根据法官、检察官惩戒委员会的意见作出处理决定。《意见》要求在省、自治区、直辖市一级设立法官、检察官惩戒委员会。惩戒委员会组成人员包括人大代表、政协委员、法学专家、律师代表以及法官、检察官代表,法官、检察官代表应不低于全体委员的 50%。①惩戒制度的建立,进一步完善了人民法院、人民检察院司法责任制,对于促进法官、检察官依法行使职权,具有重要意义。

2017 年 7 月,最高人民检察院印发《最高人民检察院机关司法责任制改革实施意见(试行)》,对最高检机关的司法办案和业务运行方式作出规范和调整。

《意见》按照"谁办案谁负责、谁决定谁负责"的要求,坚持突出检察官主体地位与检察长领导检察院工作相统一,完善了最高检机关司法办案组织,改革了各类业务运行方式,强化了检察官司法责任,使检察权运行机制更加体现司法属性。《意见》指出,最高检在实行检察人员分类管理、检察官员额制的基础上,推行检察官办案责任制。根据履行职能需要、案件类型及复杂难易程度,实行独任检察官或检察官办案组的办案组织形式,并分别规定了一般由独任检察官承办和一般由检察官办案组承办的案件类型。各业务部门建立由本部门检察官组成的检察官联席会议或者由本部门主任检察官组成的主任检察官联席会议,负责讨论重大、疑难、复杂案件,为案件办理提供参考。《意见》明确规定,检察官承办案件

---

① 《最高法、最高检出台意见 省一级设法官检察官惩戒委员会》,《人民日报》2016 年 11 月 9 日。

采用随机分案为主、指定分案为辅的原则。重大、疑难、复杂案件可以由检察长或者分管副检察长指定检察官办案组或独任检察官承办。案件管理部门对司法办案工作实行统一集中管理，全面记录办案流程信息，全程、同步、动态监督办案活动，对办结后的案件组织开展质量评查。此外，《意见》还对检察官、检察委员会委员、检察长（副检察长）办案的司法责任认定和追究等作出规定。①

第二，积极推进司法公开。

司法公开既是法治文明发展的必然要求，也是司法体制改革的重要内容。在最高人民法院的推动下，全国各级法院重点建设审判流程、庭审公开、裁判文书、执行信息4大公开平台，让司法权在阳光下运行。

2013年11月，最高人民法院开通中国裁判文书网，建立全国统一的裁判文书公开平台，并率先在该网公布本院裁判文书。2014年1月1日起，各级法院的生效裁判文书陆续在中国裁判文书网公布，目前该网已经成为全球最大的裁判文书网。2015年12月15日，最高人民法院新版中国裁判文书网开通。此次改版升级，提供主动式智能化服务，实现了少数民族语言裁判文书的公开，提供了蒙、藏、维、朝鲜和哈萨克等语种文书的浏览和下载服务功能，提升了裁判文书的应用价值，有力促进了裁判尺度的统一。

2014年11月，中国审判流程信息公开网正式开通。案件当事人及其诉讼代理人自案件受理之日起，即可凭有效证件号码随时登录、查询、下载相关案件的流程信息、材料等，案件的程序性诉讼文书可电子送达。2016年下半年，最高人民法院对中国审判流程信息公开网进行了全面升级改造工作。升级后，网站已成为全国法院审理案件的审判流程信息的集中汇聚、统一发布平台，为全国法院审理案件的当事人提供"一站式"公开服务，是全国法院公开审判流程信息的主渠道。2018年2月下旬，首批试点地区（河北、江苏、青海、宁夏）三级法院开始通过统一平台、

①《最高检启动司法责任制改革　首批228名入额检察官人选公示》，《人民日报》2017年7月3日。

12368 短信、微信服务号和小程序等向当事人及其法定代理人、诉讼代理人、辩护人公开新收案件的审判流程信息。2018 年 3 月,最高人民法院发布《关于人民法院通过互联网公开审判流程信息的规定》,自 2018 年 9 月 1 日起施行。施行后,全国各级人民法院将按照统一标准、通过统一平台公开审判流程信息。根据《规定》,除涉及国家秘密以及法律、司法解释规定应当保密或者限制获取的审判流程信息以外,人民法院审判刑事、民事、行政、国家赔偿案件过程中产生的程序性信息、处理诉讼事项的流程信息、诉讼文书、笔录等四大类审判流程信息,均应当通过互联网向参加诉讼的当事人及其法定代理人、诉讼代理人、辩护人公开。①

中国执行信息网提供被执行人信息、全国法院失信被执行人名单、执行案件流程信息、执行裁判文书信息公开服务等。

截至 2018 年 2 月,中国裁判文书网共公布全国各级法院生效裁判文书 4278.3 万篇,访问量 133.4 亿人次,访客来自全球 210 多个国家和地区;中国执行信息公开网累计公布执行案件 3598 万余件、被执行人信息 5189 万余条、失信被执行人信息 992 万余条,对被执行人特别是失信被执行人形成了有效震慑,案件执结率和自动履行率大幅提升;中国庭审公开网累计直播庭审 64.6 万场,主网站及关联网站总观看量超过 48.5 亿人次,最高日直播量超过 3600 场,为人民群众足不出户观看各级法院案件庭审实况提供了便利条件。②

司法公开带来了"五项效应"。通过诉讼案件的全流程、全节点司法公开,保障诉讼当事人参与诉讼的各项权利,保障社会公众充分行使知情权、监督权;通过公开各类生效裁判文书,服务律师执业,为律师在代理各类诉讼案件过程中理清思路、形成观点、阐明意见提供专业指引;通过司法数据公开,服务法学研究,为专家学者、高校师生发现社会现象、研究司法政策提供权威学术资料;通过汇聚海量司法数据,服务国家创新驱动发展战略,为建设平安中国、数字中国和智慧社会积累数据基础;通过统一

---

① 《最高法出台新规审判流程信息网上公开》,《人民日报》2018 年 3 月 21 日。

② 《中国裁判文书网累计公布裁判文书 4260 余万篇》,《光明日报》2018 年 2 月 28 日;《最高人民法院工作报告》,《人民日报》2018 年 3 月 26 日。

裁判标准,服务执法办案,监督制约审判权力,进一步规范司法人员依法审慎履职,确保人民群众在每一个司法案件中感受到公平正义。

在检务公开方面,人民检察院案件信息公开系统 2014 年 10 月 1 日上线运行,目前全国 3600 多个检察院都在这一系统集中公开办案流程、办案结果、办案文书,进一步拓宽了人民群众了解、参与、监督检察工作的渠道。这一系统已建立四个平台:案件程序性信息查询平台,当事人及其家属、律师可以通过该平台查询案件进展情况;重要案件信息发布平台,各级检察院通过该平台发布重大案件办理进展情况以及典型案例;法律文书公开平台,各级检察机关在该平台发布起诉书、不起诉决定书、抗诉书、申诉复查决定书等重要法律文书;辩护与代理网上预约平台,律师可以通过该平台和检察机关进行网上预约办理有关业务。截至 2016 年 12 月 31 日,全国各级检察机关在人民检察院案件信息公开网共发布案件程序性信息 449 万余条、重要案件信息 20 余万条、法律文书 158 万份。仅 2016 年,就发布重要案件信息 108100 件,同比增长 36.2%。①

司法公开和信息化建设的推进,为人民群众提供了更加优质、便捷、高效的司法服务,开放、动态、透明、便民的阳光司法机制正在逐步形成。

第三,完善人民陪审员、人民监督员制度。

完善人民陪审员、人民监督员制度是党的十八届三中、四中全会提出的一项重要改革举措。2015 年 2 月 27 日召开的中共中央全面深化改革领导小组第 10 次会议审议通过《深化人民监督员制度改革方案》;4 月 1 日召开的中共中央全面深化改革领导小组第十一次会议审议通过《人民陪审员制度改革试点方案》。随之,最高人民法院、最高人民检察院分别和司法部印发了各自的《方案》。

此次改革人民陪审员制度,主要是针对该制度存在的人民陪审员广泛性和代表性不足、陪审案件范围不够明确及其他需要改进的问题。《方案》改革了人民陪审员选任条件,将原来担任人民陪审员的年龄从 23 周岁提高到 28 周岁,学历要求从大专以上降低到高中以上文化学历,并

---

① 《20 多万检察官　一个平台来办案》,《人民日报》2017 年 2 月 23 日。

且规定农村地区和贫困偏远地区公道正派、德高望重的人不受学历要求限制。《方案》合理界定并适当扩大人民陪审员参审范围，规定涉及群体利益、社会公共利益的，人民群众广泛关注或者其他社会影响较大的第一审刑事、民事、行政案件，原则上实行陪审制审理。首次规定可能判处十年以上有期徒刑、无期徒刑的第一审刑事案件，原则上实行人民陪审制审理。探索人民陪审员参审案件职权改革是本次《方案》的一大亮点举措。规定人民陪审员在案件评议过程中独立就案件事实认定问题发表意见，不再对法律适用问题进行表决。

《深化人民监督员制度改革方案》在人民监督员选任管理方式、监督范围、监督程序、知情权保障等方面进行了完善。其亮点之一是规定人民监督员的选任和管理由司法行政机关进行，从制度上解决了"检察机关自己选人监督自己"的问题，提高了人民监督员制度的公信力和权威性。《方案》拓展了人民监督员的监督案件范围，明确人民监督员可对检察院办理直接受理立案侦查的 11 种情形的案件实施监督。《方案》提出完善人民监督员监督程序，明确了参与案件监督的人民监督员的产生程序、案情介绍程序、评议表决及审查处理程序等；提出完善人民监督员知情权保障机制，明确建立职务犯罪案件台账制度、人民监督员监督事项告知制度、人民监督员参与案件跟踪回访及执法检查机制等。

《方案》出台后，按照全国人大常委会授权，50 个法院积极开展改革试点，完善陪审员参审机制，通过网络进行随机抽选，推行大合议制等举措，更好地发挥陪审员作用。党的十八大以来，全国陪审员共参审案件1295.7 万件。①

实行人民监督员制度，引入外部监督力量，改变了检察机关查办职务犯罪案件的具体程序和要求，健全了对犯罪嫌疑人、被告人的权利保护机制，是对司法权力制约机制的重大改革和完善。这项改革试点也在深入推进，并进展顺利。2016 年，新选任人民监督员 15903 名。2014 年深化

---

① 《最高人民法院工作报告》，《人民日报》2018 年 3 月 26 日。

改革以来,人民监督员共监督案件9241件。①

第四,全面实施检察机关提起公益诉讼制度。

2017年7月1日起,经过两年的试点工作,我国开始全面实施检察机关提起公益诉讼制度。

"探索建立检察机关提起公益诉讼制度"是党的十八届四中全会提出的改革任务。2015年5月5日召开的中共中央全面深化改革领导小组第12次会议审议通过《检察机关提起公益诉讼改革试点方案》。7月1日,十二届全国人大常委会第十五次会议作出《关于授权最高人民检察院在部分地区开展公益诉讼试点工作的决定》。2日,最高人民检察院印发《检察机关提起公益诉讼改革试点方案》,决定在北京、内蒙古、江苏、云南等13个省区市的860个检察机关中开展为期2年的试点工作,重点针对生态环境和资源保护、国有资产保护、国有土地使用权出让、食品药品安全等领域侵害国家和社会公共利益的情况,及时提起民事或行政公益诉讼,加强对国家和社会公共利益的保护。2016年1月6日,最高人民检察院发布《人民检察院提起公益诉讼试点工作实施办法》,对《试点方案》规定比较原则的,作了进一步解释;对《试点方案》没有规定而实践需要予以规范的,作出具体规定。《实施办法》共4章58条,对检察机关提起公益诉讼的线索来源、线索移送、立案程序、调查核实、举证责任等内容作了规定,对诉前程序等内容作了进一步强调,确保试点工作在法律框架和授权范围内开展。

《试点方案》印发后,多地检察机关因环保部门不履职、不作为提起公益诉讼,标志着检察机关提起公益诉讼的改革正式进入司法实践阶段。2015年12月16日,山东省庆云县人民检察院因县环保部门不依法履行职责,依法向庆云县人民法院提起行政公益诉讼。这是全国人大常委会授权检察机关提起公益诉讼试点工作后,全国首例行政公益诉讼案件。②2015年12月,江苏省常州市人民检察院对许建惠、许玉仙污染环境案向

① 《最高人民检察院工作报告》,《人民日报》2018年3月26日。
② 《山东检方提起全国首例行政公益诉讼案件》,《人民日报》2015年12月23日。

常州市中级人民法院提起民事公益诉讼。这是全国人大常委会授权检察机关提起公益诉讼试点后,检察机关以公益诉讼人身份提起的首例民事公益诉讼案件。①

开展检察机关提起公益诉讼试点以来,截至 2017 年 6 月,各试点地区检察机关在生态环境和资源保护、食品药品安全、国有资产保护、国有土地使用权出让等领域,共办理公益诉讼案件 9053 件,其中诉前程序案件 7903 件、提起诉讼案件 1150 件。诉前程序案件中,行政机关主动纠正违法 5162 件,相关社会组织提起诉讼 35 件。起诉案件中,人民法院判决结案 437 件,全部支持了检察机关的诉讼请求。②

检察机关开展公益诉讼工作,对于促进依法行政、严格执法,维护宪法法律权威,维护社会公平正义,维护国家和社会公共利益,发挥了重要的法律监督职能作用。

(三)人权司法保障机制建设取得积极成果

"人权得到切实尊重和保障"是党的十八大确立的全面建成小康社会和深化改革开放的重要目标之一,也是司法体制改革的重要任务之一。在这方面已出台的改革举措及取得的积极成果,除全面废止劳动教养制度外主要有:

第一,健全错案防止、纠正、责任追究机制。

健全错案防止、纠正、责任追究机制是党的十八届三中、四中全会提出的一项重要改革举措。在 2013 年出台的《关于切实防止冤假错案的规定》的基础上,中共中央政法单位进一步制定配套措施,建立冤假错案有效防范、及时纠正机制,严格落实罪刑法定、疑罪从无、证据裁判等法律原则和制度。

为强化司法办案活动内部监督制约,维护法律尊严和权威,2015 年

---

① 《非法排放废水废渣、造成环境损害 江苏检方提起首例民事公益诉讼案件》,《人民日报》2015 年 12 月 25 日。

② 《检察机关提起公益诉讼制度全面实施 试点期间共办理公益诉讼案件逾九千件》,《人民日报》2017 年 7 月 3 日。

12 月,最高人民检察院印发《关于对检察机关办案部门和办案人员违法行使职权行为纠正、记录、通报及责任追究的规定》,明确了办案部门及时纠正违法行使职权行为的主体责任,同时也强调了控告、案管、侦监、公诉等部门应该发挥的监督作用,明确提出监督管理不到位、放任不管也要承担相应责任。压实了"谁违法审批谁担责、谁违法办案谁担责"的铁律。《规定》共 17 条,分别从违法行使职权行为的范围、对象、情形;办案部门和办案人员、其他职能部门、检察长和分管副检察长的责任;违法行使职权行为线索的受理、登记、移送、纠正、记录、通报制度及责任追究等方面提出具体要求。对侵犯举报人、控告人、申诉人合法权益的;违法剥夺、限制诉讼参与人人身自由的;违法剥夺、限制诉讼参与人诉讼权利的;违法采取变更、解除、撤销强制措施的等 18 种违法行使职权的行为,进行了规定。① 这为健全错案防止、纠正、责任追究机制提供了重要保证。

为依法惩罚犯罪,切实保障人权,2016 年 10 月,最高人民法院、最高人民检察院、公安部、国家安全部、司法部联合印发《关于推进以审判为中心的刑事诉讼制度改革的意见》。② 推进以审判为中心的诉讼制度改革,充分发挥审判特别是庭审的作用,是确保案件处理质量和司法公正的重要环节。这项改革有利于促使办案人员增强责任意识,通过法庭审判的程序公正实现案件裁判的实体公正,有效防范冤假错案产生。

近年来发现并纠正的冤假错案,都是在证据和事实认定方面出现错误,与刑讯逼供、非法取证紧密相关。为此,2017 年 4 月,最高人民法院、最高人民检察院、公安部等部门联合下发《关于办理刑事案件严格排除非法证据若干问题的规定》,从侦查、起诉、辩护、审判等方面明确非法证据的认定标准和排除程序,切实防范冤假错案产生。

党的十八大以来,全国各级法院以对法律负责、对人民负责、对历史负责的态度,对错案发现一起、纠正一起,再审改判刑事案件 6747 件,其

---

① 《最高检出台追究办案人员违法行使职权规定》,《光明日报》2015 年 12 月 18 日。

② 最高人民法院　最高人民检察院　公安部　国家安全部　司法部:《关于推进以审判为中心的刑事诉讼制度改革的意见》,《人民日报》2016 年 10 月 11 日。

中依法纠正呼格吉勒图案、聂树斌案等重大冤错案件 39 件 78 人,并依法予以国家赔偿,让正义最终得以实现。对 2943 名公诉案件被告人和 1931 名自诉案件被告人依法宣告无罪,确保无罪的人不受刑事追究、有罪的人受到公正惩罚。①

第二,依法保障律师执业权利。

深化律师制度改革是党的十八届三中、四中全会提出的任务和举措。2015 年 9 月 15 日召开的中共中央全面深化改革领导小组第十六次会议审议通过《关于深化律师制度改革的意见》。会后,最高人民法院、最高人民检察院、公安部、国家安全部、司法部联合出台《关于依法保障律师执业权利的规定》(以下简称《规定》)。这次由"两院三部"联合出台的《规定》,在律师事业发展史上还是第一次,是深化律师制度改革、促进律师事业发展的重要举措,对保障律师执业权利,推进律师事业发展,充分发挥律师在全面推进依法治国中的重要作用,具有重大而深远的意义。

《规定》针对法律规定的律师执业各项权利落实不够有力,尤其是在律师会见、阅卷、申请调取证据以及庭审辩论辩护中遇到的困难和问题,分别就保障律师知情权、申请权、申诉权,以及会见、阅卷、收集证据和发问、质证、辩论辩护等方面的权利作出规定。同时,《规定》对律师执业权利保障分四个层次设置了救济机制:一是投诉机制;二是申诉控告机制;三是维护律师执业权利工作机制;四是各部门联席会议制度。为强化责任,严格落实保障律师执业权利的各项措施,《规定》还明确规定了侵犯律师执业权利行为的责任追究机制。办案机关或者其上一级机关、人民检察院对律师提出的投诉、申诉、控告,经调查核实后要求有关机关予以纠正,有关机关拒不纠正或者累纠累犯的,应当由相关机关的纪检监察部门依照有关规定调查处理。相关责任人构成违纪的,给予纪律处分。

律师是法律职业共同体中的重要角色之一,是法治社会不可或缺的重要力量,是法治中国建设的重要参与者和推动者。律师执业权利的保障程度,关系到当事人合法权益能否得到有效维护,关系到律师作用能否

---

① 《最高人民法院工作报告》,《人民日报》2018 年 3 月 26 日。

得到有效发挥,关系到司法制度能否得到完善和发展。从一定意义上讲,律师业的发达程度、律师权利的保障水平都堪称一个国家法治文明的晴雨表,折射出一个国家的法治文明水平。《规定》的公布实施,为27万律师撑开了执业权利的保护伞,也为维护人权提供了重要的司法保障。

第三,逐步减少适用死刑罪名。

"逐步减少适用死刑罪名"是党的十八届三中全会提出的改革任务,也是完善我国人权保障制度的重要举措。为落实这一改革任务,历时10个月,历经3次审议,由十二届全国人大常委会第十六次会议于2015年8月29日高票表决通过的刑法修正案(九),取消了走私武器弹药罪、走私核材料罪、走私假币罪、伪造货币罪、集资诈骗罪、组织卖淫罪、强迫卖淫罪、阻碍执行军事职务罪、战时造谣惑众罪等9个非致命性暴力犯罪的死刑罪名,并进一步提高了对死缓罪犯执行死刑的条件。① 这是自2011年施行的刑法修正案(八)取消走私文物罪、走私贵重金属罪、盗窃罪等13个经济性非暴力犯罪的死刑后再度集中取消死刑罪名,我国的死刑罪名也降至46个。刑法修正案(九)的通过和实施,必将有力地促进我国的刑事法治,促进我国社会的发展和进步。

第四,规范涉案财物处置司法程序。

规范涉案财物处置司法程序是党的十八届三中、四中全会部署的重点改革任务。为落实这一改革任务,2014年12月30日召开的中共中央全面深化改革领导小组第八次会议审议通过《关于进一步规范刑事诉讼涉案财物处置工作的意见》(以下简称《意见》)。2015年3月,中共中央办公厅、国务院办公厅印发《意见》,要求坚持公正与效率相统一、改革创新与于法有据相统一、保障当事人合法权益与适应司法办案需要相统一的原则,健全处置涉案财物的程序、制度和机制。

针对目前我国涉案财物处置工作随意性大,保管不规范、移送不顺畅、信息不透明、处置不及时、救济不到位等问题,《意见》要求进一步规范涉案财物查封、扣押、冻结程序,建立办案部门与保管部门、办案人员与

---

① 《中华人民共和国刑法修正案(九)》,《人民日报》2015年11月26日。

保管人员相互制约制度,探索建立跨部门的地方涉案财物集中管理信息平台,完善涉案财物审前返还程序及先行处置程序,做到公开、公平。《意见》强调健全境外追逃追赃工作体制机制,规定公安部确定专门机构统一负责到境外开展追逃追赃工作。《意见》规定人民法院、人民检察院、公安机关、国家安全机关应当对涉案财物处置工作进行相互监督,人民检察院应当加强法律监督,上级政法机关发现下级政法机关涉案财物处置工作确有错误的,应当依照法定程序要求限期纠正。《意见》还明确要求健全责任追究机制,规定违法违规查封、扣押、冻结和处置涉案财物的,应当依法依纪给予处分;构成犯罪的,应当依法追究刑事责任;导致国家赔偿的,应当依法向有关责任人员追偿。

《意见》进一步规范刑事诉讼涉案财物处置工作,对于促进依法惩治犯罪和切实保障人权的协调统一,保障执法办案工作的顺利进行,保证公正司法、提高司法公信力,具有重要意义。

(四)司法便民利民举措陆续出台

为贯彻司法为民原则,维护人民群众合法权益,党的十八大以来,针对公众普遍关注的问题,全国各级人民法院和司法行政部门陆续出台了一系列便民利民举措,让人民群众享受到了实实在在的司法体制改革红利。

第一,推行立案登记制改革。

推行立案登记制改革是党的十八届四中全会提出的重要举措。2015年4月1日召开的中共中央全面深化改革领导小组第十一次会议审议通过了《关于人民法院推行立案登记制改革的意见》。4月15日,最高人民法院发布该《意见》,自5月1日起施行。

自2015年5月1日起全面实施立案登记制以来,全国法院登记立案渠道畅通,秩序井然,运行平稳。5月4日,是实施立案登记制后的首个工作日。当天全国各级法院行政一审共登记立案2000多件。而2014年全国法院工作日日均行政一审立案600件左右,2015年4月份全国法院工作日日均行政一审立案1132件左右。5月4日当天行政一审案件立案数量,与上月日均立案数相比翻了近一番。① 截至5月31日,也就是立案登记制实施满一月时,全国各级法院共登记立案113.27万件,与2014年同期的87.4万件相比,增长29%。到2017年3月,立案登记制改革实行两年时,全国法院登记立案数量超过3100万件,同比上升33.92%。当场立案率超过95%,上海、重庆、宁夏等地超过98%,基本解决了人民群众反映强烈的"立案难"问题,切实保障了当事人诉权。②

实践表明,立案登记制改革得民心、顺民意,有案不立、有诉不理、拖延立案的"立案难"问题,已经得到了彻底根除,立案登记制改革达到了预期目的。这对加快建设公正高效权威的社会主义司法制度具有重要意义。

第二,完善法律援助制度。

完善法律援助制度是党的十八届三中、四中全会部署的重点改革任务,也是落实全面依法治国战略部署的重要举措。2015年5月5日召开的中共中央全面深化改革领导小组第十二次会议审议通过《关于完善法律援助制度的意见》。6月29日,中共中央办公厅、国务院办公厅印发《意见》,并发出通知,要求各地区各部门结合实际认真贯彻执行。

《意见》紧紧围绕人民群众实际需要,适应困难群众的民生需求,从多个方面提出扩大援助范围的具体措施,帮助困难群众运用法律手段解决基本生产生活方面的问题。一是扩大民事行政法律援助覆盖面。二是加强特定群体法律援助工作。三是实现法律援助咨询服务全覆盖。

《意见》实施后,各级党委和政府高度重视法律援助工作,不断提高法律援助工作水平,并取得积极成效。2013年以来全国办理法律援助案件超过500万件,提供法律咨询2800余万人次。全国已有95%的地方将法律援助业务经费纳入财政预算,20多个省份设立了法律援助专项

---

① 《新行诉法实施首个工作日行政案件立案数翻番》,《人民日报》2015年5月6日。

② 《立案登记制改革实行两年——95%的案子法院当场立案》,《人民日报》2017年5月19日。

基金。①

法律援助制度的不断完善及工作质量的持续提高,对于更好地发挥法律援助在全面推进依法治国中的重要作用、切实维护困难群众的合法权益、促进社会公平正义有着重要意义。

第三,健全国家司法救助制度。

健全国家司法救助制度是党的十八届三中全会作出的改革部署,也是党和国家在司法领域出台的又一项便民利民举措。在司法实践中,一些刑事犯罪案件、民事侵权案件,因案件无法侦破或被告人无财产可供执行,致使受害人及其近亲属依法得不到有效赔偿,生活陷入困境,一些受害人由此走上信访道路。针对这种情况,党的十八届三中全会提出,完善人权司法保障制度,健全国家司法救助制度,司法体制改革方案也将建立这项制度列为一项任务。2014 年 1 月,中共中央政法委、财政部、最高法、最高检、公安部、司法部 6 部委联合印发《关于建立完善国家司法救助制度的意见(试行)》,为各地开展国家司法救助工作提供了政策指导。《意见》明确,救助对象主要是遭受犯罪侵害或民事侵权,无法通过诉讼获得有效赔偿,造成生活困难的当事人或近亲属。具体有四类:一是受到犯罪侵害导致死亡、重伤、严重残疾、急需医疗救治的刑事被害人;二是受到打击报复的举报人、证人、鉴定人;三是追索赡养费、扶养费、抚育费人员;四是道路交通事故受害人。救助标准以案件管辖地上一年度职工月平均工资为基准,一般在 36 个月的工资总额之内。各地可作出细化规定。

经过各地各有关部门不懈努力,国家司法救助制度已在全国基本建立。全国 31 个省(区、市)和新疆生产建设兵团均出台了国家司法救助具体实施办法,明确了救助条件,细化救助审批发放流程,建立了规范、可操作的国家司法救助工作机制。② 国家司法救助制度实施以来,司法救助范围不断扩大、救助形式不断丰富、资金保障不断强化、各方协调不断

---

① 《数说 2016 政法成绩单》,《人民日报》2017 年 1 月 18 日。
② 《司法救助制度基本覆盖全国》,《人民日报》2015 年 12 月 8 日。

促进、主动性不断增强,取得良好的法律效果和社会效果。目前,所有省级财政、95%的市级财政、93.4%的县级财政把国家司法救助资金纳入了财政预算。有 19 个省(区、市)实现了省市县三级财政预算全覆盖。① 党的十八大以来,全国各级法院共发放司法救助金 26.7 亿元②,帮助无法获得有效赔偿的受害人摆脱生活困境,加强权利救济,传递司法温暖。

设立国家司法救助制度,体现了人权保障价值,保障了刑事追诉客观公正的价值,更彰显了政府责任担当的价值。这一制度的实施,对于维护当事人合法权益、及时化解矛盾纠纷,发挥了重要作用。

党的十九大后,司法体制改革进入综合配套改革的新阶段。党的十九届三中全会对深化司法体制改革提出新的要求,提出:"优化司法职权配置,全面落实司法责任制,完善法官、检察官员额制,推进以审判为中心的诉讼制度改革,推进法院、检察院内设机构改革,提高司法公信力,更好维护社会公平正义,努力让人民群众在每一个司法案件中感受到公平正义。"③在党的十九大精神的指引下,司法体制改革在党的十八大以来取得成就的基础上正在迈出新的步伐。

六、创新法治宣传形式,增强全民法治观念

党的十八大以来,以习近平同志为核心的党中央,坚持把全民普法作为全面依法治国的长期基础性工作,深入开展法治宣传教育,创新法治宣传形式,健全普法宣传教育机制,普法工作在以往基础上取得重要进展和明显成效。

(一)"六五"普法圆满完成

从 2011 年开始实施的"六五"普法规划,在党的十八大后得到全面

---

① 《国家司法救助制度已在全国基本建立》,《人民日报》2015 年 12 月 23 日。
② 《最高人民法院工作报告》,《人民日报》2018 年 3 月 26 日。
③ 《中共中央关于深化党和国家机构改革的决定》,《人民日报》2018 年 3 月 5 日。

推进,并于 2015 年圆满完成。5 年间,特别是党的十八大后,在中共中央、全国人大、国务院以及地方各级党委、人大、政府的正确领导和有力监督下,各地区、各部门、各单位和广大普法工作者扎实工作、开拓创新,"六五"普法规划顺利实施,法治宣传教育工作取得积极进展和明显成效。以宪法为核心的中国特色社会主义法律体系得到深入宣传,法治宣传教育主题活动广泛开展,多层次多领域依法治理不断深化,法治创建活动深入推进,全民法治观念明显增强,社会治理法治化水平明显提高,法治宣传教育在建设社会主义法治国家中发挥了重要作用。

"六五"普法期间,突出学习宣传宪法,把学习宣传宪法作为全民普法首要任务。2015 年 2 月 11 日,中宣部、司法部、全国普法办联合下发关于开展"学习宪法、尊法守法"主题活动的通知,并以此作为普法的重要载体,推动领导干部做尊法学法守法用法的模范,努力使全体人民成为社会主义法治的忠实崇尚者、自觉遵守者、坚定捍卫者。活动的重点是突出宣传宪法,大力宣传党的领导是宪法实施的根本保证,宣传宪法确定的理念和原则,宣传宪法基本内容等。① 各地各部门通过举办宪法学习报告会、讲座、知识竞赛和宪法进家庭等活动,推动宪法家喻户晓。自 2014 年 12 月 4 日被确定为国家宪法日后,全国人大常委会办公厅、中宣部、司法部等每年联合举办座谈会、报告会,教育部、司法部在全国 40 万所中小学开展"晨读宪法"活动,地市级以上党报党刊统一刊登宪法宣传公益广告,营造学习宣传宪法的浓厚氛围。各地把宪法学习纳入党员干部法治培训必修课,作为党员干部远程教育、网上学法课堂的重要内容,推动宪法学习不断深入。

在突出学习宣传宪法的同时,深入学习宣传中国特色社会主义法律体系。各地各部门深入学习宣传宪法相关法、民法商法、行政法、经济法、社会法、刑法、诉讼与非诉讼程序法等各个法律部门的法律法规,重点学习宣传与促进经济发展、维护社会稳定、保障改善民生等相关的法律法

---

① 《在全国组织开展"学习宪法 尊法守法"主题活动》,《光明日报》2015 年 2 月 12 日。

规,及时学习宣传新颁布、新修订的法律法规。

5年中,各地各部门坚持以领导干部、公务员、青少年、企业经营管理人员、农民为重点,加强分类指导,推进全民普法。

一是抓住"关键少数",扎实推进领导干部和公务员学法用法工作,发挥他们的带头示范作用。各地各部门普遍建立党委(党组)中心组学法制度,把法治纳入干部录用和晋职培训内容,列入党校、行政学院、干部学院、社会主义学院必修课。司法部会同有关部门制播党员干部远程法治教育节目,举办"领导干部法治思维和法治方式"系列讲座。各地各部门普遍建立政府法律顾问制度。浙江、湖北、湖南等省把学法用法情况纳入公务员年度考核和领导班子、领导干部年度述职内容,把述法与述职述廉工作同部署、同推进、同考核;广西建立领导干部学法用法联系点13459个,有力带动了全社会学法用法;天津市建立学法用法考试系统,全市已有33000多名处级以上领导干部参加了网上学法考试。①

二是深入推进青少年法治教育。教育部会同司法部等部门研究制定青少年法治教育大纲,推动把法治教育纳入国民教育体系,完善学校、家庭、社会"三位一体"青少年法治教育格局。各地积极落实青少年法治教育教材、课时、师资、经费,加强青少年法治教育基地建设,全国共建立基地3万多个,96.5%以上的中小学配备了法治辅导员。司法部、共青团中央每年举办青少年网上法律知识竞赛,5年共吸引1000多万名青少年参加。②

三是企业经营管理人员和农民等法治宣传教育进一步加强。以促进诚信守法、依法经营为重点,广泛宣传与企业生产经营密切相关的法律法规。以农村"两委"干部为重点,开展农村"法律明白人"培训。

党的十八届四中全会提出,实行国家机关"谁执法谁普法"的普法责任制。这明确了普法责任,同时也创新了普法机制。"六五"普法期间,安徽、四川等12个省(区、市)制定了国家机关实行"谁执法谁普法"普法

---

① 《用法治之光点亮中国梦的伟大征程——我国"六五"普法成果综述》,《光明日报》2016年4月28日。

② 《"六五"普法决议全面贯彻落实成效显著》,《法制日报》2016年4月26日。

责任制的意见,推动建立各部门各负其责、全社会共同参与的工作机制。与此同时,江西、湖南等 6 个省(市)制定了法官、检察官、行政执法人员、律师等以案释法的意见;山东、江苏等 4 个省(市)出台了建立媒体公益普法制度的意见;辽宁、内蒙古、安徽等 12 个省(区、市)通过了加强法治文化建设的意见;吉林等地按照群众的法律需求编制普法"菜单",根据群众"点单",开展精准普法;最高人民法院、最高人民检察院大力开展以案释法工作,通过庭审现场直播、法律文书上网公开等多种方式,把司法的过程变成普法的过程。①

"六五"普法期间,各地继续深化"法律进机关、进乡村、进社区、进学校、进企业、进单位"主题活动,突出不同行业和对象特点,采取各种群众喜闻乐见的方式,有力推动法治宣传教育向面上拓展、向基层延伸,更加贴近群众、贴近实际。上海市浦东新区不断探索创新工作理念和方法。2012 年兴建全市首个大型法治主题公园——浦东新区法治主题园,2014年开展了"法治文化进地铁"活动,2015 年兴建宪法主题广场。② 在内蒙古自治区,普法部门在边境口岸建成由蒙、汉、俄、斯拉夫四种文字组成的法治橱窗,组建法律宣传小分队,为边疆少数民族提供法律服务;在云南,普法部门组织开展"法治走边关"活动,推动与接壤国家建立双边普法协作机制;在青海、宁夏等信教群众聚居区,普法部门开展法律进宗教场所活动,组织宗教人士进行法律知识培训。此外,全国妇联组织开展了法律进家庭活动,依托 70 多万个妇女之家,面向妇女和家庭开展法治宣传和维权服务。③

学法的目的在于用法。"六五"期间,各地各部门坚持法治宣传教育与法治实践相结合,扎实推进多层次多领域依法治理。27 个省(区、市)

---

① 《"六五"普法规划实施顺利　学法守法渐入人心》,《人民日报》2016 年 4 月28 日。

② 《法治,共和国的金色名片——全国"六五"普法成果走笔》,《光明日报》2016 年5 月 25 日。

③ 《用法治之光点亮中国梦的伟大征程——我国"六五"普法成果综述》,《光明日报》2016 年 4 月 28 日。

制定了依法治省(区、市)或法治建设纲要,推动依法治理在省、市、县、乡各层面不断深入。广东等省推行"一村(社区)一法律顾问"工作制度,组织广大律师深入基层开展法治宣传和法律服务;国家发改委、民政部、国土资源部、海关总署等部门结合实际,开展法治机关建设、执法案卷评查等活动,推行权力清单和责任清单制度;江西省、国家工商总局等地方和部门制定法治建设考核评价指标,完善相关标准,加强了考核结果的运用;中国银监会、国家烟草专卖局等部门行业开展"文明执法示范窗口""诚信守法企业"等创建活动。5年间,司法部和民政部共表彰1159个"全国民主法治示范村(社区)",进一步加强了村(居)、社区、企业、学校依法治理,引导群众有序参与基层社会治理。①

另外,"六五"普法期间切实加强队伍建设和阵地建设。全国成立普法讲师团8250个、成员达13.4万名,成立志愿者队伍4.7万支、成员达157.3万名,举办普法骨干培训630万人次。② 全国共举办法治宣传广播栏目5200多个、电视栏目3800多个、报刊栏目6000多个,形成了一批普法品牌栏目。全国普法办开通中国普法官方微博、微信和客户端,各地各部门创办普法网站3700多个,普法官方微博、微信2600多个,有效拓展了普法广度和深度。③

(二)"七五"普法全面推进

2016年4月17日,中共中央、国务院转发《中央宣传部、司法部关于在公民中开展法治宣传教育的第七个五年规划(2016—2020年)》,并发出通知,要求各地区各部门结合实际认真贯彻执行。4月28日,十二届全国人大常委会第二十次会议作出开展第七个五年法治宣传教育的决议。5月26日,中共中央宣传部、司法部在北京召开第八次全国法治宣

---

① 《"六五"普法规划实施顺利　学法守法渐入人心》,《人民日报》2016年4月28日。

② 《人大常委会审议"六五"普法决议执行报告　全国成立普法讲师团八千多个》,《人民日报》2016年4月26日。

③ 《"六五"普法决议全面贯彻落实成效显著》,《法制日报》2016年4月26日。

传教育工作会议,贯彻落实《关于在公民中开展法治宣传教育的第七个五年规划(2016—2020 年)》,对"七五"普法工作作出安排部署,全面启动"七五"普法工作。

会议强调,各地各部门要把全民普法和守法作为依法治国的长期基础性工作,切实抓好"七五"普法规划的实施。要深入学习宣传贯彻习近平总书记系列重要讲话精神特别是关于全面依法治国的重要论述,坚持把学习宣传宪法摆在首要位置,深入学习宣传中国特色社会主义法律体系和党内法规,加强社会主义法治文化建设,深入开展多层次多领域依法治理,明显提高全社会厉行法治的积极性和主动性,推动全体人民自觉尊法学法守法用法。要坚持依法治国和以德治国相结合,把社会主义核心价值观融入法治宣传教育,与法治实践和社会主义道德建设结合起来,凝聚起建设社会主义法治国家的价值共识。要大力弘扬社会主义法治精神,培育社会主义法治文化,形成守法光荣、违法可耻的社会氛围。要创新法治宣传教育机制,形成普法工作全民参与、普法成果全民共享的生动局面,确保"七五"普法各项任务落到实处,推进法治社会建设。①

自"七五"普法规划启动以来,各地区、各部门和各单位立足实际,多措并举,扎实推进法治宣传教育工作。

宁夏在全国率先作出"七五"普法决议。2016 年 5 月 27 日,宁夏回族自治区十一届人大常委会第二十四次会议表决通过了《宁夏回族自治区人民代表大会常务委员会关于深入开展第七个五年法治宣传教育的决议》。这是全国第一个通过"七五"普法决议的省份。《决议》突出了加强宪法学习宣传的核心地位,特别强调要坚持把领导干部带头学法、模范守法作为树立法治意识的关键。《决议》坚持问题导向,提出要根据不同群体的特点开展有针对性的法治宣传教育。② 此后,各地区、各部门陆续通过了各自的"七五"普法决议。

北京市将突出学习宣传宪法、深入学习宣传党内法规、推进法治教育

---

① 《中宣部　司法部全面启动"七五"普法》,《人民日报》2016 年 5 月 27 日。
② 《宁夏在全国率先作出"七五"普法决议》,《宁夏日报》2016 年 5 月 31 日。

与道德教育相结合、创新媒体公益普法、助推京津冀协调发展等作为法治宣传教育工作的新重点。为确保目标任务落实,北京市"七五"普法规划还进一步细化了具体工作措施,包括健全完善法治宣传教育机制,建立健全法官、检察官、行政执法人员和律师以案释法制度,利用"互联网+"技术推动媒体普法创新发展,健全普法讲师团、普法志愿者队伍,推进京津冀法治宣传教育工作协调发展,继续深入开展法律"六进"活动,建立科学的普法效果评估指标体系等。①

法治宣传教育是全社会共同的责任。"七五"普法《规划》要求实行国家机关"谁执法谁普法"的普法责任制,建立法官、检察官、行政执法人员、律师等以案释法制度,在执法司法实践中广泛开展以案释法和警示教育,使案件审判、行政执法、纠纷调解和法律服务的过程成为向群众弘扬法治精神的过程。加强司法、行政执法案例整理编辑工作,推动相关部门面向社会公众建立司法、行政执法典型案例发布制度。落实"谁主管谁负责"的普法责任,各行业、各单位要在管理、服务过程中,结合行业特点和特定群体的法律需求,开展法治宣传教育。健全媒体公益普法制度,广播电视、报纸期刊、互联网和手机媒体等大众传媒要自觉履行普法责任,在重要版面、重要时段制作刊播普法公益广告,开设法治讲堂,针对社会热点和典型案(事)例开展及时权威的法律解读,积极引导社会法治风尚。各级党组织要坚持全面从严治党、依规治党,切实履行学习宣传党内法规的职责,把党内法规作为学习型党组织建设的重要内容,充分发挥正面典型倡导和反面案例警示作用,为党内法规的贯彻实施营造良好氛围。

根据这一要求,2016 年 7 月 15 日,浙江省委办公厅、省政府办公厅下发文件,在全省建立实施重点单位法治宣传教育责任清单制度。这是自"七五"普法开局以来全国首个推行普法责任清单制度的省份。浙江省的普法责任清单具有三个特点。一是真抓实干。省委组织部、省委宣传部、省教育厅、省民宗委、省民政厅、省司法厅、省人力社保厅、省文化厅、省国资委、省工商局、省政府法制办、省金融办共 12 个省级法治宣传

---

① 《北京全面启动"七五"普法工作》,《法制日报》2016 年 7 月 27 日。

重点对象、重点行业的主管单位,哪家单位承担什么普法责任,需干些什么,需干到什么程度,普法责任清单上一目了然。比如省教育厅共有 5 项普法责任:抓好学校宪法学习,把法治教育纳入国民教育体系,强化法学学科建设,对校长和教师开展法治教育,建设校园法治文化。在每项责任下,又有具体目标任务。二是实时考核。根据普法规划,重点主管单位何时需要完成何等普法任务,普法责任清单都有明确要求。三是注重实效。普法清单上规定,党委(党组)书记要认真履行第一责任人职责,带头讲法治课,做学法表率。①

随之,各省市区先后建立了普法责任清单制度。"七五"期间,甘肃省在深化"法律进机关、法律进单位、法律进乡村、法律进社区、法律进学校、法律进企业、法律进宗教场所"的"法律七进"活动基础上,新增"法律进家庭"活动。同时实行国家机关"谁执法谁普法"的普法责任制,建立普法责任清单制度和问责机制,建立法官、检察官、行政执法人员、律师等以案释法制度,推动大众媒体健全公益普法制度。②

2017 年 2 月 6 日,中共中央全面深化改革领导小组第三十二次会议审议通过了《关于实行国家机关"谁执法谁普法"普法责任制的意见》。会议指出,要实行国家机关"谁执法谁普法"普法责任制,明确国家机关普法职责任务,坚持普法工作和法治实践相结合,坚持系统内普法和社会普法并重,健全工作制度,加强督促检查,努力形成部门分工负责、各司其职、齐抓共管的普法工作格局。③ 5 月 17 日,中共中央办公厅、国务院办公厅印发了该《意见》。《意见》的出台,为健全"七五"普法领导体制和工作机制提供了根本遵循,有力推动了普法工作的针对性和实效性。目前,"七五"普法正在各级党委、政府的领导下蓬勃开展。

---

① 《浙江首推"七五"普法责任清单制度　12 家省级重点主管单位分工明确各司其职齐抓共管》,《法制日报》2016 年 7 月 20 日。
② 《甘肃"七五"普法将实行责任清单制度　建立问责机制》,《西部商报》2016 年 7 月 28 日。
③ 《习近平主持召开中央全面深化改革领导小组第三十二次会议强调　党政主要负责同志要亲力亲为抓改革扑下身子抓落实》,《人民日报》2017 年 2 月 7 日。

结　语　改革开放 40 年来中国法治建设的历程与经验

改革开放 40 年来,中国法治建设走过辉煌历程,积累了宝贵经验。站在新时代中国特色社会主义的高度,回顾改革开放 40 年来中国法治建设的历史进程,总结积累的成功经验,对于在新的历史起点上更好地推进中国法治建设,为实现"两个一百年"奋斗目标和中华民族伟大复兴的中国梦提供有力法治保障,具有重要意义。

一、改革开放 40 年来中国法治建设的历程

改革开放 40 年来,中国法治建设经历了以下三个发展阶段:

(一)从中共十一届三中全会到十五大

这是从中共十一届三中全会作出加强法治的重大决定,到中共十五大提出依法治国基本方略的发展阶段。

1978 年 12 月召开的中共十一届三中全会,深刻反思"文化大革命"严重破坏法治的惨痛教训,作出了加强法治的重大决定,揭开了法治建设新篇章。从此中国法治建设走上了健康发展的道路。

从 1978 年中共十一届三中全会到 1982 年中共十二大前后,中国法治建设具有明显的恢复特点,是在恢复中逐步发展。中共十二大后,改革开放全面展开。在此背景下,中国法治建设也在经过 4 年恢复并初步发

展的基础上进入全面发展时期。以宪法为基础的社会主义法律体系初步形成,建立规范行政执法的基本法律制度,健全司法组织机构,拓展法律服务工作,开展全民普法教育。所有这些,都为改革开放的全面开展创造了良好的法治环境。

1992年召开的中共十四大,明确中国经济体制改革的目标是建立社会主义市场经济体制。市场经济是法治经济。与经济体制转轨相适应,中国法治建设也进入快车道,有关社会主义市场经济的立法步伐明显加快,一批保障改革开放、加强宏观经济管理、规范微观经济行为的法律法规及时制订出来。1993年12月,八届全国人大常委会第五次会议通过《中华人民共和国公司法》,确立了公司这个市场主体的法律地位,加快了国有企业建立现代企业制度的进程。1996年3月,八届全国人大四次会议通过《中华人民共和国行政处罚法》,对于治理当时存在的各种行政处罚乱象、确保市场经济持续稳定发展起到了重要保障作用。

1997年召开的中共十五大,在改革开放40年来中国法治建设史上占有重要地位。这次大会在总结中共十一届三中全会后法治建设实践经验的基础上,适应中国经济体制改革的深入和社会主义现代化建设跨世纪发展的要求,提出依法治国基本方略。依法治国基本方略的确立,是中国法治建设发展到一定阶段的必然结果,在改革开放40年来中国法治建设史上具有里程碑意义。此后,中国法治建设进入以贯彻和实施依法治国基本方略为主要内容、以建设社会主义法治国家为奋斗目标的新的发展阶段。

(二)从中共十五大到十八大

这是从中共十五大提出依法治国基本方略,到中共十八大提出全面推进依法治国的发展阶段。

中共十五大在确立依法治国基本方略的同时,对如何贯彻和实施这一方略提出明确要求,作出具体部署。报告提出:"加强立法工作,提高立法质量,到2010年形成有中国特色社会主义法律体系。维护宪法和法律的尊严,坚持法律面前人人平等,任何人、任何组织都没有超越法律的特权。一切政府机关都必须依法行政,切实保障公民权利,实行执法责任制和评议考核制。推进司法改革,从制度上保证司法机关依法独立公正地行使审判权和检察权,建立冤案、错案责任追究制度。加强执法和司法队伍建设。深入开展普法教育,增强全民的法律意识,着重提高领导干部的法制观念和依法办事能力。"①

在中共十五大精神指导下,依法治国基本方略得到贯彻落实。中国特色社会主义法律体系初步形成。执法和司法工作取得新进展。中共中央和全国人大常委会举办法制讲座,带头学法,提高了领导干部的法制观念和依法办事能力。中国法治建设迈出新步伐。

进入 21 世纪,中国法治建设继续向前推进。2002 年召开的中共十六大,提出发展社会主义民主政治,最根本的是要把坚持党的领导、人民当家作主和依法治国有机统一起来,并将社会主义民主更加完善,社会主义法制更加完备,依法治国基本方略得到全面落实,纳入全面建设小康社会的重要目标。报告提出:"适应社会主义市场经济发展、社会全面进步和加入世贸组织的新形势,加强立法工作,提高立法质量,到 2010 年形成中国特色社会主义法律体系。坚持法律面前人人平等。加强对执法活动的监督,推进依法行政,维护司法公正,提高执法水平,确保法律的严格实施。维护法制的统一和尊严,防止和克服地方和部门的保护主义。拓展和规范法律服务,积极开展法律援助。加强法制宣传教育,提高全民法律素质,尤其要增强公职人员的法制观念和依法办事能力。"②

2007 年召开的中共十七大,提出依法治国是社会主义民主政治的基本要求,强调要全面落实依法治国基本方略,加快建设社会主义法治国家,并将全面建设小康社会目标中法治建设的内容提升为依法治国基本方略深入落实,全社会法制观念进一步增强,法治政府建设取得新成效。报告提出:"要坚持科学立法、民主立法,完善中国特色社会主义法律体

---

① 中共中央文献研究室编:《十五大以来重要文献选编》(上),中央文献出版社 2011 年版,第 28 页。

② 中共中央文献研究室编:《十六大以来重要文献选编》(上),中央文献出版社 2011 年版,第 25—26 页。

系。加强宪法和法律实施,坚持公民在法律面前一律平等,维护社会公平正义,维护社会主义法制的统一、尊严、权威。推进依法行政。深化司法体制改革,优化司法职权配置,规范司法行为,建设公正高效权威的社会主义司法制度,保证审判机关、检察机关依法独立公正地行使审判权、检察权。加强政法队伍建设,做到严格、公正、文明执法。深入开展法制宣传教育,弘扬法治精神,形成自觉学法守法用法的社会氛围。尊重和保障人权,依法保证全体社会成员平等参与、平等发展的权利。"①

中共十六大后的十年间,社会主义法治国家建设成绩显著。依法治国基本方略得到切实贯彻。中国特色社会主义法律体系形成,司法体制和工作机制改革不断深化。社会主义法治理念的提出,为中国法治建设提供了新的科学指南。

2012 年召开的中共十八大,更加注重发挥法治在国家治理和社会管理中的重要作用,提出法治是治国理政的基本方式,强调落实依法治国基本方略,加快建设社会主义法治国家,必须全面推进科学立法、严格执法、公正司法、全民守法,坚持法律面前人人平等,保证有法必依、执法必严、违法必究。报告从立法、执法、司法、守法等环节对中国法治建设的全过程和各方面提出明确要求。报告指出:"完善中国特色社会主义法律体系,加强重点领域立法,拓展人民有序参与立法途径。推进依法行政,切实做到严格规范公正文明执法。进一步深化司法体制改革,坚持和完善中国特色社会主义司法制度,确保审判机关、检察机关依法独立公正行使审判权、检察权。深入开展法制宣传教育,弘扬社会主义法治精神,树立社会主义法治理念,增强全社会学法尊法守法用法意识。提高领导干部运用法治思维和法治方式深化改革、推动发展、化解矛盾、维护稳定能力。"②

中共十八大还根据我国经济社会发展的实际,将全面建成小康社会

---

① 中共中央文献研究室编:《十七大以来重要文献选编》(上),中央文献出版社2013 年版,第 24 页。

② 中共中央文献研究室编:《十八大以来重要文献选编》(上),中央文献出版社2014 年版,第 21—22 页。

目标中法治建设的内容进一步提升为依法治国基本方略全面落实,法治政府基本建成,司法公信力不断提高,人权得到切实尊重和保障。在中共十六大、十七大确立的全面建设小康社会奋斗目标基础上提出了新的更高要求。

继中共十五大把依法治国确立为党领导人民治理国家的基本方略之后,中共十八大又把法治确立为党治国理政的基本方式,并提出全面推进依法治国。以此为起点,中国法治建设进入全新发展阶段。

(三)中共十八大以来

中共十八大以来,以习近平同志为核心的党中央全面推进依法治国,并将其纳入"四个全面"战略布局。法治在党和国家工作全局中的地位更加突出、作用更加重大。

中共十八届三中全会将推进法治中国建设作为全面深化改革的重要内容,提出建设法治中国,必须坚持依法治国、依法执政、依法行政共同推进,坚持法治国家、法治政府、法治社会一体建设,并就建设法治中国特别是深化司法体制改革提出一系列相互关联的重要举措,对中共十八大关于全面推进依法治国的要求进行部署和落实。

中共十八届四中全会在改革开放 40 年来中国法治建设史上具有里程碑意义。会议专题研究全面推进依法治国问题并作出决定,这在中国共产党历史上还是第一次,表明以习近平同志为核心的党中央对法治建设的高度重视,以及全面推进依法治国的坚强信念和坚定决心。全会通过的《决定》立足于中国法治建设实际,明确提出全面推进依法治国的指导思想、总体目标、基本原则,对科学立法、严格执法、公正司法、全民守法、法治队伍建设、加强和改进党对全面推进依法治国的领导作出全面部署,是新时代中国法治建设的顶层设计,是加快建设社会主义法治国家的纲领性文献。以这次会议为标志,中国法治建设进入全面推进的更高发展阶段。

中共十八届五中全会通过的制定"十三五"规划的建议,把坚持依法治国作为一项必须遵循的原则纳入"十三五"时期我国发展的指导思想,并将法治政府基本建成、司法公信力明显提高作为全面建成小康社会新的目标要求的重要内容,体现了以习近平同志为核心的党中央对法治建设的高度重视。"十三五"规划纲要接受这些重要建议,并设专章对全面推进法治中国建设进行具体部署,包括完善以宪法为核心的中国特色社会主义法律体系、加快建设法治政府、促进司法公正以及全面推进法治社会建设等内容,体现了党中央关于运用法治思维和法治方式推动发展的重要思想。

2017 年召开的中共十九大,强调全面依法治国是国家治理的一场深刻革命,必须坚持厉行法治,并把坚持全面依法治国纳入新时代坚持和发展中国特色社会主义的基本方略,明确全面推进依法治国总目标是建设中国特色社会主义法治体系、建设社会主义法治国家。为加强对法治中国建设的统一领导,大会提出成立中共中央全面依法治国领导小组。十九大还在改革开放以来特别是十八大以来法治建设的基础上,对深化依法治国实践作出全面部署。报告提出:"加强宪法实施和监督,推进合宪性审查工作,维护宪法权威。推进科学立法、民主立法、依法立法,以良法促进发展、保障善治。建设法治政府,推进依法行政,严格规范公正文明执法。深化司法体制综合配套改革,全面落实司法责任制,努力让人民群众在每一个司法案件中感受到公平正义。加大全民普法力度,建设社会主义法治文化,树立宪法法律至上、法律面前人人平等的法治理念。"报告强调:"各级党组织和全体党员要带头尊法学法守法用法,任何组织和个人都不得有超越宪法法律的特权,绝不允许以言代法、以权压法、逐利违法、徇私枉法。"①这些要求为新时代中国法治建设提供了根本遵循。

中共十九届二中全会审议通过的《中共中央关于修改宪法部分内容的建议》,把中共十九大确定的重大理论观点和重大方针政策,包括习近平新时代中国特色社会主义思想、把我国建成富强民主文明和谐美丽的社会主义现代化强国、实现中华民族伟大复兴、中国共产党领导是中国特

_____

① 《中国共产党第十九次全国代表大会文件汇编》,人民出版社 2017 年版,第 31 页。

色社会主义最本质的特征、完善国家主席任期任职制度、深化国家监察体制改革涉及修改宪法的有关内容等,载入国家根本法。全会同时强调,要以这次修改宪法为契机,深入推进科学立法、严格执法、公正司法、全民守法,加强对宪法法律实施情况的监督检查,把依法治国、依宪治国工作提高到一个新水平。

修改宪法是中共中央从新时代坚持和发展中国特色社会主义全局和战略高度作出的重大决策,也是推进全面依法治国、推进国家治理体系和治理能力现代化的重大举措。这次修改宪法,中共中央专门召开一次全会讨论宪法修改问题,并对维护宪法权威、捍卫宪法尊严、保证宪法实施提出明确要求,这在我们党的历史上还是第一次,充分表明以习近平同志为核心的党中央对这次宪法修改的高度重视,以及坚持依法治国、依宪治国的坚强信念和坚定决心。这对新时代中国法治建设起到了重要的推动作用。

中共十八大以来,以习近平同志为核心的党中央以前所未有的力度推进全面依法治国进程,坚持依法治国、依法执政、依法行政共同推进,坚持法治国家、法治政府、法治社会一体建设,坚持依法治国和以德治国相结合,坚持依法治国和依规治党有机统一,抓住科学立法、严格执法、公正司法、全民守法关键环节,加快推进中国特色社会主义法治体系建设,法律规范体系、法治实施体系、法治监督体系、法治保障体系和党内法规体系建设相互促进、共同发展,社会主义法治国家建设取得了历史性成就。[①]当前,中国法治建设正在习近平新时代中国特色社会主义思想指引下继续向前推进。

二、改革开放 40 年来中国法治建设的经验

改革开放 40 年来,中国法治建设积累了丰富的历史经验。这些经验

---

① 《中国共产党第十九届中央委员会第二次全体会议公报》,《人民日报》2018 年 1 月 20 日。

可归结为以下五个方面:

(一)坚持中国共产党的领导

办好中国的事情,关键在党。中国法治建设能不能顺利进行,党的领导至关重要。中国共产党领导是中国特色社会主义最本质的特征,是中国特色社会主义制度最大的优势,是社会主义法治最根本的保证。在中国进行法治建设,必须坚持中国共产党的领导。这是总结改革开放 40 年来中国法治建设的理论和实践所得出的一条基本经验。

党的领导是中国特色社会主义法治之魂,是社会主义法治的根本要求,是中国法治建设必须遵循的首要原则。只有坚持党的领导,坚定不移走中国特色社会主义法治道路,把党的领导贯彻落实到法治建设全过程和各方面,国家和社会生活制度化、法治化才能有序推进,中国法治建设才能顺利进行。离开党的领导,中国特色社会主义法治体系、社会主义法治国家就建不起来,中国法治建设就会偏离正确的政治方向,失去坚强的政治保证。因此,在坚持党对法治建设的领导这样的大是大非面前,一定要保持政治清醒和政治自觉,任何时候任何情况下都不能有丝毫动摇。这是关系中国法治建设方向和成败的重大政治问题。

党和法治的关系是法治建设的核心问题。有人把坚持党的领导和法治建设割裂开来、对立起来,认为坚持党的领导就不能树立和维护宪法法律权威,坚持宪法法律至上就不应坚持党的领导,甚至还有人别有用心地提出“党大还是法大”的伪命题。事实上,在中国,党的领导和社会主义法治是完全一致的。社会主义法治必须坚持党的领导,党的领导必须依靠社会主义法治。党的政策和国家法律本质上都是人民根本意志的体现。党的政策是国家法律的先导和指引,是立法的依据和执法司法的重要指导。党的政策通过法定程序成为国家意志便形成法律。党的政策成为国家法律后,实施法律就是贯彻党的意志,依法办事就是执行党的政策。因此,党和法、党的领导和社会主义法治是高度统一的。坚持党的领导是中国法治建设的题中应有之义和必然要求。

我们党在坚持对法治建设领导的同时,又自觉维护宪法法律的权威。

从中共十二大开始,就在党章中明确规定:"党必须在宪法和法律的范围内活动。"①以后历次党的全国代表大会都重申党的组织和党员必须带头遵守宪法和法律,任何组织或个人都不得凌驾于宪法和法律之上,都不得有超越于宪法和法律之外的特权。在中国,党领导人民制定宪法和法律,党领导人民执行宪法和法律,党又自觉在宪法和法律范围内活动,真正做到了党领导立法、保证执法、支持司法、带头守法,成功实现了坚持党的领导、人民当家作主和依法治国的有机统一。

(二)坚持抓住领导干部这个"关键少数"

政治路线确定之后,干部就是决定因素。各级领导干部是中国法治建设的重要组织者、推动者和实践者,他们的信念、决心和行动对于法治建设具有十分重要的意义。因此,要实现法治建设的各项目标和任务,必须紧紧抓住领导干部这个"关键少数"。

习近平指出:"各级领导干部作为具体行使党的执政权和国家立法权、行政权、司法权的人,在很大程度上决定着全面依法治国的方向、道路、进度。党领导立法、保证执法、支持司法、带头守法,主要是通过各级领导干部的具体行动和工作来体现、来实现。"②这就清楚地说明了各级领导干部对法治建设的关键作用及肩负的重要责任。

正是由于各级领导干部在中国特色社会主义事业中的重要作用,因此,改革开放 40 年来,中国法治建设始终坚持抓住领导干部这个"关键少数"。为提高领导干部的法治观念和依法办事能力,中共中央从 1994 年开始举办法制讲座,到 2001 年 7 月,一共举办了 12 次。全国人大常委会从 1998 年起,也开始举办法制讲座,到 2005 年底,一共举办了 18 次。之后,中共中央政治局在集体学习和全国人大常委会专题讲座中,也多次安排有关法治的学习内容。这对推动全社会特别是国家公务人员学习法律知识、树立法治观念,起到良好示范作用。

---

① 中共中央文献研究室编:《十二大以来重要文献选编》(上),中央文献出版社 2011 年版,第 57 页。

② 《习近平关于全面依法治国论述摘编》,中央文献出版社 2015 年版,第 14 页。

在普法工作中,同样注重发挥各级领导干部的示范作用,带动全社会尊法学法守法用法。从"一五"普法到"七五"普法,始终把各级领导干部放在重点普法对象的首位,对领导干部带头学法、模范守法提出更多更高的要求。经过 30 多年的普法实践,领导干部学法用法制度不断完善,各地区各部门普遍建立党委(党组)中心组学法制度,把法治纳入干部录用和晋职培训内容,列入党校、行政学院、干部学院、社会主义学院必修课。通过重点普法,各级领导干部运用法治思维和法治方式深化改革、推动发展、化解矛盾、维护稳定的能力得到切实提高,自觉守法、依法办事的意识和能力得到切实增强,在推进国家法治建设中发挥了重要作用。

(三)坚持依法治国和以德治国相结合

习近平指出,"治理国家、治理社会必须一手抓法治、一手抓德治,既重视发挥法律的规范作用,又重视发挥道德的教化作用,实现法律和道德相辅相成、法治和德治相得益彰。"①这些论述深刻揭示了法治和德治在国家和社会治理中各自的重要作用,以及在中国法治建设过程中把二者结合起来的内在必然性。

"徒善不足以为政,徒法不能以自行。"国家和社会治理需要把法治和德治结合起来。法治与德治在社会功能上具有同一性。法治的社会功能是维护社会的公正和秩序,德治的社会功能是在此基础上引导民众追求更高的道德境界。没有法治,社会就不可能有公正和秩序。而没有公正和秩序,更高的道德要求就只能是一句空话。同时,法治和德治的根本宗旨也是一致的,都是为了社会的安宁稳定、国家的长治久安、人民的自由幸福,因而在功能上具有互补性。德治是用善恶荣辱等观念,评价个人、群体的思想和行为,依靠社会舆论的褒贬、个人内在的信念及良心上的自责来约束人的思想和行为,协调和处理人与人、人与社会之间的关系。法治奉行法律至上,依据法律来治理国家,国家的政治、经济、社会的活动以及公民在各个领域的行为都应依照法律进行。法律重行不重心,

---

① 《习近平谈治国理政》第二卷,外文出版社 2017 年版,第 116 页。

要求外部的协调;道德重心不重行,要求内心的善良。法治禁于已然之后,重在惩恶;德治禁于将然之时,重在扬善。法治的短处正是德治的长处,德治的短处也正是法治的长处。法治和德治在终结功能上可谓异曲同工,都是为了维持一个社会的正常运转,二者相辅相成、相互促进。凡是法律所要求和鼓励的行为,也是道德所要培养和赞扬的行为;凡是法律所禁止和制裁的行为,也是道德所要禁止和谴责的行为。法治是德治的权力支柱,德治是法治的精神支柱。

正因如此,改革开放 40 年来,中国在法治建设过程中,始终坚持依法治国和以德治国相结合。既重视发挥法律的规范作用,又重视发挥道德的教化作用。一方面大力弘扬社会主义核心价值观,弘扬中华传统美德,培育社会公德、职业道德、家庭美德、个人品德,提高全民族思想道德水平;强化规则意识,倡导契约精神,弘扬公序良俗,引导人们自觉履行法定义务、社会责任、家庭责任。另一方面又发挥法治在解决道德领域突出问题中的作用,健全公民和组织守法信用记录,完善守法诚信褒奖机制和违法失信行为惩戒机制。通过以法治体现道德理念、强化法律对道德建设的促进作用,以道德滋养法治精神、强化道德对法治文化的支撑作用,实现了法律和道德相辅相成、法治和德治相得益彰。

(四)坚持依法治国和依规治党有机统一

把依法治国和依规治党有机统一起来,是改革开放 40 年来中国法治建设的重要经验。习近平指出:"全面推进依法治国,必须努力形成国家法律法规和党内法规制度相辅相成、相互促进、相互保障的格局。"①这虽然是从依法治国方面就国家法律法规和党内法规制度讲的,其实也道出了依法治国和依规治党相辅相成、相互促进、相互保障的内在联系。

依法治国的顺利推进,以依规治党为重要前提和根本保障。依法治国,首先要依法治官、依法治权,把权力关进制度的笼子里。各级领导干

---

① 《中共中央关于全面推进依法治国若干重大问题的决定》,人民出版社 2014 年版,第 53 页。

部在推进依法治国方面肩负重要责任。他们对法治建设既可以起到关键推动作用,也可能起到致命破坏作用。当前,各级领导干部的法治意识总体上在不断增强,但正如习近平所说:"现在,一些党员、干部仍然存在人治思想和长官意识,认为依法办事条条框框多、束缚手脚,凡事都要自己说了算,根本不知道有法律存在,大搞以言代法、以权压法。这种现象不改变,依法治国就难以真正落实。"①而要改变这种现象,从根本上要靠依规治党。只有依规治党,才能使各级领导干部树立起纪律和规矩意识,养成自觉遵守法律的习惯,带动全社会形成浓厚的法治氛围。这是依法治国顺利推进的重要前提和保障。

依规治党,需要运用法治思维和法治方式,健全党内法规制度,把国家法律法规和党内法规制度结合起来,把依法治国和依规治党有机统一起来,为依规治党创设良好的法治环境。改革开放 40 年来特别是中共十八大以来,党中央高度重视党内法规体系建设,不断扎紧扎密扎牢制度的"笼子",先后制定了《关于新形势下党内政治生活的若干准则》、《中国共产党问责条例》,修订了《中国共产党廉洁自律准则》、《中国共产党党内监督条例》、《中国共产党纪律处分条例》、《中国共产党巡视工作条例》等50 多部党内法规,基本形成以党章为根本,以准则、条例为主干的党内法规体系,为全面从严治党提供了有力的制度保障。

我们党在坚持纪法分开、纪在法前、纪严于法的同时,注重党内法规制度同国家法律法规的衔接和协调,把形成完善的党内法规体系作为中国特色社会主义法治体系的重要内容,纳入全面推进依法治国总目标,形成依法治国和依规治党相互促进、相互保障的良好局面,有力推进了全面依法治国和全面从严治党的深入开展。

(五)坚持把立足中国国情与借鉴外国经验结合起来

进行社会主义法治建设,一要立足于中国国情,二要借鉴外国经验,把二者有机结合起来。这是改革开放 40 年来中国法治建设的又一条成

---

① 《习近平谈治国理政》第二卷,外文出版社 2017 年版,第 116 页。

功经验。

各国国情的差异性,决定了各国的法治建设必然呈现多样性。因此,各国进行法治建设必须从本国国情出发。建设中国特色社会主义法治国家,也必须从中国实际出发,立足于中国国情,坚定不移走中国特色社会主义法治道路。我们有符合国情的一套理论、一套制度。我们是中国共产党执政,各民主党派参政,没有反对党,不是三权鼎立、多党轮流坐庄。这样的基本国情决定了我们只能走自己的法治建设道路,我国的法治体系必须跟这个制度相配套。只有这样,中国法治建设才能为坚持和发展中国特色社会主义提供有力的法治保障。这是事关中国法治建设性质和方向的重大问题。

坚持从中国实际出发,并不等于关起门来搞法治。中国在立足于国情开展法治建设的同时,也抱着开放的胸怀学习借鉴世界上优秀法治文明成果。西方资本主义国家已有长达几百年的法治历史,建立起比较成熟完备的法治社会,同时也积累了许多对人类社会有益的文明成果和成功经验。其中许多成果和经验对中国法治建设不乏启发和借鉴意义,我们完全可以结合国情,学习借鉴。这样就可以少走弯路,加快法治建设的步伐。中国在立法方面,就注意吸收和借鉴外国经验。在民商法领域,民法通则、物权法、合同法等法律,兼采普通法系和大陆法系国家的诸多基本制度,吸收了国际通行的私法精神与立法原则,确认契约自由、意思自治与主体平等,保障公共财产和公民私人合法财产。在行政法领域,吸收了现代行政法治中通行的比例原则、信赖保护等原则。在刑事法领域,刑法和刑事诉讼法借鉴和吸收了国外罪刑法定和公开审判等现代刑事法治的基本原则和精神。针对刑事犯罪中出现的新情况,参照国外刑事立法经验,在刑事法律中规定了资助恐怖活动罪、洗钱罪、内幕交易罪、操纵证券期货交易价格罪、妨害信用卡管理罪等新罪名。中国在知识产权保护和环境保护的立法方面,也吸收了不少国外的立法经验。[①]

---

①　中华人民共和国国务院新闻办公室:《中国的法治建设》(2008 年 2 月),《人民日报》2008 年 2 月 29 日。

　　但学习借鉴不等于简单的拿来主义,必须坚持以我为主、为我所用,认真鉴别、合理吸收,不能搞"全盘西化"、"全面移植",更不能照搬照抄。否则,只能把中国法治建设引上邪路。

　　中国法治建设经过改革开放 40 年的发展历程,取得了辉煌成就,积累了丰富经验。它所取得的显著成就,为今后法治建设打下了坚实基础;它所积累的历史经验,为今后法治建设提供了有益借鉴。

参考文献

[1]《建国以来重要文献选编》第 1 至 20 册,中央文献出版社 2011 年版。

[2]《三中全会以来重要文献选编》(上、下),中央文献出版社 2011 年版。

[3]《十二大以来重要文献选编》(上、中、下),中央文献出版社 2011 年版。

[4]《十三大以来重要文献选编》(上、中、下),中央文献出版社 2011 年版。

[5]《十四大以来重要文献选编》(上、中、下),中央文献出版社 2011 年版。

[6]《十五大以来重要文献选编》(上、中、下),中央文献出版社 2011 年版。

[7]《十六大以来重要文献选编》(上、中、下),中央文献出版社 2011 年版。

[8]《十七大以来重要文献选编》(上、中、下),中央文献出版社 2011 年版。

[9]《十八大以来重要文献选编》(上),中央文献出版社 2014 年版。

[10]《十八大以来重要文献选编》(中),中央文献出版社 2016 年版。

[11]《中国共产党第十九次全国代表大会文件汇编》,人民出版社 2017 年版。

[12]《中共中央关于全面推进依法治国若干重大问题的决定》,人民出版社 2014 年版。

[13]《邓小平文选》第 2、3 卷,人民出版社 1994 年、1993 年版。

[14]《江泽民文选》第 1、2、3 卷,人民出版社 2006 年版。

[15]《胡锦涛文选》第 1、2、3 卷,人民出版社 2016 年版。

[16]《习近平谈治国理政》第一卷,外文出版社 2018 年版。

[17]《习近平谈治国理政》第二卷,外文出版社 2017 年版。

[18]《习近平关于全面依法治国论述摘编》,中央文献出版社 2015 年版。

[19]《彭真文选(1941—1990)》,人民出版社 1991 年版。

[20]《邓小平年谱(1975—1997)》(上、下),中央文献出版社 2004 年版。

[21]《叶剑英年谱(1897—1986)》(下),中央文献出版社 2007 年版。

[22]《立法与监督:李鹏人大日记》(上、下),新华出版社、中国民主法制出版社 2006 年版。

[23]《乔石谈民主与法制》(上、下),人民出版社、中国长安出版社 2012 年版。

[24]《当代中国的审判工作》,当代中国出版社 1993 年版。

[25]《当代中国的检察制度》,中国社会科学出版社 1987 年版。

[26]《当代中国的司法行政工作》,当代中国出版社 1995 年版。

[27]《当代中国的公安工作》,当代中国出版社 1992 年版。

[28]《中国法律年鉴》1987 年至 2017 年卷,中国法律年鉴社 1987 年至 2017 年版。

[29]《中国法治发展报告》2003 年至 2017 年卷,社会科学文献出版社 2003 年至 2017 年版。

[30]《中国法治建设年度报告》2009 年至 2017 年卷,新华出版社 2009 年至 2017 年版。

[31]韩延龙主编:《中华人民共和国法制通史》,中共中央党校出版社 1998 年版。

[32]杨一凡、陈寒枫、张群主编:《中华人民共和国法制史》,社会科学文献出版社 2010 年版。

后　记

本书为纪念中国改革开放 40 周年而作。

2009 年,为纪念中国改革开放 30 周年,我曾在中共党史出版社出版个人学术专著《新时期法制建设进程》,下限写到 2008 年。时光飞逝,转眼 10 年过去了。在这 10 年间,中国法治建设取得新的重要进展。特别是中共十八大以来,以习近平同志为核心的党中央以前所未有的力度推进全面依法治国进程,中国法治建设取得历史性成就。在这 10 年间,我也继续致力于对改革开放以来特别是中共十八大以来中国法治建设的研究,并发表了一系列专题学术论文,为在适当时机修订和续写原著准备了条件。

2018 年是中国改革开放 40 周年。在此重要时间节点,将原书修订再版,把我这 10 年间对改革开放特别是中共十八大以来中国法治建设的研究成果奉献给广大读者,是对我 10 年法治建设研究的一次阶段性总结,也是我对纪念中国改革开放 40 周年的一份学术献礼。

本书的出版,得到了人民出版社领导的支持。责任编辑吴广庆同志为本书的策划、编辑和出版付出了辛劳,在此表示衷心的感谢!

由于水平所限,书中难免有不足或不当之处,敬请读者批评指正。

张金才

2018 年 4 月于北京

责任编辑:吴广庆

封面设计:王欢欢

责任校对:张红霞

图书在版编目(CIP)数据

中国法治建设 40 年:1978—2018/张金才 著. —北京:人民出版社,2018.8

ISBN 978 - 7 - 01 - 019172 - 0

Ⅰ.①中… Ⅱ.①张… Ⅲ.①社会主义法制-建设-成就-中国

Ⅳ.①D920.0

中国版本图书馆 CIP 数据核字(2018)第 073630 号

中国法治建设 40 年(1978—2018)

ZHONGGUO FAZHI JIANSHE 40 NIAN(1978—2018)

张金才 著

人民出版社 出版发行

(100706 北京市东城区隆福寺街 99 号)

中煤(北京)印务有限公司印刷 新华书店经销

2018 年 8 月第 1 版 2018 年 8 月北京第 1 次印刷

开本:710 毫米×1000 毫米 1/16 印张:25.25

字数:380 千字

ISBN 978 - 7 - 01 - 019172 - 0 定价:75.00 元

邮购地址 100706 北京市东城区隆福寺街 99 号

人民东方图书销售中心 电话 (010)65250042 65289539